21世纪高等院校国际经济与贸易专业规划教材

International Business Law

6th edition

国际商法

（第六版）

屈广清 主编

东北财经大学出版社
Dongbei University of Finance & Economics Press
大连

图书在版编目（CIP）数据

国际商法 / 屈广清主编．—6版．—大连：东北财经大学出版社，2022.8
（21世纪高等院校国际经济与贸易专业规划教材）
ISBN 978-7-5654-4461-6

Ⅰ.国…　Ⅱ.屈…　Ⅲ.国际商法-高等学校-教材　Ⅳ.D996.1

中国版本图书馆CIP数据核字（2022）第024492号

东北财经大学出版社出版
（大连市黑石礁尖山街217号　邮政编码　116025）
网　址：http://www.dufep.cn
读者信箱：dufep@dufe.edu.cn
大连东泰彩印技术开发有限公司印刷　东北财经大学出版社发行

幅面尺寸：185mm×260mm　字数：381千字　印张：18
2022年8月第6版　2022年8月第1次印刷

责任编辑：孙　平　责任校对：吴　焕
封面设计：冀贵收　版式设计：原　皓

定价：42.00元

教学支持　售后服务　联系电话：（0411）84710309

如有印装质量问题，请联系营销部：（0411）84710711

第六版前言

国际商法是国际法学科中的一个重要分支，具有很强的实用性。国际商法缘起于各国国内商法，并因协调国内商法差异而发起的国际商事统一法运动而形成，因此除国内商法基础理论外并无自己独立的理论体系。另外，由商人习惯法发展而来的国际商法，本就更加注重商人在国际性商事行为中应遵循的各种行为准则之实然而非应然，因此造就了该门课程，使之更适合于指导国际经济贸易实践，而非理论研究。

本书根据教学理论与实践的需要不断修订完善，也得到了越来越多的学校的认可、采用。与此同时，本书非常关注新知识的及时补充，以保证使用者得到的始终是最新的内容。本书在出版第五版后，一些与国际商法有关的法律不断涌现，需要及时补充进本书，如2019年通过、自2020年1月1日起施行的《中华人民共和国密码法》，2019年7月2日海牙国际私法会议外交大会通过的《承认与执行外国民商事判决公约》，自2019年1月1日起施行的《中华人民共和国电子商务法》，2019年修正的《中华人民共和国电子签名法》，自2020年10月1日起生效的《伦敦国际仲裁院仲裁规则》，自2020年1月1日起施行、2020年11月6日修正的《中国海事仲裁委员会网上仲裁规则》，自2021年1月1日起施行的《中华人民共和国民法典》，中国国际经济贸易仲裁委员会2020年4月28日发布的《关于新冠肺炎疫情期间积极稳妥推进仲裁程序的指引（试行）》等。值得注意的是，随着《中华人民共和国民法典》的施行，《中华人民共和国合同法》《中华人民共和国担保法》《中华人民共和国民法通则》等同时废止，所以有必要较大面积地修订本书所涉及的相关内容，出版最新版。这些新修订的法律法规与本书关系密切，本书通过本次修订，内容得到进一步更新与充实，更能解决司法实践的具体问题。另外，本次修订设置了思政目标，使学生能够坚持弘扬社会主义核心价值观，增强思政能力培养，为妥善解决商事争议、构建人类命运共同体、推动“一带一路”建设贡献力量。

本书基于对国际商法实用性的考虑而进行编写工作，这使得呈现在读者面前的这本《国际商法》教材能够更好地满足高等院校市场营销、商务（外贸、经贸、工商）英语（日语、韩语等）、国际经济法、国际商务等财经管理诸多相关专业对新教材的需求，也可兼做涉外法律工作者的参考书。参加本书编写的有屈广清、徐红菊、陈小云、朱莉、林一、马瑄、王欣、张雁飞等老师。本书第六版由博士生导师屈广清教授进行修订。

编　者

2022年6月

目 录

第 1 章 国际商法概述 …… 1
1.1 国际商法的历史 …… 1
1.2 国际商法的渊源 …… 5
1.3 两大法系的商法结构与特点 …… 8
本章小结 …… 13
思政目标 …… 14
主要概念 …… 14
综合训练 …… 14
第 2 章 商事组织法 …… 16
2.1 合伙法 …… 16
2.2 公司法 …… 20
2.3 有限责任公司 …… 24
2.4 股份有限公司 …… 28
2.5 欧洲公司法 …… 38
本章小结 …… 40
思政目标 …… 40
主要概念 …… 40
综合训练 …… 40
第 3 章 商事代理法 …… 43
3.1 代理概述 …… 43
3.2 代理的产生与终止 …… 44
3.3 代理行为当事人之间的关系 …… 49
3.4 国际代理统一法 …… 55
本章小结 …… 59
思政目标 …… 59
主要概念 …… 59
综合训练 …… 60
第 4 章 合同法 …… 62
4.1 合同的概念与特点 …… 62

4.2 合同的成立 …… 64
4.3 合同的履行 …… 86
4.4 合同的让与 …… 96
4.5 合同的消灭 …… 99
本章小结 …… 102
思政目标 …… 102
主要概念 …… 102
综合训练 …… 102
第5章 买卖法 …… 105
5.1 卖方的义务 …… 105
5.2 买方的义务 …… 117
5.3 违约的救济 …… 120
5.4 货物风险的转移 …… 134
本章小结 …… 138
思政目标 …… 139
主要概念 …… 139
综合训练 …… 139
第6章 票据法 …… 141
6.1 票据法概述 …… 141
6.2 汇票 …… 145
6.3 本票与支票 …… 157
6.4 国际票据统一法 …… 160
本章小结 …… 162
思政目标 …… 163
主要概念 …… 163
综合训练 …… 163
第7章 产品责任法 …… 165
7.1 产品责任法概述 …… 165
7.2 主要国家产品责任立法 …… 167
7.3 国际产品责任统一法 …… 181
本章小结 …… 186
思政目标 …… 186
主要概念 …… 186
综合训练 …… 186
第8章 国际海上货物运输与保险法 …… 188
8.1 国际海上货物运输与保险法概述 …… 188

8.2 国际海上货物运输法 …… 190
8.3 国际海上保险法 …… 200
本章小结 …… 216
思政目标 …… 216
主要概念 …… 216
综合训练 …… 216
第9章 电子商务法 …… 219
9.1 电子商务法概述 …… 219
9.2 全球电子商务立法概况 …… 225
9.3 电子商务合同的法律问题 …… 228
9.4 电子商务与国际知识产权 …… 234
本章小结 …… 250
思政目标 …… 251
主要概念 …… 251
综合训练 …… 251
第10章 商事争议与解决 …… 253
10.1 国际商事争议概述 …… 253
10.2 国际商事仲裁 …… 256
10.3 国际商事诉讼 …… 269
本章小结 …… 275
思政目标 …… 275
主要概念 …… 276
综合训练 …… 276
主要参考书目与网站 …… 278

第1章

国际商法概述

国际商法是最有可能实现世界范围统一的法律部门，因为国际商法最有可能远离一国政治上的影响，是纯粹为国际商事交易制定规范的法律规则，是一门最为实用的法律学科之一。学习国际商法应首先了解国际商法的历史，以及在不同的法律体系下商法的结构与特点。本章将重点阐述国际商事法律关系的特点，国际商法与其他部门法之间的联系与区别；国际商法的概念、作用和历史发展；大陆法系与英美法系商法的结构与特点；适用国际商法的条件和策略；国际商法在国际商事实践中形成的规律；两大法系不同商事规定之成因；不同法系国家商法的优缺点。

1.1 国际商法的历史

1.1.1 国际商法的概念

国际商法（international business law），是调整跨越国界的商事关系的各种法律规范的总称。

国际商法中的“国际”一词意为跨越国界。这种国际性既包括商主体的国际性，也包括商行为的国际性。商主体的国际性是指作为国际商法主体的不同国家的公司、企业或个人的营业地跨越国界，商行为的国际性是指商主体所从事的营业行为跨越国界。商法中的“商”在经济学、社会学和法律学上有着不同的意义，《布赖克法律词典》中注：商是货物、生产品或任何种类财物之交换；《拉威尼当代商法》认为“商事一词是对各种物品的交易或交换之总括”。这些认识被认为是现代经济学和法学分析商事概念的基础，现代商法所称的商事是指商主体所从事的一切营利性活动和事业的总称。

随着国际经济的发展，商事活动也日益多样化、复杂化，国际商法的调整范围比以往更为广泛，它不仅指国际货物买卖及有关的行为，还包括国际技术转让、国际工程承包、国际租赁等。一般认为，国际商法的调整范围应包括：

（1）国际商法的基础和核心：合同法、代理法。国际商事交易是通过订立各种商事合同实现的，研究国际商法首先应从合同法入手，国际商事交易规模的扩大和复杂化使代理成为商事交易中必不可缺的活动。在商事主体中甚至出现了代理商，代理商以商人的身份出现于市场，代理法自然成为国际商法的重要组成部分。

（2）直接调整国际商事行为的法律规范：国际货物买卖法、票据法、电子商务法。

（3）有关管理国际商事行为的法律规范：国际商事组织法、海上货物运输与保险法、产品责任法。

（4）处理国际商事争议的法律规范：国际商事仲裁、国际商事诉讼。

1.1.2 国际商法的历史

国际商法经历了“国际性—国内法—国际性”的发展过程，但前后的“国际性”有着实质区别。

早在古罗马法中就已出现了调整商事关系的法律，也有些学者认为公元前15世纪的《赫梯法典》中关于商品价格管理的规定，以及古希腊时期的罗得法（lex rhodia）即是古代商法的最初形式。但大多数人认为近代欧洲各国的商法主要源于中世纪形成的商人习惯法（law merchant），这有着深厚的社会根源。11世纪时东西方的贸易发展促进了地中海沿岸一些新兴城市的商业繁荣，随即扩大到大西洋沿岸等地，而中世纪的欧洲大陆处于封建法和寺院法的支配之下，与这种繁荣的商业发展形成了鲜明的对比：一些正常的商业行为被认为是违法的，许多商业活动得不到法律保护，缺少必要的法律规则。商人团体迫切需要新的规范来保护他们的利益。

在这种情况下，意大利佛罗伦萨等地首先出现了保护商人自己利益的商人行会组织——商人基尔特（Merchane Guid）。这种商人自治组织制定和编撰习惯规则，组织商事法庭，这些习惯规则被因袭沿用，形成了系统的商人习惯法。它鲜明地体现出了商事活动营利性、迅捷性的特点，强调按公平、合理的原则来处理案件，且只适用于商人团体内部。因而，这一时期的商人习惯法具有国际性特征，商事团体的内部规则普遍适用于来自各国从事商事活动的商人。

16世纪后，欧洲一些国家封建割据势力日益衰弱，逐渐形成统一的民族国家。与此相适应，一些封建法和寺院法被废除，统治阶级开始注意商事立法，行使立法权，把商人习惯法变为国内法。但严格地说，欧洲各国早期的商事成文法实质上仅仅是对中世纪商人习惯法的一种确认。第二次世界大战后，特别是20世纪60年代以后，各国之间的经济联系日益密切，客观上要求建立统一的国际商事法律，许多国际组织也都在积极从事研究和制定统一的国际商法的工作。这样，商法进入了一个新的发展阶段，最主要的特点是恢复了商法的国际性和统一性。

事实上，早期的商人习惯法与现代的国际商法都具有国际性特征，但这两种“国际性”是有明显区别的：

（1）两者产生的社会背景不同。早期的商人习惯法产生于欧洲的封建割据时期，与当时的封建政治相脱离，是顺应商业自身发展产生的，属于行业自治法；而现代国际商法是在各国商法较为完善的基础上产生的，它与各独立国家的商事法律规范相关联。

（2）国家对待两种“国际性”的态度不同。早期的商人习惯法也具有国际性，但由于它游离于国家之外，国家对这种商人习惯法持限制态度，且倾向于将其限制为国内法；而现代商法产生于独立国家内部，是国家对外发展所必需的，国家对国际商法的制定持积极态度，这就要求国家之间进行合作。

1.1.3 国际商法与邻近法律部门的关系

1）国际商法与国际公法

一般来说，国际商法与国际公法的区别较为明显。商法属于私法，用于规范平等主体之间进行的交易，在国际上从事国际商事交易的基本上是公司、企业等商事组织，而不是国家，是不同国家的商事组织之间的交易，而不是国家之间的交易。尽管有时在某种特殊情况下国家也会成为国际商事交往的主体，但在纯粹的商事交易中，国家一般不能再主张由于国家的特殊地位而享有特权。国际公法调整的是国家之间、国际组织之间或国家与国际组织之间在政治、军事、外交及经济等方面的关系，其主体只能是国家或国际组织，自然人、法人或其他经济组织之间形成的法律关系不能成为国际公法所调整的对象。但国际商法与国际公法也有着密切的联系，国际商法的国际性渊源主要有两项：一方面，通过国际多边协议，将主要经贸国家的国内法中的实体法部分融入统一的国际多边公约中，形成国际习惯法的一部分，进而对各国产生拘束力；另一方面，跨国商事习惯法为主要贸易国家的工商企业所使用，形成商事习惯和惯例，继而被更多国家所接受，形成国际商事统一实体法。此外，国际公法有关调整国际商事问题的法规也应属于国际商法的范畴，且构成国际商法必不可缺的一部分。

2）国际商法与国际私法

相比较而言，国际商法与国际私法的关系更为密切。在研究两者关系之前，应首先明确国际私法的范围。第二次世界大战后，国际私法呈现趋同化走势，对国际私法范围的研究也有了很大的突破。国际私法应包括哪些法律规范？历史发展到今天，已不能简单地把国际私法看作冲突法，即认为国际私法就是冲突法或国际私法只是冲突法；否则，就无异于墨守几百年前对国际私法的简单认识，不利于国际私法发展成为一个能有效调整涉外民事关系的法律部门。应该说，国际私法除了包括冲突规范外，还包括外国人民事法律地位的规范、统一实体规范、国际民事诉讼程序规范和国际商事仲裁规范。

统一实体规范，也称统一私法规范，是指国际条约和国际惯例中直接调整涉外民商事关系的实体规范，其中直接调整涉外商事关系的实体规范以及国际商事仲裁规范都属于国际商法的范围，因此可以说，国际商法包含在国际私法的范围当中。但由于国际商法还包括国际公法中有关国际商事的法规，因此国际商法的范围又在一定意义上超出了国际私法的研究范围。所以，它又不完全等同于国际私法，而具有其本身的特点。

3）国际商法与国际经济法

国际经济法学作为独立的法学学科，在第二次世界大战后逐渐形成和发展起来，并已建立了较完善的体系，但对其范围的界定在国内也出现了一些异议。有人认为目前国际经济法所囊括的范围过宽，其中直接调整平等商事主体之间法律关系的规范，应属于国际商法之范畴。国际商法则一方面由于商法在一些大陆法系国家与民法合并在一起，只存在实质上的商法，而不存在形式上的商法；另一方面各国对于商法的范围等问题分歧较大，因此其发展速度远不如国际经济法。但由于国际商法自身的特点，如迅捷性、技术性，随着国际贸易的规模、速度变大、增快，国际商法也出现了异军突起的走势。

关于国际商法与国际经济法的关系，英国的施米托夫（C. M. Schmithoff）教授认为，国际商法不同于国际经济法，国际商法调整私人在私法层次上的交往，包括国际贸易法、国际公司法等。国际商法所涵盖的一些法律规范，如票据法、公司法、产品责任法等，都不包括在国际经济法中。从内容上看，它更贴近国际私法。

4）国际商法与国内商法

国内商法适用于一国内部的商事关系，而不适合调整涉外商事关系，国际商法则调整跨越国界的商事关系。

国际商法与国内商法之间的关系，以及与其他任何法律部门之间关系的特点，是两者同一化的可能性最大，速度最快。商法具有国际性特征，商法的技术性和同源性也决定了商法能够达成国际统一性的要求。商法早在古代即已表现出国际化特征，形成于中世纪的商人习惯法，特别是海事习惯法，实际上已普遍被欧洲各国的商人所接受并适用于其商事活动，当时的商人团体甚至视商法为“国际法或自然法之一部分”。

事实证明，商法是在法律统一化进程中取得成果最大的法律体系。自19世纪以来，在商法方面缔结了一系列有影响的国际商事条约，如1910年的《船舶碰撞及海难救助统一法公约》、1912年的《电讯协约》、1924年的《统一提单的若干法律规定的国际公约》、1930年的《汇票、本票统一法公约》、1966年的《国际船舶载重线公约》、1978年的《联合国海上货物运输公约》、1980年的《联合国国际货物销售合同公约》等。与此相适应，国际上也成立了一些旨在推动商法一体化的国际组织，如国际海事委员会、国际法协会、国际海事组织、国际贸易法委员会、世界贸易组织、国际商会、国际商事仲裁委员会及国际货币基金组织等，它们对国际商法一体化的进程起到了巨大的推动作用，国内商法的国际性也进一步增强，最终的目标是在全世界范围内达成统一的国际商事法律体系。

1.1.4 国际商法的特点

把国际商法作为一个独立的法律部门，是当代国际商事交易迅速发展的客观反映。从全球范围看，世界经济呈现一体化趋势，但这并不意味着全球经济的发展已无任何障碍，各国的政治立场、外交政策、民族背景等客观因素都影响着世界经济的发展，也阻碍着法律一体化的进程。在这种情况下，国际商法却以其他法律部门无法比拟的速度发展着，其原因就在于国际商法具有自己独特的优势。国际商法的主要特点有：

1）国际商法的技术性

富勒说，法律与义务的道德最接近，它们像堂兄弟。不同国家民族背景、道德标准的不同决定了不同法律体系的存在，道德性几乎是大多数法律部门共有的特点，也恰恰是这种道德性联系使许多法律部门在全球一体化的进程中举步维艰。而国际商法较强的技术性使它能够排除这种干扰，加速全球一体化的步伐，并形成一个独立的法律部门。

所谓“技术性”，是指对某一行为导致某种行为后果，以最基本的行为标准做出的一种公式化的设置。它尽量地避免受某一国道德、传统和政策的影响，如它只设置

“1+1=2”或支票为见票即付这样的公式化模式，而不去判断一个已婚男人和另一个女人结婚是应受到重婚罪的处罚，还是可以作为法律能够认可的行为。国际商法的立法规范更明显地体现了这种技术性特点，顺应了当今国际贸易迅速发展的需要。

2）国际商法的统一性

商法特殊的历史渊源，决定了国际商法具有先天统一性，即使在演变为国内法阶段，各国的商法也是相似的。原本商法不发达的国家也在有意无意地学习他国已形成的近乎完美的商法模式，并共同寻找更为合适的变化。一些国际组织的努力、一系列国际商事公约的出现，加上适用了百余年并仍在不断改进的为商人广泛适用的国际商事惯例，使国际商法统一性的特点更为突出。

3）国际商法的迅捷性

商人的主要目的就是营利，他们希望能够脱离一般的法律规范，制定出更为快速地调整他们之间的行为，并能预知其行为后果的规范，在国际上达成统一的商事法律体系，于是商法应运而生。国际商法的规则清楚、明确，商事规范中所设定的期间一般较短，符合商事主体的需要，体现在商法上就是比其他法律规范具有更迅捷的特征。

1.2 国际商法的渊源

法的渊源又称为“法源”或“法律渊源”，是一个有不同含义的概念，可以从不同角度来解释。作为专门的法学概念，一般认为，法的渊源是指法的效力渊源，即根据法的效力来源而表现的法的不同形式。国际商法也是一种行为规范，必然以一定的形式表现出来，这就是国际商法的渊源。国际商法的渊源有：国际条约、国际商事惯例、国内商事法。

1.2.1 国际条约

1）国际条约的分类

国际条约或公约是国际商法的最主要渊源，是国际法主体之间以国际法为准则，为确立其相互权利、义务而缔结的书面协议。国际条约一般要经过谈判、签字、批准和交换批准书等缔约程序，且经全体缔约国或条约约定的一定数目的国家批准或明确表示承受拘束后生效。国家批准一项条约，即意味着将受该条约的约束，与其他缔约国共同享受条约所赋予的权利，承担条约所施与的义务，因此大多数条约参加的国家都是有限的。作为国际商法渊源的国际条约可以从两个角度分为：专门的国际商事条约和包含商事条款的一般国际条约。

专门的国际商事条约是指国家之间缔结的专门以商事为主要内容确立其权利、义务的书面协议，包括双边的国际商事条约和多边的国际商事条约。更能体现专门的国际商事条约的特点的，应该是多边的国际商事条约，这种国际商事条约的特点有：①参加的国家较多。就目前的实践而言，大多数国际条约参加的国家都是有限的；而国际商事条约由于其自身的特点，参加的国家往往较多。例如，《联合国国际货物销售合同公约》

在1988年生效时，就已有62个国家在公约上签了字，提交了批准书；万国邮政联盟现今已有190多个国家和地区加入。《商标国际注册马德里协定》成员目前已超过90个。②商事领域已生效的条约较多。与其他法律部门不同，在商事领域，几乎都有可依据的已生效的国际商事公约来调整，其他法律部门则总会有一些领域因为各国分歧较大，无法达成一致而处于空白，没有相应的国际统一法来调整。例如，1963年欧洲经济合作组织公布了《关于对所得和财产避免双重征税的协定范本》，联合国根据此范本中存在的不足，又于1968年组织专家小组起草的《关于发达国家与发展中国家间避免双重征税的协定范本》也仍然只停留为一个示范性文件；又如，国际公法中对北极地区迄今尚无国际协议确定其法律地位。

2）国际条约与转化为国内法的国际条约的效力

国际条约是调整国家之间关系的法律，它只能约束国家，不能直接约束国内的机关和人民。国际条约能否直接适用于国内的自然人和法人，各国的做法不同，有不同的方式。

（1）直接承认国际条约优先适用，即使与本国的国内法相抵触。例如，法国《宪法》第55条规定：凡正式批准或公布的条约，即使与国内法相抵触，亦适用条约。

（2）只有经议会立法手续，转为国内法后才能在国内适用。例如，英国在1880年的“比利时国会号”案中，就以《英比条约》未经议会同意，不能适用英国法院为由，拒绝了比利时的赔偿请求。

（3）主张自动执行的条约优于国内法。所谓自动执行的条约，是指条约或条约中的某个条款明确表示或按其性质无须经过国内立法可以自动生效的条约。不是自动执行的条约就必须经过必要的立法补充才可以在国内适用。

正是由于各国对待国际条约的态度不同，在解决国际商事关系上，可以直接适用的国际条约和必须转化为国内法才能适用的国际条约的效力有着很大的差别。

1.2.2 国际商事惯例

国际商事惯例是指在国际商事交往中，在长期、反复的国际实践中形成并被广为接受的商事习惯规则。

1）国际商事惯例的形成

国际商事惯例是国际惯例的一种，它的形成与国际惯例有着共同之处，即要具备两个因素：一是物质因素，指在长时期内“反复”和“前后一致”的实践；二是心理因素，指为从事商行为的营业主体所接受，认为这种规则是方便、适用且符合自己利益需要的。但与国际惯例相比，国际商事惯例在形成方面又有着自己的特点。国际商事惯例的形成不像国际惯例那样严格，尽管它的形成也需要这两个因素，但它更多的是由国际性的商人组织归纳和整理国际商务活动中的某些习惯做法制定出来的；而国际惯例则要从各国政府的文件、政府官员讲话、国际法院和国内法院的判决、新闻报道以及各种外交文书、国际会议和国际组织的决议等材料中找到，没有哪一个国际性组织能够仅通过整理，就可以将一项习惯规则制定成为国家间的国际惯例。这些归纳和整理出来的商务规则，经过不断修改和补充，许多基本内容仍在当今的国际商事活动中发挥着重要的作用。

第二次世界大战后，在不断总结实践经验的基础上，国际商事惯例也不断更新，并日趋完备。例如，1936年制定的《国际贸易术语解释通则》(INCOTERMS) 历经数次修改，2020年的解释通则更加符合现代国际商事活动的需要；国际商会制定的《跟单信用证统一惯例》(2007年修订版)、《托收统一规则》等对有关各方当事人的权利、义务做了十分明确的规定。尽管这些文本都是由有关国际性民间团体或非政府组织制定的，而非官方文件，但对于减少国际商务纷争、促进国际商事关系的顺利进行起到了重要作用。

2）国际商事惯例的效力

如前所述，国际商事惯例是由非政府组织制定的非官方文件，因此，不具有当然的法律约束力，而是作为供各国商事活动中的当事人在谈判和草拟合同时参照的蓝本，可以自由采用。但这些规则一经采用，就成为对当事人各方都有约束力的法律规范，即使是国家政府机关或国有企业，只要其以一般法人身份参加国际商务活动，并在合同中约定适用某种国际商事惯例，也要受惯例的约束，履行其所约定的义务。

正是由于国际商事惯例不当然具有法律约束力，当事人在选择适用国际商事惯例时，可以对现成的规则进行修改和补充，而不必恪守国际商事惯例本来的规定，这就使国际商事惯例在适用时显得更加灵活，也使商事活动中的各方当事人更倾向于选择适用商事惯例，使国际商事惯例成为国际商事交易的重要渊源。

1.2.3 国内商事法

国际商法的主体主要是各国的自然人和法人，国家只有在特殊的情况下，才会成为国际商法的主体，这个特点决定了各国的国内商事立法也是国际商事行为的法律依据，这可以由：

1）国家的管辖权决定

一般来说，各国的国内商事立法只能约束国内的商务活动及商务行为，但由于国家依据主权原则享有属地管辖权（territorial jurisdiction）及属人管辖权（personal jurisdiction），则国家依属地管辖权可以对在本国领域内外国籍人与本国人之间、外国籍人之间的商事活动进行管辖；依属人管辖权，国家对本国人在国外进行的涉外商事活动也能够行使管辖权，从而使本国调整商事活动的法规成为国际商法的渊源之一。

2）国际商法中的契约自由原则决定

契约自由原则在国际商事法律规范中占有重要地位，当事人可以在国际商事合同中选择双方一致认可的法律规范来调整双方的商事行为，可以选用国际条约，也可以选用国际通用惯例，当然，还可以选用一国的国内立法。这种契约自由原则使国内的商事立法在调整国际商事活动中发挥了作用。

3）冲突规范指引确定

如果当事人未选择可适用的法，根据国际私法确立的一些原则，如最密切联系原则等，一国的国内商事立法还有可能因为冲突规范的指引而适用于国际商事活动。即使在商事合同中选择了可适用的法，另一国的国内商事立法也可能由于冲突规范的指引而适用。一般认为，选择适用一国的法律规范，不但包括该国的实体规范，还包括其冲突规范。这样，另一国的商事立法就可能因其冲突规范的规定而被反致适用，调整国际商事行为。

各国国内的商事立法是国际商法的重要组成部分，也是对国际条约、国际商事惯例调整国际商事活动的重要补充。由于各国的国内商事立法在近代的立法中大量地参照了国际公约和国际商事惯例，与国际上通行的商事惯例和他国的商事立法具有很大的共同性，也就易于为商事活动中的当事人所采用。同时，在国内立法中大量地采用国际惯例，把国际商事惯例从某种程度上上升为具有法律约束力的规范，也是国际商法发展的重大进步。

1.3 两大法系的商法结构与特点

1.3.1 大陆法系中的商法体系

无论是大陆法系还是英美法系，法系内部的国家之间法律结构和体制是相像的，但各国又都有各自的特点。当法律发展到现代化阶段时，法律受历史影响的痕迹已越来越不明显，且开始以积极的态度去适应现代社会的发展变化，无论这种变化的趋势是加强本国法律保护，还是全球的法律趋同化。M.格兰特曾把现代法律的特征概括为11个方面。他指出，现代法律是可修改的，它没有了神圣的固定性，只能将其视为对具体问题的实用解决方法，以适应变化的需要。在这个过程中，立法代替了缓慢的重复工作，各国的商事立法也体现了同样的特点。

1）民商合一与民商分立

在对待商法的态度上，大陆法系国家有两种做法。有些大陆法系国家把民法和商法分别编成两部独立的法典，即民法典和商法典。一些国家早期公布的大陆法典，如法国和德国的法典，就采用了民法和商法分别编制的方法。另外也有一些大陆法系国家把商法并入民法，使商法成为民法典的一个组成部分。例如，1881年瑞士债务法典，就包括民法债篇和商法债篇；1934年的荷兰法典和1942年的意大利法典都采取了民法和商法合一的形式。采取这两种做法的国家分别有自己的理由。

（1）民商合一

自从1847年摩坦尼利提出“民商二法统一论”后，得到了一些国家的响应，它们开始采用民商合一的立法模式。民商合一立法体制的形成，是为了适应社会经济条件变化的需要，是市场经济极大发展的结果，这种结果导致人的普遍商化。商法归于民法之中进行调整，其实质是两者同属于私法，在许多方面有着共同的原理。商法的主要主体是公司或企业，是民法中典型的法人形式，商主体的营业行为仅是经济生活中的一部分；而民法，特别是债权制度正是关于流通领域商品交换活动的一般规定。例如，在商法票据制度中，票据权利的设定、转移、担保及付款等都是债权制度的具体化。

在采取民商合一的国家，商法往往作为特别法，民法作为基本法，所以在立法中体现出这样的特点：

①只有民法典，不制定单独的商法典，只是根据需要制定单行的商事法规。例如，《西班牙商法典》第2条明确规定：民法是基本法，商法是特别法，缺乏专门的商法规范时适用民法。

②商事单行法只是民法的补充。多数商事法规都是民法的补充规定，是对民法没有规定的情况下所做的一种补充。例如，票据法、保险法中关于短期诉讼时效的规定，是对民法诉讼时效规定的补充；公司活动中的代理、保险行为中的代理，是对民法关于代理制度的补充。同样，商法也创设、变更了民法中的一些制度，如商业账簿、公司制度等。

总之，在民商合一的国家，民法与商法的关系就是基本法与特别法、基本法与补充法之间的关系。采用民商合一的国家有瑞士、意大利等。

（2）民商分立

在采取民商分立的国家，除民法典之外，另制定商法典调整国内的商事法律关系，商法是独立于民法之外的部门法。它们认为，民法与商法的区别表现在：

①商事关系有着与民事关系不同的主体、客体和内容。商主体是从事营利性活动的自然人、法人等，是抽象的经营性单位，不含有民法上自然人的身份特征。民事关系是民事主体的公民之间、法人之间基于民事活动发生的社会关系，不仅包括财产关系，还包括人身关系，也包括不具有有偿性质的社会关系。

②商法中所确立的一些制度，只适用于商事关系，而不适用于民事关系，如商法中的破产制度。商法中确立的许多较短的诉讼时效制度，也是针对商事关系要求更为迅捷的流通速度而特别设定的。此外，由于商行为的特殊性，许多法律形式上的要求也不一致。例如，许多国家要求民事担保必须采用书面形式，而商事担保则不做此要求（如德国）。同样，也有一些商行为的法律形式比民法要求严格得多。

③商法受习惯法和国际商业惯例影响较大。商法中的许多制度如海商法、票据法、保险法等是由商业习惯演变为成文法律的，如国际贸易术语的形成；而民法则受本国固有传统的影响，更多的是遵循原有的成文法律。

采用民商分立的国家有法国、德国、比利时、日本、西班牙、葡萄牙等。欧洲一些国家实行民商分立体制，也有历史的缘由。欧洲大陆各国在早期发展中曾经形成过为商人阶层创立的商事习惯法和商事法庭。德国学者托伦就曾指出："民法和商法的划分与其说是一种科学的划分，还不如说是一种历史的沿革，传统因素对民商分立的形式有着压倒一切的影响。"

（3）民法与商法的适用原则

①根据特别法优于普通法的原则，商法应得到优先适用，只有商法没有相应规定时，才能适用民法。

②商法中没有做出规定的事项，则应适用民法中的一般原则，如诚信原则、行为能力等。

③商法的效力优先于民法。与民法相比较，商法规定的事项并不仅限于私法，有许多规定涉及行政法、民事诉讼法、刑法等具有公法性质的内容，如公司法中的刑事处罚、破产法中的债务清偿程序等规定。

（4）我国民法与商法的关系

我国的立法采用民商合一的体制，以民法典作为基本法。随着改革开放的深入，我国商事交易的规模和数量不断扩大，商事关系也日趋复杂，迫切要求一些专门的商事规范的出台。我国从20世纪90年代起加大了对商事立法的力度，如1992年11月通过了《中华人民共和国海商法》，1993年12月颁布了《中华人民共和国公司法》（2018年重新修订），1995年6月通过了《中华人民共和国保险法》（2014年重新修订），1997年2月通过了《中华人民共和国合伙企业法》（2006年重新修订），1999年8月通过了《中华人民共和国个人独资企业法》，2004年4月修订通过了《中华人民共和国对外贸易法》（2016年重新修订）等一系列商事法律规范。目前，我国的这些商事法律规范以单行法规的形式作为民法典的补充法出现，仍然是特别法。

2）各国的商事法

在现代大陆法系国家的商法中，最具有代表性、影响最大的是法国和德国的商事法。1807年的《法国商法典》和1900年的《德国商法典》曾是许多大陆法系国家仿效的对象，大陆法系亦是以此为基础建立起来的。

（1）法国商事法

在法国，最早的商事法规应该是1673年路易十四时期制定的《商事条例》及1681年制定的《海事条例》，这两项条例为后来的商法典奠定了基础。1789年法国资产阶级大革命胜利后，制定统一的民法典和商法典是掌握了政权的资产阶级首先要考虑的问题。在拿破仑的推动下，1801年法国成立了商法起草委员会，在两项条例的基础上编撰整理，并在1807年正式颁行了《法国商法典》，其中破产篇于1838年才获得通过。

《法国商法典》是近代世界上第一部资产阶级商法典，开创了民商分立的立法先例。《法国商法典》共有四编、648条。其中，第一编为通则，设九章，包括商人、商业账簿、公司、商业交易所、票据经纪人、行纪、买卖、汇票、本票及时效等内容；第二编为海商，设四章，包括船舶、船舶抵押、船舶所有人、船长、海员、佣船契约、载货证券、租船契约、以船舶为抵押而设定的借贷、海上保险、海损、货物投弃、时效、拒诉等内容；第三编为破产，设三章，包括财产转移、破产程序、复权等内容；第四编为商事裁判，包括商事法院、商事诉讼及仲裁程序等内容。

《法国商法典》的制定标志着近代商法已经形成，且已取得了与民法同等重要的地位，对欧洲大陆法系的形成有着重要的影响。许多欧洲大陆国家受其影响纷纷制定了本国的商法典，如1811年的《比利时商法典》、1829年的《西班牙商法典》等。

《法国商法典》否定了中世纪商法只以商人作为适用对象，确立了以商行为为基础，凡实施商行为，无论其是否是商人，均适用商法，从而将商人法转变为商行为法。但法典对商行为并没有给出定义，而是通过列举方式明确了商行为的范围，主要有：客观上具有商事活动的性质且在商法典中规定的行为，如证券交易行为、动产买卖行为等；商主体基于营利性目的从事的商行为，构成此类商行为必须具备主体与行为方式两方面的要求，主要包括营业性的加工、制造、运输、娱乐、拍卖、代理、动产出租等；商主体从事的辅助性营业行为，包括商人之间的辅助性营业行为、债务清偿行为等。

由于《法国商法典》制定的时间较早，19世纪下半叶后，法国根据实践的需要开始频繁地对商法典加以修订并增加单行法作为补充，如1919年的《企业登记法》、1925年的《有限责任公司法》、1942年的《证券交易法》等。第二次世界大战后，法国又组织了商法修正委员会，进一步对商法进行了系统修正，至今，《法国商法典》仍是大陆法系商法体系的代表。

（2）德国商事法

在《法国商法典》的影响下，德国学者先后推出了几个商法草案，如1839年的《怀特门伯格商法草案》、1849年的《法兰克福商法草案》，这些商法草案与1900年的《德国商法典》相比又称为旧商法。1871年德国统一后，1874年设立了民法典起草委员会，它主要吸收了上述草案的内容，对旧商法进行了多次修改，1900年新的《德国商法典》与《德国民法典》同时生效。

《德国商法典》主要内容共有四编、四章、905条。第一编是商人，内容包括商人、商业登记、商号、商业账簿、经理权、代理权、商业使用人、代理商及商业居间人等；第二编是商事公司与隐名合伙，内容包括无限公司、两合公司、股份公司、股份两合公司和隐名合伙等；第三编是商行为，包括总则、商业买卖、行纪营业、承揽运输、仓储营运、运送营业、铁路运送等；第四编是海商，包括总则、船舶所有人、船舶共有、船长、货物运送、旅客运送、风险借贷、共同海损、海难救助、船舶债权人、海上保险和时效等。

1900年的《德国商法典》体现了较好的立法技术，在新法典中形成了新商人法主义的立法体系，以商主体作为确定商行为和商事关系的标准，形成了《德国商法典》的立法体系，这一体系表现为：首先，强调商主体资格的认定，并将其作为商法适用的一般前提，将商行为原理引入商业登记制度，以此保障商法调整范围的确定性和能够全面对一切营利性活动实施控制。其次，强调对商行为内涵的一般概括，并将之作为确定商主体商法身份的基本标准。最后，强调商法对一些商事基本原则的抽象性规定，将之作为商法总则的内容。

但是，仅通过《德国商法典》来概括德国商法是不够的，德国商法还有一些内容并没有体现在商法典中，而是以单行法的形式存在，如德国的票据法、破产法、有限责任公司法等。《德国商法典》颁布后对大陆法系国家商法的制定和完善也起了重要的作用，且形成了有别于《法国商法典》的立法例。

1.3.2 英美法系中的商法体系

英美法系的国家以英国和美国为代表，尽管两国在法律渊源等方面有许多近似之处，但在自身的发展过程中也形成了各自独特的体系，商法体系也不例外，下面我们分别加以介绍。

1）英国商事法

英国是传统的判例法国家，没有像大陆法那种形式意义上的商法，但在英国存在实质的商法。可以毫不夸张地说，大陆法系现代商法中的各项基本制度在英国法中均有类同的法律概括，这不仅表现在有关公司法、票据法、保险法、破产法等特别法中，而且表现在对商人资格、商业组织、商事合伙、商事代理等一系列的基本规定和定义概括中。

英国的商人法像大陆法系一样，也起源于中世纪的商人习惯法。但英国中世纪商法的发展比西欧大陆国家要晚，也没有像西欧大陆一样形成独立的商人法庭。这是由于英国中世纪的城市从未有过像西欧大陆许多城市一样的独立性，并且英国在中世纪时已形成了中央集权的法院系统。大约在13—14世纪时，英国的一些商业城镇建立了泥足法庭（court of piepowder），英国在1353年制定的《商品法》（Statute of Staple）确认了适用商人法的商人法庭。但进入16世纪以后，英国的普通法院和衡平法院大大扩展了它们在国内商事案件的管辖权，商人法庭趋于衰落。19世纪以来，英国在公司、合伙、破产、票据及保险等方面开始出现了一系列商事制定法，这些制定法仅仅是判例法的补充，判例法仍然居于制定法无可比拟的地位。但在公司制度和票据制度上则存在例外，以成文法为主，而判例仅在解释该成文法时才发生作用。

（1）公司法。在英国，最初是以由国王颁发特许状的形式授予公司组织法人资格，确立公司的法律地位。英国的第一部公司法是1844年的《股份公司法》，后经过了数次重大修改，英国现行的公司法包括《1848年公司法》《1967年公司法》第一和第三部分，《1972苏格兰公司法》的浮动担保和受让人部分，《1972年欧洲共同体法》第9节，《1980年公司法》和《1981年公司法》。英国公司法规定的主要公司形式有：有限公司、保证有限公司和无限公司。

（2）票据法。英国的票据法指英国1882年的《汇票法》、1957年的《支票法》、1970年的《金融法》、1971年的《银行和金融交易法》、1917年的《公证期间汇票法》及有关修订案和判例规则。1882年《汇票法》共6章，100条，主要内容包括：第一章通则；第二章汇票；第三章银行支票；第四章划线支票；第五章本票；第六章附则。1957年《支票法》共8条，主要规定了对银行兑付行为的特殊保护规则，无背书支票的效力，非票据性证券的法律准用规则等。

2）美国商事法

美国与英国同是英美法系的典型代表国家，与英国有着众多相同之处，都以商事立法作为最主要的法律渊源，英美国家虽然都有制定法，但其法律效力远不能与判例法相抗衡，法官对制定法有着较大的解释权，他可以凭以往的判例对制定法进行重新解释。

但由于美国独立较晚，对法律适用的态度更为灵活与实际，并不固守判例法的原则要求，在商事立法上也体现出自己的特点，其最大的特点之一就是大量制定法的出现和广泛适用。最典型的商事立法当属美国的《统一商法典》。如同英国一样，美国对商法的概念并非像大陆法系国家那样明确，即使其有《统一商法典》，商法也并不都在这部法典当中有所体现。美国是联邦制国家，其立法权属于各个州，根据美国宪法的规定，联邦只对有关州际或国际贸易事项有立法权，美国50多个州都有自己的商事立法。

（1）美国的《统一商法典》。美国的《统一商法典》是由美国法学会和美国统一州法律委员会合作制定的，最初公布是在1952年，以后又经过多次修改，因此，《统一商法典》不是美国国会通过的法律，只供各州自由采用。但由于该商法典详尽灵活，既保持了英美法的特点，也借鉴了大陆法的长处，因此，不仅对美国本身，对世界商法的发展也产生了巨大的影响。现在，除保持大陆法系传统的路易斯安那州外，其他各州均已通过州立法适用了这部商法典。《统一商法典》大体上依货物买卖的进行顺序依次相应对所要涉及的法律关系进行了规定，法典共10章，37节，除第一章总则、第十章生效日期和废除令外，其余各章的内容见表1-1。

表1-1　美国《统一商法典》主要内容

货物买卖合同	第二章买卖
支付手段	第三章商业票据；第四章银行存款与收款
对支付进行担保	第五章信用证
货物运输与仓储	第六章大宗转让；第七章货栈收据、提单及所有权凭证
相关其他	第八章投资证券；第九章担保交易、账户、动产票据的出售

（2）商法的其他内容。商法中的很多其他内容，《统一商法典》并没有反映，如公司法、保险法等，它们也是由判例法和制定法组成的。公司法在1795年北卡罗来纳州首先制定后，其他各州相继制定本州的公司法，各州的公司法不尽相同。1928年和1950年美国有关社会团体起草了《统一商事公司法》和《标准商事合同法》，向各州议会推荐，其中《标准商事合同法》已被30多个州部分采用或修改后采用。它对其他州制定公司法也有着较大的影响。美国的各州也都有自己的保险法，其中最为典型的是纽约州制定的《保险法》，是其他州立法的典范。

本章小结

1.国际商法是调整跨越国界的商事关系的各种法律规范的总称，国际商法的国际性既包括商主体的国际性，也包括商行为的国际性。国际商法与其他法律部门相比，有着不同的特点，它具有技术性、迅捷性及国际性，是在国际商事交易中最为广泛适用的法律规范。

2.国际商法的渊源包括国际条约、国际商事惯例与各国国内的商事立法。

3.国际商法的历史具有特殊性，它由中世纪的跨国性向国内法发展。随着近年国际商事交易的发展，它又重新具有了国际性的特点。

4.国际商法与国际公法、国际私法、国际经济法及各国国内商法有着密切的联系，但又不同于上述法律关系，从法律关系的主体、客体到法律关系的内容均有着自身的体系，是独立的、完整的法律学科。

5.两大法系对商法的规范不同，是由两大法系的历史特点决定的。即使是在同一法系内部，商法的法律地位也不同。尽管如此，各国商法在具体规范方面的差异还是相对较小的。

思政目标

通过对国际商法的历史、渊源以及两大法系的商法结构与特点的学习，能够了解国际商法概述，坚定中国法律文化与法律制度的充分自信，自觉维护社会主义法治原则，以实际行动弘扬社会主义核心价值观，为构建人类命运共同体贡献智慧和力量。

主要概念

国际商法　国际条约　国际商事惯例

综合训练

一、判断题

1.国际商法包含在国际公法的范围之内。（　）

2.国内商法是国际商法的最主要渊源。（　）

3.国际商法的特征是近年随着经济一体化的发展才出现的。（　）

4.国际商事惯例具有法律约束力。（　）

5.德国商法采用民商分立的立法模式。（　）

二、选择题

1.在下列法律部门中，与国际商法关系最密切的是（　）。

A.国际私法　B.国际公法　C.国际经济法　D.国内商法

2.下列属于民商合一立法模式主张的理由是（　）。

A.从事营利性活动的自然人、法人等，是抽象的经营性单位

B.民事主体的普遍商化

C.受国际商事惯例影响较大

D.有一些特有的法律制度

3.其本国的商法典不具有法律效力，但对本国的商法影响较大，这个国家是（　）。

A.法国　B.英国　C.德国　D.美国

三、简答题

1.简述国际商法的发展历史。

2.简述美国商法的特点。

3.试述在普通法系中，如美国，其判例的拘束力的表现。

4.结合实际，谈一下对国际商法特点的认识。

5.怎样判断国际条约的效力?

6.国际商事惯例具有怎样的效力?

7.思政思考题：试讨论中国民商事法律制度受大陆法系的影响大，还是受英美法系的影响大。（提示：从本质上看，法律是一种文化，法条也是一种文化，因为其被文化所影响，被文化所构筑，被文化所决定。各国民商事法律的冲突源于经济、文化的冲突。两大法系中的文化因素对中国民商事法律制度具有怎样的影响，是需要思考的第一个问题；如何弘扬中国文化，坚持中国文化自信，扩大中国法律的影响力及国际话语权，是需要思考的第二个问题。）

四、案例分析题

某年8月，中国某经贸公司与日本某公司签署了一份货物买卖合同，双方约定了货物价格及运输条件，后双方发生纠纷，在适用何种法律来解决纠纷方面也产生了分歧：日本公司认为双方价格条件的约定基本上是依据《国际贸易术语解释通则》中的FOB贸易术语签订的，而最新的贸易术语解释通则在2020年进行了修订，因此，应适用2020年通则；而中方公司则主张应适用合同的签订地及履行地法律，即中国的《民法典》。请问：双方应如何解决这一纠纷?

第2章

商事组织法

商事组织是国际商事交易中最重要的主体，一切国际商事法律关系都是通过商事主体来建立并完成的，不同的国际商事组织在国际商事关系中扮演着不同的角色，发挥着其他的商事主体所无法替代的作用。本章将重点论述以下问题：各商事组织的特点及相互关系、转换的条件；各商事组织的概念、作用、内容及本质特征，股份有限公司的管理机构及发展的新特点；采用各种商事组织形式的条件、策略；各商事组织的内在差别；各商事组织在国际商事法律关系中的地位。

2.1 合伙法

2.1.1 合伙的概念与特征

合伙是指两个或两个以上的合伙人为了经营共同的事业，共同出资、共享利益、共担风险而组成的商事组织。

合伙是商事组织形式的一种，由于合伙组织成立的手续比较简便，经营方式也比较灵活，所以是很多中小投资者愿意采取的一种经营方式。在各国的经济制度中，合伙组织也发挥着其他商事组织无法替代的作用。英美法系国家关于合伙的立法一般是以单行法的形式出现的，英国现行的合伙法是由《1890年合伙法》和《1907年合伙法》组成的。美国的合伙法属于州法，为了统一各州的合伙法，美国的统一州法全国委员会在1914年起草了《统一合伙法》和《统一有限合伙法》两部标准法，并已得到大多数州的采用。大陆法系国家一般将合伙法放在民法典或商法典中加以规定，如德国、日本、法国等国家，我国在1997年通过了单行的《中华人民共和国合伙企业法》(2006年8月27日修订，2007年6月1日起施行)，表明我国也非常注重对合伙组织的立法。

与其他的商事组织相比，合伙组织具有以下法律特点：

1）以合伙协议为成立基础

合伙组织以合伙人自愿达成的合伙协议为成立的基础，无论合伙协议是书面的还是口头的，合伙协议是合伙人之间建立合伙关系、确立各合伙人的权利义务，以及设立合伙组织的前提，是联结合伙人之间关系的纽带。因此，合伙关系的性质，也被认为是契约关系，合伙契约对合伙人的共同经营、利益分配进行了约定，各合伙人则通过合伙契约建立起了伙伴关系。这种契约与买卖、租赁等契约不同：买卖、租赁等契约的当事人订立契约的目的各不相同，互相履行达到各自的目的；而合伙契约则是为了达到共同的目的而签订的。

2）合伙组织由合伙人共同出资、共同经营

合伙人共同享有和承担合伙的权利与义务，各合伙人均既是出资者，也是经营者，在合伙组织中具有相同的地位，共享合伙的收益，共同承担合伙经营中所遇到的风险。合伙人原则上具有平等参与合伙事务管理的权利，每个合伙人都可以对合伙事务进行干预，除非合伙协议有特别的约定，每个合伙人都有权对外代表合伙组织从事合伙业务活动。正是由于合伙组织的这一特点，合伙组织不能像其他商事组织那样委托他人经营，也不能像独资企业那样进行独自经营，从而使合伙具有特定的经济法律关系。

3）合伙人对合伙组织的债务承担无限连带责任

合伙组织一般也被称为“联盟”，即合伙成员必须为合伙债务承担无限连带责任。当合伙财产不足以清偿合伙债务时，各合伙人对未清偿的那部分合伙债务承担连带清偿责任，即债权人有权请求任何一位合伙人履行合伙的全部债务，合伙人也将以个人所有的财产为合伙债务承担清偿责任，而不以出资为限。但事后该合伙人可以依合伙协议，就其多承担的部分向其他合伙人进行追偿。

合伙是“人”的组合，通过合伙契约，合伙人建立起一个为实现共同目的而进行活动的实体，因此，合伙人的死亡、破产或退出，都可能影响合伙的存续。合伙企业通常不具备法人资格，这是由其最基本的法律特点决定的，即其不是独立的民事主体，合伙人对合伙的债务要承担无限连带责任。

2.1.2 特殊合伙

一般来说，凡具备以上特点的合伙，都被称为普通合伙，但在合伙实践中，有很多除具有以上特点外，其本身还具有更为特殊性质的合伙，即虽为合伙，却有着一些与以上普通合伙截然相反的特点，这种合伙被称为特殊合伙。特殊合伙主要有：

1）隐名合伙

隐名合伙指当事人约定，一方对合伙所经营的事业出资，不参与合伙的经营管理，但分享合伙营业所得的收益，分担合伙所受损失的合伙类型。隐名合伙为大陆法系所特有。这种经济形式起源于意大利港口实行的康敏达（Commenda）契约，采取这种契约形式是为了规避当时教会禁止利息的命令，出资者因不参与经营而承担有限责任，航海商人从事海外贸易承担无限责任，盈利按约定的比例分配，出资者的名字隐于经营活动之后。《德国商法典》在第二编中专门对隐名合伙进行了规定，出资的一方为隐名合伙人，经营合伙的人为营业人，隐名合伙人的责任与其他合伙人一样，只不过他不为外人所知晓，不直接对外承担债务责任，当然合伙人也可以在合伙合同中规定，隐名合伙人不参加损失分配。①

隐名合伙的特点是隐名合伙人的出资归入营业中的营业财产，隐名合伙人分享合伙

① 德国商法典［M］. 杜景林，卢谌，译. 北京：中国政法大学出版社，2000：67.

的利润，分担合伙的损失，但并不参加营业；隐名合伙人也无权对外代表合伙组织与第三方发生权利义务关系，无权干涉合伙组织的内部事务。隐名合伙的特殊之处在于隐名合伙人的出资，隐名合伙人只能以金钱或实物出资，而不能以信用或劳务出资，对于合伙组织的债务，隐名合伙人以其出资为限承担责任。

2）有限合伙

合伙的形式一般分为普通合伙、有限合伙。普通合伙由普通合伙人组成，合伙人对合伙债务承担无限连带责任。现行的《中华人民共和国合伙企业法》还规定：以专业知识和专门技能为客户提供有偿服务的专业服务机构，可以设立特殊的普通合伙企业。

有限合伙指一名以上普通合伙人与一名以上有限合伙人组成的合伙形式。有限合伙是相对于无限合伙而言的。无限合伙指全部合伙人对合伙债务承担无限责任的合伙。在有限合伙中，普通合伙人执行合伙事务，对外代表合伙组织，对合伙债务承担无限连带责任；有限合伙人则不执行合伙事务，按出资比例享受利润和分担损失，对合伙债务承担有限责任。

2.1.3 合伙的成立

1）合伙协议

合伙协议是合伙组织成立的必要条件，由于多数国家并不赋予合伙以法人资格，合伙协议就成为合伙成立、合伙人享有权利和承担义务的重要依据，如《日本民法典》规定“合伙契约，因各当事人约定出资以经营共同事业，而发生效力”，即合伙依合伙契约中合伙人的一致意思表示而成立。《中华人民共和国合伙企业法》规定：合伙协议依法由全体合伙人协商一致，以书面形式订立；合伙协议经全体合伙人签名、盖章后生效；合伙人依照合伙协议享有权利，承担责任。

而在把合伙视为法人的国家一般规定，在合伙协议订立后，可以再制定章程，章程可以是协议本身，也可以是协议的具体化或补充条款，如《法国民法典》规定：“合伙章程应以书面形式订立。章程除规定每个合伙人应交纳的份额外，还应规定合伙的形式、目的、名称、合伙所在地、合伙资金及合伙期限及进行的方式。”在英美法系国家，即使合伙人之间没有明确的合伙协议，法院也可以依据一定的条件判定当事人之间存在合伙关系，这种合伙被称为“事实上的合伙”。在判定事实上的合伙是否存在时，法院一般考虑以下几个因素：一是合伙人是否按出资比例或约定分享利润，分担损失；二是合伙的财产是否归合伙人共有；三是合伙人是否在合伙组织的经营管理中享有同样的权利。

2）合伙的登记

对于合伙的登记，各个国家有不同的态度，有的国家要求合伙组织必须履行登记手续，如《中华人民共和国合伙企业法》规定：合伙企业应向国家登记机关申请设立登记，登记机关做出是否登记的决定，对于符合条件的予以登记，发给营业执照。合伙企业的营业执照签发日期为合伙企业的成立日期。《法国民法典》规定：“除隐名合伙以外的合伙，自登记之日起享有法人资格。”《德国商法典》虽然没有对合伙的登记做出直接规定，但法律的规定使当事人必然选择登记成立的方式。《德国商法典》规定，如果合伙没有登记而进行了某项商事活动，它即可从此时存在。但对于第三人来说，在登记以前，合伙不能以合伙的事实存在来对抗第三人，合伙只有在登记后才视为存在。很显然，不登记对合伙企业是不利的。英美国家则不同，法律并不要求合伙必须登记，只要合伙协议已经签订，资金已经到位，即认为合伙成立。

无论在名称上，还是在人数上，各国一般都对合伙的成立有一定的限制，如英国《合伙法》规定，合伙组织的商号应以普通合伙人的姓氏命名，在姓氏之后，加上“商号”或“公司”字样，但不得带有“有限”字样，否则将予以罚款。各国合伙法一般也规定，合伙的人数应在两人以上，美国的合伙法规定合伙应是两人或多人以上的联合的营利性组织。《中华人民共和国合伙企业法》规定，合伙企业应具备的条件之一就是有两个以上的合伙人。英国《合伙法》还对合伙人数的上限做了规定，如规定除律师、会计师、证券批发商、专利代理人、检验师、精算师、咨询工程师或建筑工程师组成的合伙外，其他合伙组织的成员不得超过20人。

2.1.4 合伙的内部与外部关系

合伙的内部关系指合伙成员之间的权利义务关系，合伙的外部关系指合伙组织与第三人之间的关系。

合伙组织的内部关系主要涉及合伙组织的事务执行、经营管理以及损益分配等问题。事务的执行指为实现合伙设立的目的而进行的各种业务活动的具体实现。合伙与其他商事组织不同，它没有代表企业意思表示的专门机构，原则上，每一个合伙人均有权执行合伙事务，代表合伙组织对外进行业务往来。《德国民法典》规定，合伙事务由合伙人共同执行。英国《合伙法》规定，每个合伙人均可以参加合伙组织的经营管理活动。合伙人均可参加合伙事务的执行，在实践中必然会出现意见不一致的情况，因此各国合伙法规定，合伙可以委任合伙的一人或数个合伙人作为合伙的执行代表，一项业务的执行应取得全体合伙人的同意。如果合伙人对该项业务的执行有异议，则应终止执行，然后由合伙人过半数表决决定。同时，合伙人应对合伙事务的执行认真负责，《德国民法典》中要求，合伙人履行其负担的义务，应与处理自己的事务一样关切。《中华人民共和国合伙企业法》也规定，合伙执行人不得从事损害合伙企业利益的活动，不得自营或与他人合营与合伙企业相竞争的业务，除合伙协议另有约定或经全体合伙人同意外，也不得与本合伙企业进行交易。经全体合伙人同意，合伙组织也可以聘任合伙人以外的人担任合伙企业的经营管理人员。合伙企业的利润分配、亏损分担，按合伙协议的约定办理；未约定或约定不明的，由合伙人协商决定，协商不成的，合伙人按照出资比例分享合伙的利润，分担合伙的损失。合伙人对合伙债务承担无限连带责任，偿还合伙债务超过自己应承担的份额时，有权向其他合伙人追偿。每一合伙人都有权了解、查询有关合伙经营状况的各种情况，有权随时查阅合伙企业的账目并质疑。如果未经其他合伙人同意，以合伙组织的名义进行非正常业务的交易，其所得收益归合伙组织，亏损则由其个人承担。有限合伙人不能执行合伙事务，不得对外代表合伙企业，但可以同本有限合伙企业进行交易，可以自营或合作经营与本有限合伙企业相竞争的业务，但合伙协议另有约定的除外。

合伙组织的外部关系主要涉及合伙组织的对外代表权、合伙组织与第三人之间的债务关系等问题。无论合伙的内部关系如何，合伙对外是以一个整体与第三方发生法律关系，正确处理合伙组织与第三人之间的关系，有利于保护善意第三人。各国法律一般都规定普通合伙人之间对第三人适用相互代理原则，即每个普通合伙人作为其他合伙人的代理人，合伙组织的合伙人在处理合伙业务时，除非有明确的反证，都会被认为有合伙组织的默示授权。

合伙人在执行合伙业务中侵犯了他人权益的，由合伙人承担赔偿责任，合伙的债务应首先以合伙财产清偿，合伙财产不足的，由合伙人承担清偿责任。对合伙人是否承担无限连带责任，各国的规定有所不同，《德国民法典》规定合伙人对合伙债务承担无限连带责任，合伙财产不足以清偿共同债务时，各合伙人应按照对亏损负担的比例分担债务，如果一合伙人无力承担应负担的债务，其余合伙人应按比例承担这部分债务。这种规定考虑到了合伙人内部财产的共有关系和共同经营关系，每一个合伙人均负有清偿全部合伙债务的义务。而《日本民法典》则只要求合伙人承担无限责任，不要求承担连带责任，合伙债权人在债权发生时不知合伙人的损失分担比例时，可以对各合伙人就同等部分行使权利。

2.1.5 合伙的解散

合伙的解散是指合伙组织因某些法律事实的发生而使其民事主体资格归于消灭的情形。合伙组织的解散一般有三种情况：一是协议解散，指合伙人依协议决定自愿解散。二是依法解散，依照法律的规定也可以发生合伙组织的解散情形。例如，法律规定，合伙组织有下列情形时，应当解散：合伙协议约定的经营期限届满，合伙人不愿继续经营的；合伙人不具备法定人数的；合伙协议约定的合伙目的已经实现或无法实现的；因发生某种情况，使合伙所从事的业务活动为非法的。三是强制解散，指法院根据有关申请，强制命令合伙组织解散。

合伙解散必然导致业务终结，债权债务清算。合伙人可先推举清算人，了结合伙组织尚未终结的事务，清缴所欠税款，清理债权债务，并处理合伙组织清偿债务后的剩余财产。合伙组织的清算结束后，清算人应编制清算报告，经全体合伙人签字、盖章后，报送国家相应机关登记后，合伙组织消灭。合伙组织的主体资格为了清算的需要，一直存续到清算结束为止。

2.2 公司法

公司是当今国际社会最重要的商事组织形式之一，是以营利为目的的法人，公司法是规定公司设立、组织、经营、解散、清算以及调整公司内外部关系规则的总称。现代公司的一个重要特征就是，公司是一个法人团体，是一个完全区别于组成该团体成员的法律实体。中世纪的时候，有法人地位的团体已经出现了，主要是一些经皇室特许而组成的牧师会、寺院或自治城市一类的宗教团体或公共组织，到了17世纪初，在英国和荷兰正式出现了有法人地位的商业公司，它们经皇室特许，经营外贸业务，典型的如

1600年成立的东印度公司和1602年成立的荷兰东印度公司。一般认为，公司的历史是由合伙向无限公司、两合公司发展，然后再到股份有限公司及有限公司。

2.2.1 公司的基本法律问题

对于公司的概念，各国法律采用的表述方法不同，一般认为，公司是依法定程序成立，以营利为目的的社团法人。

公司具有以下几方面的法律特点：首先，公司是社团法人，这是公司与合伙最根本的区别。公司属于法人，是以营利为目的的商事组织，在法人的类别中还存在不以营利为目的的法人，如国家机关法人等，这种不以营利为目的的法人不是公司。公司的另一重要特点是，公司拥有独立的财产，股东将自己的财产投资后，一经移交公司，股东即丧失了对其财产的直接支配权，这些财产属于公司所有，股东的出资就成为公司的独立财产。公司的财产与股东的个人财产在法律上是分开的。由于公司拥有自己独立的财产，因此就可以公司的名义对公司的债务独立承担责任。在一般情况下，以公司的资产为限对外承担责任。此外，公司还可以自己的名义享受其他权利，可以起诉、应诉或参与其他法律活动。

2.2.2 各国的公司法简介

一个国家立法模式的选择，不仅受到法律内容的制约，还受到其立法传统、立法体系以及社会发展的影响，具有可变性。公司法也不例外，各国的公司法有着较大的差异，表2-1是对几个主要国家公司法的简单介绍。

表2-1 几个主要国家公司法简介

法国公司法	1.法国属于民商分立的国家，公司法属于商法的范畴 2.法国第一部近代公司立法是1807年的《法国商法典》；1867年法国颁布了《公司法》，对公司制度做了专门的规定 3.由于《法国商法典》制定得较早，而有限责任公司出现得又较晚，法典中规定的公司类型不全，因此，在1925年又制定了单行的公司条例《有限公司法》，正式承认了有限公司的法律制度 4.在1966年，法国又制定了统一的《商事公司法》
德国公司法	1.德国也属于民商分立的国家，公司法属于商法的一部分 2.最早在1861年颁布的《德国普通商法典》（旧商法典）中对有关商事公司的内容做了规定，1892年颁布了单行的《有限公司法》，1897年进行了修改 3.1937年颁布的《股份法》取代了《德国商法典》中对股份有限公司和股份两合公司的规定，确立了德国的公司法制度
英国公司法	1.英国最早在1720年实施了有关公司制度的《布伯尔法》（Bubble Act 1720），1825年后，相继颁布了一系列单行的公司法规 2.1862年，英国首次颁布了以《公司法》命名的法律，此后，《公司法》经过了数次修改 3.1944年，英国制定的《合作股份公司法》确立了公司发起人数、法定资本注册、保护投资者利益三个原则，这三个原则至今仍是各国公司法的重要内容 4.英国加入欧洲经济共同体（现欧盟）后，根据欧洲公司法指令及欧盟理事会新的《关于欧洲公司法规范》生效后（2004年10月），对公司法做出了进一步的修改
美国公司法	1.美国联邦议会没有公司法方面的立法权，各州有公司法的立法权 2.美国统一州法全国委员会和美国法学会分别在1928年和1950年制定了《统一公司法》和《示范公司法》，尤其是美国法学会制定的《示范公司法》，对各州的公司立法影响较大，经过6次修改，1984年的新版本《示范公司法修正本》在短时间内得到了许多州的采用

2.2.3 公司的种类

1）无限公司

无限公司（unlimited company）是指由两个或两个以上的股东组成，全体股东对公司债务承担无限连带清偿责任的公司企业。无限公司是一种古老的公司形式，最早可以追溯到中世纪时期意大利地中海沿岸的家族商业团体，中世纪后期发展成为一种社会性的公司企业。无限公司的成立较为简单，根据各国公司法的规定，只要由两个以上的股东协商一致订立章程，依法申请登记后即可成立。如果公司的股东仅剩一人时，公司即应解散。

无限公司具有以下法律特征：

（1）无限公司的股东对公司债务承担无限连带责任。其必须以股东的全部财产对公司的债务承担清偿责任，而不以其所认缴的资本为限。当公司的资产不足以清偿公司债务时，股东应以自己的个人财产进行清偿。同时，无限公司的股东对公司的债务也要承担连带的清偿责任。公司内部的股东之间免除责任的约定，对公司的债权人不发生法律效力，股东对公司债务所承担的责任也不受其在公司内部所应分担的份额的影响。公司的债权人可以对全体股东或只对其中一人提出清偿要求，其必须对公司的全部债务进行清偿。

（2）股东应为自然人。无限公司的股东应为自然人，公司不能作为无限公司的股东。其原因首先是因为无限公司的信用主要建立在股东个人的信誉上，而不是建立在公司的资本之上，股东甚至可以自己的信用出资；再者，无限公司要求股东对公司债务承担无限连带责任，包括个人的全部资产，这也是只能由自然人做无限公司股东，而不能是法人的重要原因。

（3）股东直接参与公司的经营管理。无限公司的股东对公司的债务承担无限的连带责任，因此公司的盈亏对股东的影响很大，一般各国的法律均规定无限公司的股东有权直接参与公司的经营管理。正因为无限公司的股东对公司有直接的管理和监督权，对公司的经营秘密非常熟悉，因此，各国法律一般都有对股东竞业禁止的规定，即无限公司的股东不得为自己或为他人从事与公司相同的业务，也不得为自己或他人进行与公司相竞争的营业行为，以保证公司整体和其他股东的利益。

2）两合公司

两合公司（company organized by limited and unlimited shareholders）*是指由承担无限连带责任的无限责任股东和承担有限责任的有限责任股东共同组成的公司。*其中无限责任股东对公司拥有经营管理的权利，有限责任股东对公司的债务责任仅以出资额为限，无权管理公司。两合公司实际上是一种无限公司和有限公司的组合形式，这种商事组织形式只出现在大陆法系，英美法系国家将两合公司视为合伙，不赋予其法人资格。

两合公司具有以下法律特征：

（1）具有有限公司和无限公司的双重性质。两合公司是由一人以上的有限责任股东和一人以上的无限责任股东组成的公司，无限责任股东以个人信用为基础，可以信用或劳务出资，具有“人合公司”的性质，有限责任股东以出资额对公司承担责任，具有“资合公司”的性质，因此，被称为两合公司。如果由于某种原因，两合公司变为由一种股东组成的公司，则公司要解散或改变性质。

（2）不同性质的股东所享有的权利不同。无限责任股东享有公司的经营管理权，对外可以代表公司进行经营活动，而有限责任股东则无权直接参与公司的经营管理，更不能直接代表公司对外进行业务活动。在转让其所拥有的出资时，无限责任股东必须征得其他股东的一致同意后，才能进行转让，而有限责任股东则无须取得其他股东的一致同意。

（3）法律地位更接近于无限公司。尽管两合公司具有双重性质，但其法律性质更接近于无限公司。大陆法国家的法律一般都规定，除有关有限责任股东的规定以外，两合公司的其他事项都适用有关无限公司的规定。各国法律对有限责任股东的责任也进行了一定的限制，以避免其不稳定性，一些国家，如法国，在商法典中规定有限责任股东不能经营管理公司业务及对外代表公司，否则将承担无限责任。

3）股份两合公司

严格地说，股份两合公司属于两合公司的一种特殊形式，是指由有限责任股东和无限责任股东组成的，将有限责任股东的资本划分为等额股份的一种公司形式。

股份两合公司的股东由两部分组成：一种是承担无限责任的无限责任股东，一种是以股份化的出资额为限对公司债务承担责任的有限责任股东。股份两合公司将资本划分为等额股份后，发行股票，公开招股，有限责任股东组成股东大会，并选举出监察人，对公司的业务进行监督。

4）有限责任公司

有限责任公司（limited liability company），法语的简称为SARL，指由一定数量的股东组成的，由股东共同出资，以其所认缴的出资额为限对公司承担有限责任，公司以其全部资产对公司债务承担责任的企业法人。

有限责任公司的法律特点有：

（1）股东人数受法律限制。各国法律一般都对有限责任公司的股东最高或最低人数做出了限制性规定。例如，《日本公司法》规定，有限责任公司的股东人数不得超过50人。没有对股东最低人数做出规定的国家一般都承认“一人公司”的存在。规定了股东最低人数的国家，也对由于其他原因导致股东人数降至2人时公司的法律地位做出了具体规定，如规定公司为1人时应解散，或由其对公司债务承担无限责任。

（2）股东负有限责任。从本质上讲，有限责任公司属于一种资合公司，因此，股东一般以其出资额为限对公司承担责任。如果公司破产，债权人无权要求股东以个人资产清偿公司债务。

（3）不公开发行股票。有限责任公司属于封闭公司，股东有最高人数的限制，所有的公司资本由发起人全部认购，出资额由股东自己确定，不得向公众发行股票募集资本，股东所持的股票也不能上市交易或自由转让。有限公司的股东转让出资必须经公司同意，并到公司登记机关进行变更登记，其他股东在同等条件下有优先购买权。

5）股份有限公司

股份有限公司，也称为股份有限责任公司（company limited by shares），美国称为“share corporation”，指由一定数目以上的人组成的，其全部资本分为等额股份，股东就其所认购的股份为限对公司承担责任的公司。

股份有限公司作为一种重要的公司形式，与其他公司形式相比有着以下几方面的特点：

（1）股份有限公司是典型的法人组织。法人是在法律上虚拟的人格，它以该实体能够独立承担责任为成立的前提，股份有限公司拥有完备的组织机构和完全独立的财产，有能力以其全部资产承担法律责任，具有法人所必须具备的全部法律特征。对于无限公司、两合公司，有些国家并不承认它们的法人地位，但对于股份有限公司，各国立法均将其认定为法人。

（2）股份有限公司将全部资本分为等额股份。公司的全部资本分为等额的股份，每一股的权利是均等的，尽管各国对公司的最低资本额有限制，但对股份有限公司的最高资本额并无限制，占有最多股份的人就是出资最多的股东。

（3）股份有限公司可以公开发行股票。与有限公司不同，股份有限公司可以面向公众公开发行股票，来筹集公司的资本，股份有限公司所发行的股票也可以在证券市场上自由流通，任何人均可以在证券市场上购买股票，成为该股份有限公司的股东。公司的股东以其认购的股份对公司承担有限责任。

2.3 有限责任公司

有限责任公司兴起较晚，德国在1892年制定了《有限责任公司法》后，欧洲各国纷纷仿效，有限责任公司这种商事组织形式由此得到了迅速的发展。目前这种公司形式已是各国采用最多的一种商事组织形式。有限责任公司是一种封闭公司，即公司的股东拥有公司的全部股票，公司股票不在市场上自由流通，也不能强迫多数参股人接受一个新的参股人。

2.3.1 有限责任公司的设立程序

有限责任公司的设立相对于无限公司而言，要更复杂一些，一般包括以下程序：

1）发起人发起设立

相对于发起设立而言，募集设立是通过向公众发行股票筹集资本设立公司的一种方式，由于有限责任公司不能向公众募集资本，因此，只能采用发起设立的方式。设立任何公司都要有发起人，负责公司成立前的发起和筹办事宜。在不同的国家，对发起人的含义有不同的认识。一般来说，在大陆法系国家，发起人是指制定公司章程，出资并认购公司股份，筹办公司成立事务，并对公司成立前的行为负责的人，发起人就是公司成立后的股东。而在英美法系国家，如美国，并不要求发起人向公司出资或认购股份，而仅仅是筹办公司设立事务的人。有限责任公司的发起人应对公司的前景做出可行性的判断，防止盲目设立公司。各国对发起人的人数一般限制在2~50人，如法国、比利时等国家。我国2005年修订的《中华人民共和国公司法》也做出了限制的规定，规定有限责任公司应由50个以下股东出资设立。我国2014年3月1日起施行的《中华人民共和国公司法》第24条规定："有限责任公司由50个以下股东出资设立。"同时，允许设立1人有限责任公司。另外，还对国有独资公司进行了特别规定。2018年10月26日通过的新《中华人民共和国公司法》与2014年《中华人民共和国公司法》的规定基本一致。

2）订立公司章程

由全体股东一致同意订立章程，是各国规定有限责任公司成立的必备条件，公司章程的内容一般应包括：公司的名称和地址，公司的名称中应写明"有限"或"有限责任"的字样；公司的经营范围；股东的姓名或名称及其住所；公司的注册资本总额、股东的个人出资额及出资方式；盈余及亏损的分配比例和标准；股东转让出资的条件；公司的机构、产生办法、职权及议事规则；公司公告的方式；公司的解散事由及清算方法；订立章程的日期等。除此之外，股东全体一致同意的其他事项也可以写进公司章程，如公司会议的召集及表决办法，公司的存续期间等内容，但不得与国家的现行法律相违背。

3）缴纳出资

在有限责任公司的章程订立后，股东即应缴纳在公司章程中规定各股东所认缴的出资额。在有限责任公司成立后，公司应向股东签发出资证明书。股东的出资可以是现金，也可以是实物或其他的财产权，如果股东以实物、工业产权或土地使用权出资的，应依照所在国的法律规定，办理财产权转移的手续。对于在公司成立前，股东是否必须缴清所有的出资额，各国的规定和做法不完全相同。多数国家规定，在公司成立前，股东必须认缴其所同意缴纳的出资额。但也有一些国家对此没有做出硬性要求，如德国、意大利，股东的出资可以在公司成立后分期缴纳。如果没有缴足出资，并不影响公司的成立，但德国公司法同时也要求股东在公司成立前所认缴的出资不应少于其所认缴的出资总额的1/4。《中华人民共和国公司法》规定：股东应当按期足额缴纳公司章程中规定的各自所认缴的出资额。

4）登记

公司在订立章程、认缴清出资并经过法定的检验机构验资后，应向国家公司登记机关申请设立登记。申请登记应提交设立登记的申请书、公司全体股东一致同意订立的公司章程、缴足出资的证明书等证明文件。如果有以实物或其他财产权出资的股东，还应提交该股东的姓名、财产的价格、估价方法、数量等文件。经公司登记主管机关对所提出的申请依法进行审查后，核准给予登记，公司即成立，取得法人资格。

2.3.2 有限责任公司的组织机构

由于有限责任公司的人数和资金受到限制，因此，公司的规模一般都比较小，公司的组织机构也相对比较简单，一般包括以下机构：

1）股东会

公司的股东会由所有的股东组成，多数国家的法律规定，有限责任公司的股东可以是自然人，也可以是法人，可以是本国国民，也可以是外国国民，可以是完全行为能力人，也可以是限制行为能力或无行为能力人。但如果是限制行为能力人或无行为能力人，则不能成为公司的发起人股东。股东资格的取得方式可以分为原始取得和继受取得。原始取得指在公司成立时，认缴公司资本或出资筹办公司而取得公司股东资格的方式；继受取得指通过受让、继承、认缴公司成立后增发的资本或通过公司合并等行为而取得股东资格的一种方式。

股东会是公司的最高权力机构，也是公司的决策机构。但股东会并不能对外代表公司，也不能对内执行业务，股东会不是公司的常设管理机构，一般是通过召开定期会议或临时会议的方式来行使权力。有限责任公司应设立股东会，股东会通过定期会议（一般是一年一次）来决定公司的股息方案，审查批准公司的年度报告、资产负债表、利润表，任命公司的董事等事项。股东会也可以召开临时会议，在一定数量的股东、董事或监事的提议下，就可以召开临时的股东会，如《法国公司法》规定，代表参股人数的1/4和资本份额1/4的一个或几个参股人或代表资本半数份额的参股人也可以要求召开股东会议。股东会通过决议的方式对公司的重大事项做出决议，一般分为普通决议和特别决议。普通决议的成立条件比较简单，只要代表资本过半数的股东同意即可，而对于特别决议，各国公司法规定的成立条件比较严格，规定要求资本达到3/4以上的股东同意或全体股东的3/4以上同意才可以成立。

2）董事会或经理

有限责任公司设立董事会或经理作为公司的执行机构，负责公司的业务管理，是公司常设的经营决策机构。董事由股东会选举和罢免，在不设立股东会的公司，董事由股东委派，董事会向股东会负责并报告工作。随着经济的发展，董事会的职能在不断增强，以便能够高效、集中地行使权力，保证公司的效益，而股东会的职能则明显减弱。

各国法律对公司的董事会人数的规定各不相同，有的国家规定，资本额较小的公司可以只设一名董事，不设董事会；资本额较大的公司可以设3名以上的董事组成董事会，并设立董事长1人主持董事会的工作。2018年《中华人民共和国公司法》规定：有限责任公司设立董事会，其成员为3～13人，董事会设董事长1人，可以设副董事长。股东人数较少或者规模较小的有限责任公司，可以设1名执行董事，不设董事会。董事会和董事长可以对外代表公司，开展公司的经营活动。关于董事的资格，随着董事会管理职能的加强，越来越多的国家并不要求董事一定要具有股东资格，更主要的衡量标准是该董事是否更适合经营管理公司，为公司创造更大的效益。如德国有关法律规定，董事由公司成员在公司的成员会上根据公司章程任命，董事可以是也可以不是公司的成员，董事可以随时由公司的成员会议罢免，对不合理的罢免，董事可以提出损害赔偿。对于董事的任职期限，《中华人民共和国公司法》规定，董事任期由公司章程规定，但每届任期不得超过3年，董事任期届满，连选可以连任。在法国，公司法并没有限制经理任职的期限，在公司章程没有相反的规定时，其任职期限为公司的存在期限，但董事在任职期间可以辞职或被免职。如果董事因为被公司撤职而使本人遭受了损失，他有权要求公司给予赔偿，但是，即使公司对该董事的撤职没有正当理由，被撤职的董事也没有要求公司或参股人让他复职的权利。

董事会一般可以行使下列职权：负责召集股东会，向股东会报告工作；执行股东会的决议；制订公司的经营计划和投资方案；制订公司的年度财务预算和决算方案；制订公司的利润分配和弥补亏损方案；制订公司增加或减少注册资本以及发行公司债券的方案；制订公司合并、分立、解散或者变更公司形式的方案；决定公司内部管理机构的设置；决定聘任或者解聘公司经理及其报酬事项，并根据经理的提名决定聘任或者解聘公司副经理、财务负责人及其报酬事项；制定公司的基本管理制度等。

3）监事会或监察人

监事会是对公司的业务进行监督和管理的机构，有限公司可以自己决定是否设立公司的监察机关。《法国公司法》规定设立监察人制度。《德国公司法》规定公司依章程设立监察委员会。《越南公司法》规定设立检查员制度。2018年《中华人民共和国公司法》规定，有限责任公司设监事会，其成员不得少于3人。股东人数较少或规模较小的公司，可以设1～2名监事，不设监事会。

2.3.3　公司的内部关系

有限责任公司的内部关系指公司与股东及股东之间的关系。股东与公司的关系主要涉及股东对公司的出资、股东出资的转让、股东对公司的管理、公司给股东年度盈余的分配及股东对公司债务所承担的责任等问题。

1）出资

有限责任公司的股东应严格依照公司章程的规定缴纳其出资，一般来说，大陆法系国家的公司法对出资规定了三种方法：第一种是均等出资，指股东所认缴的出资总额划分为均等的份额，股东可以只认缴一份，也可以认缴多份，但其所认缴出资得到的出资证明不能在市场上流通；第二种是不均等出资，即各股东认缴的出资份额不同，股东只能认缴一份出资；第三种是整倍数出资，指股东只认缴一份出资，出资额也可以不相同，但总额应是某数的整倍数（如图2-1所示）。多数国家公司法规定，股东的出资可以金钱、实物、工业产权、技术秘密或土地使用权等财产权利出资，各股东所缴纳的出资份额应由公司一并进行登记，并发给出资证明，即股权证书。

注：1.股东可以认缴多份。
2.股东只能认缴一份。
3.股东认缴的数额应是某数的整倍数。

图2-1　有限责任公司的三种出资方法

2）出资转让

由于有限责任公司兼有人合公司与资合公司的特点，注重公司股东之间的联系与稳定，参股人凭各自的素质相互选定，参股人的个人品性足以影响公司的债权人，因此，各国法律一般都对有限责任公司的股东转让其在公司的出资份额做出了限制性的规定。股东如欲将其所持有的出资转让给他人，必须征得公司的同意，其他股东在同等条件下，对其欲转让的出资有优先购买权。图2-2说明了法国对受让人身份的区分。

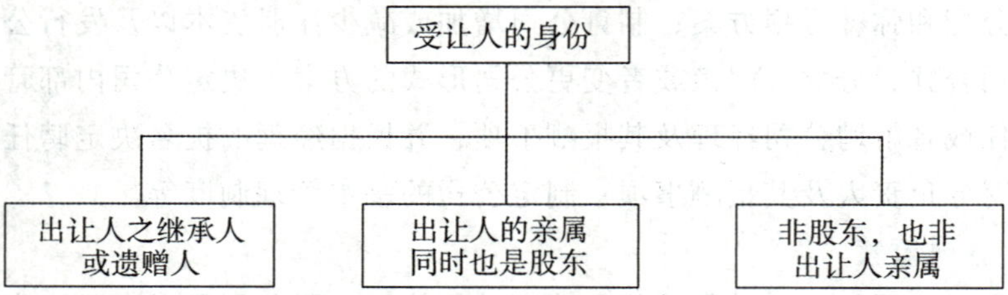

图2-2　法国对受让人身份的区分

3）盈余分配及对公司承担的责任

股东在公司的盈余年度有权得到公司分派的股息红利，红利的分配应依据章程规定的分配比例分派，同样，如果公司解散，公司的资产也按章程规定的比例分配给股东。股东以其所缴纳的出资额对公司的债务承担有限责任。

2.3.4　公司的解散与清算

有限责任公司的解散是指依据公司章程的规定或法律的规定，将公司归于灭失的法律行为。有限责任公司可以因其存续期届满、公司的目标已经达到，或法律规定解散的事由出现，如合并、分立、破产，而宣告解散。公司解散后，应到法定的国家管理机关进行登记，开始清算程序，了结公司的业务活动，收取债权，清偿债务，分配公司的剩余资产。

2.4　股份有限公司

2.4.1　股份有限公司概述

股份有限公司是现代世界上最重要的经济组织形式，最早出现在古罗马时代，17世纪以后，出现了近代意义上的股份有限公司，1807年的《法国商法典》第一次对股份有限公司做出了明确的规定，目前各国一般都制定了专门的股份有限公司法，尽管股份有限公司就数量而言并不多，但由于其拥有雄厚的资本和强大的势力群体，可以集合大量的资金，且其股票的自由转让和营业状况的公开，使投资者容易了解情况，做出选择。因此，股份有限公司有着其他商事组织形式无法比拟的优势，并成为许多国际大垄断企业采用的主要形式，在商事组织中占据着重要的地位。

2.4.2　股份有限公司的设立

股份有限公司的设立，是指创办股份有限公司所进行的一系列法律行为，包括设立的条件、方式、程序以及发起人的责任等。只有依照有关的法律规定实施法律行为，设立的股份有限公司才有效。无论从设立条件还是从设立方式或设立程序上来说，股份有限公司的设立都要比有限责任公司严格、复杂。

1）发起人

发起人指参加公司的设立并对公司的设立行为承担责任的人，是公司的创办人。很多国家对有限责任公司的发起人没有做专门的规定，但对股份有限责任公司，由于其涉及的人数众多、程序复杂，各国公司法对发起人的资格及法律地位都做了较为详尽的规定。

有关发起人的最低人数问题，多数国家的公司法都予以具体规定。例如，日本规定发起人的最低数额是7人；德国规定发起人应为5人以上；挪威、瑞典规定至少为3人；英美国家认为发起人与认股人并不是同一个概念，因此规定发起人可以是1人或几人；法国也有同样的规定，《法国公司法》规定，发起人可以是1人或数人，但股份公司的最初股东人数不得少于7人；《中华人民共和国公司法》对发起人的人数也做出了规定：设立股份有限公司，应当有2人以上200人以下的发起人，其中须有半数以上的发起人在中国境内有住所。西方国家公司法一般不对发起人的国籍做出限制，即不要求发起人必须具备所在国国籍，对本国国民与外国人实行同等待遇。但也有一些国家与我国一样，对发起人做出了一些限制性的规定，规定必须有一定比例的发起人具有所在国的国籍或在所在国有一定的居留时间，或外国人占股份有限公司超过一定比例时要经过批准等。对于发起人的行为能力问题，由于发起人要负责该公司设立之前的筹备工作，并对公司的设立行为承担责任，因此，发起人应具备完全行为能力。

发起人的行为是有偿的，在公司成立后，发起人有权要求公司给付报酬，公司也可以分配给发起人若干股份。在大陆法系国家发起人一般即股东，发起人拥有一些特别利益，如公司盈利的分配优惠，新股发行的优先购买权，优先分配剩余财产等。此外，有的国家还允许发起人以实物出资，如《日本公司法》规定："实物出资限于发起人。"

2）公司章程

（1）公司章程及其作用

公司章程是规定公司的宗旨、资本、组织机构、名称等公司对内及对外关系的文件。发起人发起设立公司必须制定公司章程，公司依据章程进行管理和运营。公司章程是公司的重要法律文件。公司章程由发起人或由其委托他人起草，经发起人一致同意后，交国家有关主管部门审核，核准后即对外公开，成为约束公司、公司股东及其管理人员的法律文件。

公司章程对于公司来说有着重要的作用：首先，公司章程的制定是公司设立的必备条件，无论各国公司法在其他问题上的规定有何差异，都在公司法中明确规定股份有限公司的设立必须制定公司章程。其次，由于股份有限公司属于公众公司，公司章程还具有公示的作用，使公司的投资人及其他公众对公司的经营范围、资信情况等有所了解。最后，公司章程还是公司内部的行为准则，如规定了股东之间的关系、公司的组织机构、职责、议事规则等。同时，公司章程也是国家对公司进行管理的依据之一，公司章程的制定必须依据国家公司法的规定，如对章程的必要记载事项的规定等，而且章程制定后，还必须由国家有关机关进行审核批准，依此对公司进行监督和管理。

（2）公司章程的内容

公司章程的内容（如图2-3所示）一般可以分为必要记载事项和任意记载事项，其中必要记载事项又包括绝对必要记载事项和相对必要记载事项。根据各国公司法的规定，公司章程的绝对必要记载事项一般包括：公司的名称，公司经营范围，公司股份的总额及每股的金额，公司的所在地，公司的公告方法，公司发起人的姓名、住所，公司董事会和监事会人数及任期，公司章程订立的日期。绝对必要记载事项是法律规定必须记载的事项，缺少任何一项，公司章程都会被认为不合法，导致章程无效，各国都对哪些内容属于绝对必要记载事项做出了明确的列举规定。相对必要记载事项是由法律列举的，但由当事人选择是否将其记载于章程的事项。该事项一旦被记载于章程，便与绝对必要记载事项一样对公司、股东等具有约束力。相对必要记载事项一般包括分公司的设立、股份的种类、各种特别股的权利和义务、分次发行股票的数量、特别股东及其受益人的姓名与住所、公司盈余的分配方法、公司的解散事由。所谓任意记载事项，是指在不违反法律规定的前提下，当事人可以任意选择记载的事项。有的国家对任意记载事项也做出了规定，如德国使用“公司可以规定”的字样来明确公司的任意记载事项。任意记载事项一经记入公司章程，与绝对必要记载事项同样具有约束力。

- 公司章程的内容
  - 大陆法系
    - 必要记载事项
      - 绝对必要记载事项
      - 相对必要记载事项
    - 任意记载事项
  - 英美法系
    - 基本章程
    - 内部细则

图2-3 公司章程的内容

大陆法系与英美法系对公司章程内容的规定有所不同。大陆法系国家的公司章程由单一的文件组成，各国基本上都规定了具体的绝对必要记载事项及相对必要记载事项的内容。英美法系国家对公司章程绝对必要记载事项的规定较少，而且一般由两个文件组成：一是公司的基本章程，是规定公司的对外关系的法律文件，目的在于使投资者及与公司进行交易的第三者了解公司的基本情况，如公司的性质、名称、资本、经营范围等。根据美国标准公司法规定，发起人必须将公司章程报州政府审查备案。另一个文件是章程的内部细则，其在公司章程的基础上制定，调整公司内部的关系，规定公司内部的机构设置、权限、责任及它们之间的关系，章程细则可以由董事会制定、修改或废除。公司的内部细则也是由发起人起草的，但只能等到公司成立后，经董事会或股东大会认可才能生效，是关于公司内部事务的基本文件。除英国等少数国家外，多数国家并不要求公司将其内部细则交公司的注册机构备案，但要求其不能与国家的法律规定相违背。

公司的章程一般包括下列具体内容：

①公司的名称

各国法律均规定，公司的名称中应包含“有限责任”字样或其字母的缩写，如“LTD”。公司申报的名称不能与本地现有公司名称相同或类似，有的国家法律还规定，公司名称不得违反公司法或其他法律，包括不得使用与本国或外国中央政府、国家机关或国际组织名称有关的名称，也不得基于欺诈的目的使用与公司的经营范围极不相称的名称。例如，《德国公司法》规定：公司的名称必须与同一地点或辖区登记的所有其他企业的名称显著不同，并且不得包含任何欺诈性的内容。美国的《示范公司法修正本》规定：公司的名称中不得包含明示或暗示公司是为了它未被允许从事的目的而设立的字样。英国的《制定法》特别规定，公司的名称禁止使用与知名的慈善组织相关的名称，如红十字等。

②公司的经营范围

在章程中明确规定公司的经营范围是为了保护股东及第三人的利益。公司如果进行超越其经营范围的业务活动就是越权行为，会导致相关的合同无效。但目前各国对公司经营范围的限制趋于放宽，一些发达国家对公司的经营范围几乎没有限制性的规定，除依据国家法律规定需要持特许执照才能经营的行业之外，只要是合法的商业活动，公司都可以经营。公司与善意第三人之间的合同，应对公司具有约束力。

③公司的注册地址

公司的注册地址即是公司的住所。为了确定公司接受来往合同及其他法律文件的法定地址及公司的纳税义务，公司应在章程中明确公司的注册地址。例如，《法国公司法》规定，章程必须写明公司的注册机构所在地，注册机构可以不是总部，也可以在国内迁移，但应修改公司的章程。

④公司的注册资本、股份总数及每股金额

对公司股份总数、每股金额和注册资本的规定是为了方便公众了解公司情况，以做出选择。股份总数与每股金额的公开，使公众了解股份有限公司通过发行股票所筹集的资本量，注册资本则是公司登记成立时登记的财产总额。各国公司法大多规定了公司资本的最低额，但对公司资本的最高额则不做任何限制。

⑤公司的组织机构

公司章程应记载董事会、监事会的人数、名单及住所。对于董事会的组成，西方国家一般规定凡股份有限公司董事最低人数为3人。此外，根据公司注册资本的大小，有些国家还规定了董事会人数的最高限额，同时规定董事的数目为奇数，以利做出表决。董事会的职权一般由公司法具体规定，再以公司章程的规定作为补充，使董事会在其职责权限内活动。

3）认缴股份

各国公司法一般都对公司的法定最低资本进行了规定，股份有限公司的设立可以分为发起设立和募集设立，不同的设立方式，认足股份的方式也不同。发起设立的股份有限公司，由各发起人认足成立公司时所发行的全部股份，在公司成立后，可以再按法定手续将其转售给其他投资者；如公司分期发行股份，由发起人认足第一次发行的全部股份。一般情况下，各国公司法规定，公司第一次发行股份不应少于公司发行的全部股份总额的1/3或1/4。如果公司采用募集设立的方式，发起人应认购法律规定的股份比例，而且，其认购的程序也要相应复杂一些，发起人要缴足的比例一般也是占公司股份总额的1/3或1/4，然后，报送公司的注册机构进行注册并进行公布。

发起人认购股份可以实物、技术或土地使用权等财产权的方式进行。在法国，发起人还可以铺底出资认购股份，“铺底”（fonds de commerce）这一概念源于法国，是商事企业的组成部分，包括该企业的有形成分，如货物、器材等，也包括该企业的无形成分，如顾客群等。在发起人认缴股份时，一般都允许发起人缴纳的第一次股款可用公司所需要的财产抵缴。《中华人民共和国公司法》第27条规定：股东可以用货币出资，也可以用实物、知识产权、土地使用权等可以用货币估价并可以依法转让的非货币财产作价出资；但是，法律、行政法规规定不得作为出资的财产除外。对作为出资的非货币财产应当评估作价，核实财产，不得高估或者低估作价。土地使用权的评估作价，依照法律、行政法规的规定办理。发起人以工业产权、非专利技术作价出资的金额不得超过股份有限公司注册资本的20%；以实物、工业产权、非专利技术或者土地使用权抵作股款的，应当依法办理其财产权的转移手续。

4）注册登记

设立公司，必须获得相关部门的批准文件。登记机关对所提交的资料和文件进行审查，根据有关行政法规和法律的规定，决定是否准予设立。公司注册登记的意义在于正式确认公司的法人地位，向公众公示公司的一些基本情况，同时便于国家对公司进行监督和管理。

2.4.3 股份有限公司的组织机构

股份有限公司的权力属于股东，股东大会直接做出决定，任命并监督负责日常经营管理的人员。但是决定权力分配的关键是每一个股东持有的股票数，一张股票拥有一个表决权，从这个角度来说，股份有限公司是纯粹的资合公司；股份有限公司具有广泛的强制性，公司应设立何种机关、这些机关拥有哪些权力，都是由法律规定的，即使公司章程也不得违反。

由于股份有限公司是最典型的法人组织形式，是纯粹的资合公司，而且往往规模很大，因此股份有限公司的组织机构与其他公司形式相比，要更复杂一些。股份有限公司的机关对内行使经营管理的职权，对外代表公司，公司法人的主要活动也是通过公司的组织机构来实现的。一般来说，公司的组织机构主要包括股东大会、董事会及监事会。

1）股东大会

股东大会是公司的最高权力机构，是由全体股东组成的，公司的一切重大事项必须由股东大会做出决议，这是由股份有限公司的“所有权与经营权相分离”的理念决定的，即股东通过参加股东大会并行使表决权的方式来参与公司的决策，对公司的运营进行监督。目前，在我国和其他一些国家，股东大会仍是公司的最高权力机构，但在英美等一些发达国家，股东大会的权力受到了公司执行机构的冲击，形成了“董事会中心主义”或“经理权力中心主义”的局面。尽管如此，股东大会作为公司权力机关的地位并未动摇，对于股东大会做出的决议，董事会和监事会必须执行。

（1）股东大会的类型

股东大会不是公司的常设机构，而是以会议形式存在的机构，各国一般将股东大会分为股东年会、临时股东会、股东法定会议和类别股东会议。

股东年会，指依照公司法或公司章程的规定，由董事会负责召集，定期召开的股东会议，因此，也称为定期会议，一般是一年一次。公司应在召开会议前的一定期限内向有权出席年会的股东发出通知，出席股东大会的股东人数应达到法定的人数。对于年会召开的具体时间，《法国公司法》规定，普通股东大会应在年度终了后的6个月内召开；德国规定股东大会要在营业年度的前8个月召开；《中华人民共和国公司法》也规定股东大会应当每年召开一次股东年会。

临时股东会，又称为股东临时会议，指为处理公司特别紧急的事务，在两次年会之间不定期召开的股东会议。一些国家的公司法规定了临时股东会议召开的条件，如法国《商事公司法》规定，修改公司章程、改变公司国籍、股份合并应召集特别股东大会审定；美国的《示范公司法修正本》规定在以下两种情况下应召开股东临时会议：一是在公司董事会召集时或由公司的组织章程或工作细则授权之人召集时；二是公司有投票权股票的1/10以上持有者要求召集时。

《中华人民共和国公司法》也规定有下列情形时，应当在2个月内召开临时股东大会：①董事人数不足规定的人数或公司章程所定的人数的2/3时；②公司未弥补的亏损达实收股本总额的1/3时；③单独或合计持有公司股份10%以上的股东请求时；④董事会认为必要时；⑤监事会提议召开时；⑥公司章程规定的其他情形。

股东法定会议，这种会议形式为英国所特有，是指通过募集方式设立的股份有限公司依照法律规定必须召开的股东会议。在英国，法定召开会议的时间是自公司营业之日起的1个月至3个月内，召开会议的主要目的是股东了解公司的所有重要情况。

类别股东会议，指由于股东所持的股份类别不一样，同一类别股东所召开的会议。这种会议在法国称为专门股东会议，在英国称为特种股东会议。股东大会如欲修改某一特别种类股票的权利，则应征得该类股份股东的同意。

（2）股东大会的召集

股东大会一般由董事会召集，董事长主持。股东大会应在法定期限内召集，召集股东大会应以法定的通知方式向股东送达会议通知，会议通知应记明会议审议的事项。通知股东开会的时间因股东的类别不同而有所不同，如在我国，召开股东大会应于召开20日前通知各股东，临时股东大会应于召开15日前通知各股东。发行无记名股的应于召开30日前通知各股东。无记名股东参加股东大会的，应在会议召开5日前至大会闭会时止将股票交存于公司。

依据各国的公司法，并非仅有董事会有权召集股东大会，还可以包括：

①少数股东，多数国家的公司法都规定，占有公司一定股份比例的股东有权召集股东大会；

②监事会，有的国家赋予监事会直接召集股东大会的权力，如德国；

③清算人，当公司进入清偿程序之后，清算人有权为处理某些具体的事件而请求召集股东大会；

④依一些国家的规定，股东大会还可以应法院的命令召集，在意大利、德国、美国等国家都有类似的规定。

（3）股东大会的职权

对股东大会的职权，各国公司法的规定不完全相同，但各国公司法都规定，股东大会的职权必须在国家法律或公司章程所赋予的权力内行使，而且一般多以列举的方式进行规定。

股东大会对公司的重大问题可以听取报告和做出决议，对公司的发展情况及预测目标，公司董事会、监事会的组成及其成员的报酬确定，公司业务执行情况，公司的年度经营效益、利润分配情况，发行公司债券的原因及发行情况，财务审核的权力，对涉及公司存在和消灭或重大变更的增、减资本，公司合并、分立、解散和清算以及修改公司章程做出特别决议。通过参加股东大会，股东可以了解公司的生产经营状况，参与一些重大问题的决策，充分行使投资人的权利。《中华人民共和国公司法》对股东大会行使的职权也是以列举的方法进行了规定，主要有：决定公司的经营方针和投资计划；选举和更换非由职工代表担任的董事、监事，决定有关董事、监事的报酬事项；审议批准董事会的报告；审议批准监事会或监事的报告；审议批准公司的年度财务预算方案、决算方案；审议批准公司的利润分配方案和弥补亏损方案；对公司增加或者减少注册资本做出决议；对发行公司债券做出决议；对公司合并、分立、解散和清算或变更公司形式做出决议；修改公司章程；公司章程规定的其他职权。股东年会的审议事项一般由董事会提议。为了保障股东对公司经营管理监督的切实权力，现在，许多国家赋予了股东提案权，设置了股东提案制度，如日本的商法和英国的公司法都规定了股东的提案权。

（4）股东大会的表决

股东通过表决在股东大会上行使自己的权利，股东的表决权可以自己行使，也可委托他人代理出席。如果股东为未成年人或无行为能力人，则必须委托他人代理。但是，各国的公司法一般对代理表决也有比较严格的规定，对代理人和委托手续有严格的限制，如代理人须持股东作为委托人的委托证书，委托证书必须注明委托范围。为了防止少数股东利用收购委托书的方式控制公司，有的国家规定代理人的表决权不应超过一定的比例。

股东对股东大会的提案行使表决权，是基于股东的股票持有，而不是依人数计算，这是贯彻股份平等的原则，每股表决权一律平等。如《中华人民共和国公司法》规定，股东出席股东大会，所持每一股份有一表决权。这样，股东拥有的股份数越多，则拥有的表决权也越多。

2）董事会

董事会是公司的业务管理和执行机构，其对内负责经营管理，对外代表公司，因此，董事会是股份有限公司中最为重要的一个机构。

（1）董事会的组成

股份有限公司必须设立董事会，以实现财产的所有权与经营权分离的目的，赋予经营管理者充分的自主权。各国一般允许公司在自己的章程中对董事会的人数做出规定，但有的国家要求董事会组成应至少有2个董事。例如，《英国公司法》规定，通过募集方式设立的公司董事会应至少有2人；《中华人民共和国公司法》规定，股份有限公司设董事会，其成员为5～19人。在英美法系国家，自然人和法人均可担任董事，但如果法人担任董事，应指定1名有行为能力的自然人为其代理人；而大陆法系国家则一般明确规定，能够成为董事的只能是具有行为能力的自然人，法人不能担任董事。

（2）董事会成员

董事会是由董事组成的，董事的能力和素质决定了董事会的领导能力，直接影响着公司的经营与管理，因此，各国的公司法对董事的成员资格等各方面都做了积极的规定。组成董事会的成员由股东大会选出后，选举董事长和副董事长，负责领导董事会的工作。例如，《中华人民共和国公司法》规定：董事会设董事长1人，可以设副董事长。董事长和副董事长由董事会以全体董事的过半数选举产生。董事长为公司的法定代表人。董事长是公司的法人代表，是公司对外一切事务的法定代表人。对于董事会成员的资格，多数国家的法律并不要求董事一定是公司的股东，有些国家对董事的年龄和身份也做出了规定，如法国规定，除非章程另有规定，已超过70岁的董事的人数不得超过董事会成员的1/3，且董事长和经理的年龄不得超过65岁。

对于董事的国籍，多数国家的公司法并未限制董事一定为本国国民，可以是本国国民，也可以是外国国民。关于董事的任期，各国法律一般在该公司的章程或内部细则中做出规定，实践中通常为3年，可以连选连任，通常在公司章程中确定首任董事名单。《中华人民共和国公司法》也规定：董事任期由公司章程规定，但每届任期不得超过3年。董事任期届满，连选可以连任。董事在任期届满前，股东大会不得无故解除其职务。董事的免职一般也由法律或公司章程规定。董事可因辞职、任期届满卸任、董事资格丧失、股东大会决议或法院裁判而解职。

（3）董事会的职责

董事会的职权是依据法律和公司章程，根据大会决议，执行公司的业务。董事会是股份有限公司最为重要的管理机构，对内负责管理公司的日常事务，对外作为公司的法定代表人与第三人进行交易活动。董事会作为公司的执行与管理机构，各国公司法一般都规定，除法律及公司章程规定由股东大会决定的事项外，公司的全部业务都可由董事会执行。我国的公司法中也规定了董事会可以行使的职权，主要有：负责召集股东大会，并向股东大会报告工作；执行股东大会决议；决定公司的经营计划和投资方案；制订公司的年度财务预算方案和决算方案；制订公司的利润分配方案和弥补亏损方案；制订公司增加或者减少注册资本的方案以及发行公司债券的方案；拟订公司合并、分立、解散或者变更公司形式的方案；决定公司内部管理机构的设置；聘任或者解聘公司经理及其报酬事项；并根据经理的提名，聘任或者解聘公司副经理、财务负责人，决定其报酬事项；制定公司的基本管理制度。

董事享有广泛的公司管理权，作为公司的管理人员有权参与公司的管理。在一些将公司的经营决策、业务执行及对外代表权赋予董事会的国家，立法允许公司章程将公司的业务执行权和公司的代表权授予公司的董事及公司的代理人。但由于董事的原因致使公司或股东的利益受到损失时，参与董事会决议及行动的董事，须对公司负赔偿责任。

公司董事有对公司的注意与忠实义务。所谓注意义务指董事作为公司的受任人，在执行职务中应尽到善良的管理人的注意义务。美国《示范公司法修正本》中规定：董事履行义务时必须怀有善意；像一个正常的谨慎之人在类似的处境下应有的谨慎那样去履行义务；采用良好的方式，即是他有理由相信符合公司利益的最佳方式。“忠实义务”指董事在履行职务时，必须以公司的最大利益为目的，不得体现出个人利益与公司利益的冲突，如不得以公司的资产为资本为本公司的股东或其他个人债务提供担保，不得泄露公司的秘密，不得为自己或他人利益从事与公司的营业有竞争性质的行为，即对董事做出的竞业禁止的限制。

3）监事会

监事会是监督董事业务执行的机构。股份有限公司是资合公司，股东众多，经营权力合理地集中于董事会，但董事会也因而有可能滥用职权，损害公司和其他股东的利益，因此，设置监督机关即监事会，代表各方利益。监事会由股东大会选出，是对董事会及董事的活动实行监督的专门机关。《德国公司法》规定，股份有限公司必须设立监事会。

监事会在不同的国家有不同的称呼，在日本被称为监察人会，在德国被称为监察委员会。监事会也依照法律的规定或公司章程的规定而设立，在设立监事会的国家，对监事会的法律地位也做了不同的规定。例如，在德国等国家，监事会是董事会的领导机关，监事会向股东负责并报告工作，董事会向监事会负责并报告工作，监事会不仅是专门的监督机关，也是公司的管理和领导机关；而在另一些国家，如日本及我国，监事会是与董事会平行的机构，监事会和董事会分别直接向股东大会负责并报告工作，监事会不能参与公司的业务经营，对外也不能代表公司。

（1）监事

监事是监事会的组成成员，西方国家的公司立法一般规定监事由股东大会选任，有的国家还规定一定规模以上的公司的监事会，除股东代表外，还必须有一定比例的雇员和工会代表，如德国。监事会的成员一般为3人以上，《日本商法特例法》在1993年修改后，将较大公司的监事会人数也规定为必须在3人以上。《中华人民共和国公司法》规定：股份有限公司设监事会，其成员不得少于3人。监事会应在其组成人员中推选1名召集人。监事会应当包括股东代表和适当比例的公司职工代表，其中职工代表的比例不得低于1/3，具体比例由公司章程规定。监事会中的职工代表由公司职工民主选举产生。董事、经理及财务负责人不得兼任监事。因此，我国股份有限公司的监事会由两种监事组成，一种由股东大会选出，一种由职工选出，共同执行对公司业务及董事会的监督职能。

监事有法定任期。对于监事的任期，各国法律的规定也是有长有短。例如，《中华人民共和国公司法》规定：监事的任期每届为3年。监事任期届满，可以连选连任。而法国规定为6年。在奥地利，监事的任期为5年。原选机关随时可以法定多数表决罢免其选任的监事会成员。为了保证监事会行使职权的独立性、公正性，各国法律一般限制董事、经理或财务人员兼任监事，对法人担任监事也进行了限制。

（2）监事会的职责

由于监事会在各国的法律地位不同，因此，所享有的职权和承担的责任也有所不同。《德国公司法》对监事会的职权规定：选举董事会成员；监督董事会的活动；决定董事会的酬金；决定公司的经营方针；代表公司与本公司的董事进行诉讼等。《中华人民共和国公司法》规定，股份有限公司监事会及不设监事会的公司监事职权与有限责任公司监事会职权是一样的，包括：检查公司的财务；对董事、高级管理人员执行职务的行为进行监督，对违反法律、行政法规、公司章程或股东会决议的董事、高级管理人员提出罢免的建议；当董事和高级管理人员的行为损害公司的利益时，要求予以改正；提议召开临时股东会议，在董事会不履行本法规定的召集和主持股东会会议职责时召集和主持股东会会议；向股东会会议提出议案；依照公司法的规定，对董事、高级管理人员提起诉讼；公司章程规定的其他职权。监事可以列席董事会会议，并对董事会决议提出质询或者建议。监事会、不设监事会公司的监事发现公司经营情况异常，可以进行调查，必要时也可以聘请会计师事务所协助其工作，费用由公司承担。

一般而言，监事与董事的职责是一样的，监事与董事、经理一样，在行使其职权时，必须恪尽职守，怠于履行职责时，应对公司负赔偿责任。《中华人民共和国公司法》规定，监事应当依照法律、行政法规、公司章程的要求，忠实履行监督职责。但在监事会与董事会职责平行的国家，因为监事不参与公司的经营，因此，没有关于监事竞业禁止方面的规定，只有注意义务和忠实义务。

2.4.4 股份有限公司的解散与清算

股份有限公司的解散指现存的公司由于公司章程或有关公司立法规定的事由发生而依法归于消灭的法律行为。

公司一经解散，法人资格消失。公司解散大致分为两种情况：一为自愿解散；二为强制解散。自愿解散指公司章程规定的营业期限届满或者公司章程规定的其他解散事由出现时，公司的法人资格不复存在。公司在章程中也可以规定其他解散事由。事由一旦出现，公司也归于解散。在公司经营过程中，也可能出现公司无须继续存在的必要的事由，此时，经股东会决议可以解散。此外，在公司合并中，无论是新设合并或吸收合并都会出现原公司全部或部分解散。对于公司的分立，在新设分立的情况下，也造成原公司的解散。公司解散的另一种情况是强制解散。例如，公司违反法律，被主管机关吊销营业执照，取消其经营主体资格而解散。破产、撤销登记等原因也会导致公司的解散。

公司解散后，除因公司合并或者分立外，均应经过清算程序，以了结公司的债权债务。清算是指清点公司财产，清理债权、债务，整理各种法律关系，以消灭公司法人资格的一种法律程序。公司解散应首先确定清算组（或清算人），清算组应在法律规定的职权范围内履行清算事务：催报债权。清算组应当自成立之日起一定期间内通知债权人，债权人应当在接到通知书后，向清算组申报其债权，清算组应当对债权进行登记，清偿债务。清算组在清理完公司财产、编制好资产负债表和财产清单后，应当制订清算方案，并报股东会或者有关主管机关确认，分配剩余财产。公司财产按规定清偿后的剩余财产，由清算组分配给股东，股份有限公司按照股东持有的股份比例分配。在清算期间，公司不得开展新的经营活动。

2.5 欧洲公司法

欧盟不仅在经济上实现了一体化，在法律上的一体化也取得了难以想象的进展。在公司法这一领域，欧盟共发布了15个协调各成员国公司法的指令，使各成员国之间的公司法趋于一致。但对于欧盟成员国以外的国家在欧洲设立的公司，在设立、运营等各方面还有许多阻碍，如需要较繁杂的手续和对各国公司法协调，这对调动非成员国到欧洲进行投资的积极性非常不利。经过多年的起草，《欧洲公司法》最终于2001年10月得到欧盟批准，并于2004年10月生效。新的公司法表明，欧洲公司只需要在欧盟登记注册一次，就可以被允许在整个欧盟进行运作，这极大地鼓励了外国公司投资的信心。

2.5.1 《欧洲公司法》与欧盟公司法指令的关系

欧洲共同体（欧盟的前身）从1968年开始，就在积极采取措施，推进各成员国之间的公司法一体化，统一各成员国的公司法。1968年欧洲共同体正式签署了《相互承认公司及法人的公约》及其附加议定书，而且，自1968年起，截至2002年，重要的欧盟公司法指令共有15个。

《欧洲公司法》与欧盟的15个关于成员国公司法统一的指令都为《欧洲公司法》的统一发挥了重要的作用，但两者并不相同，《欧洲公司法》不能取代欧盟关于公司法的指令。《欧洲公司法》是一部具有直接效力的法律，其适用的对象是欧洲公司，只有欧洲公司才可以直接适用该法的规定。而欧盟公司法指令则是欧盟为了协调各成员国公司法的差异，就各国公司法的某些方面做出协调性规定。《欧洲公司法》和欧盟公司法指令各有自己的适用对象和范围，互不取代。《欧洲公司法》适用的对象是欧洲公司。**欧洲公司**指通过至少两个成员国的公司合并而成，或者通过创立一个控股公司或者联营公司，或通过转换一个在各国法律监督下已经存在的公司而设立的公司，即要设立欧洲公司都必须在欧盟有一个以上的企业。例如，如果某公司在A国注册经营，不跨越其他欧盟成员国设立机构的，只是A国公司，适用A国公司法。如果在欧盟有一个以上的企业并位于不同成员国的，或者是控股公司、联营公司控制位于不同成员国的分、子公司的，称为欧洲公司，直接适用《欧洲公司法》。

2.5.2 欧洲公司的设立

《欧洲公司法》规定了设立欧洲公司的条件：（1）欧洲公司最低注册资本要求是12万欧元；（2）设立欧洲公司首先必须至少有两家公司。

具体来说，设立一个欧洲公司有四种情况：第一种是由分布在两个以上成员国的公众有限公司合并而成；第二种是在两个以上不同的成员国的公众或私人有限公司之上成立的控股公司；第三种是来自至少两个不同成员国公司的一个子公司；第四种是一家经营至少两年的公众公司可以转换成欧洲公司，这家公司必须在另一个成员国设有子公司。在成立欧洲公司之前，这些公司应该已经有两年的经营纪录。

2.5.3 登记注册

欧洲公司必须在它总部所在的成员国注册登记。每一个欧洲公司的注册情况也要在欧盟委员会的法律部公开。从事多年欧洲公司法起草工作的布兰奎特（Blanquet）女士指出：欧洲公司必须在它总部所在的成员国登记注册，这是唯一可以有效监管整个欧洲公司以使它不发生税收欺骗行为的系统。每个欧洲公司要在所在地法律规定下登记注册，注册情况也要在欧盟委员会的法律部公开。由于欧洲公司由几个不同欧洲成员国的公司组成，可以根据对打算将欧洲公司登记的所在地法律的认可程度，以及从公司自身的优势和条件考虑，来决定在哪一个公司的所在地注册这家欧洲公司，并最终受该所在地国家法律的监管。依据欧洲公司法，欧洲公司有权选择它的活动受哪一国家法律的监管。

2.5.4 欧洲公司运作中所需要遵循的规则

欧洲公司要接受公司注册地所在国家对公司进行的监管。在税收方面，欧洲公司被看作跨国公司，所适用的具体规则要根据当地的法律来确定。欧洲公司的纳税方式很灵活。如果欧洲公司是合资公司，纳税的法则应该遵循其所注册的地方的税收规定；如果是控股公司，那么在各地的子公司要根据当地的规定纳税，欧洲公司执行现在通行的会计准则。根据《欧洲公司法》的规定，在涉及雇员利益问题的时候，欧洲公司必须设立一个能够协商所有雇员利益的部门，必须及时提供报告给劳工代表团体。这些报告的内容包括公司现在和将来的商业计划、产品和销售水平、劳工供求、管理改革、兼并及潜在的危机等。在公司合并成立欧洲公司之前，必须有至少25%的雇员有权参与表决。

《欧洲公司法》的制定是欧盟继欧元进入经济舞台后的另一重要举措，从某种程度上说，欧元的出现也促进了《欧洲公司法》的制定和生效。欧洲公司在欧洲经济的一体化过程中会发挥其应有的作用。

本章小结

1.合伙协议是合伙组织成立的必要条件。由于多数国家并不赋予合伙以法人资格，合伙协议就成为合伙成立，同时合伙人享有权利和承担义务的重要依据。

2.公司是社团法人，这是公司与合伙最根本的区别，公司是以营利为目的的商事组织。公司一般是由两个以上的股东进行投资的社团法人。公司拥有独立的财产，股东将自己的财产投资后，一经移交公司，股东即丧失了对其财产的直接支配权，这些财产属于公司所有，股东的出资就成为公司的独立财产，公司的财产与股东的个人财产在法律上是分开的。

3.有限责任公司是一种封闭公司，即公司的股东拥有公司的全部股票，公司股票不在市场上自由流通，也不能强迫多数参股人接受一个新的参股人。

4.股份有限公司由于其拥有着雄厚的资本和强大的势力群体，可以集合巨大的资金，且其股票可自由转让，营业状况公开。法律对股份有限公司的机构及相应的权利与义务做了强制性的规定。股份有限公司的管理实行经营权与管理权相分离的原则。

5.设立欧洲公司首先必须至少有两家公司，最低注册资本要求是12万欧元。

思政目标

通过对合伙法、公司法、有限责任公司、股份有限公司、欧洲公司法的学习，能够全面理解与掌握商事组织法基本理论、制度及规则的价值意义，坚定中国法律文化与法律制度的充分自信，自觉维护社会主义法治原则，以实际行动弘扬社会主义核心价值观，为构建人类命运共同体贡献智慧和力量。

主要概念

隐名合伙　两合公司　欧洲公司

综合训练

一、判断题

1.公司的历史是由合伙向无限公司、两合公司发展，然后再到股份有限公司及有限公司。（　　）

2.公司是财团法人。（　　）

3.英美法系国家为判例法国家，因而没有成文的公司法。（　　）

4.在两合公司中，有限责任股东对公司的债务仅以出资额为限承担责任，但无权管理公司。（　　）

二、选择题

1.一般来说，公司的组织机构主要包括股东大会、董事会及监事会等，其中属于公司最高权力机构的是（ ）。

A.董事会　　B.经理　　C.监事会　　D.股东大会

2.由于股东所持的股份类别不一样，同一类别股东召开的这种会议，在法国称为（ ）。

A.专门股东会议　　B.临时股东会议
C.法定股东会议　　D.类别股东会议

3.股东对股东大会的提案，可以行使表决权，表决权的行使是基于股东（ ）。

A.人数　　B.持有的股票份额
C.公司的职位　　D.固定资产

4.能够成为董事的是（ ）。

A.法人　　B.限制行为能力的自然人
C.无行为能力的自然人　　D.具有行为能力的自然人

5.在公司经营过程中，出现了公司无须继续存在的必要事由，此时，经股东会决议可以终止公司，这种是（ ）。

A.强制解散　　B.自愿解散　　C.非解散　　D.破产解散

三、简答题

1.欧洲公司可以在几种情况下设立？

2.《欧洲公司法》与欧盟公司法指令有什么关系？

3.假定某市三星乳制品有限责任公司经营的效益非常好，业务急需扩大，在采取的公司形式方面，你会选择何种方式扩大业务？

4.如何理解无限合伙与两合公司的关系？

5.董事会的权力为什么有可能大于股东大会的职权？

四、案例分析题

1.杰森是法国高尼奇勒股份有限公司的董事，在公司对另一公司的并购过程中，杰森为公司的利益，主张虚报公司股份比例，实现公司的并购计划，但股东反对，并在股东大会上提出解除杰森的董事职务。试分析股东大会是否有权力解除杰森的董事职务。假设杰森的建议并不违反法国的法律规定，请问：杰森是否有权要求公司恢复其董事职务？

2.甲、乙、丙三人分别出资2 000英镑、4 000英镑、6 000英镑成立了合伙企业，经营奶酪、面包等食品加工业务，三人约定按出资比例分配利润和亏损。两年后，乙提出退伙并抽出了本人的4 000英镑出资，此时，甲与丙核查了企业的账目，发现公司亏损6 000英镑。后来合伙企业因资不抵债宣布解散，甲与丙分了企业仅有的设备和一些产品。丁为合伙企业的债权人，听说此事后，找到甲要求其偿还债务，甲表示自己无力偿还，至多偿还自己的那一部分，即按约定的比例偿还1 000英镑，丁于是又找到乙，要求其偿还剩余的债务，乙表示自己早已退伙，不再对合伙的债务承担责任，后丁又找到丙要求其承担相应债务，但丙却说，当初在合伙解散时，自己分到的较少，因为已经与甲约定好其不再为合伙债务负责，而由甲承担自己的那部分债务。请问：甲、乙、丙的说法是否正确？丁的债权如何能够得到实现？为什么？

第3章

商事代理法

在市场经济条件下，商品交换的发达、社会关系的日趋复杂，使得人们不可能事事亲力亲为。自17世纪出现了商业代理关系后，在国际经济贸易活动中，许多工作都是通过各种代理人完成的，其中包括普通代理人、运输代理人、保险代理人、广告代理人以及银行等，代理制度得到了广泛的运用。

代理人对于促进国际贸易的发展，沟通当事人之间的业务联系，起着相当重要的作用，同时也导致了更为复杂的社会关系的产生。为此各国都很重视代理法律关系、代理人的法律地位，通过立法确认代理制度，并制定了一系列调整代理制度的规则。本章将重点论述以下问题：代理、无权代理、表见代理及承担特别责任的代理的概念、作用及具体法律规定；代理行为中当事人之间的权责关系及具体规定；依据代理行为的概念和具体规定；在各种商事法律关系中选择和应用代理关系的方法和技巧。

3.1 代理概述

3.1.1 代理的概念

代理，是指代理人按照被代理人的授权或者法律规定，代表被代理人与第三人订立合同或为其他法律行为，由此产生的权利、义务直接对被代理人发生效力的行为。在代理关系中，主要涉及三方面的当事人：被代理人、代理人和第三人。被代理人，又称本人，是根据授权或者法律规定，为代理人所代表并承受代理行为法律后果的人；代理人就是接受被代理人的委托替被代理人订立合同或为其他法律行为的人；第三人则泛指一切与代理人共同完成行为的人，也称相对人。

国际商事代理，是指代理人按照被代理人的授权或者法律规定，代表被代理人从事与第三人签订国际商事合同或其他有法律意义的国际商事行为，由此产生的权利、义务直接对被代理人发生效力的一种服务。

3.1.2 国际商事代理的法律特征

从前文的定义可以看出，国际商事代理具有以下法律特征：

（1）国际商事代理的行为是具有法律意义的行为。所谓“具有法律意义”，是指根据有关的法律，该行为能产生、变更或消灭法律上的权利义务。

（2）国际商事代理的根据为被代理人的授权或者法律规定。在市场经济国家，商事代理绝大部分产生于被代理人的授权。同时为了维护某些当事人的利益，很多国家通过法律规定，在某些场合下代理人可以不经过被代理人的授权而获得代理人的资格。

（3）代理行为产生的权利义务直接归属于被代理人。尽管代理行为是代理人做出的，但是其法律后果，一般直接归属于被代理人。当然，代理人和被代理人及第三人另有约定的除外。

并不是所有的行为都适用代理。具有人身性质的行为不能代理，即意思表示具有严格的人身性，必须由表意人亲自做出决定和进行表达的行为，不得代理，如订立遗嘱、收养子女等；具有严格人身性质的债务不得代为履行，如受约演出、创作字画等。

3.2 代理的产生与终止

关于代理权的产生原因，大陆法系和英美法系的规定有所不同，现分别介绍如下：

3.2.1 大陆法系的代理

大陆法系国家把代理分为两种：一种是由本人的意思表示而产生的，称为意定代理或委任代理（voluntary agency）；另一种是非由本人的意思表示而产生的，称为法定代理（statutory agency）。

1）意定代理

意定代理是指由被代理人的意思表示产生代理权的代理。它是最常见的一种代理，这种授予代理权的意思表示可以采用书面形式，也可以采用口头形式，可以向代理人表示，也可以向同代理人进行法律行为的第三人表示。但法律规定采用书面形式的，应当采用书面形式。

2）法定代理

法定代理指代理人依据法律的规定直接获得代理权的代理。具有这种代理权的代理人为法定代理人。法定代理人主要基于以下几种情况产生：

（1）依法律的规定而享有代理权，如父母对未成年子女享有代理权；

（2）根据法院的选任而产生代理权，如法院选定的破产管理人、监护人及清算人等；

（3）因私人的选任而产生代理权，如未成年人的亲属所选任的监护人或遗产管理人等。

此外，由于公司不能直接从事经营活动，必须通过代理人来处理业务，公司的法定代表人就是第一位的代理人，因为他还有权指定第三人为代理人。

3.2.2 英美法系的代理

依英美法，代理权可以因为以下原因产生：

1）明示授权

明示授权（expressed authority），即明示指定，是指被代理人以明示授权的方式指定某人为代理人。这种代理协议的成立不需要特定的形式，可以采用书面形式，也可以采用口头形式。即使代理人需要以书面形式与第三人订立合同，被代理人仍可以采用口头形式授予代理权，除非：

（1）被代理人要求代理人用签字蜡封的方式与第三人订立合同，才须采用签字蜡封的方式授予代理权，这种要式的授权文书称作“授权书（power of attorney）”；

（2）如果某人是公司的代理人，他就必须经要式的文书的指定；

（3）代理人从事代表公司董事签署公司发起书或经公司董事同意进行的活动时，必须经书面授权。

2）默示授权

默示授权（implied authority），是指基于被代理人的言辞或行为，致使代理人或第三人相信代理人有权代替被代理人从事某种法律行为而产生的代理权。默示代理主要有以下几种情况：

（1）以言语或行为默示而产生的代理权。依英美法系国家的判例规则，如果某人的言语或行为包含有他默许另一人代表他订立合同的意图，那么应当推定他与后者之间存在着有效的代理关系。这在英美法上被称为“不容否认的代理”。

（2）以身份关系、合作行为推定产生的代理。以身份关系推定产生的默示代理，最典型的是配偶间的默示代理。根据英美判例原则，如果丈夫实际地授权妻子购买家庭必需品，则妻子无疑地具有其丈夫所授予的真实代理权。但如果妻子自己有收入，便不能推定她有以其丈夫信用为她自己而非家用必需品购物的权利。如果妻子所购货物为非必需品，或者尽管为必需品，但其订购的数量和范围超过了丈夫的收入水平而不构成必需品，则默示的推定代理便不能成立。

以合作行为推定产生的默示代理较典型的是合伙人之间的默示代理。根据英美等国合伙法的规定，合伙人之间互为代理人，其中任何一个合伙人依合伙经营的方式订立的合同，对其他合伙人均有默示代理效力。

明示授权和默示授权在英美法中同属实际授权（actual authority）。实际授权指被代理人与代理人之间通过协议或合同给予代理人的代理权。在1964年福里曼诉巴克赫斯特园林房地产有限公司案中，Diplock法官指出：实际授权是一种存在于被代理人与代理人之间的由他们各自为当事人的合意协议产生的法律关系。

3）客观必需的代理权

客观必需的代理权（the agency of necessity）是在一个人受委托照管另一个人的财产，为了保存这种财产而必须采取某种行动时产生的代理权。在发生这种代理事由的情况下，尽管财产管理者未得到财产所有人的委托，但其所进行的代理行为是为被代理人的利益，由于客观情况的需要应视为具有代理权，代理行为的后果归于被代理人。但在实践中要证明取得这种代理权是非常困难的，英美法院一般也不愿意不适当地承认这种代理权。根据英美法院的判例，行使这种代理权应具备以下三个条件：

（1）行使这种代理权是实际上和商业上所必需的；

(2) 代理人在行使这种代理权之前无法与被代理人取得联系以得到本人的指示;

(3) 代理人所采取的措施必须是善意的，并且必须考虑到所有有关当事人的利益。

4) 追认代理

追认代理（ratification）指代理人未经授权或超出了授权范围，以被代理人的名义同第三人订立了合同，实施代理行为，事后该行为得到了被代理人的批准或承认的代理。追认的法律后果就是使代理人越权或无权的代理行为对被代理人具有约束力。追认原则通常用来矫正代理人权利的轻微瑕疵，阻止不必要的诉讼。按照英美法判例，追认既可以明示的口头或书面方式做出，也可以被代理人的作为或不作为默认形式做出。

被代理人的追认具有溯及力，自该合同成立时起即对被代理人生效。追认代理应具备以下几个条件:

(1) 代理人在订立合同时必须声明其是以被代理人的身份订立合同。如果代理人在没有得到授权的情况下，打算替被代理人订立合同，他就应把这种意图事先告诉第三人，且原则上应指出或第三人可以推定出被代理人的姓名或商号。

(2) 被代理人应在代理人进行代理行为期间和追认代理期间具有进行该授权的行为能力。这主要是针对法人而言的。根据英美法判例，如果代理人是为未成立的公司订立合同，即使日后公司经注册成为法人，该公司也无权追认该合同。

(3) 被代理人在追认代理行为时，必须了解其主要内容。如果代理人隐瞒了主要事实，在追认代理行为时，被代理人已进行的追认没有约束力。

(4) 被代理人必须在第三人撤销其与代理人所进行的民事行为之前进行追认，且被追认的代理行为必须合法，无法律效力的行为不能追认。

(5) 必须是对法律行为的全部而不是部分的追认。英美法庭一般不允许被代理人只追认合同中对其有利的部分，否则，便是将一个第三人没有订立的合同强加于第三人。

另外，如果代理人与第三人所订立的合同采用了签字蜡封的方式，被代理人的追认也必须以签字蜡封的方式进行。

3.2.3 无权代理

无权代理，是指行为人没有代理权而以他人名义进行的代理行为。各国立法根据无权代理的原因和后果归属不同，把无权代理分为狭义的无权代理和表见代理。

1) 狭义的无权代理

狭义的无权代理即一般意义上所说的无权代理，指代理人在既无代理权，也没有从表面上使第三人相信其具有代理权的情况下，以被代理人名义进行的代理行为。

大陆法系各国法律规定，行为人的无权代理行为对被代理人不发生任何法律效力，除非被代理人主动追认无权代理人所为的无权代理行为。在被代理人对无权代理行为追认之前，这种无权代理行为的有效性处于不确定状态。为了保护第三人的利益，大陆法系国家为第三人设立了催告权和撤回权制度。催告权是指第三人可以自行规定一个合理的期限，催告本人明确承认或者否认无权代理的代理行为，如果被代理人逾期不作表态，视为否认。撤回权是指在本人对无权代理行为进行追认之前，第三人有权撤回与无权代理人所为的行为。但如果第三人在为有关法律行为时已知代理人无代理权的，则不能撤回。

关于无权代理人对第三人的责任问题，大陆法系各国的规定有一些差异。大多数国家认为，如果第三人在订立合同时，不知道代理人无代理权，是善意且无过失的，无权代理人应对第三人承担责任。如果第三人明知代理人无代理权而与之订立合同，则第三人无权向代理人要求赔偿。但对于无权代理人的责任内容，有的国家认为，无权代理人不是民事行为的当事人，第三人只有请求损害赔偿的权利；也有的国家规定，第三人有选择权，他既可以要求无权代理人负损害赔偿责任，也可以要求无权代理人履行合同义务。

英美法将无权代理称为违反代理权的默示担保（breach of implied warranty of authority）。依英美法，当代理人与第三人订立合同时，代理人对第三人有一项默示担保义务，即保证他是有代理权的。如果代理人并没有得到被代理人的授权，或超越了授权范围，则第三人就可以以其违反代理权的默示担保为由对其起诉，无权代理人应对第三人承担责任。

但关于无权代理人的赔偿责任，英美法则缺少这方面的规定。英美法的默示担保原则的基础是契约，如果代理人欠缺代理权且被代理人不加追认，则该代理人须向第三人承担由于违反默示担保原则引起的损害赔偿责任。值得注意的是，无权代理人的行为无论是出于善意还是疏忽，他都要对违反默示担保的行为负责，即使他不知道其代理权已因为被代理人的死亡或精神错乱而终止，仍然要对其行为负责。与大陆法不同，代理人违反默示担保的诉讼只能由第三人提起，而不能由被代理人提起。

从总体上看，英美法中的无权代理人对第三人的责任的规定比大陆法严格，但这个区别并不是根本性的。

2）表见代理

表见代理是无权代理的一种特殊形式，是指行为人虽然没有代理权，但善意第三人客观上有充分的理由相信行为人具有代理权，而与之为法律行为，该法律行为的后果直接由被代理人承担的代理。表见代理在本质上是无权代理，但为了保护善意第三人，各国法律一般都赋予表见代理行为以代理的效力。英美法中与表见代理类似的制度是“不容否认的代理”。不容否认的代理指被代理人虽未向代理人授权其采取行动，但被代理人不能否认他的言行，而必须视为已向另一方授权。不容否认的代理主要特征是被代理人通过他的言行表明，代理人已获得他的授权，仅凭代理人的陈述而没有被代理人的言行加以支持，则不能构成被代理人的授权。

表见代理与狭义的无权代理的区别是：表见代理的发生是由于被代理人的原因，各国法律均规定由被代理人承担代理人的代理行为所产生的后果。而狭义的无权代理的产生则由于无权代理人的原因，无权代理行为的后果处于不确定状态，如被代理人追认，代理行为有效；反之，被代理人不承担无权代理行为的后果。表见代理的构成要件是：

（1）必须是代理人以本人名义实施意思表示或者受领意思表示。

（2）必须是本人以其行为表示赋予行为人以代理权。这一表示可以是作为的或不作为的，只要使第三人相信无权代理人有代理权即可。

（3）第三人在行为时是善意无过失的。

（4）必须是委托代理。在法定代理中不存在授权行为，因此也就不存在表见代理。

3.2.4 代理关系的终止

1）代理关系终止的情形

代理关系的终止有两种情况：一种是依据当事人的行为；另一种是根据法律。

（1）依当事人的行为终止代理关系

依当事人的行为终止代理关系主要有以下几种情况：

①代理目的实现。代理目的实现是指代理任务全面完成。

②代理期限届满。代理人和被代理人订有期限，且当事人不愿意延长的，代理期限一经届满，代理关系即告终止。

③被代理人和代理人协议终止代理关系。除法定代理外，当事人可以通过协议终止彼此之间的代理关系。

④代理人或被代理人单方终止代理关系。商事代理合同是服务性质的合同，一方要求终止代理关系的，另一方一般不能强制其实际履行，而只能要求损害赔偿。但根据英美法的判例，被代理人单方面撤回代理权有一定的限制，如果被代理权的授予是与代理人的利益结合在一起的，被代理人就不能单方面撤回代理权。例如，甲向乙借款1万元，并指定乙为其代理人替其收取房屋租金，并约定以租金偿还其借款，这时，代理权的授予与代理人的利益结合在一起，在甲对乙的借款清偿完毕之前，不得单方面解除乙的代理权。

（2）依法律规定终止代理关系

一般来说，依各国法律发生以下事由时，代理关系自动终止：

①代理人死亡、破产或丧失行为能力。

②被代理人或代理人死亡、破产或丧失行为能力。但有些国家有不同规定，如在德国司法实践中，存在所谓的死后代理权制度，即委托代理权的授权人死后仍由代理人进行代理的制度。

③法律的改变使得代理成为非法。

④主要标的物灭失。

2）代理关系终止的效果

代理关系终止后，无论在代理人与被代理人之间，还是在被代理人、代理人与第三人之间，都会产生一定的法律后果。

（1）对于被代理人与代理人的法律后果

代理关系终止后，代理人不能再以被代理人的名义进行代理行为；否则，属于无权代理。此外，代理合同终止之前应履行的权利义务，不因代理关系的终止而受影响。对于代理人，不因被代理人的死亡而被剥夺其应得的佣金及代理费用，也不因此减轻代理关系终止之前其违反合同应承担的责任。

有些大陆法系国家为了保护商业代理人的利益，法律特别规定，在终止代理合同时，代理人对于他在代理期间为被代理人建立的商业信誉，有权要求被代理人予以补偿。因为在代理合同终止之后，被代理人可以继续享有该商业信誉，并从中获利，而代理人则会因此失去一定的利益。

（2）对于第三人的法律后果

被代理人撤回代理权或终止代理合同时，对第三人是否有效，主要取决于第三人是否知情。根据各国的法律，代理关系终止时，必须通知第三人才能对第三人发生效力，如未通知第三人，第三人在不知情的情况下与代理人订立了合同，合同对被代理人仍有效力，但被代理人有权要求代理人赔偿其损失。

3.3 代理行为当事人之间的关系

代理关系涉及三方当事人，即被代理人、代理人及第三人。代理行为当事人之间的关系是指被代理人与代理人之间的关系，被代理人、代理人与第三人之间的关系。

3.3.1 代理人与被代理人之间的关系

被代理人与代理人之间的关系一般是基于合同而产生的委托关系，是属于被代理人与代理人之间的内部关系，这种内部关系由双方当事人订立的合同加以规范。对于被代理人与代理人的权利、义务，大陆法系和英美法系的规定基本上是一致的。

1）代理人的义务

（1）代理人必须亲自履行代理职责

代理关系是一种信任关系，在一般情况下，代理人不得把代理权委托给他人，但如果客观情况要求，代理人在一定的情况下也有转委托权。但各国法律均规定了较严格的限制条件：①须被代理人授权；②遇到紧急情况或贸易习惯允许，可在无事先授权的情况下转托他人，但应及时通知本人。

（2）代理人应以其正常的技能勤勉履行其代理职责

代理关系建立后，代理人应以勤勉的态度，尽自己的技能履行职责。具体的要求程度视有偿和无偿有所区别，如果代理人不履行其职责，或有过失致使被代理人遭受损失的，代理人应对被代理人负赔偿责任。

（3）代理人应对被代理人诚信、忠实

被代理人设定代理的目的，是利用代理人的专业知识和技能为自己服务。因此，要求代理人不能使自己的利益与其对被代理人承担的义务相抵触，即首先除非交易双方特别承认，代理人不得在同一交易中充任双方当事人，即进行“双方代理”；其次除非被代理人事先同意，代理人不得“为自己代理”。这两种行为都是对代理权的滥用，被代理人有权随时撤销代理权，并请求损害赔偿。另外，代理人更不得受贿或密牟私利，否则被代理人因此遭受的损失，由代理人和第三人负连带责任。

（4）代理人的保密义务

无论合同中有无规定，代理人在代理协议有效期间和代理协议终止后的一段合理期间内，都不得把在代理过程中知悉的机密资料向第三人泄露，也不得利用这些资料与被代理人进行不正当竞争。

（5）代理人须向被代理人申报账目

代理人有义务将其所有交易事项做成账目，并在被代理人要求时向其提示和申报，代理人为被代理人收取的一切款项应全部交给被代理人，即使该交易本身无效或违法也不例外。

（6）代理人必须服从被代理人的合法指示

代理人受托以某种特定方式完成某一特定事项时，必须遵照被代理人的指示行事，在发现不能实现被代理人的指示时，应及时通知被代理人。在交易活动中，如果没有被代理人的具体指示，代理人就应以最好的判断力为被代理人的利益采取行动。

2）被代理人的义务

（1）支付佣金或报酬

在代理关系中，被代理人最主要的一项义务就是按代理合同中的约定向代理人支付佣金或报酬。在代理人和被代理人之间没有代理协议时，被代理人对代理人有补偿义务。一般来说，这种补偿是完全的补偿，即使对无偿代理人也是一样的。

在某些商事代理中，关于佣金还涉及以下两个问题：①被代理人未经代理人介绍，直接与代理人代理地区的第三人达成交易，代理人是否可以从中收取佣金？②代理人介绍的客户日后连续直接同被代理人达成交易，被代理人是否仍应支付佣金？

对此，很多大陆法系国家规定：如果代理合同中没有相反规定，对于被代理人同代理地区内的第三人达成的一切交易，不论代理人是否参与其中，代理人都有权要求佣金。在被代理人单方面终止代理合同时，如果被代理人从代理人在其代理期间为其建立的商业信誉中获得了重大利益，则代理人有权获得公平的补偿。

与上述规定不同，英美法系国家判例通过区分代理人在被代理人与第三人的交易中的作用来决定代理人是否应当获得佣金。如果被代理人同第三人的交易是代理人努力的结果，则代理人就有权获得佣金，否则不应得到佣金。关于代理合同终止后，被代理人是否需要支付佣金的问题，英美法判例确定的原则是：如果代理合同规定了期限，则期限届满后，被代理人无须就代理人介绍的客户与自己进行交易而向该代理人支付佣金；如果代理合同没有约定期限，只要代理人介绍的客户再次同被代理人达成交易，被代理人就应当支付佣金，但这一支付仅限于代理合同终止后的第一次交易。

（2）补偿代理人因履行职责而产生的费用

作为代理人的正常业务费用，除合同中另有规定外，代理人一般不能要求被代理人偿还。但如果是代理人为完成被代理人的特殊业务，提供特殊劳务而发生支出或遭受损失，代理人有权要求被代理人进行补偿。

(3) 被代理人有义务让代理人核查其账目

这主要是大陆法系的规定，如《德国商法典》规定，代理人可以要求他自己或会计师审核被代理人的有关账目或其他文件，以便确定被代理人支付给自己的佣金是否准确无误。这是一项强制性的规定，当事人不得在代理合同中做出相反的约定。

3.3.2 代理人、被代理人与第三人之间的关系

代理关系的一个最主要的特征在于它是一个三者之间的法律关系，除了被代理人与代理人之间的关系之外，还有被代理人与第三人之间的关系及代理人与第三人之间的关系。确立这三者之间权利义务关系的一个中心问题是，与第三人订立合同的另一方究竟是被代理人还是代理人，即第三人究竟与谁订立合同。对于这个问题，大陆法系国家与英美法系国家有不同的规定。

1）大陆法系的规定

在确定第三人是与被代理人还是与代理人订立合同时，大陆法采取的标准是确定代理人究竟是以代表的身份还是以其个人的身份订立合同。

当代理人以代表被代理人的身份与第三人订立合同时，合同就是第三人与被代理人之间的合同，依合同所产生的权利与义务关系直接由被代理人承担。代理人在订立这种合同时，应当披露被代理人的姓名或者显露出其作为代表订立合同的意图，或客观上已表明了此项意图；否则，就应认为此合同是代理人自己与第三人订立的合同，由代理人对合同负责。

如果代理人是以其个人的身份与第三人订立合同，则无论其是否事先得到了被代理人的授权，此合同均认为是代理人与第三人之间的合同，合同所产生的权利、义务由代理人承担。在这种情况下，被代理人原则上与第三人没有直接的法律上的关系。

这种方法使大陆法产生了直接代理与间接代理的区别。如果代理人在代理权限内以代表的身份与第三人订立合同，合同所产生的后果直接归于被代理人的，为直接代理；如果代理人以自己的名义与第三人订立合同，但是为了被代理人的利益而行为，以后再通过另外一个合同将权利、义务转移给被代理人的，为间接代理。在间接代理的情况下，被代理人不能仅凭间接代理人与第三人所订立的合同直接对第三人主张权利，只有间接代理人把他与第三人订立的合同中的权利、义务转让给被代理人后，被代理人才能直接对第三人主张权利。

2）英美法系的规定

英美法与大陆法不同，不采用以代理人名义或是以被代理人名义与第三人订立合同的标准，所以，英美法不存在大陆法关于直接代理与间接代理这一划分。英美法系国家的法律采取的是义务标准，即究竟谁应对合同承担义务。根据代理人在代理行为中是否披露了代理关系，主要分为以下几种情况：

(1) 完全披露被代理人（agency for a named principal），指代理人在订立合同时不但表明了自己的代理身份，而且已指出被代理人的姓名或商号。在这种情况下，所订立的合同就是被代理人与第三人之间的合同，被代理人应对合同所产生的权利、义务负责。

代理人在订立合同后，退出合同之外，对合同不承担个人责任，除非代理人以自己的名字在签字蜡封的合同上签了字，或者代理人以自己的名字在汇票上签字，他就要对该汇票负责。

（2）部分披露被代理人（agency for an unnamed principal），指代理人在订立合同时，只披露代理关系的存在，没有披露被代理人的姓名或商号的代理行为。在这种情况下，合同仍被视为被代理人与第三人之间的合同，由被代理人对合同所产生的权利、义务负责。代理人既不能从合同中获利，也不必对合同承担个人责任。

（3）未披露被代理人（agency for an undisclosed principal），指代理人尽管得到被代理人的授权，但在订立合同时，根本不披露代理关系的存在，既未表明代理身份，也未表明被代理人的身份。在这种情况下，即使代理人事先得到了被代理人的授权，代理人原则上也应当对第三人履行合同承担责任。这种代理与大陆法的间接代理类似，但在三方的责任关系上却有很大区别。

英美法认为未披露代理关系的被代理人拥有一种以其自身名义并为自身利益收回由代理人订立的合同的介入权（right of intervention）。被代理人原则上可以直接取得该合同上的权利和义务，无须代理人与被代理人再订立一个转让权利、义务关系的合同。同时，第三人发现被代理人后，拥有选择权，既可以选择由被代理人承担合同义务，也可以选择由代理人承担合同义务；既可以向代理人提起诉讼，也可以直接向被代理人提起诉讼。但第三人的这两项权利是相互抵触的，因此一旦其选定了其中任何一方提起诉讼后，就不能再改变。按照英国的法律，未披露的被代理人行使介入权时，必须符合以下两个条件：

①代理人在订立合同时得到了被代理人的授权。

②第三人不介意同被代理人订立合同。如果第三人可以证明他实际上是希望与代理人且只是希望与代理人订立合同，被代理人就不能介入该合同。

可以说，英美法系赋予未披露身份的被代理人直接对第三人主张合同权利的介入权，不需要像大陆法系的间接代理那样通过订立另一个合同来转移合同的权利义务，体现了英美法系一定的灵活性。

另外，在代理活动中，也会发生代理人侵害他人权益的行为，产生侵权关系。根据英美商法的有关规定，在代理关系中，代理人就其侵权行为向被侵权的第三人承担个人责任，被代理人对代理人在履行代理职责过程中发生的对第三人的侵权一般不负责任。但如果被代理人指使代理人侵权，或者由于被代理人的疏忽或者过失导致代理人侵权，或者被代理人可以就代理人如何开展代理业务发出指示予以决策，被代理人应当对有关的侵权行为承担责任。这一原则在英美商法中称为替代责任（vicarious liability）。另外，在严格产品责任制度之下，被代理人应当对代理人代理销售有缺陷的产品造成的侵权后果负责。

3）我国法律中的相关规定

我国《民法典》对代理的相关问题有明确规定，如第172条规定：“行为人没有代理权、超越代理权或者代理权终止后，仍然实施代理行为，相对人有理由相信行为人有代理权的，代理行为有效。”

3.3.3 承担特别责任的代理人

作为代理制度的一般原则，代理人在被代理人授权的范围内与第三人订立合同后，由被代理人享有权利、承担义务，代理人对第三人不负个人责任。只要代理人尽到了勤勉、服从和诚信等一般代理人的义务后，即使第三人不履行合同，代理人对被代理人也不承担个人责任。但是在某些情况下，代理人和被代理人或者第三人约定或者按照行业惯例，对被代理人或第三人承担个人责任，这种代理人就被称为承担特别责任的代理人（the agent with special responsibility）。这主要是因为在国际经济贸易活动中，第三人与被代理人对于彼此的资信并不十分了解，代理人因长期从事国际商事业务对有关交易当事人却比较熟悉，同时具有良好的信誉，因此，有时会被要求对他们承担某种特殊的个人责任，以保护交易当事人的利益和交易的安全。根据代理人承担特别责任的对象不同，可以分为对第三人承担特别责任的代理人和对被代理人承担特别责任的代理人。

1）对第三人承担特别责任的代理人

（1）保付代理人（confirming agent）

在国际贸易中起着重要作用的保付代理人是承担特别责任的代理人的范例，通常由出口商担任。保付代理人的业务通常是代理国外的被代理人（买方）向本国的第三人（卖方）订货，并在订单上加上保付代理人的保证，担保被代理人将履行合同，如果国外的被代理人不履行合同或者拒绝支付货款，将由保付代理人向本国的卖方，即第三人支付货款。

保付代理的经济目的是减少国际货物买卖中供货人在出口货物中的潜在风险，本国卖方不必顾虑外国买方的资信能力而接受订单。保付代理人通过将国际贸易转换为国内贸易，可以确保本国卖方在国际贸易中不会因为国外买方的信用缺陷而蒙受损失，有利于促进本国的出口。如A国的甲希望向B国的乙订购一批电子产品，乙接受了订单，但他做出承诺的前提条件是得到B国保付商行的保付。于是，甲请求B国的保付代理人丙保付向乙发出的订单，丙同意保付。这时保付的典型特征是丙与乙的营业地位于同一国家，保付代理把国际交易转化为国内交易，使交易在乙所在国支付货款和履行，解除了乙对于甲的资信财政状况要进行的调查。

在保付代理中通常存在两方面的法律关系：一方面是保付代理人与买方之间的普通代理关系，如上例即是甲与丙之间的普通代理关系，其中，甲是被代理人，丙是代甲付款的代理人；另一方面的法律关系是保付代理人与卖方之间的担保关系，即上例中乙与丙的关系，乙是第三人，丙是买方的保付代理人，如买方即被代理人不付款或无力支付，由保付代理人承担支付货款的义务。如果在合同履行前，买方无故取消订单，保付代理人仍要对第三人即卖方支付货款。在这种情况下，保付代理人在付清货款后，有权要求被代理人偿还其所付的货款，并可以要求赔偿损失。

（2）保兑银行（confirming bank）

在当今国际贸易中，使用跟单信用证已成为支付货款的主要方式之一，对商业跟单信用证进行保兑的保兑银行也是一种对第三人承担特别责任的代理人。

在国际贸易中，卖方对不熟悉的客户往往要求其在约定的时间内通过开证行开立以卖方为受益人的、有银行保兑的不可撤销信用证并送达卖方，一般的程序是：国外的买方通过银行开立保兑的、以卖方为受益人的不可撤销信用证，委托卖方所在地的代理行对此信用证加以保兑，即在信用证上加上“保兑”字样，然后通知卖方，卖方一旦提交符合信用证要求的单据，就可以要求所在地的保兑银行支付货款。在这种保兑关系中，开证行是被代理人，保兑银行是代理人，卖方是第三人，保兑银行根据开证行的授权在信用证上保兑时，此项保兑就构成了保兑银行的一项确定付款的担保，只要卖方提交的单据符合信用证上的规定，保兑银行就承担付款的责任，且这一责任是第一位的。

（3）运输代理人（forwarding agent）

运输代理人是接受客户委托，代客户向运输公司预订舱位的代理人。在这种代理关系中，客户是被代理人，运输公司为第三人。如果届时客户未能装运货物，使船舶空舱航行，运输代理人要向运输公司支付空舱费，即短装货物的运费。在这种情况下，代理人可要求客户进行赔偿。如果客户拖欠代理人佣金、手续费或其他费用，运输代理人可以对其占有的该客户货物进行留置，直到客户付清各项费用。

（4）保险代理人（insurance broker）

保险代理人，有时也称保险经纪人，是指基于投保人的利益，为投保人和保险人提供中介服务，并依法收取佣金的人。保险经纪人的具体业务是代投保人向保险人洽订保险合同，办理投保手续，代交保险费或者代为索赔。

在国际贸易中，进出口商在为货物投保运输保险时，一般不能直接与保险人订立合同，而必须委托保险经纪人代为办理。例如，根据英国海上保险法的规定，凡海上保险合同由保险经纪人替被保险人订立时，经纪人就保险费须对保险人直接负责。如果被保险人不缴纳保险费，保险经纪人应向保险人缴纳保险费。保险标的物在承保的风险范围内发生损失的，由保险人直接赔付被保险人。与其他行业的代理人不同，保险经纪人的报酬通常由保险人支付，而不是由他们的委托人，即被代理人支付。

2）对被代理人承担特别责任的代理人

在一般情况下，代理人代替被代理人与第三人订立合同后，即退居合同之外，由被代理人与第三人承担合同的权利义务。对被代理人承担特别责任代理人主要是信用担保代理人（del credere agent）。

信用担保代理人的责任是：如果他所介绍的买方（即第三人）不付货款时，由他本人赔偿被代理人因此而遭受的损失。因此，从法律上来看，在信用担保代理中，在代理人与被代理人之间除有一个普通的代理合同之外，还存在另外一个合同，即信用担保合同，代理人根据信用担保合同还要对被代理人承担个人责任。在国际贸易中，卖方由于对代理人所在地区的买方了解不多，往往会要求自己所熟悉的代理人充当信用担保代理人，以转移风险。对于信用担保代理人，大陆法系和英美法系的规定有一些差异：

（1）在大陆法系国家，一般对信用担保代理人有专门的规定。例如，要求信用担保代理合同或信用担保代理条款以书面形式订立等。

（2）英国判例认为，信用担保代理人对被代理人的信用担保责任属于第二位责任，只有第三人无力支付货款时，才对被代理人承担责任，负赔偿义务，且信用担保代理人的责任仅限于担保第三人的清偿能力，即在买方无力支付货款时承担责任，如果是因为合同的履行，如由于被代理人未履约，而使第三人拒绝付款，代理人不负责任。同时，根据英国判例，这种信用担保代理合同不需要以书面形式做成。

信用担保代理人产生的原因是卖方希望在国际货物买卖中转移由于对买方不了解所产生的风险。随着国际贸易的发展，许多国家设立了由政府经营的出口信用保险机构，专门为国内出口商办理和承担国外买方无清偿能力情形时的保险业务，信用担保代理人的作用也已经逐步由这种保险机构所取代。

3.4 国际代理统一法

随着国际贸易的发展，代理制度被更为广泛地使用。由于各国法律规定的差异，国际贸易代理也引起了十分复杂的法律冲突。

这些差异大体上可以从以下三方面分析：第一，大陆法系和普通（英美）法系在代理概念的理论方法上，表面上存在着不可调和的矛盾。例如，大陆法系把代理的委托与授权的概念严格区别开，而英美法系则使用等同说。尽管这两种理论都向商业现实做了让步，但这种分裂状况在实践中仍然引起了许多难以解决的问题。第二，在国际私法领域，尤其是在代理权的设立方面，适用调整内部关系的法律，而此项权利的行使及效力，则适用调整外部关系的法律，这种内部关系与外部关系划分上的困难，具有很大的不确定性。第三，这些难以解决的问题还在增加，这是因为各国旨在保护直接代理人的现代立法有很大的差别，而且各国立法在各自的社会环境中，都有其存在的理由。在这种情况下，就必须致力于寻求一种解决冲突的可行途径，而最有效的方法是制定国际代理统一法，以使这些冲突降低到最低限度。目前有关的国际公约有1961年《代理统一法公约》、1961年《代理合同统一法公约》、1967年《运输代理人公约》、1988年渥太华外交会议上通过的《国际保付代理公约》、1960年国际商会制定的《商务代理合同起草指南》、1983年《国际货物销售代理公约》、1977年《代理法律适用公约》等。本章我们将着重介绍后两项公约。

3.4.1 《国际货物销售代理公约》

《国际货物销售代理公约》(Convention on Agency in the International Sale of Goods)（本章简称《公约》）是在国际私法协会的主持下拟订的，在1983年日内瓦外交会议上获得通过。国际私法协会在1961年完成了《国际性私法关系中代理统一法规》和《国际货物买卖佣金合同统一法规》两个公约草案的起草工作，但这两个公约草案没有消除两个法系在代理问题上的固有分歧，在内容和形式上带有大陆法系的痕迹，遭到了英美法系国家的反对。

1972年在国际私法协会第四次会议上，将两个法规合并，制定了新的统一法规草案文本，经多次修改后，终于在1983年2月15日日内瓦召开的外交会议上获得通过。公约自1983年2月17日起开放签字，目前智利、摩洛哥、瑞士、意大利、法国等已经签署了该公约，但依《公约》规定，公约应在10个国家核准签署一年后生效，目前公约尚未生效。

1）《公约》的适用范围

《公约》的适用范围包括以下五个方面：

（1）《公约》所规范的代理包括的内容很广泛，无论代理人实施行为是以自己的名义，还是以被代理人的名义，无论是在授权范围内，还是超越了代理权限，无论是完全的无权代理，还是将代理行为建立在表见授权的基础上，均构成国际货物销售代理。

（2）代理活动的性质，《公约》在第1条第2款中明确规定，公约不仅调整代理人订立货物销售合同的行为，也调整代理人旨在订约或有关履行合同的任何行为。

（3）《公约》所规定的规则只调整以被代理人与代理人为一方，第三人为另一方时，两者之间的关系，不调整被代理人与代理人之间的内部关系。

（4）《公约》所适用的货物销售代理必须具有国际性。所谓国际性指被代理人与第三人营业所处于不同国家，且代理人须在某一缔约国内有营业所，或能够依国际私法规则导致某一缔约国法律的适用。如果第三人在订立合同时不知道或无从知道代理人以代理人身份行事，则只有在代理人与第三人营业所处于不同国家时，才属于国际货物销售代理。当事人的国籍和当事人或销售合同的民事性质或商事性质，不影响货物销售代理的国际性质。

（5）一些特殊的代理不在《公约》调整的国际货物销售代理范围内，主要有：证券交易所、商品交易所或其他交易所之交易商的代理；拍卖商的代理；因法律事实而创设的代理。

2）代理权的设定形式

在代理权产生的形式上，《公约》规定被代理人对代理人的授权可以明示，也可以默示，且无须采用书面形式或书面证明，授权为口头或默示形式时，可以用任何方式，包括人证予以证明。但当某缔约国声明《公约》所涉及的授予、追认或终止某代理权，在任何情况下均应以书面形式做出时，在该缔约国有营业所的被代理人和代理人不得适用其他形式。

3）代理权的终止

根据《公约》，代理权可因为以下原因终止：

（1）根据当事人的行为终止。包括依被代理人与代理人之间的协议而终止，或由于授权的交易已经完成而终止。此外，代理还可以由于被代理人撤回或代理人放弃代理权而终止。

（2）依所适用的法律规定而终止。对于代理权终止后对第三人的法律效力，《公约》规定除非第三人知道或理应知道代理权的终止或造成终止事实，代理权的终止不影响第三人，这一规定扩大了规则的适用范围，保护了第三人的利益。

4）代理行为的法律效力

《公约》对于代理行为的法律效力，依代理人有无代理权分为三种。

（1）代理人在被代理人的授权范围内所进行的代理行为

在这种情况下，如果第三人知道或理应知道代理人的代理身份，则代理人的代理行为直接约束被代理人和第三人，而无论代理人是否提及被代理人姓名，第三人是否知道被代理人是谁，都不妨碍在被代理人与第三人之间产生合同关系。

根据《公约》第13条，如果第三人在与代理人订立合同时，既不知道也无从知道代理人以代表身份活动，或第三人和代理人已经同意或知道代理人仅约束其自己，则尽管代理人是在其授权范围内代表被代理人为代理行为，但其行为对代理人和第三人都有拘束力，而不拘束被代理人。

如代理人在为代理行为时，未公开被代理人，当代理人因第三人不履行义务或因其他理由未履行其对被代理人的义务时，被代理人有权介入合同，但同时，被代理人也要受到第三人可能对代理人提出的任何抗辩的限制。如果代理人未履行或无法履行其对第三人的义务时，根据《公约》第13条第2款，第三人发现了未公开的被代理人后，可以直接对被代理人行使其从代理人那里取得的权利，但受第三人任何抗辩的双重限制。但如果按当时情况，第三人若知道被代理人的身份就不会订立合同，而只愿与代理人订立合同并提出过声明的，被代理人不得对第三人主张代理人代表被代理人为代理行为所取得的权利。

（2）代理人无权代理或越权代理所进行的代理行为

《公约》对无权代理和越权代理的规定主要有：

《公约》第14条规定，作为一般原则，当代理人未经授权或超越代理权限时，其行为对被代理人和第三人没有约束力，但如果被代理人的行为使第三人合理并善意地相信代理人有权代表被代理人为某种行为，且代理人是在授权规范之内，则被代理人不得以代理人无代理权为由对抗第三人。

《公约》承认被代理人的追认权。依《公约》第15条，代理人未经授权或超越代理权限的范围，可以由被代理人予以追认，追认后即发生如同自始授权的效力。但如果第三人在代理人为代理行为时，不知道也无从知道该代理人未经授权，并在被代理人追认前发出通知表示拒绝受追认的约束，则第三人对被代理人不负责任，或本人虽已追认，但他未在合理的时间内追认，第三人只要立即通知本人，也可拒绝受追认的约束。

对追认的限制：①被代理人应对全部代理行为进行追认，否则，第三人有权拒绝接受；②追认发生效力后，不能撤回；③如果代表某公司或其他法人而为的行为是在其设立之前所实施的，则只有在准许该公司设立的国家法律允许的情况下，追认才有效。

（3）在无权代理或越权代理情况下，代理人对第三人的责任

依《公约》第16条，如果第三人知道或理应知道代理人未经授权或超越代理权行事，则代理人对第三人不承担责任。但如果未经授权或越权行事的代理行为未得到被代

理人的追认，则该代理人对第三人承担赔偿责任，以使第三人处于如同代理人有权并在其授权范围内行事时同样的地位。如果第三人已通过直接诉讼权从被代理人那里得到了补偿，尽管被代理人的追认可使代理人免除对第三人的赔偿责任，但不能免除代理人依合同对第三人承担的应履行的义务。

《公约》调和了大陆法和英美法对被代理人和代理人与第三人之间所做的不同规定和分歧，为国际货物销售代理提供了一套比较简便，具有一定可行性的规则，对于协调各国代理法的冲突，促进国际贸易有一定的进步意义。但也不能否认，由于《公约》只限于国际货物销售代理，且只调整以被代理人和代理人为一方，第三人为一方的代理关系，回避了大陆法所考虑的内部关系，在适用范围上有一定的局限。

3.4.2《代理法律适用公约》

1956年海牙国际私法第八届会议上曾提议制定一个国际货物销售代理法律适用公约，1975年的第十一届会议上完成了公约初步草案，1977年6月全票通过公约的最后文本，1978年对外开放签字。《代理法律适用公约》在1992年5月1日生效，是迄今为止国际上仅有的一个就代理法律适用问题做了比较全面规定的国际公约。

1)《代理法律适用公约》所规定的代理关系的范围

《代理法律适用公约》只涉及支配代理关系的法律，而不包括代理事项中有关法院管辖权、判决的承认以及执行方面的规则。《代理法律适用公约》所调整的代理关系的适用范围有：

(1)《代理法律适用公约》适用于一方代理人有权代表他人或意在代表他人而与第三人进行交易所产生的具有国际性质的关系的准据法的确立。这里包括代理人在代理权内所为的代理行为，也包括无权代理和越权代理的情况。

(2)《代理法律适用公约》应扩大到适用于代理人的作用是代表他人接收和传达提议或进行谈判的场合，即将范围扩大到代理人自己未经授权而在当事人之间达成交易的情况。

(3) 无论代理人以自己的名义还是以被代理人的名义进行活动，无论其行为是经常的还是临时的，《代理法律适用公约》均应适用，即指《代理法律适用公约》对直接代理和间接代理、公开被代理人的代理和未公开被代理人的代理、民事代理和商业代理均适用。

2)《代理法律适用公约》排除适用的情况

《代理法律适用公约》中明确地规定了一些与代理有关，但不属于《代理法律适用公约》适用范围的事项：

(1) 当事人的能力；

(2) 形式方面的要求；

(3) 家庭法、夫妻财产法或继承法上的法定代理；

(4) 根据司法或准司法机关的决定，或由这类机关直接控制下的代理；

(5) 与司法性质的程序有关的代理；

（6）船长执行其职务时的代理。

之所以排除这些事项的适用，是因为很难在这些问题上达成一致，还可能产生与合同法处理这些问题的一般法律选择规则不一致的危险，或是已由国际私法的其他明确规则所调整，不需要由《代理法律适用公约》包括的冲突规范来调整。此外，《代理法律适用公约》考虑到独家经销商在进行活动时，完全是为了自己的利益，并自己承担其所订立合同的所有商业危险，具有独立的法律地位，因此《代理法律适用公约》也自动排除了对独家经销商的适用。

3）非缔约国法律的适用

凡《代理法律适用公约》所规定的法律，无论其是否为缔约国的法律，均可以予以适用。这表明《代理法律适用公约》的冲突规则将取代缔约国的冲突规则。对于缔约国而言，《代理法律适用公约》具有普遍效力。

本章小结

1.国际商事代理法是调整国际商事代理法律关系的法律规范的总称。国际商事代理关系的产生、运作和终止都受到有关法律的调整和规范。

2.国际商事代理关系的产生原因有两类，即被代理人的授权和法律的相关规定。

3.国际商事代理法律关系可以分为两个方面：一是被代理人和代理人之间的内部权利义务关系；二是被代理人和代理人与第三人之间的外部权利义务关系。不同的法律关系其具体内容也有所不同。

4.国际商事代理关系的终止可以源于当事人的行为，也可以根据法律的规定。由于代理法律关系的终止会涉及被代理人、代理人和第三人的利益，因此有关当事人只能依据约定或者法律的规定以适当的方式终止代理关系，否则要对因此造成的损失承担损害赔偿责任。

5.在国际商事代理中，存在着承担特别责任的代理人，根据其服务对象的不同，分为对第三人承担特别责任的代理人和为被代理人承担特别责任的代理人两类。

6.在国际商事代理领域主要的国际公约有《国际货物销售代理公约》《代理法律适用公约》等，这些公约对于促进国际商事代理领域的法律统一具有重要的作用。

思政目标

通过对代理概述、代理的产生与终止、代理行为当事人之间的关系、国际代理统一法的学习，能够全面理解与掌握商事代理法基本理论、制度及规则的价值意义，坚定中国法律文化与法律制度的充分自信，自觉维护社会主义法制原则，以实际行动弘扬社会主义核心价值观，为构建人类命运共同体贡献智慧和力量。

主要概念

国际商事代理　意定代理　法定代理　无权代理　表见代理

综合训练

一、判断题

1.代理法律关系包括内部的委托关系和外部的代理行为关系。（　　）

2.对于无权代理，被代理人即本人享有催告权。（　　）

3.本人授予代理人以代理权的口头意思表示必须向第三人做出。（　　）

4.构成客观必需的代理权时，代理人必须主观上为善意。（　　）

5.无权代理人对相对人负有损害赔偿责任，而不论该相对人主观状态如何。（　　）

二、选择题

1.下列不是英美法系中代理权产生依据的有（　　）。

A.意定/委托　　B.默示授权　　C.客观必需　　D.事后追认

2.有关无权代理的后果的说法不正确的是（　　）。

A.相对人享有催告权　　B.代理人负有损害赔偿责任

C.相对人有追认权　　D.相对人有撤回权

3.有关表见代理的说法不正确的是（　　）。

A.本质上表见代理是无权代理

B.代理人无须对相对人承担责任

C.为保护善意相对人，法律授予表见代理以有权代理的效果

D.表见代理是有权代理

4.英美法系未披露本人的代理人与大陆法系的间接代理类似，其主要区别是（　　）。

A.本人享有介入权，无须代理人移转权利

B.代理人享有代理权

C.相对人享有选择权

D.代理人对该代理行为承担责任

5.《国际货物销售代理公约》适用的货物代理必须具有国际性，判定标准是（　　）。

A.当事人的国籍　　B.当事人的住所地

C.当事人的营业地　　D.合同履行地

三、简答题

1.代理权产生的依据有哪些？

2.代理关系终止的情形和效果有哪些？

3.如何区分无权代理和表见代理？

4.法律是如何平衡无权代理中被代理人和第三人的权益的？

四、案例分析题

1.某经贸公司长期委托李某为其采购某种商品，后公司改组，重编岗位，精简人员，取消了李某的代理权，但没有告知其客户。李某继续以该公司代理人的身份从事商

品采购业务。面对客户的履行合同的主张，该公司以李某不具有代理权为无权代理为由加以拒绝。但这一抗辩没有为法庭接受，判决该公司应当承担合同履行责任。请问：法院判决的依据是什么？

2.王某和赵某是同乡，平日关系不错。后王某去其他城市打工，就委托赵某代为照管其财产，其中包括一台才购买的价值3 000元的29寸彩色电视机。1年后，王某决定留在该城市发展，就委托赵某处理其财产。听说赵某有彩色电视机处理，张某找到赵某，表示要购买。由于没有足够的钱，张某就和赵某商量，由赵某写信给王某说电视机有故障，只能低价处理。待成交后，张某付给赵某一定的好处。赵某依此行事，王某出于对赵某的信任，同意低价处理该电视机。赵某以低价将电视机出售给张某，获得了一定的好处。事后王某回该地，发现了这一情况，要求张某返还电视机，双方产生争议。请问：

（1）赵某的行为是否是有权代理行为？

（2）本案应当如何处理？

3.某年中国香港A公司在巴西购买了545吨高压聚乙烯，同年8月运抵上海，委托上海的B公司代为提货并存放于保税区仓库中。次年5月22日至6月2日，A公司先后书面通知B公司，其已经签发发货信给其客户C公司，如该客户前去提货，须付清货款或者由A公司再次书面确认方可放货。6月6日，该客户前来提货，在出示了保证付款的保函、进出口合同副本和要求提货的介绍信后，B公司擅自放货。事后，该客户未付清货款，而货物的正本提单仍然在A公司处。经要求B公司偿付未果，A公司向法院提起诉讼。请问：

（1）B公司和A公司之间是何种法律关系？在这种法律关系中B公司应当承担何种责任？

（2）你认为本案应当如何处理？

第4章 合同法

合同，*又称契约，是两个或两个以上的当事人以发生、变更或消灭民事法律关系为目的而达成的协议。*

合同是当今社会进行各种经济活动所采用的基本法律形式，几乎所有的国际商事关系都通过合同来联结。

合同法是关于国际商事主体之间交往规则的最重要的法律。当代资本主义各国的合同法，因两大法系的差异，在形式、编制体例以及某些具体的法律原则上，各有其不同的特点。大陆法系的合同法是以成文形式出现的，包含在民法典或债务法典中；英美法系各国关于合同的基本原则主要包含在普通法中，合同法主要是判例法、不成文法。

为了与世界主要国家的合同法接轨，我国进行了合同法的统编工作，《中华人民共和国合同法》于1999年10月1日起施行，此前公布的《中华人民共和国经济合同法》《中华人民共和国涉外经济合同法》《中华人民共和国技术合同法》同时被废止。2021年1月1日《中华人民共和国民法典》施行以后，《中华人民共和国合同法》也失去了效力。

本章将重点论述以下问题：合同订立过程中涉及的各种概念、规定，各国相近及不同的法律规范；合同有效成立的各种条件，合同在履行或让与时当事人权利义务的承担等规定；合同让与时债务承担的规定，以及合同消灭的具体规定；合同适用的条件与策略。

4.1 合同的概念与特点

4.1.1 合同的概念

民法上的合同有广义和狭义之分，广义的合同是两个以上的民事主体之间设立、变更、终止民事权利义务关系的协议，除债权合同外，还包括物权合同、身份合同等。德国民法所指的合同是广义的合同。狭义的合同专指债权合同，即两个以上的民事主体之间设立、变更、终止债权债务关系的协议。中国、法国、英国、美国等国的合同法所指的合同是狭义的合同。

《中华人民共和国民法典》第464条规定，合同是民事主体之间设立、变更、终止民事关系的协议。该条排除了对婚姻、收养、监护等身份合同的调整。通过对具体条款分析，该法所指的合同主要是民事主体间关于债权债务关系的协议，即债务合同，不包括物权合同。

两大法系国家对合同所下的定义各有特点。在大陆法系国家中，《法国民法典》第1101条对合同下了定义："合同是一人或数人对另一人或数人承担给付某物、做或不做某事的义务的一种合意。"这里把合同作为一种合意（consensu），即只有当事人之间意思表示一致，合同才可以成立。

《德国民法典》第305条规定："依法律行为设定债务关系或变更法律关系的内容者，除法律另有规定外，应依当事人之间的合同。"它把合同作为法律行为（rechtsgeschäft）的一种。所谓法律行为，是指当事人间为了发生私法上的效果而进行的一种合法行为，包括意思表示和其他合法行为。例如，根据德国法，动产转让就是由双方当事人的意思表示一致，加上由一方把动产交付给另一方的行为构成的。

英美法认为合同的实质是当事人所做出的许诺（promise），而不是当事人之间的协议或合意，但只有法律上认为有约束力的、在法律上能够强制执行的许诺，才能成为合同。《美国合同法重述（Ⅱ）》对合同做了如下定义：合同是一个许诺或一系列的许诺，违背这种许诺，法律给予救济（remedy），履行这种许诺，法律看作一项义务。

尽管大陆法系和英美法系对合同的定义在理论上存在比较大的分歧，但实际上，两大法系的合同法都把当事人的意思表示一致作为合同成立的要件。如果双方当事人不能达成协议，就不存在合同。在这一点上，双方是没有实质性分歧的。

4.1.2 合同的特点

合同有以下法律特点：

1）合同是双方的民事法律行为

合同是两个或两个以上的当事人意思表示一致的协议，而不是单方面的协议。合同作为一种双方民事法律行为，其行为主体必须是两个或两个以上，单方当事人的民事法律行为不能构成合同关系。

2）合同是当事人意思表示一致的协议

合同作为一种协议，是当事人意思表示一致的产物。它在本质上要求双方当事人具有平等的法律地位。因为只有合同各方彼此承认对方是与自己平等的主体，才能通过协商，在各自充分发表意见的基础上接受对方的条件，从而实现意见一致以达成共识。如果双方当事人之间的意思表示不一致，就不能达成协议，合同因此也不能成立。

3）合同是明确表示各方当事人权利义务的协议

任何一份合同都明确地规定了当事人的权利与义务，合同关系就是当事人之间的权利与义务关系。合同对当事人确立、变更、终止彼此的权利义务关系做了明确规定。

4）合同是具有法律约束力的协议

合同作为明确当事人之间权利义务关系的协议，具有法律约束力。合同一经依法成立，其中约定的权利义务便在法律上生效，当事人必须接受它的约束。当事人违反合同的，必须承担相应的法律责任。违法订立的合同在法律上不被承认。

4.2 合同的成立

合同的成立是指合同当事人意思表示一致，达成对彼此具有法律约束力的协议。各国合同法对合同有效成立的要件都做了具体规定，主要包括：当事人必须具有订立合同的能力；当事人之间通过要约和承诺达成协议；合同必须有对价（consideration）或合法约因（cause）；合同的标的和内容必须合法；合同必须符合法律规定的形式要求；当事人的意思表示必须真实。

4.2.1 当事人的缔约能力

当事人的缔约能力是指订立合同的当事人应当具有相应的权利能力和行为能力。这是合同具有法律效力的一个前提条件。就订立合同而言，法律必须首先确认当事人具有订立合同的资格，这是当事人的权利能力的内容。法律确定当事人具有民事权利能力后，当事人还必须通过一定的行为，使这种可能变为现实，即具体地享有民事权利，承担民事义务，这就是民事行为能力。当事人是否具有缔约能力是由法律确认的，不以当事人的意志为转移。

无论是大陆法还是英美法，都对当事人的缔约能力做了明确的规定。只有符合条件的人才能缔结有效的合同，才能相应地享有合同的权利，承担合同的义务。具体包括自然人和法人两方面的规定。

1）自然人的缔约能力

从法理上讲，是否要求缔约人承担订立合同后的义务，取决于缔约人是否具有相应的行为能力。对于自然人缔结合同的能力，各国主要对未成年人和精神病患者做了限制性的规定。

（1）大陆法

德国法分别对无行为能力和限制行为能力做了规定。《德国民法典》第104条规定，凡有下列情况之一者，即属于无行为能力的人：①未满7岁的儿童；②处于精神错乱状态，不能自由决定意志，而且按其性质此种状态并非暂时者。

大陆法国家的民法典普遍规定有禁治产制度。禁治产指的是因患精神病或因有酒癖不能处理自己的事务，或因浪费成性有败家之虞者，经其亲属向法院提出请求，由法院宣告禁止其治理财产。

按照《德国民法典》的规定，年满7岁的未成年人属于限制行为能力人。他们在未征得其法定代理人同意的情况下订立的合同，必须经法定代理人追认后，才能生效。未成年人取得完全的行为能力后，对于先前未经法定代理人同意所签订的合同，能以其自己所做的追认替代法定代理人的追认。

（2）英美法

英美法中没有禁治产和解除亲权的制度，而是直接对未成年人、精神病人、酗酒者等三种缺乏缔约能力的人所订立的合同做出了规定。

①未成年人

英美法均规定，未成年人原则上没有订立合同的能力。未成年人对其订立的合同，在其成年后，可以予以追认，也可以要求撤销，但有些合同例外。例如，未满18岁的未成年人所订立的受让必需品的合同及为其自身利益订立的教育合同有效。未成年人订立的，对其具有延续性或永久性利益，并对其产生延续性责任的合同，在未成年期间及成年后的合理期间内有权要求撤销。合同撤销后，未成年人原则上应退还因订立该合同所取得的财物。

②精神病人

精神病人在被宣告精神错乱以后订立的合同，一律无效。对于在被宣告精神错乱前所签订的合同，可以要求予以撤销。间歇性的精神病人，一旦精神恢复正常，可以追认或否认其以前订立的合同。

③酗酒者

确认酗酒者在订立合同时是否清醒、有无判断力和理解力，对于认定合同的效力具有决定性的意义。但是，在司法实践中确认起来很难。依照英美的判例，酗酒者订立的合同，原则上应有强制执行力，但如酗酒者在订立合同时，由于醉酒而失去缔约能力，则可要求撤销合同。

（3）中国法

按照《中华人民共和国民法典》（以下简称《民法典》）的规定，民事行为能力分为三种：

①完全民事行为能力

《民法典》第17条规定："18周岁以上的自然人为成年人。"第18条规定："成年人为完全民事行为能力人，可以独立实施民事法律行为。16周岁以上的未成年人，以自己的劳动收入为主要生活来源的，视为完全民事行为能力人。"具有完全民事行为能力的人可以独立进行民事活动，包括订立各种合同。

②限制民事行为能力

《民法典》第19条第1款规定，8周岁以上的未成年人为限制民事行为能力人。

③无民事行为能力

在我国，无民事行为能力的人有两种：一是不满8周岁的未成年人；二是不能辨认自己行为的成年人。对于这两种人，法律不赋予其行为能力，他们不能实施有效的法律行为。因此，他们签订的合同是无效的，必须由其法定代理人代为进行。

2）法人的缔约能力

法人是由法律所创造的拟制的主体，它必须通过自然人才能进行活动。在资本主义国家，最常见的法人是公司。

与自然人不同的是，法人的行为能力与其权利能力完全一致，而权利能力源于法律规定，或由公司章程确定。依各国法律规定，法人超越特许经营范围订立的合同无效，但越权经营的法人仍应对相对人承担法律责任，除非相对人明知并具有同样的过错。

4.2.2 要约与承诺

合同是当事人之间意思表示一致的产物。所谓意思表示一致，就是合同双方当事人就同一个标的发表各自的意见，在协商的基础上接受对方的条件，从而实现意见一致以达成协议。

法律上把订立合同的意思表示分别称为要约和承诺。一般来说，一方的承诺与对方的要约相一致，即可构成一项具有法律约束力的合同。因此，要约和承诺是订立合同的两个关键问题，要了解合同的成立，就必须首先了解有关要约和承诺的法律规定。

现行《中华人民共和国合同法》规定了要约和承诺的内容，这与国际通行的合同法的规定是一致的。

1）要约

（1）要约的概念

要约（offer）是要约人（offeror）向受要约人（offeree）提出的愿与之订立合同的意思表示。其中，提出要约的一方称为要约人，接受要约的一方称为受要约人。

《国际商事合同通则》（以下简称《合同通则》）的定义是："一项订立合同的建议，如果十分确定，并表明要约人在得到承诺时受其约束的意旨，即构成要约。"

根据上述定义，可以归纳出要约具有以下法律特征：①要约是要约人单方的意思表示，这种意思表示必须传达给对方知道；②要约是要约人对受要约人的允诺，所以，要约对要约人具有约束力；③要约本身并不是合同，所以一般情况下可以撤回。

要约可采取口头形式，也可采取书面或行为等其他形式，但特定国家的特定合同除外，如中国的融资租赁合同应采取书面形式。

一项有效的要约必须符合以下条件：

①要约应向一个或一个以上特定的人发出

要约人发出要约的目的在于订立合同。一般说来，当事人一方在特定的时间和地点只能与特定的对方当事人订立特定内容的合同。这就决定了要约一般不能向广大公众发出。这里特定的对方当事人就是指受要约人。要约人在发出要约时应指明受要约人的姓名或公司名称，如某先生或某公司等。

在个别情况下，要约也可向不特定的人发出。例如，根据各国法律，悬赏广告的刊登、自动售货机的设置、公共汽车的运营等，虽然接受要约的一方并非特定的人，仍视为要约。对于在商店标价陈列的商品，《瑞士债务法典》也认为是要约。

一般情况下，不是向特定的人发出的缔约提议，如果提出建议的人没有表示相反的意向，就不是要约，而是要约邀请（invitation for offer）。许多国家的法律认为，普通的商业广告（advertisement）、商品目录（catalogue）、价目表（price list）等原则上不是一项要约，而只是要约邀请。例如，北欧各国的法律规定，向广大公众发出的商业广告并不是要约，而只是向公众发出的要约邀请，即邀请看到广告的公众向刊登广告的人发出要约。发出邀请的一方原则上不受要约邀请的约束，也没有义务必须与因见到邀请而发出要约的人订立合同。这也是要约邀请与要约的实质区别。

有些国家如英美的判例则认为，商业广告原则上虽然不是一项要约，但如果广告的内容十分明确、肯定，足以构成一项许诺（promise），也可以视之为要约。

②要约的内容必须明确、肯定

各国法律均规定，要约一般应包括拟将订立合同的主要条件，如商品的名称、数量、价款、品质或规格、交货的时间和地点以及付款的方式等，一旦受要约人表示承诺，就足以成立一项对双方当事人均有约束力的合同，不至于因为缺少某项重要条件影响合同的有效成立。但是，要约人不必在其要约中载明合同的全部条款，只要达到足以确定合同内容的程度即可。缺少的条件，可待以后确定。

英美法系的一些国家对此采取了更为灵活的措施。例如，按照美国《统一商法典》（Uniform Commercial Code）第2—204条的规定，即使在买卖合同中对某一项或某几项条款没有做出规定，但是，只要当事人之间确有订立合同的意思，并有合理确定的依据给予相应的补救，则合同仍然可以成立。这条规定符合古罗马法的一个规则：与其使契约无效，不如使之有效。问题的关键是看当事人是否有意达成一个有约束力的协议。据此，在美国的货物买卖中，要约的内容最重要的是要确定货物的数量或提出确定数量的方法，至于价款、交货或付款时间等内容，均可暂不提出（left open），留待以后按照所谓合理（reasonable）的标准来确定。至于对“合理”的认定，实践中由法院根据案情和周围的情况做出解释。这一规定的目的是为顺应经济发展的要求，尽量减少某些合同因为缺少条款而不能成立的现象的发生。

③ 要约必须送达受要约人才能生效

所谓要约的生效，是指要约发生法律效力，即对要约人和受要约人产生法律的约束力。至于要约何时生效，学术界有不同的观点。大陆法系国家采用的是到达主义的观点，即认为要约必须在到达受要约人后才发生法律效力。因为只有受要约人收到要约并得知其中的内容后，才可能决定是否予以承诺。英美法系国家一般认为要约原则上对要约人无约束力，要约送达受要约人时并不发生法律效力，在受要约人做出承诺时，要约才产生约束力。美国《统一商法典》对此已有变通规定。依据该法典，在货物买卖合同中，商人已经签字发出的要约，要约人仍须受其要约的约束。《联合国国际货物销售合同公约》（Convention on Contract for The International Sale of Goods）（本章简称《公约》）采用到达主义的标准，即规定要约必须在送达受要约人时才能生效。我国《民法典》区分不同形式，采用不同标准。如对于以非对话方式做出的意思表示，达到相对人时生效。以对话方式做出的意思表示，相对人知道其内容时生效，等等。

（2）要约的约束力

要约的约束力包括两个方面的含义：一是指对要约人的约束力；二是指对受要约人的约束力。要约对两者的约束力是不同的。

要约的约束力主要是指要约对要约人的约束力。一般而言，要约对受要约人是没有约束力的。受要约人接到要约后，即在法律上取得了承诺的权利，但要约对其没有约束力。受要约人不仅没有必须做出承诺的义务，也没有义务就承诺与否通知要约人。但有些国家的法律规定，在某些商业交易中，受要约人无论承诺与否，均应通知要约人。例如，《德国商法典》与《日本商法典》均规定，商人对于平日经常往来的客户，在其营业范围内，在接到要约时，应立即发出承诺与否的通知，如果怠于通知，则视为承诺。一般而言，缄默不等于承诺。①

要约的约束力还涉及要约能否被撤回或撤销的问题。要约到达受要约人之前要约人可以将其撤回或变更，这是毋庸置疑的。因为按照各国的法律，要约必须到达受要约人才能发生效力，在要约人发出要约至该要约到达受要约人前的这段时间里，由于要约还未生效，要约人当然有权将其撤回或者做出变更。例如，以平邮寄出的要约，在其送达受要约人之前，要约人可以用更为快捷的方式将其撤回或者对其内容做出变更。

至于要约生效后，要约人能否取消要约的法律效力，是要约撤销的问题。这个问题产生于要约到达受要约人后，受要约人做出承诺前的这段时间。对此，各国法律有不同的规定。

①大陆法

《德国民法典》第145条规定：向他方发出要约订立契约者，因要约而受约束，但预先声明不受约束者不在此限。这表明，除非要约人在要约中注明有不受约束的词句，要约人必须受其要约的约束。此外，如果要约规定了有效期，则在有效期内不得撤销或更改要约；如果要约未规定有效期，则按通常情况可望得到答复以前，不得撤销或者更改要约。奥地利、瑞士、巴西、希腊等国的民法也做了类似的规定，要约人可以采用“不受约束”等词句来表明要约对自己没有约束力。但是，如果出现了这种排除约束力的词句，在法律上一般就不认为是要约而是要约邀请，它必须经过对方据此做出的真正的要约以及发出要约邀请一方的承诺才能成立合同。

《法国民法典》对要约人在其要约被受要约人承诺以前能否撤销的问题没有做出具体规定，但其法院的判例认为，如果要约人在要约中指定了承诺期限，要约人可以在期限届满以前撤销要约，但须承担损害赔偿的责任。即使要约中未规定承诺的期限，但如果根据具体的情况或正常的交易习惯，要约被视为应在一定期限内等待承诺者，要约人如不适当地撤销要约，也须负损害赔偿的责任。

②英美法

英美普通法认为，要约原则上对要约人没有约束力，要约人在受要约人对要约做出承诺之前的任何时候都可以撤销要约或更改要约的内容。即使要约中规定了有效期限，要约人在法律上仍可在期限届满以前随时把要约撤销。原因是，英美法把要约视为要约人所做的一项允诺，所以，如果一项允诺既没有得到对价的支持，又不是采用签字蜡封形式做成的，它对要约人是没有约束力的。显然，英美法的这些法律原则不能使受要约人得到应有的法律保障。例如，受要约人极有可能出于对要约的信赖，拒绝了其他人发

① 李先波．论要约的约束力［J］．法商研究，2000（2）．

来的相同内容的要约，或者放弃了主动向他人发出这种要约的打算，甚至还为准备承诺与他人订立了合同并支出了费用，在这种情况下，要约人一旦撤销或者变更要约，受要约人就有可能遭受损失。因此，英美两国都在试图改变上述法律规定。

美国《统一商法典》明确规定，在货物买卖中，在一定条件下可以承认无“对价”的“确定的要约（firm order）”，即要约人在要约确定的期限内不得撤销的要约。其条件是：第一，要约人必须是商人（merchant）；第二，要约已经规定了期限，或者如果没有规定期限，则在合理的期限内撤销，但是无论如何不能超过3个月；第三，要约必须以书面形式做成，并有要约人签字。如果符合上述条件，即使该要约没有对价支持，要约人仍须受要约的约束，在要约规定的期限内或在合理的时间内不得撤销要约。

英国的法律修订委员会（Law Revision Committee）也曾于20世纪30年代提出过一份报告，建议对“对价”原则进行修改，即对于规定了一定期限的要约，不能因为缺乏“对价”就认为它没有约束力。遗憾的是，到目前为止，这还仅仅是一项建议，并未付诸实施。

③中国法

我国《民法典》第476条规定，要约可以撤销，同时规定了一些例外情形。

（3）要约的失效

要约的失效是指要约失去效力，无论是要约人还是受要约人均不再受其约束。要约失效的原因主要有以下几种：

①要约因有效期已过而失效。规定了承诺期限的要约，在期限届满后自行失效。此后，即使受要约人做出承诺，也只能算作是一项新的要约，必须经过原要约人的承诺才能成立合同。

②要约因受要约人的拒绝而失效。拒绝要约是指受要约人把拒绝要约的意思表示通知要约人的行为。要约在拒绝通知送达要约人时即告失效。拒绝要约可以采取两种不同的形式：一种是明白表示拒绝接受要约；另一种是受要约人虽未表示拒绝，但在承诺中对要约的条件做了实质性的变更，如要求降低价格、改变交货数量等。《合同通则》认为，这种默示的拒绝也是对要约的拒绝，并构成反要约。反要约等于新的要约，必须经过原要约人的承诺后，合同才能成立。合同成立的过程，往往是要约—反要约—再反要约……直至承诺的过程。

③要约因被要约人撤销而失效。关于要约的撤回和撤销问题在前面已述及，这里不再赘述。虽然各国法律在要约的撤销问题上存在分歧，但是均认为，要约一旦被要约人撤回或撤销，即失去了法律效力。

2）承诺

（1）承诺的概念

承诺（acceptance）是指受要约人按照要约所指定的方式，向要约人做出的同意要约内容的意思表示。对要约做出承诺的受要约人称为承诺人。《公约》和《合同通则》认为承诺必须是受要约人通过声明或其他行为对一项要约表示同意，缄默或不作为不构成承诺。承诺的实质是对要约表示同意。要约一经承诺，合同即告成立。一项有效的承诺应具备以下条件：

①承诺必须由受要约人向要约人做出。受要约人的代理人也可以在其授权范围内代替受要约人做出承诺。非受要约人向要约人做出的表示接受要约的意思表示不是承诺，而是一项要约。受要约人向非要约人（包括其代理人）做出的接受要约的意思表示也不是承诺，因为非要约人并没有订立合同的意图。

②承诺必须在要约规定的有效期限内进行。如果要约未规定有效期，则须在“依通常情况可期待到达的期间内”（大陆法）或在“合理的时间内”（英美法）承诺。

值得注意的是，如果受要约人不是通过声明，而是通过某种行为来表示承诺，该行为也必须在规定的期限内完成。

如果承诺的时间迟于要约规定的有效期，则被称为“逾期承诺（late acceptance）”。逾期承诺有两种情况：一种是因迟发而迟到的承诺；另一种是非因迟发而迟到的承诺。前种情况下的逾期承诺必须经过要约人的确认后才能生效，合同才能成立。如果要约人接受逾期承诺，合同的成立时间应是该项逾期承诺送达要约人时，而不是要约人通知受要约人确认时。例如，甲指定乙必须在6月3日之前做出承诺，但是甲在7月8日才收到乙的承诺通知。甲对合同仍有兴趣，并立即通知乙，愿意接受该项逾期承诺。该确认通知虽然7月10日才送达乙，但合同于7月8日成立。

后种情况的逾期承诺，仍属有效的承诺，除非要约人立即表示异议。《公约》和《合同通则》对此都做了类似的规定。如此规定的理由是：要约人已经及时对要约做了答复，只是由于自身以外的其他原因导致承诺逾期，他对承诺能及时送达的信赖应得到保护，该逾期承诺应视为有效。在这种情况下，要约人如要拒绝承诺，必须履行及时通知的义务，否则法律推定承诺没有逾期。我国台湾地区相关规定是：承诺之通知，按其传达方法，通常在相当时期内可达到而迟到，其情形为要约人可得而知者，应向相对人即发迟到之通知。要约人怠于为前项通知者，其承诺视为未迟到。

③承诺必须与要约的内容一致。承诺是受要约人愿意按照要约的内容与要约人订立合同的意思表示，所以，承诺在内容上必须与要约一致。

英美（普通）法对承诺实施“折射原则”，即认为承诺应当像镜子一样（mirror-image）反照出要约的内容，否则就不是承诺而是反要约。在这个问题上，美国的法律采取了比较灵活的做法。美国《统一商法典》第2—207条规定，在商人之间，如果受要约人在承诺中附加了某些条款，承诺仍然有效，合同的内容以要约的条件以及承诺所做的修改为准，除非：第一，要约中已明确规定承诺时不得附加任何条件；第二，这些附加条款对要约做了重大的修改；第三，要约人在接到承诺后的合理时间内已做出了拒绝这些附加条件的通知。

《公约》和《合同通则》对此也采取了相同的态度，规定：第一，对要约所做出的承诺如载有附加、限制或其他更改，应视为对要约的拒绝，并构成反要约。第二，但如承诺所载的附加或不同条件在实质上并不变更该项要约的条件，则除要约人在不过分迟延的期间内提出反对外，仍可构成承诺。如要约人不提出异议，合同条件即以要约的条件以及承诺中所载的更改为准。第三，凡承诺中载有关于价格、支付、货物的质量和数量、交货地点和时间、当事人一方对他方的责任范围或解决争端等方面的附加条件或不同条件，均视为在实质上变更了要约的条件。

实践中，对于承诺是否对原要约进行了“实质性”的变更，应该考虑的一个重要因素是，变更条款或差异条款在有关的贸易领域须是常用的，而不能出乎要约人的意料。

④承诺的传递方式必须符合要约提出的要求。承诺应当以明示的方式做出，缄默或者不作为不能视为承诺。要约人可以在要约中对承诺的传递方式做出具体规定。例如，指定必须以电报或电传做出承诺等。这时，受要约人必须按要约规定的方式办理，不得擅自改变，否则，承诺不能成立。如果要约未对承诺的传递方式做出具体规定，承诺人一般应按要约采用的传递方式办理承诺。当然，承诺人也可以采取更为快捷的方式做出承诺。例如，要约以平信寄出或要约指定用平信承诺，但承诺人在要约的有效期内采用电报或电传的方式发出承诺，这在法律上是有效的，要约人不能因此予以拒绝。

（2）承诺生效的时间

承诺生效是指承诺发生法律效力。承诺一旦生效，即具有法律效力，就会对要约人和承诺人产生约束力。因为生效的承诺会导致合同的成立，已经成立的合同对当事人双方有约束力。承诺的生效时间是承诺产生法律效力的时间。由于承诺的生效时间决定了合同成立的时间，所以它在合同法中具有重要的意义。

在承诺生效时间的问题上，英美法和大陆法的规定不一致。英美法一般采用“投邮主义”，即承诺人以书面形式做出承诺时，在承诺通知的信件邮出时承诺生效。即使表示承诺的函件在邮递过程中丢失，只要承诺人能证明确已将函件交邮，合同仍可成立。此规定的目的是缩短要约人能够撤销要约的时间，这与英美法认为要约人在要约被承诺之前的任何时候都可以将其撤销的观点是密不可分的。要约在被承诺前的任何时候均可被撤销本来就对承诺人不利，如果在承诺生效时间的问题上不是采用“投邮主义”而是采用“到达主义”，即须等到承诺到达要约人时才发生效力，这就意味着要约人从发出要约起至收到承诺止的任何时间内，随时都可以撤销要约，无疑将对承诺人更为不利。英美法以此来协调要约人与承诺人的利益冲突。

大陆法系在承诺生效时间的问题上一般采用“到达主义”，即须在承诺到达于要约人时才发生效力，合同亦于此时成立。过去，大陆法原则上采取“了解主义”，即不仅要求收到对方的承诺，而且要求真正了解其内容时，承诺才生效，但事实上，要证明是否真正了解承诺的内容很难。所以，大陆法规定，承诺的通知只要到达要约人的支配范围内就立即生效，而不管要约人是否已了解承诺的内容。这样做便于划分要约人与承诺人在承诺通知传递过程中的风险责任。所谓到达要约人的支配范围，一般是指送达要约人的营业所或惯常居所。承诺的通知到达后，可以是要约人自己接收，也可以是其代理人接收。

《公约》和《合同通则》对承诺生效时间的规定基本上采取了到达生效的原则。我国《民法典》也有类似的规定。

(3) 承诺的撤回

承诺的撤回是承诺人阻止或者消灭承诺发生法律效力的意思表示。由于各国对承诺生效时间的规定不同，因此，对承诺的撤回的规定也不同。大陆法系国家由于大多采取“到达主义”，所以，承诺可以撤回，但条件是撤回承诺的通知要在承诺生效之前到达要约人。在英美法系国家，承诺生效的时间采取的是“投邮主义”，承诺一旦发出即生效，所以不存在承诺的撤回问题。承诺人如果对承诺的内容反悔，只能通过解除合同的途径来解决。

4.2.3 对价与约因

某些国家在法律上规定，一项有效的合同，除了当事人意思表示一致外，还必须具备另一个要素，这个要素，英美法称为“对价”，法国法称为“约因”。大陆法和英美法都有这样一个格言：没有约因（对价）的口头合同不产生诉权。

1）英美法中的对价

(1) 对价的概念

英美法把合同分为签字蜡封式的合同（deed contract under seal）和简式合同（simple contract）。前种合同是由当事人签字、加盖印鉴并把它交给对方而做成（signed，sealed and delivered）的，其有效性完全是由于它所采用的形式（form），不要求任何对价。后种合同包括口头合同和非以签字蜡封式做成的一般书面合同，这类合同必须有对价，否则没有约束力。

由此可见，英美法中除了签字蜡封式的合同外，对价是合同成立的要件之一。但英美法对“对价”的定义和解释却令人费解。1875年英国高等法院法官路希在科里诉米萨一案中对“对价”是这样定义的：有价值的**对价**，从法律意义上来说，或是一方当事人所得到的某种权利、利益、利润或好处，或是一方当事人所做的某种克制、所遭受的某种损害、损失或所承担的某项义务。这个定义被视为是权威性的，以后常被英美合同法的著作所引用。

美国《布莱克法律辞典》(1979) 对“对价”是这样解释的：“合同的诱因，诱使一方当事人缔结合同的原因、动机、代价或推动力。合同的理由或实质性原因。”

近年来，英美法在解释对价的含义时，着重强调当事人彼此之间必须存在“相互给付（counterpart）”的关系。例如，在买卖合同中，卖方交货是为了获得买方的货款，而买方付款是为了取得卖方的货物。这里的买卖双方就存在“相互给付”的关系，卖方的交货和买方的付款就是买卖合同的对价。因此，对价实质上就是互为有偿，相互给付。

(2) 对价的条件

在英美法中，一项有效的对价必须具备以下条件：

①对价必须来自受允诺人（promisee）

只有对某项允诺付出了对价的人，才能要求强制执行此项允诺。例如，甲向乙许诺，只要乙帮他卖掉这批货，就付给丙500美元。如果乙完成了工作而甲拒绝付钱给丙，则丙不能请求法院强制履行甲对其付钱的许诺。因为甲许诺的对价来自乙，丙并没有提供任何对价。

②对价必须具有某种价值，但不要求等价

对价必须真实，且具有某种价值。这里的价值可以用金钱来衡量，也可以是其他东西，例如作为或不作为等。对价不是等价，不要求必须与对方的允诺相等（equivalent to the promise）。例如，甲以100英镑买了乙的手表。这份买卖合同是有对价的，至于这块表是否值100英镑，法院一般不予过问。法院认为，对价是否充分是当事人缔约时应考虑的问题，法官审案时，由于时间和精力的关系，不可能逐一考虑对价是否充分。

当然，如果对价很不充分，足以构成诈欺或错误，当事人可以请求给予衡平法上的救济，要求撤销合同。美国《统一商法典》在第2—302条对这类所谓的极不公平的合同做出了具体规定，如果法院认为某项合同或合同中的某项条款极不公平，法院就可以拒绝执行该项合同，或不执行极不公平的部分而只执行其余部分。

③法律或职责上的义务不能作为对价

凡属于履行法律上的义务，不能作为对价。例如，某房屋失火，其房主对前来救火的消防员称，若能将火扑灭，愿给付1万美元。消防员将火扑灭。但法院认为，救火是消防员法律上的责任，不能作为对价接受酬金。

此外，如果行为属于工作上的职责，也不能作为有效的对价。海滨浴场经理允诺，只要这个月没有意外发生，就给每位救生员加薪100美元。结果，当月果真未有意外发生。救生员要求经理履行诺言，遭到拒绝，遂到法院起诉。法院判决，经理的允诺是无效的，因为缺乏对价。理由是，救生员救护遇险的游人，是在履行他们的工作职责，原来合同上规定的义务不能作为一项新的允诺的对价。

④对价必须是待履行的对价或已经履行的对价

英美普通法把对价分成三种：待履行的对价（executory consideration）、已履行的对价（executed consideration）、过去的对价（past consideration）。过去的对价是无效的对价。

待履行的对价是指双方当事人允诺在将来履行的对价。例如，当事人双方于某年4月签订了一份合同，约定甲方用一年的时间为乙方建一栋房屋，交房时付款。在这份合同中，交房与付款都是待履行的对价，都是有效的对价。

所谓已履行的对价，是指一方当事人以其作为要约或承诺的行为，已全部完成了其根据合同所承担的义务，只剩下对方还没有履行其义务。这有两种情况：一种是当事人一方的行为是作为要约做出的。例如，卖方主动向买方发货，当买方接收货物时，买卖合同即告成立，由于卖方已履行了交货的义务，买方必须支付合理的价金。另一种是当事人一方的行为是作为承诺做出的。最常见的例子是悬赏广告。例如，甲在报纸上刊登一则广告，许诺如果有人找到他丢失的物品，即付给报酬若干美元。这时，如果乙见报后找到了失物并交还给甲，合同即告成立，乙的行为就属于已履行的对价，甲有义务付给乙约定的报酬。

所谓过去的对价，是指一方在对方做出允诺之前已经全部履行完毕的对价。例如，甲将捡到的钱包送还给乙，乙表示将付给甲一笔重金以示感谢。但是，由于过去的行为不能作为现在允诺的对价，所以，这种允诺将因为缺乏对价而没有约束力。除非这种无偿的允诺是以签字蜡封的形式做成的，否则是没有约束力的。

对此，英美法有一项原则，称为“过去的对价不是对价（past consideration is no consideration）”。这项原则有一个例外，即一方由于对方的请求为对方提供了某种服务，日后，对方允诺给予报酬，此时，这种过去已经提供的服务就可以作为日后允诺给予报酬的对价，这项允诺具有约束力。美国的许多州法律进一步规定，在紧急情况下做出的某些未经对方要求的行为，如果日后对方允诺给予报酬，那么该项行为可以作为此项报酬的对价，承诺人不得反悔。

⑤对价必须是合法的

对价的内容若为法律所禁止，将是无效的。例如，甲对乙允诺，只要将丙毒死即付给乙1万英镑。因为对价的内容是违法的，所以，这份合同是无效的。

显然，上述有关对价原则的规定已经不能适应当代商业发展的需要，因此，英美两国都已制定了一些新的规则，使得某些合同即使缺少对价，也具有法律效力。

（3）对价原则的例外

①签字蜡封式的合同

根据英国法，签字蜡封式的合同不需要对价，就具有约束力。目前，美国大多数州的判例认为合同签字蜡封是没有必要的，但也有些州认为，只要合同是签字蜡封式的，就可以推定是有对价的，具有法律效力。

②修改现存合同的协议

美国在对价问题的立法上采取了比较灵活的做法。例如，美国《统一商法典》第2—209条明文规定，修改原合同的协议，即使缺少对价，仍具有约束力。

③“不得自食其言（promissory estoppel）”的原则

为了防止某些情况下由于缺少对价而产生不公平的结果，作为对“对价”原则的限制，在法律上形成了“不得自食其言”的原则。例如，《美国合同法重述（Ⅱ）》第90条规定：“如果允诺人有理由预见其诺言会诱使受诺人或某一第三人实施行为或限制行为，同时，该诺言在事实上诱发了此种行为或限制行为，那么，如果只有通过强制执行该诺言，才能使不公正得到避免，该诺言就是有约束力的。就违背诺言而准许的补救仅限于为维护正义而要求的范围。”

由此可见，“不得自食其言”的原则为法院在特定的情况下，使某个无对价的允诺对允诺人产生约束力，以防止造成不公平的后果而行使裁量权提供了法律依据。

2）法国法中的约因

(1)约因的概念

法国法沿用了罗马法中约因（cause）的概念，把它作为合同有效成立的要素之一。按照法国法的解释，**约因**是指缔约当事人产生该项债务所追求的最接近和最直接的目的。

（2）约因与动机的区别

法国法强调把约因与当事人的动机（motive）区别开来。以买卖合同为例，甲向乙购买一栋房屋，其购房的动机可能各式各样，如为了自用，为了出租等。但购房的直接目的只有一个，即取得房屋的所有权。同样，乙出售房屋的动机有很多，可能因为经济拮据，也可能想卖掉旧房再买一处新房，但是，其卖房的直接目的也只有一个，就是为了得到一笔钱。法律声明追究的是约因。

（3）约因原则的作用

《法国民法典》第1131条规定："凡属无约因的债，基于错误约因或不法约因的债，都不发生任何效力。"这里所指的债是广义的债，既包括债权也包括债务。按此规定，任何债的产生都必须有约因，否则不发生任何效力。如果约因为法律所禁止，或约因违反善良风俗或公共秩序，此种约因即属于不法的约因，也不发生任何效力。

（4）约因原则的例外

某些合同由于采用了法律规定的形式，所以成为约因原则的例外，被承认为有效。例如，在无偿合同或赠与合同中，赠与人是合同中的义务人，赠与人对受赠人的意思表示从理论上讲可以代替约因。但事实上，代替赠与合同约因的不仅是赠与人的意思表示，更重要的是合同成立的方式。《法国民法典》第931条对此做出了规定，赠与合同应以通常合同的方式，在公证人面前做成，并应在公证人处留存合同的原本，否则赠与合同无效。由此可见，正是由于赠与合同采取特定的方式，法律才把它作为约因原则的例外，承认其有效。

3）德国法中的不当得利

德国和法国虽然同属于大陆法系国家，但在合同成立的问题上，德国法与法国法不同，它不以约因作为合同成立的必要条件。原因是，大多数大陆法学者认为，双务合同以双方当事人的相互给付为特点，其本身就具备了合同成立的条件，所以把约因作为合同成立的要件是没有价值的。至于无偿合同和赠与合同，许多国家的法律都规定有形式上的要求，也无须以约因为要件。

据此，德国、瑞士、日本等国的民法典都不采用"约因"学说，但这些国家的民法典中有所谓"不当得利"制度。所谓的"不当得利"，是指没有法律上的任何原因而取得他人的财产或其他利益。不当得利应返还给合法的所有权人。德国法上的不当得利，在英美法和法国法中被称为"准合同（quasi contract）"，美国法有时称其为"偿还法（law of restitution）"。衡平法中的准合同指的是"所得不应多于应得"，所以，它不是合同。准合同当事人间的合意只是法律上的虚构，因为一方在给予对方某种利益时就期望从对方处得到补偿，而对方也知道或理应知道这种期望，但是，他并没有提供这种补偿的意图，也没有做过任何的表示。

准合同原则的运用在衡平法上为受到损害的当事人提供了适当的法律救济，从而实现了法律上的公正。

不当得利制度实际上是从反面确立了没有合法的对价或约因将导致合同无效的原则，起到了与英美法、法国法相同的效果。

4.2.4 合同的形式

根据法律是否要求合同必须具备一定的形式和手续，可以将合同分为要式合同与不要式合同。凡是法律要求必须具备一定的形式和手续的合同为要式合同，反之为不要式合同。

要式合同最早起源于罗马法。在古罗马时代，由于合同的种类很少，所以订立合同时，必须按固定的形式进行。要讲一定的套话，并配合完成一定的动作，才能使合同发生法律效力。到了罗马法后期，有了各式各样种类繁多的合同，订立合同的形式和手续也随之简化了，开始出现了合意合同，这是不要式合同的开端。这一法律原则由于简便易行，为后来的各资本主义国家所接受，成为其合同法的一项重要的内容。

近代各资本主义国家的商品经济高度发达，为了排除经济活动上人为的障碍，在合同形式的问题上，都采取“不要式原则（principle of informality）”。只有对某些合同才要求必须按照法律规定的特定形式订立。但这种情况很少，属于例外。对某些合同要求必须按法定的形式订立的作用有二：一是要素原则，也就是成立要件原则。合同如果没有法律所规定的书面形式，就不能成立。二是证据原则，即没有采用书面形式就不能证明合同的存在，但不必然引起合同无效的后果。对此，两大法系国家立法的侧重点不同，法国法偏重于作为证据的要求，德国法侧重于作为合同有效成立的要件，英美法则对不同类型的合同有不同的要求。

1）大陆法

法国法中规定的要式合同有两种：一种是以法定形式作为合同有效的要件；另一种是以法定形式作为证据要求。

第一种情况，如果合同没按法定形式订立，法院有权依据职权宣告不按法定形式订立的合同无效。根据《法国民法典》的规定，只有赠与合同、夫妻财产制合同与设立抵押权合同等极少数的合同，必须以法定的形式作为合同有效成立的要件。例如，《法国民法典》第2127条规定，以合同设定的抵押权应在公证人二人或公证人一人与证人二人面前根据公证书方式做成，否则就不能产生法律上的效力。

第二种情况，法院必须以法律规定的形式（如书面形式、公证人的证明等）作为合同存在及其内容的证据。此外，法院不接受其他形式的证据。发生诉讼时，合同没按法定的形式订立，将导致该合同不能被强制执行，但如果债务人承认，合同仍然有效。例如，《法国民法典》第1341条规定：一切物件的金额或价额超过50法郎者，即使是自愿的寄存，也须于公证人前做成证书，或双方签名做成私证书。私证书做成后，当事人不得再主张与证书内容不同或超过证书所载以外的事项而以证人证明之。

商事合同是适用上述原则时的一个例外。为了适应商业活动的需要，法国法规定，商事合同是不要式合同，可以用口头或书面方式，任何证据方式都可以适用。

《德国民法典》在总则中明确规定，没有依照法律规定的方式进行的法律行为无效。例如，法律规定必须采取书面形式时，则必须由书面做成人亲自签名，或用指印，由法院或公证人认证。德国法强调当事人的意思表示必须严肃认真，并以是否遵守法定形式作为意思表示是否严肃认真的标志，如果合同没有按照法定形式办理，说明当事人缺乏严肃认真的缔约意思，合同即归于无效，而不问当事人能否提出证据证明合同的存在，这也是德国法与法国法的差别所在。

此外，《德国民法典》还在其余各部分对不同类型的合同应采取的形式做了具体规定。例如，该法典第518条规定，为使以赠与方式约定为给付的合同有效，其约定应用公证加以证明。第766条规定，为保证合同有效，应以书面形式表示其意思。对于转移土地所有权的合同，还要求在土地登记部门登记才能生效。

德国法如此规定，并不说明它要求一切合同都必须具备特定的形式。对于合同的形式，它也采取“不要式原则”，要式合同仅属例外。例如，对于买卖合同，不论其标的物的价格是多少，一律不要求形式，只有土地买卖合同才要求具备法定的形式。

2）英美法

英美法中规定的合同有两种：签字蜡封式的合同和简式合同。

（1）签字蜡封式的合同

签字蜡封式的合同是要式合同，这种合同无须有对价，合同有效的唯一依据是合同的订立必须以书面形式做成，有当事人的签名，加盖印戳，并把它交给合同的对方当事人。对这种合同提出争议的理由只能是形式上的缺陷、伪造或暴力胁迫。现在，签字蜡封式合同的订立与一般的书面合同差不多，缔结的程序已经大大简化。一般只要在书面合同上加上一条标签，上面写上“seal”或“L.S.”（即loco sigilli，蜡封的简写）字样，然后由允诺人把合同交给对方即可。按照英国1925年《财产法》（Law of Property Act, 1925）第73条的规定，只要允诺人有无条件地接受合同约束的意思，即使把这种签字蜡封式合同留在自己手里，不交给对方，合同仍可以有效成立。

根据英国的有关判例，下列五种合同必须采取签字蜡封形式订立：没有对价的合同；转让地产或地产权益的合同，包括租赁土地超过3年的合同；转让船舶的合同；非实行经济活动的公司所订立的合同；如果章程有规定，某些公司转让股份的行为。这些合同如果没有采取签字蜡封的形式订立，均属无效。

美国大多数的州已经废除了签字蜡封式的合同。这些州认为，即使合同采用了签字蜡封的形式，如果没有对价，合同仍是无效的。但也有的州认为，如果合同采取了签字蜡封的形式，就可以推定为具有对价，合同就可以有效成立。

（2）简式合同

简式合同一般是不要式合同，当事人可以自由选择合同订立所使用的形式。但简式合同不等于不要式合同，有些简式合同依法必须以书面形式订立，其作用有的是作为合同有效成立的要件，有的是作为证据上的要求。简式合同必须要有对价。

根据英国法，下列简式合同必须以书面形式做成，否则合同无效或者不能强制执行：

①要求以书面形式作为合同有效成立要件的合同

根据英国法，下列合同必须以书面形式做成，否则无效：汇票与本票；海上保险合同；债务承认；卖方继续保持占有的动产权益转让合同。

②要求以书面文件或备忘录作为证据的合同

缺少这种书面形式要求的合同不是无效，只是必须以法律规定的形式作为合同存在及其内容的证据，因而不能依据口头证言强制执行。这也是它与前种书面形式要求的不同之处。

这种书面形式要求来自1677年英国的《欺诈法》。这部法律曾被两次修改。修改后的《欺诈法》大部分内容已经废止，但以下三种合同仍然要求以书面形式作为证据：信贷买卖合同或价值不足2 000英镑的分期付款买卖合同（1965年的《分期付款买卖法》）；有关土地买卖或处置土地权益的合同（1925年的《财产法》）；金钱借贷合同（1929年的《债权人法》）。除了《欺诈法》外，英国还有一些成文法也对某些合同的形式要求做了具体的规定。

美国几乎所有的州在立法时都沿用了英国的《欺诈法》。美国的《欺诈法》要求下列合同必须以书面形式作为证据：不动产买卖合同；从缔约起不能在1年内履行的合同；为他人担保债务的合同；价金超过500美元的货物买卖合同。

美国《统一商法典》除了对某些合同订立的书面形式要件做出规定外，还规定了若干例外情况，在这些情况下，即使不符合书面形式的要求，合同也可以强制执行。例如，如果卖方已在实质上开始生产专为买方制造的，不宜售给其他买方的商品，则该合同虽然没有采取书面形式做成，但是仍然具有约束力。再如，被申请强制执行的一方在其诉讼文书、证词或在法庭上以其他形式承认销售合同确已成立。在这种情况下，可以强制执行的有关货物数量不得超过承认的范围。

3）《公约》

《公约》对合同的形式原则上不加以限制。《公约》第11条规定，销售合同无须以书面形式订立或书面证明，在形式方面也不受任何其他条件的限制。销售合同可以用包括人证在内的任何方法证明。由于某些国家的法律要求合同必须以书面形式订立，所以《公约》允许成员在加入时做出保留。

4）中国法

我国以往的有关合同法律要求某些合同必须采取书面形式订立。这样规定不仅与世界各国民法的发展趋势不符，而且在司法实践中也不易操作。现行《民法典》第469条关于合同形式的规定没有采纳“要素原则”，而是适应国际发展的趋势，规定合同可以采用书面形式、口头形式或者其他形式。

4.2.5 合同的合法性

各国的法律都承认“契约自由（freedom of contract）”是合同法的基本原则，但是在实际生活中，“契约自由”原则受到了挑战。目前，几乎所有国家的法律都要求，当事人订立的合同必须合法，并规定凡是违反法律、违反善良风俗与公共秩序的合同一律无效。现加以分述。

1）大陆法

大陆法系各国通常都在其民法典中对合同的合法性加以规定，但各国的处理方法有所不同。如《法国民法典》第1128条规定："得为合同标的之物件以许可交易者为限。"第1131条规定："基于错误原因或不法原因的债，不发生任何效力。"又在第1133条解释："如原因为法律所禁止，或原因违反善良风俗或公共秩序时，此种原因为不法原因。"由此可见，按照法国法，构成合同非法的情况大体有两种：一种是交易的标的是法律不允许进行交易的物品，另一种是合同的约因不合法。

德国法与法国法不同，它只注重法律行为是否有违法的内容。例如，《德国民法典》规定，违反法律上的禁止行为无效。同时规定，违反善良风俗的法律行为亦无效。这些规定适用于包括合同在内的所有法律行为。

各国对违反善良风俗或是社会公共秩序的衡量标准都非常模糊。例如，德国法院判断善良风俗的标准是"所有正义和公正的人所具有的正派感"。根据这一模糊的标准，任何无效合同都可直接或间接地归于损害善良风俗或社会公共秩序。实践中，赋予法官很大的自由裁量权，由他们根据每个案件的具体情况做出判断。

2）英美法

英美法认为当事人订立合同是为了实现某种有价值的、合法的目的，因此，合同成立的有效条件除了前述的当事人有缔约能力、必须有对价等条件外，还要求合同的目的与效力必须合法。由于英美法系没有成文的法典，因此只能根据某些单行法规的规定和判例法所确立的原则，对各种违法的事由加以归类。目前，下列三类合同被认为是非法的：

（1）违反公共政策的合同

所谓违反公共政策（public policy），是指损害公共利益，违背某些成文法所规定的政策或目标，或旨在妨碍公众健康、安全、道德以及一般社会福利的情况。这类合同通常包括限制贸易的合同、限制竞争的合同、限制价格的合同、冒充公职和妨碍司法的合同等。对于前几种限制合同，美国《反托拉斯法》（Antitrust Law）不仅规定为无效，而且要求有关当事人负责赔偿高额的经济损失，情节严重的，还要追究刑事责任。冒充公职和妨碍司法的合同也是违反公共政策的，如证人作假证供妨碍司法公正，即属于无效的合同。

（2）违反社会公认的道德标准的合同（immoral contract）

这类合同，如果法院予以承认将会引起公众的愤慨。例如，父母做出的放弃抚养未成年子女的合同是无效的。但是，各国对道德标准的解释不同，将会影响其对于某种合同是否因为不道德而无效做出判断。例如，在英国，尽管夫妻感情确已破裂，但他们之间达成的将来分居的协议仍是无效的。这在其他国家则有不同的看法。

（3）违法合同（illegal contract）

违法合同的目的在于实施犯罪行为，因而是无效的。此外，以侵犯他人构成民事违法为目的的合同、违反法律的强制性规定的合同，也是无效的合同。这类合同包括的范围很广。例如，差使他人去从事谋杀、抢劫、纵火等犯罪活动的合同，以欺诈为目的的合同，赌博合同等。

另外，法律规定必须要有执照才能开业的专业人员，如医师、律师等，如没有执照擅自与他人缔结合同从事业务活动，这类合同也是违法的。

3）中国法

我国《民法典》规定，违反法律强制性规定、违背公序良俗的民事法律行为无效。关于格式合同，《民法典》规定合同中包括的造成对方人身伤害、因故意或重大过失造成对方财产损失的免责条款无效。《民法典》第156条规定，民事法律行为部分无效，不影响其他部分效力的，其他部分依然有效。

4.2.6　意思表示的真实性

如前所述，有效成立的合同应当是当事人意思表示一致的结果，而且，这种意思表示必须是真实的意思表示。如果意思表示不真实，这在法律上称为意思表示瑕疵（insufficiency of will）。对于这种合同，当事人能否主张无效或要求撤销该合同，在合同法上是一个非常重要的问题。

1）错误

合同法上的**错误**（error，mistake）是指行为人因对其行为的性质、对方当事人、标的物的性质等事实存在误解而做出的与其真实意思不一致的意思表示。各国法律一致认为，在某些情况下，做出错误意思表示的一方可以主张合同无效或要求撤销合同。这就意味着，出于交易安全保障的考虑，并不是所有意思表示的错误，都会导致合同的无效或者被撤销。现将各国法律对此的不同规定介绍如下：

（1）大陆法

大陆法认为，错误的产生必须具备一定的构成要件，即错误是表意人做出的与内心意思不一致的意思表示；错误导致的后果非常严重，足以影响到表意人是否做出意思表示；错误产生的时间以做出意思表示之时为准。

关于错误对合同会产生何种影响，《法国民法典》仅规定了合同可撤销，未就赔偿责任做出明确的规定。《德国民法典》除了认为合同可撤销外，还在第119条和第122条进一步规定，表意人对相信其意思表示有效而遭受损害的当事人应负赔偿责任，数额不超过原本通过合同所期望得到的利益。受害人如对错误的存在有认识上的过错，表意人则不负赔偿责任。

至于错误在何种情况下能导致合同无效，《法国民法典》第1110条规定，错误只有在涉及合同标的物的本质时，才构成无效的原因。如果错误仅涉及当事人一方愿意与之缔约的另一方当事人时，不能成为无效的原因；但另一方当事人个人被认为是合同无效的主要原因者，不在此限。据此，导致合同不成立的错误有两种：①关于标的物的性质方面的错误。实践中，法官们把“性质”理解成标的物的“基本品质”、“决定性的考虑”或“买方非此不买的品质”。例如，买方本以为他所购买的是毕加索的名画，后来发现是赝品，他可依法主张合同无效。②对缔约对方当事人认定的错误。通常情况下，缔约对象不是缔约考虑的主要因素。但是，如果一方当事人把缔约对象当成缔约的主要目的，而缔约时恰恰在对象上发生错误，则可以此作为合同无效的原因。这种情况仅限于对方当事人本身具有特别重要意义的合同，如承包合同、雇佣合同或借贷合同等，因为这些合同中，对方当事人的身份、技能和品格对当事人决定是否与其缔约具有重大意义。

德国法与法国法不同，它只强调意思表示“内容”的错误，而不去过问该内容是否涉及合同标的物的性质、合同的对方当事人以及意思表示的动机。实践中，法院会分别考虑两种错误判断是否足以撤销合同：①关于意思表示内容的错误。例如，一方表示愿与对方缔约，原因是他搞错了对方所要出售的货物的型号，而对方也从表意人的表述中知道了错误的存在。这种情况下，法院将探讨受错误影响的一方是否得到了他所真正想要的物品。②关于意思表示形式上的错误。例如笔误，把“马克”误写成“法郎”。对此，法院将视表意人最终想得到何物而定。

除了基于表意人自身的原因造成的错误外，德国法还有传达错误的规定。德国法所要规范的传达错误是指传达错了表意人意思表示的内容，如将“卖”误传为“买”。根据《德国民法典》第120条，错误传达在法律上的效力与错误一样。

（2）英美法

对错误问题的规定，英国法与大陆法存在着很大的差别。在英国法中，错误对合同是否生效的影响要区分普通法和衡平法的规定予以认定。按照普通法，错误会导致合同自始无效，而按照衡平法，错误通常只是导致一方撤销合同。

一般情况下，如果仅是当事人一方基于自己的原因发生了认识上的错误，并未因此引起当事人实质性的误解，则合同生效不受影响，主要有以下几种情形：①一方当事人意思表示的错误。例如，在买卖合同中，卖方将货物的价格“1 000英镑”误写成“100英镑”，并因此提起诉讼。法院认为，尽管卖方可能是基于误写而发生错误，但买方对此并不知情，也不存在误解，故该错误纯属单方错误，合同仍有效。②一方当事人对其履约能力估计错误。如加工承揽商甲同意为乙加工一批货物，合同原定于3月3日交货，实际上延至4月3日才交货。③当事人的错误是基于对交易含义的共同错误解释而产生的，如对合同标的物的品质发生的共同错误认识。④一方在判断上发生差错，如对合同标的物的估价发生判断上的失误，认为某处房产价值10万英镑，其实只值8万英镑。

如果某项错误导致双方当事人之间根本没有达成真正的协议，则可以视合同无效，主要有以下几种情况：①当事人对合同根本性质的误解。例如，把“借贷”误认作“捐赠”。②对某些当事人的特定身份产生误解，但必须是对方身份属合同实质性要素，即不具备此身份就不会与之缔约，且对方也明知有此种误会时，才可使合同无效。③当事人双方对合同的标的存在着认识上的错误，即使是由于第三人的疏忽造成的也如此。例如，甲有两辆车，他通过乙介绍卖车给丙，甲打算卖的是黑色的客货两用车，乙误认为甲打算卖的是那辆白色的轿车，于是转告给了丙。④当事人对合同的标的物存在与否发生共同的错误。例如，订立合同时，双方当事人均认为合同的标的物是存在的，实际上，它已经在一场大火中被烧毁了。⑤一方明知对方对合同有所误解，由此成立的合同无效。

衡平法根据不同情况下错误对合同产生的不同影响，给予不同效果的救济。①对合同性质的误解。错误人因为疏忽而被欺诈并在合同上签字，只要没有善意第三人信赖该合同，他就可撤销合同。②对主体身份的误解。当有关错误不涉及合同实质时，衡平法赋予因受欺诈而与对方缔约的错误人以撤销合同的权利，但不得因此对抗善意第三人。③当事人自身表示的错误。衡平法认为，仅在对方不知情时，基于自身表示的错误不影响合同的生效，否则错误人得以合同不可强制执行抗辩。例如，乙拒绝了甲在来函中提出的欲以1 500英镑购买自己的手表的请求，但在回复时误将1 500英镑写成了500英镑，甲予以承诺，并要求乙履行。此时，乙得以衡平法的原则提出抗辩。④合同标的物品质的错误。只要错误是严重的，当事人可撤销合同。⑤规定了两种独特的错误救济制度：废止与纠正。所谓废止，即法院使当事人就其协议再行谈判或将错误造成的损失分配给当事人，原合同终止履行。纠正则是法院命令以书面协议修正以前的口头协议使其更加完善并得以执行。

美国法则区别两种不同类型的错误对合同生效的影响：①基于自身的原因出现的单方面的错误（unilateral mistakes），对合同的生效无任何影响。如果对方当事人明知或应知错误的存在仍与之订立合同的，则另当别论，此种合同为不可强制执行的合同。②至于双方当事人彼此都有错误时，则要根据错误的对象和程度决定其对合同生效的影响。非实质性的错误对合同生效无任何影响；实质性的错误，如涉及合同的重要条款、认定合同当事人或合同标的物等重大事项的错误，要么使合同不成立，要么使合同无效。如果双方当事人仅在书面表达时出现了表意瑕疵，法院将给予更改的救济，允许将错误的表达改正过来。实践中，美国法院处理涉及错误案件的态度是：宁愿让有错误的一方承担自身错误所造成的后果，而不把损失转嫁给对方。

(3) 中国法

在我国没有关于错误的规定，《民法典》是以“重大误解”对此加以表述的。所谓重大误解，是指行为人因对行为的性质，对方当事人，标的物的品种、质量、规格和数量等的错误认识，使行为的结果与自己的意思相悖，并造成较大的损失。对这种表意瑕疵的合同，当事人可以请求人民法院或仲裁机构予以变更或撤销。在变更或撤销的裁决做出之前，或者裁定不予变更或撤销时，该合同仍有效。

2）诈欺

诈欺（fraud），*又称欺诈，是指一方当事人故意告知对方虚假情况，或故意隐瞒真实情况，诱使对方当事人做出错误意思表示的行为。*各国法律都认为，凡因受诈欺而订立合同的，蒙受欺骗的一方可以撤销合同或主张合同无效。

(1) 大陆法

大陆法规定，影响合同生效的诈欺必须符合一定的要件：①必须有诈欺行为的存在。②诈欺人主观上必须是故意的。德国学者甚至认为，一方有告知义务而忽略不为告知时，亦构成诈欺。③诈欺行为与表意人所陷入的错误以及因此所做的意思表示有因果关系。④诈欺行为必须达到有悖诚实信用的程度。

至于对诈欺的处理，法国法与德国法采取了不同的原则。《法国民法典》第1116条规定："如当事人一方不实行诈欺手段，他方当事人绝不签订合同者，此种诈欺是构成合同无效的原因。诈欺不得推定，而应加以证明。"也就是说，诈欺的结果将导致合同的无效。受诈欺方在宣告合同无效时，有义务证明诈欺方有故意诈欺的行为。《德国民法典》第123条则规定："因被诈欺或不法胁迫而为意思表示者，表意人得撤销其意思表示。"据此，诈欺的结果是导致合同被撤销。

此外，大陆法各国均认为，表意人因相对人诈欺而为意思表示的，有权撤销其意思表示，但不得对抗善意第三人；表意人因第三人的诈欺行为而向相对人意思表示，若相对人对诈欺的事实不知，则不得撤销其意思表示。

(2) 英美法

如前所述，英国法对此问题的陈述比较零乱，在对错误的规范中也包含有诈欺的情形，其他的情形则在"不正确表述（fraudulent misrepresentation）"中有所体现。英国《反虚假陈述法》（Misrepresentation Act，1976）中所指的不正确表述不仅包括欺骗性的不正确表述，即诈欺的情形，还包括当事人非故意的不正确表述，因而它的范围要比大陆法更广。

英国法在对诈欺问题的处理上规定，蒙受欺骗的一方可以撤销合同或拒绝履行其合同义务，并可请求赔偿损失。对于非故意且没有疏忽（negligence）的不正确表述，蒙受欺骗的一方可以撤销合同，但无权主动要求损害赔偿，只能由法官或仲裁员酌情考虑能否以损害赔偿代替撤销合同；如果不正确表述人存在疏忽，则蒙受欺骗的一方有权撤销合同，并请求损害赔偿。但实践中，法官或仲裁员有自由裁量权，他们可以宣布合同仍然存在，并裁定以损害赔偿代替撤销合同。

与英国法不同，美国法将诈欺与不正确表述做了区分。法院的判例表明，诈欺的构成要件包括：①一方当事人故意给予对方虚假信息或对信息的真实性漠不关心；②对方当事人基于对信息的信赖采取了行动；③对方因此受到了损害。按照法律的规定，诈欺通常仅限于事实问题。对于发表的可能不真实的意见或所做的吹嘘，不构成诈欺。对法律后果的陈述，除非当事人间存在某种特殊的关系，如律师与当事人，也不认为是诈欺。根据《美国合同法重述（Ⅰ）》第477条的规定，基于诈欺订立的合同，由于双方之间没有真正的合意存在，所以，受到欺骗的一方可以撤销合同。例如，甲对乙声称其公司出产的汽车具有若干项新功能，借此原因，甲乙双方缔结了一份汽车买卖合同。乙验货后发现，该类型的汽车并不具有如甲所述的若干项新功能，因而把车送还给了甲，并单方解除了合同。

在不正确表述的情况下，除非此不正确表述成了引诱对方当事人与之签订合同的因素，否则，不影响合同的生效；反之，如果对方当事人是基于该不正确表述与之订立了合同，则有权撤销由此订立的合同。

（3）中国法

已经失效的最高人民法院《关于贯彻执行<中华人民共和国民法通则>若干问题的意见》对欺诈行为曾经有过规定，其第68条对欺诈行为下了定义："一方当事人故意告知对方虚假情况，或者故意隐瞒真实情况，诱使对方当事人做出错误意思表示的，可以认定为欺诈行为。"根据此定义，构成欺诈必须以故意为主观要件，体现在行为人有意通过其虚假行为，妨碍对方做出正确的意思表示。另外，必须将故意隐瞒真实情况与正当的沉默区分开来，区分标准是行为人是否有告知的义务。实践中，如何判断具有告知的义务，通常包括以下几种情况：法定的告知义务；合同约定的告知义务；习惯上的告知义务等。

根据我国《民法典》第148条的规定，一方以欺诈手段，使对方在违背真实意思的情况下实施的民事法律行为，受欺诈方有权请求人民法院或仲裁机构予以撤销。

3）胁迫

胁迫（threat or duress）*是指以使他人产生恐惧为目的的一种故意行为。*当事人受胁迫所做的意思表示，不是其内心的真实意思，不能产生法律上的效果。因此，各国法律一致认为，在胁迫的情况下订立的合同，受胁迫的一方可以主张合同无效或撤销合同。

胁迫必须具备以下法律要件：有胁迫行为的存在；胁迫人主观上有胁迫的故意；受胁迫人在胁迫下做出了与其真实意思相悖的意思表示；胁迫是不当的或违法的。

（1）大陆法

《法国民法典》第1112条规定，如行为的性质足以使正常人产生印象并使其担心自己的身体或财产面临重大且现实的危害，即为胁迫。

关于胁迫对合同效力的影响，各国立法较为一致，均认为受胁迫人可因此撤销其意思表示。《法国民法典》第1111条至1114条还规定，对缔约人的配偶、直系亲属以及合同的义务承担人进行胁迫，也成为使合同无效的原因。至于由缔约双方当事人以外的第三人施行的胁迫，大陆法各国均认为，即使合同的相对人不知情，受胁迫的一方也有权撤销合同。

（2）英美法

英美法中的胁迫是指对人身实施暴力威胁的行为。此外，衡平法中还有所谓的"不正当影响"的概念。现在，这两个概念已经合二为一。按照英美法，受胁迫的对象包括当事人本人、其家属或近亲属。

因胁迫订立的合同，受胁迫方既可以宣告合同无效，也可以撤销合同。对于来自第三人所做的胁迫，只有合同的相对人知道有胁迫存在时，受胁迫方才能撤销合同。

近年，英美法院经常援引胁迫原则来处理经济胁迫案件。所谓经济胁迫，是指一方当事人以经济上或商业上的压力等非暴力手段迫使处于劣势的对方与之缔约。如果虽然存在压力，但施加压力的当事人并没有迫使对方接受对其明显不利的合同，或此压力并未影响到对方自主缔约的平等地位，则不构成经济胁迫，所订合同应视为有效。

（3）中国法

我国的规定与两大法系基本一致，认为一方以胁迫手段订立合同，对方有权请求变更或撤销，而如所订立的合同损害国家和社会利益，则合同无效。

4）显失公平

显失公平（grossly unfair）与错误、诈欺、胁迫一样，都属于不能体现当事人真实意思的情形。这项制度最先起源于罗马法，《查士丁尼法典》首创了“短少逾半规则”，即买卖价金少于标的物价值一半时，出卖人可以解除合同，返还价金并请求返还标的物。现代各国法律及判例均规定，在显失公平情况下订立的合同，准许处于不利的一方请求撤销或予以变更。

（1）大陆法

《法国民法典》第1674条完全继承了罗马法，明确规定：如出卖人因低价所受损失超过不动产价金7/12时，有权请求取消买卖。只是这一规定仅适用于不动产买卖合同的出卖人及未成年人。《德国民法典》第138条规定，显失公平的行为就是乘他人穷困、无经验、缺乏判断力或意志薄弱而实施的法律行为，基于这种情形订立的合同，不利方可主张撤销合同。

（2）英美法

英美法国家特别强调对“显失公平”合同中的受害人的保护。美国《统一商法典》第2—302条明确规定：如果法院发现合同或合同的任何条款在签订时显失公平，法院可以拒绝强制执行，或仅执行显失公平部分以外的其他条款，或限制显失公平条款的适用，以避免显失公平的后果。但是，受害人对合同的“显失公平”具有举证的义务，以帮助法院做出裁决。《美国合同法重述（Ⅱ）》也有类似的规定。可见，显失公平制度已成为美国合同法的一个重要制度。

根据英国的衡平法，如果合同的内容显失公平且“触动了法官的良知”，则该合同不能得到执行。

至于实践中如何确定显失公平的具体标准，在美国1969年琼斯诉明星信贷公司一案中，法院认为，合同价等于零售价的3倍，即构成显失公平。

（3）中国法

我国《民法典》第151条规定，在订立合同时显失公平的，当事人有权请求变更或撤销。对于何谓“**显失公平**”，已经失效的《中华人民共和国民法通则》第59条以及《中华人民共和国合同法》第54条第2款都曾经有过规定，在订立合同时显失公平的，当事人有权请求变更或撤销。对于何谓“显失公平”，已经失效的最高人民法院《关于贯彻执行〈中华人民共和国民法通则〉若干问题的意见》曾经有过解释，其第72条对此做了解释：“一方当事人利用优势或者利用对方没有经验，致使双方的权利与义务明显违反公平、等价有偿原则的，可以认定为显失公平。”

至于“显失公平”的标准，我国至今未能量化。

（4）《合同通则》

《合同通则》在第3条规定，如果在订立合同时，合同或个别条款不合理地对另一方当事人过分有利，则一方当事人宣告该合同或该个别条款无效。确定显失公平时应考虑的因素包括不公平的谈判地位、合同的性质和目的、其他因素等。

对显失公平的合同有两项处理原则：①法院根据受害人的请求，可做出裁定修改该合同或其条款，以使其符合公平交易的商业标准；②受害人收到宣告合同无效的通知后，也可请求法院修改合同或其条款，条件是他必须在收到此项通知后，对方信赖该通知停止行事之前，立即将其请求通知对方当事人。

4.3 合同的履行

4.3.1 合同的履行的概念

合同的履行是指合同的一方当事人通过全面、适当地完成其合同义务，使对方的合同权利得以实现。当事人订立合同就是为了履行，因此，合同的履行对整个合同而言就显得尤为重要。

1）合同履行的一般规则

实务中，这些规则不仅为司法机关解决合同争议提供了依据，同时还解决了当事人约定不明或欠缺约定条款的问题。

（1）合同履行的原则

合同履行的原则除了民法上的平等、公平、诚实信用等一般原则外，还有关于合同履行的特殊原则，如全面履行原则、协作履行原则、促进交易履行的原则等。

①全面履行原则

全面履行原则是指合同当事人应按照合同的约定，全面、适当地履行合同义务。大陆法的某些国家对当事人履行合同义务的全面性、适当性做了具体规定，即使合同的条款并未涉及，当事人也应当适当履行，以体现合同法的基本原则。例如，《法国民法典》第1135条规定，合同不仅对于合同中所载明的事项发生义务，并根据合同的性质，对于公平原则、习惯或法律所赋予此义务的后果发生义务。英美法也认为，当事人在订立合同后，必须严格按照合同条款全面履行合同义务。

②协作履行原则

协作履行原则是指当事人一方不仅有适当地履行自己合同的义务，而且应当协助对方履行其义务。例如，《公约》第60条规定，卖方交货时，买方应接收货物，并且买方应采取一切理应采取的行动，以期卖方能交付货物。第77条规定，声称对方违约的一方，必须按情况采取合理措施，减轻由于对方违约所造成的包括利润在内的损失。

③促进交易履行的原则

促进交易履行的原则起源于罗马法中与其使契约无效，不如使之有效的规则，即合同当事人不能随意借口合同条款不全或不明确，而不去履行合同，甚至主张合同无效。《德国民法典》第242条规定，债务人应依诚实和信用原则，参照交易上的习惯，履行给付义务。这表明，对合同中未约定或约定不明确的条款，当事人应按交易上的习惯履行其义务。《合同通则》的规定与此类似。美国《统一商法典》第1—205条第3款则规定，当事人之间的交易过程和当事人所从事的行业或贸易中的行业惯例，使协议条款产生特定含义，并对协议条款起补充或限制作用。

(2) 合同条款的补缺

当事人在缔结合同的时候，应尽可能地将涉及双方权利、义务的条款规定得具体、明确，以利于将来合同的履行。但是，在实践中会由于种种原因导致合同条款的疏漏，这就产生了如何补缺的问题。各国法律几乎都对此做了规定。

①大陆法

《德国民法典》对当事人未约定给付期限的情况做了规定，如第271条第1款规定："未约定给付期限或者不能从情况推断给付期限者，债权人得立即请求给付，债务人得立即履行给付。"

对当事人未约定给付方式的，该法典第315条规定："给付方式应由订约一方确定者，在产生疑问时，应按公平裁量的方法确定之。"

②英美法

按照英国法，当事人如果未约定买卖合同的交货地点，一般应在卖方的营业地点交货。如果标的物是特定物，而当事人在缔约时已知该特定物在其他地方者，则应在该特定物所在地交货。

美国《统一商法典》第2—305条第2款规定了当事人价格不确定时的确认方法。如果当事人确有订立合同的意图，即使价格未定，合同也可以成立。在这种情况下，合同价格应为交货时的合理价格，主要是：第一，价格未提及；第二，价格留待当事人协商确定，但未能达成协议；第三，价格根据双方约定的市场价格确定，或者根据第三方或其代理机构确定或记录的其他标准确定，但未能做出确定或记录的。

英美两国都规定，如果买卖合同未规定交货时间，则卖方应在合理的时间内交货。何谓"合理的时间"，应根据交易的具体情况来确定，同时应考虑合同的性质，以及订立合同的目的。例如，供货方知道，商店进的这批火鸡是为了供应圣诞节的市场需要，如果过了新年才交货，就不应认为是在"合理的时间"内交货。

③中国法

我国《民法典》第510条规定，合同生效后，当事人就质量、价款或者报酬、履行地点等内容没有约定或者约定不明确的，可以协议补充；不能达成补充协议的，按照合同有关条款或者交易习惯确定。对于适用上述条款仍不能确定的，依照第511条的规则办理：A.质量要求不明确的，按照国家标准、行业标准履行；没有国家标准、行业标准的，按照通常标准或者符合合同目的的特定标准履行。B.价款或者报酬不明确的，按照订立合同时履行地的市场价格履行；依法应当执行政府定价或者政府指导价的，按照规定履行。C.履行地点不明确，给付货币的，在接受货币一方所在地履行；交付不动产的，在不动产所在地履行；其他标的，在履行义务一方所在地履行。D.履行期限不明确的，债务人可以随时履行，债权人也可以随时要求履行，但应当给对方必要的准备时间。E.履行方式不明确的，按照有利于实现合同目的的方式履行。F.履行费用的负担不明确的，由履行义务一方负担。因债权人原因增加的履行费用，由债权人负担。

④《合同通则》

按照《合同通则》的规定，质量不明的，一方当事人有义务使其履行的质量达到合理的标准，并且不得低于此情况下的平均水平；价格不明的，采用签约时可比较的通常价格或者合理的价格；期限不明的，任何一方当事人可事先在一段合理的时间内发出通知，终止该合同；履行地点不明的，金钱债务在债权人的营业地履行，其他义务在当事人自己的营业地履行。当事人在签约后改变营业地而给履行合同增加的费用，由其自己承担。

2）合同履行中的抗辩权

合同履行中的抗辩权，亦称异议权，是指在双务合同中，合同一方当事人对抗对方请求或者否认对方的权利而主张的权利。合同履行中的抗辩权一般包括：

（1）同时履行抗辩权

合同的同时履行规则来自“一手交钱、一手交货”的交易原则。它在法律上的依据是双务合同中当事人之间权利与义务的相互依存关系。同时履行抗辩权，亦称不履行抗辩权，是指在没有约定履行顺序的双务合同中，当事人一方在对方未为对价给付以前，有权拒绝先为给付。其适用条件是：同一双务合同产生互负的债务；合同中未约定履行的顺序；双方债务均已届期；对方当事人未履行债务或未按约定正确履行；对方能够履行对价给付。

同时履行抗辩权属于延期的抗辩权，不能产生消灭对方请求权的法律效力。对此，各国法律均规定，只有在对方发生重大违约时，才能行使该抗辩权。

《合同通则》规定，如双方当事人能够同时履行，则双方当事人应同时履行其合同义务，除非情况另有表示。当事人各方应同时履行合同义务的，任何一方当事人可在对方提供履行前拒绝履行。《德国民法典》第320条、《日本民法典》第533条对此也做了类似规定。

（2）后履行抗辩权

当事人根据合同约定履行义务有先后顺序，后履行的一方在对方未履行之前，有权拒绝履行自己的合同义务，这种权利即为后履行抗辩权。其适用条件是：由同一双务合同产生互负债务；债务的履行有先后顺序；应先履行的一方发生不履行或履行不符合约定的情况；应该先履行的债务有履行的可能性。

《合同通则》第7条第1款第3项规定，凡当事人各方应相继履行合同义务的，后履行的一方当事人可在应先履行的一方当事人完成履行之前拒绝履行。例如，买卖合同中约定，甲出售一批木材给乙，价格条件是CFR鹿特丹，即期信用证付款。甲没有义务将这批木材装船，除非乙履行了其合同义务开具了此信用证。

英美法认为，负有先履行义务的一方未履约，另一方不但可以拒绝履行其合同义务，还可追究未履行义务一方的违约责任。

（3）不安抗辩权

不安抗辩权是指合同成立后，如果有证据证明，后履行合同的一方当事人届时将不能履行其合同义务，先履行合同义务的一方在对方履行或者提供担保前，可以拒绝先为履行自己的合同义务的权利。不安抗辩权的设立，在于预防因情势变化致使一方遭受损害，做到公平地权衡双方当事人的利益。

不安抗辩权是大陆法国家的制度，如《德国民法典》第321条规定，因双务合同负担债务并应向他方先为给付者，如他方的财产于缔约后明显减少，很难为对价给付时，在他方未为对价给付或提出担保之前，得拒绝自己的给付。它与英美法规定的预期违约制度存在着很大的差别，所以，已经失效的《中华人民共和国合同法》同时引进了这两项制度。

根据我国《民法典》的规定，不安抗辩权的适用应具备以下条件：①适用于双务合同，当事人互负债务，并有先后履行的顺序；②后履行债务的一方当事人的债务尚未到履行期限；③后履行债务的一方当事人有丧失或者可能丧失履行债务能力的情形。这些情形包括：A.经营状况严重恶化；B.转移财产、抽逃资金，以逃避债务；C.丧失商业信誉；D.有丧失或者可能丧失履行债务能力的其他情形。应先履行债务的一方当事人行使不安抗辩权导致的法律效果是中止履行合同。当事人中止履行合同的，应当及时通知对方。对方提供适当担保时，应当恢复履行。中止履行合同后，对方在合理期限内未恢复履约能力，并未提供适当担保的，中止履行的一方可以解除合同，即合同由中止履行变为终止履行。

4.3.2 合同的违约责任

违约（breach of contract）是指合同当事人没有履行合同义务或者没有完全履行合同义务的行为。各国法律以及国际立法均认为，合同一经依法成立，对当事人双方都具有法律约束力，任何一方都必须严格按合同规定履行自己的义务，除非可以依法解除合同义务，如发生不可抗力事件。违约的一方当事人应承担相应的法律责任，以使未违约方得到适当的救济。

1）违约责任

（1）违约责任及其特点

违约责任是当事人因违反合同义务所承担的民事责任。违约责任具有以下特点：①它的前提是有当事人不履行合同义务（包括没有履行或没有完全履行合同的义务）的事实存在；②只能发生在合同当事人之间；③这种民事责任的承担方式可以由双方当事人约定，并主要以补偿性为主；④它是民事责任的一种，与侵权责任组成民事责任的基本内容。

（2）违约责任的归责原则

在何种情况下，违约方才须对其违约行为承担违约责任？各国法律都以存在违约行为作为承担违约责任的必要条件。至于是否要求违约方主观上必须有过错，以及是否造成损害后果，则有不同的规定。

①大陆法

大陆法以过错责任作为民事责任的一项基本原则。大陆法认为，只有当存在可归责于合同债务人的过错时，才承担违约责任。也就是说，违约的构成不仅要有合同义务人不履行义务的事实，而且必须存在可归责于他的过错，还要证明这两者间有因果关系。

《德国民法典》基本上采用了过错责任原则。该法典第276条规定，债务人必须对故意或者过失的不当行为负责，即对任何形式的过错负责，但是对于纯属意外事件的违反履行义务不承担责任。在极个别的情况下，即使债务人没有过错，也要负责。例如，种类物的买卖，由于种类物是可替换的，因此，只要债务人能从市场上购得同类货物抵补交货，他就不能以天灾为由而免除交货的义务。

《法国民法典》也以过错责任原则作为民事责任的基本原则。该法典第1147条规定，凡不履行债务系不应归责于债务人的外来原因所造成的，债务人即可免除损害赔偿的责任。

②英美法

与大陆法的规定相反，英美法认为，只要允诺人没有履行其合同义务，即使他没有任何过失，也构成违约，应承担违约的后果，除非存在法定或者约定的免责事由。这是两大法系的一个重要区别。

美国合同法遵循的是过错推定的归责原则，即违约方如不能证明自己对违约行为无过错，则在法律上推定其有过错，并承担相应的违约责任。

③中国法

我国《民法典》第577条规定："当事人一方不履行合同义务或者履行合同义务不符合约定的，应当承担继续履行、采取补救措施或者赔偿损失等违约责任。"

④《合同通则》

《合同通则》采纳了过错推定的归责原则，如其第7条第4款第1项规定，任何不履行均使受损害方取得单独的损害赔偿请求权，或者与其他救济手段一并行使的损害赔偿请求权，除非不履行可根据本通则的规定予以免责。

（3）催告制度

催告制度是大陆法的一项制度，是指在合同没有规定明确的履行日期的情况下，债权人必须首先向债务人做出催告，即向债务人发出请求履行合同的通知，然后，才能使债务人承担延迟履约的责任。如《德国民法典》规定，债务人于清偿期届至后，经债权人催告而不为给付者，自受催告时起负迟延责任。法国法对此也有规定。催告的作用在于：①自催告生效之日起，不履约的风险完全由违约一方承担；②债权人有权就不履行合同请求法律上的救济；③从送达催告之日起，开始计算损害赔偿及其利息。至于催告的方式，德国法无特定要求，书面或口头均可；法国法则要求必须以书面作成，并由法警送达债务人。

英美法中没有催告的概念，它对违约时间的界定更为严格。英美法认为，凡合同规定履行期限，债务人届时不履行；合同未规定履行期限，债务人在合理的期限内不履行，即构成违约。债权人无须催告即可请求债务人赔偿由于延迟履约所造成的损失。

2）违约的形式

违约形式的差别将使违约方承担不同的违约责任。对违约形式的规定，两大法系差异很大，现将各国有关的法律规定介绍如下：

（1）大陆法

《德国民法典》规定的违约形式有两种：给付不能（supervening impossibility of performance）和给付延迟（delay in performance）。

①给付不能

给付不能是指债务人由于种种原因不可能履行其合同义务，而非有可能履行但不去履行。《德国民法典》把给付不能分为自始不能和嗣后不能两种情况。自始不能的合同原则上无效，但一方当事人在缔约时明知或应知该标的不可能履行的，对不知情的另一方当事人负有损害赔偿责任。嗣后不能则以债务人过失为承担责任要件。如给付不能并不是由于债务人的过失造成的，债务人不承担不履行合同的责任（见《德国民法典》第275条）；反之，债务人应承担损害赔偿责任（见《德国民法典》第280条）。如给付不能是因不可归责于双方的事由造成的，双方均可免除其义务（见《德国民法典》第323条）。

②给付延迟

给付延迟是指债务人在债务已届履行期且可能履行的情况下，并未按期履行其合同义务。债务人承担由此产生的法律后果，也实行过错责任原则。只是他不仅要对一切过失承担责任，还要对因不可抗力造成的给付不能负责。此外，《德国民法典》规定，催告是债权人就履行延迟请求赔偿的必要条件。

《法国民法典》规定了不履行和延迟履行两种主要的违约形式，其具体内容与《德国民法典》大同小异。

（2）英美法

英国法把违约的情形分为违反条件和违反担保两种不同的情况。违反条件是指违反合同中的重要条款。当事人一方违反条件的，对方有权解除合同，并要求赔偿损失。违反担保是指违反合同的次要条款或随附条款。在违反担保的情况下，受损失的一方不能解除合同，而只能要求违约方赔偿损失。英国近年来通过法院判例形成了一种新的违约类型，称为“违反中间性条款和无名条款”。当一方违反此类条款时，另一方是否有权解除合同，须视违约的性质和后果来确定。具体则由法官灵活掌握，以克服传统的两分法所带来的不便。因为按传统的两分法，如果一方违反条件，但仅给对方造成轻微的损失（甚至未造成什么损失），对方仍可要求解除合同，这样处置显然不当。

美国法将违约分为轻微违约和重大违约两种情形。前者是指合同当事人在履约中尽管有一些缺点，但另一方已从中获得了主要利益。后者是指合同一方没有履行合同或履行合同有缺陷，致使另一方不能得到本应得到的主要利益。轻微违约实际上相当于违反担保，重大违约则类似于违反条件，具体的处理规则也大致相同。英美法的区别在于：一个注重合同的事先约定，而另一个注重合同的事后结果。

（3）中国法

按照我国传统立法的观点，对违约行为形态的规定是两分法，即不履行和不适当履行。所谓不履行，是指当事人对合同的义务根本没有履行。不适当履行则是指当事人履行合同有瑕疵，没有按合同约定的条件去履行，具体包括履行迟延和不完全履行。

（4）《公约》

《公约》主要规定了根本违约、非根本违约以及预期违约等形式。判断是否构成根本违约的基本标准是：是否“实际上剥夺了合同对方根据合同有权期待得到的东西”。《公约》对根本违约规定了相应的救济方法。例如，卖方交付的货物与合同不符构成根本违约时，买方可以要求对方交付替代物或可以撤销合同并请求赔偿损失。

3）违约的救济方法

违约的救济方法（remedies for breach of contract）是指当一方违约使另一方的权利受到损害时，受损害的一方为维护其合法权益，有权采取正当措施，这是法律赋予受害人的权利。对违约方而言，承担违约责任则是对其违约行为的一种制裁。现将各国规定的几种主要的救济方法介绍如下：

（1）实际履行

实际履行（specific performance），亦称具体履行或依约履行，是指在一方不履行合同义务时，另一方当事人有权要求违约方仍按合同约定履行合同义务。我国《民法典》第509条规定，当事人应按照约定全面履行自己的义务。第577条规定，当事人一方不履行合同义务或者履行合同义务不符合约定的，应当承担继续履行等违约责任。现将各国法律的相关规定介绍如下：

①大陆法

德国法将实际履行作为一种主要的救济方法，《德国民法典》第241条规定：“债权人根据债务关系，有向债务人请求履行债务的权利。”债权人虽然可请求法院判令违约的债务人实际履行合同义务，但实践中，只有在金钱赔偿不能满足要求时，债权人才会提起实际履行之诉，大多数情况下都是要求损害赔偿或解除合同。

依照《法国民法典》第1184条的规定，实际履行是一种可供选择的救济方法，在债务人不履行合同义务的情况下，债权人可以在请求实际履行或请求解除合同并要求损害赔偿二者之中任择其一。但仅在合同仍有履行的可能时，债权人才可提起实际履行之诉。

②英美法

英美普通法中没有实际履行这一救济方法，但是衡平法将其作为一种例外的救济方法，仅在损害赔偿不能满足债权人的要求时予以适用。实务中，法院对是否判令实际履行有自由裁量权。一般而言，当买卖的标的物是特定物或特别名贵，市场上不易买到时；或涉及土地买卖或公司债券的交易时，法院才会做出实际履行的判决。

③中国法

我国《民法典》第577条明确规定了当事人的继续履行、采取补救措施或赔偿损失等违约责任。

④《公约》

为了调和两大法系在“实际履行”问题上的分歧，《公约》第28条规定：“如果按照公约的规定，当事人一方有权要求他方履行某项义务，法院没有义务做出判决，要求实际履行此项义务，除非法院依照其本身的法律对不受本公约支配的类似销售合同也会做出实际履行的判决。”可见，《公约》允许各国法院按其自身的法律来处理这个问题。

（2）损害赔偿

所谓损害赔偿，是指当事人一方违反合同规定的义务，并因此给对方造成损失，依法由违约方给予金钱补偿。各国法律均将其视为对违约的一种主要的救济方法，但在赔偿的依据、方法以及赔偿额的计算等方面存在着差异。

①大陆法

大陆法认为损害赔偿须具备三个条件：有损害事实；有归责于债务人的原因；损害的发生与债务人违约间存在因果关系。

在损害赔偿的方法上，各国侧重点不同，德国法以恢复原状为原则，以金钱赔偿为例外；法国法以金钱赔偿为原则，而以恢复原状为例外。

大陆法认为，损害赔偿的范围应包括违约所造成的实际损失和所得利益损失。如《法国民法典》第1149条规定：“对债权人应付的损害赔偿，除下述限制外，一般应包括债权人所受的损失和所失的可获得利益。”这里“所受的损失”就是指实际损失，是指合同所规定的合法利益，由于可归责于债务人的事由而受到的损害。“所失的可获得利益”就是指所得利益损失，是指债权人在合同履行的情况下本可以获得的，因债务人的违约所丧失的利益。以买卖合同为例，卖方交付不合格品，买方未取得合格品为直接损失，此合格品转售的利润为间接损失。

②英美法

英美法认为，只要一方当事人违反合同，对方就可以提起损害赔偿之诉，而无须证明违约方有过错，也无须以发生实际损害为前提。

英美法对损害赔偿采取的是金钱赔偿的方法，称为金钱上的恢复原状。

英美法确定损害赔偿的基本原则，是使受损害的一方在经济上处于合同得到履行时他本应处的地位，但以该方在合同订立时能够合理预见到的损害为限。据此，债权人可索赔的损失包括按照违约的一般过程自然发生的损失，以及当事人在缔约时已预见到的因违约而产生的损失。按照英美法的要求，当一方违约时，受损害的一方有义务采取一切合理的措施以减轻由于违约所造成的损失。

英美法判例认为，损害赔偿不应让违约方因违约而获利。法院在按照受损害一方的请求给予损害赔偿的救济之前，一般要求该方证明，双方在订立合同时能够合理地预见到该损失的可能发生。同时，还要考虑违约是否是故意的。法院如果发现违约方曾故意违约，就可能做出不利于违约方的判决。

违约方之所以故意违约，可能是考虑到给予一定的赔偿比履行合同更为合算。法院如正常判决，违约方就会因损害赔偿而获利，这显然是违反救济原则的。

③中国法

我国规定，违约人原则上无须有过错，但要有实际损害。当事人一方不履行合同义务或履行合同义务不符合约定的，即应当承担继续履行、采取补救措施或者赔偿损失等违约责任。

在损害赔偿的方法上，我国的做法与英美法相近，即采取金钱赔偿的方法。

（3）违约金

违约金是指为了保证合同的履行，当事人双方事先在合同中约定，当一方违约时应向对方支付一定数量的金钱。

①大陆法

大陆法有惩罚性违约金和补偿性违约金之分。按《德国民法典》第339条、第340条第2款的规定，违约金具有惩罚性，债权人除依约向违约方要求支付违约金外，还可请求损害赔偿。法国法则一般视违约金为预先约定的损害赔偿，不具有惩罚性。当事人可以在缔约时约定一定数额的违约金，但要求支付违约金的同时，不能请求损害赔偿。

②英美法

英美法认为，一方违约，另一方只能要求赔偿，而不能加以惩罚，但允许当事人预先约定损害赔偿的金额。因此，当事人在合同中约定的金额是罚金性质，还是预先约定的损害赔偿，直接关系到一方违约时，对方能否得到这笔金额。实务中，对此性质如何判断，全凭法院根据案情做出它认为适当的解释。

③中国法

依据我国《民法典》第585条的规定，我国法律只规定预定损害赔偿违约金。另外，如果当事人约定了违约损失赔偿额的计算方法，一方违约，另一方应按约定的方法计算损失赔偿额，不应再要求对方支付违约金。

此外，各国法例均认为，违约金或预先约定赔偿金额过高或过低，当事人可请求法院酌情增减。

（4）解除合同

解除合同（resolution）也是对违约的一种救济方法，各国对此救济方法的运用有其各自的特点。

①大陆法

大陆法各国均规定，合同一方不履行合同义务时，对方有权解除合同。行使解除权的方法主要有两种：一是由主张解除合同的一方当事人向法院起诉，由法院做出解除合同的判决，法国法即采用此法；二是直接向对方表示解除合同，德国法采用此法。

至于在解除合同时能否同时请求损害赔偿，《法国民法典》第1184条规定，在双务合同的一方当事人不履行债务时，债权人得解除合同并请求损害赔偿。《德国民法典》第325条、第326条则规定，债权人只能在解除权与损害赔偿请求权二者之间任择其一，而不能同时享有两种权利。

②英美法

英美法与大陆法不同。如前所述，英国法把违约分为违反条件和违反担保，美国法则把违约区别为重大违约与轻微违约。因此，在英美法中，只有在违反条件或重大违约时，非违约方才能要求解除合同。当事人解除合同可以用宣告的方式进行，不须经过法院的判决。

对于解除合同的后果，英国法认为，因违约造成的解除合同，并不导致合同自始无效，只是使解除合同时尚未履行的债务不再履行。美国法则认为，合同的解除产生恢复原状的效果，不仅意味着尚未履行的合同义务不必再履行，而且根据合同已获得的利益也应返还给对方。在这一点上，美国法与大陆法的规定基本相同。

③中国法

我国《民法典》第563条规定了有关一方违约另一方解除合同的情况。根据规定，有下列情况之一的，当事人可以解除合同：A.在履行期限届满之前，当事人一方明确表示或者以自己的行为表明不履行主要债务；B.当事人一方迟延履行主要债务，经催告后在合理期限内仍未履行；C.当事人一方迟延履行债务或者有其他违约行为致使不能实现合同目的。

按照我国《民法典》第565条的规定，解除合同应当通知对方。合同自通知到达对方时解除。对方对此有异议的，可以请求人民法院或者仲裁机构确认解除合同的效力。

至于合同解除的法律后果，我国《民法典》第566条规定，合同解除后，尚未履行的，终止履行；已经履行的，根据履行情况和合同性质，当事人可以请求恢复原状、采取其他补救措施，并有权要求赔偿损失。

4）违约责任的免责

如前所述，合同有效成立后，当事人均有义务予以履行，否则要承担违约责任。但是，如果在合同成立之后，发生了某些特殊情况，如不可抗力事件，阻碍了当事人履行合同义务，则各国法律将此作为例外原则来处理，并形成所谓的情势变迁、合同落空和不可抗力制度。

（1）情势变迁

情势变迁是指合同成立后，作为合同关系基础的情势，由于不可归责于当事人的原因，发生了缔约时不能预见到的变化，如仍坚持原来的法律效力，将会产生显失公平的结果，有悖于诚实信用的原则，因此应该变更乃至解除合同的制度。情势变迁作为大陆法的一项重要制度，虽然不多见于法律条文，但为各国所认可，并应用于司法实践。不过，情势变迁原则的适用范围并无定则，故法院对以情势变迁为由要求免除履行的抗辩要求很严，轻易不予接受。实务中，我国已将情势变迁制度作为特例运用，但我国法律对此项规定仍是空白，有待于进一步完善。

（2）合同落空

合同落空（frustration of contract）在英美法中类似于情势变迁的概念，意指在合同成立后，非因当事人自身的过错，而是由于意外事件的发生致使当事人在缔约时所谋求的商业目标受到挫折。在这种情况下，对于未履行的合同义务，当事人可免除履行的责任。

按照英美法的判例和学者的解释，可以导致合同落空的情势有：标的物的灭失；合同当事人的死亡；履行合同时的情况发生根本性的变化；法律的改变使合同违法而不可能履行等。

实务中，法院须区别落空与不能履行的不同。依司法判例，合同落空仅指履行合同在商业观念上看来实在难以做到，并不一定是事实上不可能履行。

目前，合同落空原则的适用也受到了一定的限制：①合同一方有意造成某一情势，并借此请求按合同落空原则解除自己所承担的合同义务。②合同一方对于自身能否完满履行合同义务并无确切的把握，但却自愿承担这种风险而签订了合同。③合同一方预知或应当预知，在合同订立后将会发生导致合同落空的事件，但仍签订了此项合同，而另一方对此毫无所知。

（3）不可抗力

所谓不可抗力（force majeure），是指当事人在签订合同时不能预见、不能避免并不能克服的意外事件。各国立法都承认当事人在合同中约定的不可抗力免责条款的合法性和有效性。

不可抗力事故包括两种情况：一种是自然原因引起的，如水灾、旱灾、台风、地震等；另一种是社会原因引起的，如战争、罢工、政府封锁、禁运等。缔约时，双方当事人可以自行商定将哪些意外事故列入合同的不可抗力条款。

不可抗力事件的发生将导致两种法律后果：一是解除合同，二是迟延履行合同。具体产生哪种后果，要视意外事件对合同履行的影响而定，当事人也可通过签订不可抗力条款加以约定。

因不可抗力而不能履行或不能完全履行合同的一方当事人，应及时通知对方以减轻其损失，并应在合理的期限内提供相关证明。我国《民法典》第590条对此做了明确的规定。

4.4 合同的让与

合同关系是一种债的关系，债通常由主体、客体和内容三要素组成，债的任何一个要素变更都将导致债的关系的变更。合同的让与仅涉及合同主体的变更，即由新的合同当事人代替旧的合同当事人，但合同的客体和内容不变。合同的让与有两种情形：债权让与和债务承担。

1）债权让与

债权让与，亦称合同权利的转让，是指债权人依约向第三人转让全部或部分合同债权的行为。债权让与的结果是，后者取代了原债权人（让与人）的地位成为新的债权人（受让人）。

债权让与又分为民法上的让与（assignment）和商法上的让与（negotiation）。民法上的债权让与比较复杂。首先，让与人和受让人必须把债权人变更的事实通知债务人，否则，债务人仍可向原债权人清偿债务，而不向新债权人清偿。其次，新债权人所取得的权利不得优于原债权人，凡债务人得以对抗原债权人的抗辩，同样得以对抗新的债权人。商法上的债权让与比较简单，如票据的转让，以背书的方式进行即可，无须通知债务人。此外，新债权人可取得优于原债权人的权利，债务人不得以对抗原债权人的抗辩理由来对抗新债权人。这里主要介绍民法上的债权让与。

各国法律都允许债权让与，但具体的规定却不尽相同，现分别介绍如下：

（1）大陆法

大陆法认为，债权让与无须征得债务人的同意即可发生法律效力。

德国法一个显著的特点是把债权让与视为"抽象"的法律行为，认为债权让与合同是一种不要因合同，即不以给付原因作为成立要件的合同。合同权利的转让采用自由转让原则，债权的让与仅凭转让双方的合意即可，无须通知债务人，也不必征得债务人的同意。

法国法则认为债权让与是受让人与让与人之间买卖债权的协议，必须有约因，因而是一种约因合同。至于合同权利的转让则采用通知原则，即要求债权人应当将债权让与的事实告知债务人，但不必征得其同意。

（2）英美法

英美法原则上也承认债权让与，但是，对某些具有个人特色的合同权利不能让与，如属于提供个人劳务的合同权利，非经对方当事人同意，不能让与。

英国法对债权让与采用两种不同的处理方法：一种是按成文法规定进行的债权让与；另一种是按衡平法原则进行的债权让与。按前种方法进行的债权让与，必须符合1925年财产法规定的要求。如果符合法律规定的要求，受让人即可用自己的名义对债务人起诉。此种方法的特点是不需要对价的支持。如果债权让与缺少成文法要求的转让条件，则可按后种方法进行转让——按衡平法进行的债权让与不以通知债务人为必要条件。

美国法的规定与英国法基本相同。根据美国《统一商法典》的规定，在货物买卖合同中，除当事人另有协议外，买方和卖方都可以把他们的权利转让给第三人，除非这种转让会大大改变对方的义务，或者大大增加对方的负担，或严重损害对方获得履行的机会。但是，凡属于按"需要"或按"产出"供应货物的合同，原则上都不能转让，因为不同的债权人其"需要"或"产出"也可能大不相同。至于债权让与的生效要件，美国法与德国法相同，也采用自由转让原则。

（3）中国法

我国《民法典》第545条在允许合同权利转让的同时，对此做了限制：①根据合同性质不得转让；②按照当事人的约定不得转让；③依照法律规定不得转让的合同权利不得转让给第三人。

我国《民法典》规定，债权让与采用通知原则。我国《民法典》第546条规定：债权人转让权利的，应当通知债务人。未经通知的，该转让对债务人不发生效力。由于转让通知一经到达立即生效，因而债权人不得撤销，除非受让人同意。

按照我国《民法典》第547～549条的规定，债权让与的效力还体现在以下三个方面：①债权人转让权利的，受让人取得与债权有关的从权利，但该从权利专属于债权人自身的除外。②债务人接到债权转让通知后，债务人对让与人的抗辩可以向受让人主张，这就是所谓的权利瑕疵的转移问题。《德国民法典》第404条也有类似规定。③债务人接到债权转让通知时，对让与人享有债权，并且债务人的债权先于转让的债权到期或者同时到期的，债务人可以向受让人主张抵销。

如果债权人把同一债权先后转让给两个以上的受让人，那么，应由哪个受让人取得债权呢？

按照美国法，应由第一受让人取得该项债权。因为让与人不能把他没有的权利转让给他人，所以，让与人既已把债权转让给第一受让人，就无法再次转让给第二受让人。但英国法则认为，应由首先把债权让与的事实通知债务人的受让人取得该项债权。在此问题上，美国法与德国法的规定是一致的，而英国法则与法国法规定相同。

2）债务承担

债务承担，*亦称合同义务的转让，是指合同的债权人、债务人和第三人之间达成合意，将原合同的债务转由第三人承担的行为。*由于债务转移涉及债务人的变更，而不同的债务人其资信情况及履约能力往往不同，这就可能给债权人的利益带来重大影响，因此，各国对债务承担有不同的规定，现分别介绍如下：

（1）大陆法

德国法认为，债务承担是一种合同关系。为了保护债权人的利益，签订债务承担合同必须取得债权人的同意。按照《德国民法典》的规定，债务承担的效力主要表现在两个方面：一是由第三人代替原债务人负担债务，从而使后者脱离了债务关系；二是第三人得以援引原债务人对抗债权人的抗辩事由。但是，第三人不能用向原债务人提出的抗辩事由对抗债权人。

与德国法不同，《法国民法典》虽然原则上允许由第三人代替原债务人清偿债务，但未明确规定债务承担的内容，而是通过债的更新（以新债代替旧债）的方法来达到债务承担的目的。如该法典第1271条第2款规定："债权人得解除旧债务人的债务而由新债务人代替之。"[①]从严格意义上讲，债的更新与债务承担不同，它是通过消灭旧的债

① 冯大同．国际商法［M］．新编本．北京：对外经济贸易大学出版社，2001.

务，成立新的债务来达到债务承担目的的一种变通做法。

(2) 英美法

英国法认为，合同的债务非经债权人同意是不得转让的。英国法认为，债务转移只能通过债的更新的方法来实现，同时必须征得债权人的同意。

根据美国《统一商法典》第2—210条规定，美国法原则上不认可债务的转让，但在某些情况下，也允许代行债务，即允许他人代替原债务人履行债务。但替代履行并不解除债务人履行义务或对违约所产生的责任。

(3) 中国法

我国《民法典》第551条规定，债务人将合同的义务全部或者部分转移给第三人的，应当经债权人同意。

3）概括转让

与债权让与和债务承担不同，合同的概括转让是指由合同当事人一方将其债权债务一并转移给第三人，由第三人概括地接受这些债权债务的行为。

债权债务的概括转让有两种方式：一是合同转让，即依据当事人之间的约定而发生的债权债务的转移；二是因企业的合并而发生的债权债务的移转。

法国法中规定的概括转让则有不同的含义。它是指在自然人死亡或法人合并时，由其继承者概括性地继承一切财产，其中既包括债权，也包括债务。

4.5 合同的消灭

合同的消灭是指合同因某种原因而不复存在。合同的消灭是英美法的概念，大陆法将其纳入债的消灭的范畴，作为债的消灭的内容之一。与两大法系不同，我国《民法典》对合同的消灭使用的是“合同的权利义务终止”这一概念。现将各国相关的规定介绍如下：

1）大陆法

如前所述，大陆法各国未对合同的消灭做出规定，仅在民法典或债务法典中对债的消灭的各种原因做了具体规定。大陆法认为，导致债的消灭的原因主要有：清偿、免除、提存、抵销、混同等。

(1) 清偿

清偿（payment）是债务人向债权人履行债的内容的行为。清偿与给付、履行是同一概念。当债权人接受债务人的清偿时，债的关系即告消灭。清偿具有以下一些特点：

①清偿通常由债务人本人履行，但各国法律一般也允许由债务人以外的第三人向债权人清偿债务。例如，《德国民法典》第267条规定，债务人不能亲自给付时，也可由第三人代为清偿。但债的性质决定必须由债务人亲自履行的，则不能由第三人代为履行。

②清偿的标的物一般应是合同规定的标的物，代物清偿必须征得债权人的同意。例

如，《德国民法典》第364条规定，债权人受领约定给付以外的他种给付以代替原定的给付者，债务关系消灭。

③清偿的时间应遵守合同的约定，合同未做约定的，债权人有权随时要求债务人清偿，债务人也可以随时向债权人清偿。

④清偿应在合同约定的地点进行，合同未约定清偿地点的，以特定物为标的的债务，以订立合同时该物的所在地为清偿地；其他债务，德国法、法国法以债务成立时债务人的住所地为清偿地，日本法以债权人的现时住所地为清偿地。

（2）免除

免除（release，remise）是债权人放弃债权从而使债归于消灭的行为。法国法和德国法规定，免除是双方的法律行为，债权人不能单方面采取行动，必须征得债务人的同意才能生效。日本法则认为，免除是单方行为，只要债权人有免除债务的意思表示，无须债务人的同意即可使债的关系归于消灭。

（3）提存

提存（deposit，consignation）是指债务人在债权人无理拒绝受领、迟延受领或下落不明时，将应交付的标的物寄存在法定的提存机关以代替清偿的行为。提存具有以下一些特点：

①交付提存的标的物应是合同规定的标的物。对不宜提存的物品，如易腐、易变质的物品或牲畜等，经法院许可，债务人可以将提存物变卖，提存其价金。《德国民法典》第383条第1款对此做了规定。

②提存的场所有的是法律规定的，有的是法院指定的。大多数国家以法院、行政机关或金库为提存的场所。

③提存具有清偿的效力。标的物寄存提存场所后，债权人不能再向债务人请求清偿。提存后，标的物的风险即由债权人承担，如发生毁损灭失，债务人概不负责。《法国民法典》第1257条对此做了规定。

④提存的费用由债权人负担。

（4）抵销

抵销（set-off）是指当事人双方互负债务时，以其各自的债权冲抵债务，使双方的债务在等额的范围内归于消灭。在当事人互负债务时，抵销可简化清偿手续，避免交换履行。因此，大陆法各国均将抵销视为债的消灭的原因之一。

抵销的方式有以下几种：

①法定抵销，法国法称之为当然抵销。《法国民法典》第290条规定，双方互负债务时，“债务人双方虽均无所知，依法律的效力仍然可以发生抵销”。

②约定抵销，即互负债务的双方依合同的约定，将各自的债务进行抵销。

③以当事人单方面的意思表示抵销。《德国民法典》、《日本民法典》和《瑞士债务法典》均认为，双方互负债务时，任何一方均得以意思表示通知对方进行抵销。

（5）混同

混同（merger）是指债的关系因债权与债务同属于一人而归于消灭。大陆法各国除德国外，都将混同列为债的消灭的原因之一。

混同的原因主要有以下几种：①民法上的继受，如因继承导致债权与债务归于一人；②商法上的继受，如公司合并导致债权与债务归于一人；③特定继受，如因债权让与或债务承担而使债权与债务归于一人。

但是，在某些特殊的情况下，虽然债权债务发生混同，但债的关系并不因此而消灭。例如，《意大利民法典》第1254条规定，混同不得损害获得用益权或者债权、质押权的第三人的利益。

（6）其他

大陆法规定的导致债的消灭的原因还有：标的物的灭失，解除条件的成就，诉讼时效已过。

2）英美法

英美法认为，合同的消灭有以下四种方式：

（1）合同因协议而消灭

合同是双方当事人通过协商订立的，当然也可以按照双方的协议而解除。合同因协议而消灭的情况有以下一些：

①当事人约定以新合同替代原合同，包括对原合同的某些条款加以修改或删除，则原合同规定的权利义务即告消灭。

②由于新的当事人加入，使新合同替代了原合同，合同一经更新，原合同即告消灭。

③当事人在合同中约定的解除条件成就，合同即告消灭。

④一方当事人自愿放弃其合同权利，从而解除了他方的履约责任，合同也因此消灭。

（2）合同因履行而消灭

如前所述，合同一经履行，当事人之间的债权债务关系即告消灭。

（3）合同因违约而消灭

英美法认为，一方违约有时会使对方取得解除合同的权利，因而将违约作为合同消灭的原因之一。至于对方何时会取得解除合同的权利，前面已有介绍，不再赘述。

（4）依法使合同归于消灭

依法使合同归于消灭的情况主要有合并、破产和擅自修改书面合同。这些情况的发生都会使合同归于消灭。

3）中国法

我国《民法典》第557条规定，有下列情形之一的，合同的权利义务终止：①债务已经按约定履行；②债务相互抵销；③债务人依法将标的物提存；④债权人免除债务；⑤债权债务同归于一人；⑥法律规定或者当事人约定终止的其他情形。

本章小结

1.合同法所指的合同是当事人之间设立、变更、终止债权债务关系的协议。合同具有四个特点：是双方的民事法律行为；是当事人意思表示一致的协议；其内容明确了当事人的权利和义务；具有法律约束力。

2.各国合同法规定的合同有效成立的要件主要有：当事人必须具有缔约能力；意思表示必须真实；必须通过要约和承诺达成协议；必须有对价或合法的约因；标的和内容必须合法；必须符合法律规定的形式要求。具备这些条件后，合同才能有效成立。

3.合同的履行对整个合同而言至关重要，它是当事人订立合同的目的所在。各国法律对合同履行的原则、合同履行中的抗辩权以及合同条款的补缺都做了相关规定。

4.依法成立的合同对当事人双方均有法律约束力，除非发生了法律规定的免责事由，任何一方未按约定履行合同义务，都应承担相应的违约责任。各国法律及国际立法针对不同形式的违约规定了实际履行、损害赔偿、违约金、解除合同等救济方法，来弥补未违约方因此所遭受的损失。

5.合同的让与是债的变更的一种形式，即合同的主体发生了变更，其客体和内容保持不变。合同的让与包括债权让与和债务承担两种情况。

6.合同的消灭是英美法的概念，大陆法只对债的消灭的原因做了规定，《中华人民共和国民法典》则使用了“合同的权利义务终止”的概念。导致合同消灭的原因主要有：清偿、免除、提存、抵销、混同、合同解除等。

思政目标

通过对合同的概念与特点、合同的成立、合同的履行、合同的让与、合同的消灭的学习，能够全面理解与掌握合同法基本理论、制度及规则的价值意义，坚定中国法律文化与法律制度的充分自信，自觉维护社会主义法治原则，以实际行动弘扬社会主义核心价值观，为构建人类命运共同体贡献智慧和力量。

主要概念

合同　要约　承诺　对价　约因　错误　诈欺　胁迫　显失公平　债权让与　债务承担　合同的消灭　免除　提存　抵销　混同

综合训练

一、判断题

1.单方当事人的民事法律行为不能构成合同关系。（　　）

2.要约和承诺既能被撤回，也能被撤销。（　　）

3.准合同是一种特殊形式的合同。（　　）

4.所有意思表示的错误，都会导致合同的无效或者被撤销。（　　）

5.民法上的债权让与规定，凡债务人得以对抗原债权人的抗辩，同样得以对抗新的债权人。（ ）

二、选择题

1.要约的约束力主要是指要约对（ ）的约束力。

A.要约人　B.受要约人　C.承诺人　D.发盘人

2.有效的承诺应具备（ ）条件。

A.由受要约人向要约人做出　B.在要约规定的有效期内进行

C.与要约的内容一致　D.传递方式符合要约提出的要求

3.（ ）的民法典采用了"约因"学说。

A.法国　B.德国　C.日本　D.瑞士

4.不可抗力事件的发生将导致（ ）的法律后果。

A.解除合同　B.迟延履行合同

C.实际履行合同　D.部分履行合同

5.民法上的债权让与规定（ ）。

A.让与人与受让人必须把债权人变更的事实通知债务人

B.让与人与受让人无须把债权人变更的事实通知债务人

C.凡债务人得以对抗原债权人的抗辩，同样得以对抗新的债权人

D.债务人不得以对抗原债权人的抗辩理由对抗新的债权人

6.英美法认为，合同（ ）。

A.因协议而消灭　B.因履行而消灭

C.因违约而消灭　D.因法律规定而消灭

三、简答题

1.要约的撤回和撤销有何不同？

2.关于合同的订立，大陆法和英美法有何不同？

3.简述违约免责的制度。

4.实践中，如何运用合同履行中的抗辩权？

5.合同一方当事人违约时，合同相对方可采用哪些违约救济方法来维护自己的合法权益？

四、案例分析题

1.我国某工艺品公司与国外某公司洽谈一笔玉雕生意，经双方对交易条件磋商后，就价格、数量、交货日期等达成协议。我公司随即于8月6日致电："确认售与你方玉雕一件……请先电汇1万美元。"对方于8月9日复电："确认你方电报，我购玉雕一件，按你方电报规定已汇交你方银行1万美元，该款在交货前由银行代你方保管……"请问：双方是否构成有效要约和承诺？

2.中国的甲公司应美国的乙公司请求，发出出售某优质木材10 000立方米的要约。乙公司接到要约后，立即回电，要求甲公司增加数量，降低价格，并延长要约的有效

期。甲公司最后将产品的数量增至15 000立方米，价格每立方米降低100美元，并将有效期延长至6月26日。乙公司接到要约后，立即组织资金，于6月25日上午汇至甲公司的账户上。甲公司于6月25日下午回电话给乙公司，“货已卖与他人”。乙公司接到电话后，立即要求甲公司继续履行合同。经查，甲公司尚存20 000立方米该种优质木材。请问：

（1）乙公司要求增加数量、降低价格的行为是否属于承诺？

（2）乙公司的承诺是否有效？为什么？

（3）甲、乙公司之间的合同是否成立？为什么？

（4）乙公司要求甲公司继续履行合同的要求是否合理？是否还能采取其他的救济方法？

3.美国甲公司与中国乙公司签订购销大米的合同。合同约定：数量为4万吨，合同总金额125万美元，在中国上海港交货。由于乙公司货源紧缺，双方约定先交付2万吨，其余推迟至次年交货。次年恰逢我国发生特大洪涝灾害，于是乙公司以不可抗力为由，要求免除交货责任，但乙公司的要求遭到甲公司的拒绝，甲公司并称该商品市场价格上涨，由于乙公司未交货已使其损失40万美元，要求乙公司无偿供应其他种类粮食以抵偿其损失，乙公司拒绝。对此，甲公司根据仲裁条款规定向中国的仲裁机构提出仲裁，强调乙公司所称不可抗力的理由不充分，并指出如乙方不愿以其他粮食抵偿其损失，就坚持索赔损失40万美元。在仲裁机构调解下，双方经过多次协商，以乙公司赔偿甲公司15万美元告终。

假设你是仲裁员，请判断：

（1）乙公司的抗辩事由是否成立？

（2）该合同的违约赔偿额应如何确定？

第5章

买卖法

国际货物买卖是指具有国际性因素的以支付价金的方式换取货物所有权的交易行为。将国际货物买卖关系纳入到法律的轨道中进行调整的规范性文件的总称是国际货物买卖法。目前调整国际货物买卖法律关系的法律文件主要有：联合国国际贸易法委员会制定的1980年《联合国国际货物销售合同公约》（本章简称《公约》）、国际商会制定的《国际贸易术语解释通则》（2020年修订版）、国际统一私法协会1994年制定的《国际商事通则》和各国的国内法的相关规定。

国际货物买卖法律关系的核心内容是合同双方当事人的权利义务关系。根据合同法“意思自治”的原则，《公约》及各国的买卖法或合同法关于买卖双方当事人的权利义务的规定，都属于非强制性的规定。当事双方可以根据合同的需要和自己的意志做出不同于法律的规定并排除法律的适用，只有当买卖合同对某些事项没有做出规定时，包括《公约》在内的各项法律才有适用的可能，也才能援引相关的法律规定来确定买卖双方当事人的权利与义务。

为了保证国际货物买卖合同的顺利履行和合同目的的实现，合同中所涉及的双方权利义务通常是具体而详尽的，其中最为基本的是卖方获取货物价款的权利和交付货物的义务以及买方获取货物的权利和支付货款的义务，当然还包括为彻底实现对方的权利所必须履行的一些义务，如为使买方获取货物的权利完全实现，卖方还必须在交付货物的同时或此后的一段合理时间内将代表货物的单证及货物的所有权移交给买方，或者方便卖方履行交付义务，买方及时受领货物等。由于国际货物买卖合同是典型的双务合同，一般而言，在合同的履行过程中，一方的权利就构成了对方的义务，而对实现合同目的来说，确定并履行合同义务才是具有决定性意义的。本章对照《公约》、大陆法系、英美法系国家和中国的规定，重点论述以下问题：国际货物买卖中的相关概念和法律规定；买卖双方的权利与义务；货物买卖合同在履行过程中违约的类型及违约的救济方法、条件和策略。

5.1 卖方的义务

根据《公约》的规定，在国际货物买卖中，卖方的基本义务是，必须按照合同和

《公约》的规定，交付货物，移交一切与货物有关的单据并转移货物所有权。同时为了满足买方订立合同目的的实现，各国法律和《公约》一般还规定卖方对所交付的货物的品质以及第三方的权利要求负有担保的义务。

5.1.1 卖方的交货义务

所谓**交付货物**（delivery），一般是指卖方按照约定向买方提交货物的行为，其通常具有使货物所有权从卖方实际地转移给买方的效力。根据合同条款的特别约定或合同所适用的法律或贸易惯例的特别规定，交付货物并非总是指货物的实际交付，有时卖方向买方提交代表货物所有权的单证或在货交承运人的象征性交货情况下，卖方将货物交给承运人的，也可视为交货。但是，在此种情况下，货物所有权是否实际移转给买方，则应根据合同条款的约定或合同适用的国内法的特别规定加以确定。《公约》和贸易惯例一般不涉及这一问题。

根据各国法律及《公约》的规定，卖方应按照合同的约定交付货物。如果合同中没有对交付货物的时间、地点或方式做出具体而明确的规定，那么可以参照国内法；如果该合同适用《公约》，则可以参照《公约》的有关规定进行处理。

1）交付货物的时间

交货时间是一个关乎经济成本利益的问题，因此如果合同中没有对交货时间进行明确规定或者双方对这一时间的理解产生了分歧，那么就应该寻求有关法律或《公约》的解释。事实上由于各国立法的利益保护倾向不同，因此对这一问题的规定是不尽相同的。

（1）英美法系国家的有关法律以“合理时间”作为合同未规定交货时间的解决办法，如美国《统一商法典》第2—309条第（a）款：“如本章未做规定，当事人又未做约定，合同上指的发货时间或交货时间或其他合同规定的行为的时间应为合理时间。”英国《1893年货物买卖法》第29条第（b）款规定：“如果买卖契约规定卖方必须将货送到买方，但对送交时间并无规定时，卖方应在合理时间内履行之。”“合理时间”应视具体的交易状况而定。

（2）大陆法系国家规定有所不同，如《德国民法典》第271条则规定：“未约定给付期限或不能从情况推断给付期限者，债权人得立即请求给付，债务人亦得立即履行给付。”

（3）我国《民法典》第511条第（4）款综合了两大法系对交货时间的要求，规定：合同生效后，对履行期限不明确的，可以协议补充或者依照有关条款或交易惯例确定；如果仍不能确定，则债务人可以随时履行，债权人也可以随时要求其履行，但应给对方必要的准备时间。

（4）《公约》将合同的交货时间区分为具体的日期和一段时间，认为在合同没有约定也不能确定具体日期时，如果合同规定有一段时间，或从合同中可以确定一段时间时，除非情况表明应由买方选定一个日期外，应当在该段时间内任何时候交货；而在其他情况下，应在合同订立后的一段合理时间内交货。《国际商事合同通则》第6.1.1条附和了《公约》的这一规定，并在第6.1.2条补充规定，如果合同义务能够一次履行，那么当事人必须在上述原则确定的时间内一次履行其全部合同义务，而不能以分期履行延迟履行的时间。按照一般的国际实践，“合理时间”是作为事实由法院或仲裁庭根据货物的性质及合同的其他规定来决定的。

2）交付货物的地点

交货地点关系到买卖双方风险和费用的分担问题。

（1）英美法系国家对交货地点的规定基本一致。英国的《1893年货物买卖法》和美国的《统一商法典》都规定，除非另有约定，对于非特定货物，交货地点是在卖方的营业处所，如卖方无营业处所时，则应在卖方的住所。但如果该契约买卖的是指定货物（特定化的货物），且缔约时双方都已了解该货存放在其他某地，在此情况下，交货地点应该是在货物存放地点。英国法还对货物由第三方控制的情况做出规定：“如买卖时货物是在第三者控制下，则除非等到该第三者向买方承认他是代表买方保管货物时，否则不能认为卖方已经交货。但本款规定不应影响货物所有权证件的签发或移转。”如卖方同意自负风险地将货物从出售时的所在地点运到另一地点交货，则除另有约定者外，买方仍须承担货物在运输途中必然发生的变质的风险。

（2）大陆法系国家对这个问题的规定各有不同。法国和瑞士的法律规定与英美法的规定相近，将货物区分为特定物和非特定物，特定物应于订约时该货物的所在地点交付；而非特定物应于卖方的营业所在地交付。日本法也做了如上的货物区分，所不同的是，它认为对于非特定物的交付不应在卖方营业地，而应在买方的营业地。德国法则没有将欲交付的货物区分为特定物和非特定物。根据《德国民法典》第269条关于“给付地”的规定，“未规定给付地或者根据情况，特别是根据债务关系不能确定给付地时，应在债务人于债务关系产生时其住所所在地履行给付；债务产生于债务人的业务经营的，当债务人的营业地在另一地时，以其营业所所在地大体作为其住所所在地；不得仅以债务人承担运费这一情况推定运送到达地为给付地”，可以判断，通常情况下，无论货物是否特定，卖方可选择的第一交付地为其住所地。只有当货物交付这种债务是产生于业务经营过程中（尽管这是经常发生的），且营业地与住所地不同时，营业地才被确定为交付的地点。但无论如何，都不能简单地依据卖方承担运费这样的事实推断货物的交付地为货物的运达地，因为这将关系到货物风险承担划分的依据。

（3）我国《民法典》考虑到其适用的范围，因此在第511条规定了交付不动产的，在不动产所在地履行；交付其他，在卖方所在地履行等内容。

（4）《公约》从其制定的功用出发，在确定货物交付地点的时候，除采纳多数国家对这一问题的一般性规定，将交付货物的地点按照特定物与非特定物分别确定为缔约时特定物的所在地和卖方的营业地外，还充分考虑了国际货物买卖合同对运输的依赖。《公约》第31条这样规定，如果卖方没有义务在任何其他特定地点交付货物，他的交货义务首先为如果销售合同涉及货物运输，卖方应把货物移交给第一承运人，以运交给买方；只有在不属于上一款规定的情况下，才适用前述的一般性规定。

3）交付货物的方式

在国际货物买卖中交付货物的方式一般有两种：实际交货和象征性交货。实际交货是指卖方将货物置于买方的实际占有和支配之下。在合同货物涉及运输或其他无法实际交货的情况下，由卖方发运货物并将取得的提单或其他证明货物所有权的运输单证交给买方，或者在货物已由第三人占有且第三人承认是代买方掌管此项货物时，尽管买方没有实际占有货物，但形式上已经拥有了支配货物的权利，构成象征性交货。例如，英国《1893年货物买卖法》第32条第（1）款规定“如按照契约的规定，卖方被授权或者必须将货物送交买方时，则将货交给一个承运人以便运交买方，不论该承运人是否由买方所指定，都应被表面地视为已经将货物交付买方”；第29条第（2）款规定“如买卖时货物是在第三者控制下，则除非等到该第三者向买方承认他是代表买方保管货物时，否则不能认为卖方已经交货”。按照英美法律和《公约》的规定，卖方在象征性交货的情况下必须履行如下义务：第一，如果买方交付承运人的货物没有清楚地注明有关合同，则卖方必须向买方发出列明货物的发货通知。第二，如果卖方有义务安排运输，他必须负责订立必要的运输合同，用适当的运输工具，按照通常的运输条件，将货物运到指定地点。第三，除另有约定外，如货物由卖方运交买方过程中须经过海运，而按照一般惯例应予保险的，则卖方须将有关情况通知买方，以便其能办理海洋运输保险。如果卖方未能这样做，则货物在海运途中的风险应被视为由卖方承担。第四，使货物处于可交付状态的费用，如包装、容器等项费用，除双方另有约定外，由卖方承担。

此外，合同应被尽可能地一次性履行，如果合同另有约定或只能分次履行，则买方可以分批付款，直至货物完全交付。

5.1.2 卖方的品质担保义务

所谓**品质担保**，*是指卖方所交付的货物应与合同规定的数量、质量和规格相符，或在没有约定时按照法律规定的货物所应具备的通常品质提交货物的义务。*也就是说，如果买卖合同中有对货物品质的约定，则卖方的品质担保义务体现在保证交付的货物与合同约定相符；如果合同未约定货物的具体品质，则卖方的品质担保义务体现在保证所交付的货物与法律的规定符合。由此也可以将卖方的品质担保义务区分为明示担保（express warranties）和默示担保（implied warranties）。

明示担保不一定是书面的担保，也可采用口头形式担保。因为明示担保是基于合同约定而产生的，而合同订立的形式既可以是书面的，也可以是口头的，还可以是电子数据形式。

那么，各国法律对于货物所应具备的通常品质是如何规定的呢？

1）德国法

大陆法系的德国法把卖方对一般货物的品质担保义务称为对货物的瑕疵担保义务，即卖方应保证他所出售的货物没有瑕疵，而对特种买卖中的货样买卖的品质担保则要求卖方必须保证其所交付的货物与先前提供的样品具有同一品质。《德国民法典》规定，卖方应向买方保证他所出售的货物在风险责任移转给买方的时候不存在失去或减少其价值，或降低其通常用途或合同规定的使用价值的瑕疵。但是如果买方在订立买卖合同时，已经知道或者因重大过失不知道购买的货物有瑕疵的，卖方不负瑕疵担保的责任。同时法律允许当事人以协议的形式免除或者限制卖方的瑕疵担保义务，只要这种协议不是建立在卖方故意隐瞒其货物瑕疵的基础上。此外，《德国民法典》还规定，如果买卖的标的物是为实现质权人的质权而以公开拍卖的方式出售的，卖方对货物瑕疵不负担保责任。至于什么是货物的“瑕疵”，在法律中没有更具体的解释。

2）英国法

英美国家法律关于卖方对货物的品质担保义务的规定，远比大陆法详尽，它区分了不同情况下的担保责任。根据英国《1893年货物买卖法》第13—15条的规定，卖方所出售的货物应符合四个默示条件：

（1）凭说明书买卖。如果买卖契约中规定凭说明书买卖时，应含有一项默示要件，即货物应与说明书相符；如兼用凭样品买卖和凭说明书买卖时，所交货物只与样品相符是不够的，还必须与说明书相符。

（2）对商品质量或适用性的默示责任。卖方在出售货物的交易过程中，应有一项默示要件，即该契约下的货物的品质是适合商销的，但有下列情况者除外：

①在缔约前已将货物的瑕疵特别提请买方注意；

②买方在缔约前已检查过货物，而该项瑕疵是在检查中应能发现的。

关于货物的适销性，根据英国法的规定，主要是指该货物具有被购买时买方对其合理期望的用途。除此之外，合理期望的用途的判断依据还涉及货物的说明、价格及其他有关情况。

（3）对特定用途的担保责任。卖方在出售货物的交易过程中，如买方明示或默示地使卖方了解购买该项货物是为了特定用途时，则除非有证据表明买方并不信赖或不可能信赖卖方的技能或判断者外，卖方应使根据有关契约供应的货物，合理地适合该项特定用途，不管此类货物通常是否是为此目的而供应的。关于商品质量或对特定用途适合性的默示要件或保证，可以因存在习惯做法而附加在买卖契约中。

（4）凭样品买卖。在一项买卖契约中，如有条款明示或默示地说明是凭样品买卖时，该契约即为凭样品买卖的契约。在凭样品买卖的契约中，卖方应保证：①所交货物在质量上应与样品相符；②买方应有合理机会对货物和样品进行比较；③所交货物不应存在有导致不适合商销的瑕疵，而这种瑕疵是在合理检查样品时不易发现的。

对于英国法律中这种品质担保默示条件的规定，原则上认为可以通过当事人的约定加以排除。也就是说，如果当事人之间没有相反的约定，可以适用默示条件；而如果他们有不同的约定，则应遵从他们之间的约定。但这一规定受到两方面的限制：第一，如果在对消费者进行销售的合同中有违反上述规定的默示条件的约定，则该约定无效；第二，在其他情况下，如果该项条款显然是不公正的或不合理的，则该项条款不应被强制执行。而在判别一项条款究竟是否公正或合理时，应注意考虑各类案件的一切有关情况，特别应注意卖方和买方彼此之间缔约地位、可供利用的适当代替品、供应来源的情况以及有关货物是否系专为买方的特别订货而制造、加工或修改的。

此外，由于英国法将合同条款分为条件和担保，而卖方的品质担保义务属于默示的条件，因此在卖方违反其义务时，实际上是对默示条件的违反，这样其所遭受的法律后果是比较严厉的，买方可以据此提出解除合同并要求损害赔偿的权利救济。

3）美国法

美国《统一商法典》将卖方的品质担保义务区分为明示担保和默示担保两种。

（1）明示担保。明示担保是指卖方以确认、许诺、说明、提供样品或模型的方式明白、具体地对其货物做出的保证，这种保证构成了买卖双方达成交易的基础（basis of the bargain），是买卖合同文本条款的组成部分。如果卖方对货物的品质做了某种明示的担保，则卖方应提供符合这些担保的货物。明示担保的产生，不取决于卖方是否使用“担保”或“保证”这类正式用语，也不取决于卖方是否具有提供担保的特别意图。例如，如果卖方在其出售服装的标签上写明“100%纯棉”，这就是一项对货物质地事实的确认，是一项明示的担保。但是，如果卖方仅仅确认货物的价值，或仅仅对货物提出意见或做出评价，并不构成担保。例如，卖方在其所出售饮料的包装上标有“喝了忘不了”的字样，就不构成一项明示的担保。

（2）默示担保。默示担保不是由双方当事人在合同中约定的，而是依据法律的规定包括在合同之内的，只要买卖双方在合同中没有相反的约定，默示担保就应依法适用。根据《统一商法典》的规定，只要卖方是从事某种货物交易的商人，他就有法律规定的两项默示担保义务：

第一，是对货物商销性的担保。卖方应保证其所售出的货物适合于销售。而判断合同项下的货物是否适销的标准主要有：

①根据合同所提供的说明，货物应在本行业内可以不受异议地通过；

②货物如果为种类物，应在说明的范围内具有平均良好品质；

③货物应适用于该种货物的一般使用目的；

④货物每个单位内部或全体单位之间的种类、质量或数量应均匀，差异不超出协议许可的范围；

⑤货物应按协议的要求装入适当的容器，进行适当的包装和附以适当的标签；

⑥如果容器上或标签上附有保证或说明，货物应与此种保证或说明相符。

第二，是对货物适合特定用途的担保。如果卖方在订立合同时有理由知道买方要求货物适用于特定用途，且有理由知道买方依赖卖方挑选或提供适用货物的技能或判断力，卖方应默示担保货物将适用于该特定用途，除非依法排除或修改此种担保。

尽管如此，美国《统一商法典》允许卖方在合同中排除或修改担保，无论此种担保是明示的还是默示的。不过在排除或限制明示担保的时候，美国法认为除非当事人能够证明这种否认或限制担保的词句或行为已经通过某种方式（比如口头或书面的）成为合同的备忘录或最终协议的条款，否则这些否认或限制明示担保的词句或行为无效。例如，前面我们举的服装销售的例子，如果卖方在服装标签上注明“100%纯棉”，而在此后的履约行为中所交付的货物不是100%纯棉，则卖方必须证明此前曾经存在一份否认“100%纯棉”的最终协议，如果没有，那么卖方的这种行为构成违约。

对于默示担保的排除或修改，美国《统一商法典》认为如果没有相反的表示，任何默示条款都可以用“依现状出售”“不保质量”等用语来排除或修改；或者，如果买方在订立合同前已完全按他自己的愿望充分检验了货物或货物的样品或模型，或如果买方拒绝检验货物，那么，卖方对货物中存在的一经检验就应该发现的缺陷不承担默示担保的责任；或者，默示担保也可以由交易过程、履约过程或行业惯例加以排除或修改。

但是在排除或修改有关商销性的默示担保时，用语必须提及商销性；如果排除或限制以书面形式做出，其书写必须醒目。排除或修改有关适用性的默示担保，必须以书面形式做出，且书写必须醒目，以便引起买方的注意。例如，卖方在出售一种不能在微波炉内使用的玻璃器皿时，应在合同中或商品说明书中或商品的标签上，用醒目的大号字或黑体字或其他能够引人注意的方式书写或印刷“勿用于微波炉内”的字样或图样。如果要彻底排除有关适用性的默示担保，可以使用“除去此处的说明，不作任何其他担保”一类的词句。但是，在任何情况下，卖方都不得在合同中事先排除由于产品责任所引起的损害赔偿义务。

4）中国法

依据我国《民法典》的规定，卖方应当按照约定的质量要求交付货物。对于双方在合同中没有约定或约定不明确的，按强制性国家标准履行；若无，按推荐性国家标准履行；若无，按行业标准履行。没有国家标准、行业标准的，按照通常标准或者符合合同目的的特定标准来履行。

5）《公约》对于品质担保义务的规定

《公约》认为货物与合同所约定的数量、质量和规格以及包装方式等内容相符是最重要的，因此以标题的形式凸显出交付与约定相符的货物是卖方的重要义务。而对于卖方交付的货物与合同不符的后果，则通过区分是否对合同目的的实现构成威胁，来判断是承担根本违约的责任还是非根本违约的责任。

根据《公约》的规定，除当事人没有约定或约定不明确或有其他的约定外，货物相符是依据以下标准判定的：

（1）货物适用于同一规格货物通常使用的目的。

（2）货物适用于订立合同时曾明示或默示地通知卖方的任何特定目的，除非情况表明买方并不依赖卖方的技能和判断力，或者这种依赖对他是不合理的。例如，买方在一项服装销售合同中暗示他将把该批服装销往欧美地区，但是他同时指定了一名服装设计师协助卖方进行服装型号的设计，这就表明买方并不依赖于卖方对服装型号的判断，从而解除了在卖方交付的货物与买方要求不一致时卖方所承担的货物不相符的责任。

（3）货物的质量与卖方向买方提供的货物样品或样式相同。

（4）货物按照同类货物通用的方式装箱或包装，如果没有此种通用方式，则按照足以保全和保护货物的方式装箱包装。但是如果买方在订立合同时知道或者不可能不知道货物不符合合同，卖方就无须按上述规定承担这种货物不符合合同的责任。

通过与英美国家法律的比较，我们很容易发现：一方面，《公约》对卖方品质担保的义务是建立在充分鼓励卖方按照国际货物买卖合同中的约定履行义务的前提下的，因此对于货物相符的标准规定得并不详细，具体的判别依据可以由当事人根据所选择适用的国内法进一步来确定；另一方面，《公约》对卖方承担货物相符义务的时间与风险责任的转移之间的关系做了明确的规定。一般说来，是以风险转移给买方的当时来划分卖方对货物相符义务的承担期间。例如，合同中是采用CIF价格术语确定买卖双方权利义务的，在货物装上船以前，卖方对货物承担品质担保的义务；而在货物装上船以后，发生的任何毁损，进而导致货物丧失所应具有的品质或商销性，卖方是不承担责任的。但是如果这些货物必须经检验、鉴定或使用等手段才能知道其是否与合同的约定相符，则在其没有被检验、鉴定或使用之前，即使风险已经转移给买方，卖方也应对此承担责任。另外，如果与合同不符的情形是由于卖方违反他的某项义务所致，包括违反关于在一段时间内货物将继续适用于其通常使用的目的或某种特定目的，或将保持某种特定质量或性质的任何保证，那么卖方也应对在前面所述的风险转移时间后发生的任何不符合同的情形负有责任。例如，卖方在其所出售的果酱上标明“保质期1年”，如果在1年内，果酱变质，则卖方对此承担责任。对于提前交付的货物出现了与合同不符的情形，《公约》规定卖方可以在约定的交付时间到来之前采取补足缺漏、更换货物等补救措施，但是卖方在行使这项权利的时候不能给买方带来不合理的损失和不便，否则买方可以请求损害赔偿。

《国际商事通则》对于卖方品质担保义务的规定是高度概括性的，它认为，如果合同中既未规定且也无法根据合同确定履行的质量，则义务人履行合同的质量应达到合理的标准，并且不得低于此情况下的平均水平。也就是说负有交货义务的卖方应尽最大的努力（即在一个相同的情况下与其有相同资格的并通情达理的人所做出的努力），使其所交付的货物的质量首先达到其同类货物的平均质量水平，这个水平是依据履约时有关市场的情况及其他相关因素确定的；而在合同中暗含某种特殊要求，按照平均的质量水准很难令人满意的情况下，卖方则应提供比平均质量水平更高标准的货物，这样才能被认为是尽了品质担保的义务。例如，在买卖办公电脑的合同中，没有对配备的操作系统做出要求，则应按照现在市场上普遍使用的操作系统作为履行合同的参照，可以安装更先进的操作系统，但绝不能是过时的操作系统。

卖方品质担保义务的另一重含义，正如“一方的义务构成了另一方的权利”一样，意味着卖方必须给买方提供一个合理的检验货物的机会，以确定卖方是否尽了货物相符的义务。各国法律一般都规定买方有权对货物进行检验，对于货物品质的检验是确定卖方所交货物是否与合同相符和买方索赔的必要条件。

美国《统一商法典》和英国《1893年货物买卖法》都对买方检验货物的权利做了规定。美国法认为除非另有协议，如果已提示交付或交付货物，或货物已特定于买卖合同项下，买方在付款或接受货物之前，有权在任何合理的时间和地点以任何合理的方式检验货物。如果卖方被要求或被授权将货物发送给买方，检验可在货到之后进行。但是买方检验货物的权利并不影响其履行对卖方付款的义务。对于检验的费用则必须由买方承担，但是在货物不符合合同且被拒收时，买方可向卖方追索检验费。

英国法对货物检验的规定略显婉转。它认为：一方面，如果买方不请求，卖方可以不必向买方提供检验货物的合理机会；另一方面，如果买方在货物交付之前或当时，未曾对货物进行过检验，买方可以不接受货物，除非等到买方有一个合理的机会加以检验，以便确定该货物是否与契约规定相符。

《公约》肯定了买方对货物检验的权利，并从与英美国家法律不同的角度规定了买方该如何行使权利。《公约》强调检验时间的重要性。如果合同中规定了对货物检验的时间，如“货到后30日内检验”，则买方应在合同规定的期限内进行检验；如果合同中未规定，则买方必须在实际可行的最短时间内检验货物或由他人检验货物，以避免给卖方造成不必要的时间损失。如果货物涉及运输，或在运输途中改运或买方需再发运，而卖方在订立合同时知道或理应知道这种改运或再发运的可能性，则检验时间可以推迟到货物到达目的地进行。

对于货物检验的地点，一般应在货物的交货地。但国际货物买卖通常涉及运输，即便是在装运地进行装运前的检验，也会给买方带来不便，因此，《公约》规定了“货物抵达的目的地”为检验地点，并且这一“目的地”是做扩大解释的，即如果货物一直在运输途中或者中间虽有间断但没有合理机会检验，在卖方知道或理应知道这种可能性的前提下，检验地可以是最后目的地。

即使买方有检验机会但没有检验，也不妨碍买方根据《公约》的规定向卖方主张货物不符的权利。《公约》规定买方实际收到货物后发现货物与约定不相符可以向卖方声称货物不符，并请求权利救济。但是这种声称不符的行为必须在实际收到货物之日起最多不超过2年的一段合理时间内以通知的方式传达到卖方，除非卖方承诺了比2年更长的保证期，否则买方就丧失了声称货物不符合同的权利，即丧失了以货物不符为由要求卖方承担违约责任的可能性。

但是如果卖方明知或不可能不知货物不符合同规定，而又没有告知买方，买方的权利行使不受上述关于检验时间、地点或者是通知时间的限制，即买方对于卖方的欺诈行为可以最大限度地请求权利救济。

5.1.3 卖方对货物权利担保的义务

权利担保，*是指卖方应保证对其所销售的货物享有合法的权利，没有侵犯任何第三人的权利，并且任何第三人都不会就该项货物向买方主张任何权利。*由于买卖合同的本质在于卖方向买方转让货物的所有权，因此，他就必须首先保证自己拥有处分货物的权利，无论这种处分是作为货物的所有权人亲自行使的，还是作为代理人在授权范围内行使的。各国法律和《公约》都规定卖方对所出售的货物负有权利担保的义务。这种义务的具体含义为：①卖方必须保证对其所销售的货物享有合法的权利；②卖方必须保证对其所销售的货物拥有合法的、可转让的包括工业产权在内的各种知识产权；③卖方必须保证其所销售的货物是任何第三方都不能提出权利要求的。

（1）《德国民法典》将权利担保义务表述为权利瑕疵担保，认为除非买受人在买卖成立时明知权利有瑕疵，出卖人负有使买受人取得买卖标的物而第三人不得对买受人主张任何权利的义务。即使买受人明知标的物上设有抵押权、土地债务、定期金债务、船舶抵押权或者质权等负担的，出卖人亦负有排除此类负担的义务。但是当事人可以通过协议或合同来免除或限制出卖人的权利瑕疵担保义务，只有在出卖人故意隐瞒其瑕疵时，该协议才无效。

（2）英国《1893年货物买卖法》规定在每项买卖契约中，卖方均应对货物的所有权等权利负有默示责任；或者说卖方的权利担保构成一项默示条件，即无论对于现货买卖还是期货买卖，他都有权出售合同项下的货物，并且该货物在缔约当时一直到财产权应予转移时止都没有任何买方在订约前所不了解的担保权益（charge or encumbrance），或者即使有也都经货主告知而为买方所知晓，从而使买方能够不受阻挠地受领有关货物。而如果一项买卖契约明示或暗示买方，卖方应予移转的只是他的一部分权利或某一第三者所享有的所有权时，卖方应保证他已将自己所知而买方所不知的有关该批货物的一切费用或纠纷，在缔约之前都已告知买方，并且无论卖方或前指的第三者，或任何向卖方或上述第三者提出不为买方所知的债务或纠纷时的其他人都不会妨碍买方顺利地受领该批货物。

但另一方面英国法又对无权处分人对货物的出售在一定程度上进行了承认。根据《1893年货物买卖法》第21条的规定，如出售者不是货物所有权人，而且他并非根据后者的授权或同意出售货物时，买方所取得的权利不能超过该出售人原来所有的权利，但如果货物所有人通过其行为表明并不否定出售人出售该货物之权利者除外。甚至如果根据代理法可以构成表见代理时，买受人的权利可以不受出售人的权利限制的影响。例如，在无授权的情况下，某机器设备的使用人将该设备出售给了买方，则根据英国法，这项买卖合同是成立的，但买方只获得了设备的使用权；如果该设备的使用人使买方合理地相信其为所有权人，则买方在支付价款之后就获得了该设备的所有权。按照英国法的规定，卖方不得在合同中排除其上述默示义务，否则该条款无效。

（3）美国《统一商法典》将卖方的权利担保分为所有权保证和免受侵犯的保证。该法第2—312条规定，买卖合同中包含卖方的下列担保：①所转让的所有权是完好的，并且转让的方式是适当的；②所交付的货物不存在任何买方在订立合同时所不了解的担保权益或其他留置权。

但是与英国法禁止对权利担保义务进行排除的做法不同，美国法认为，上述所规定的担保义务，是可以通过具体的语言，或其他使买方有理由知道卖方并不保证他对货物拥有所有权的方式加以排除或修改。例如，卖方在订立国际货物买卖合同时，曾告知买方其所出售的货物是尚未付清货款的转售货物，暗示对该合同货物的所有权担保义务进行排除，这种做法是得到法律承认的。

同时美国法认为，不同类型的卖方，其承担品质担保义务的严格程度是不同的。对于卖方属于惯常从事某种货物交易的商人，由于他比非惯常从事该种货物交易的一般人具有更专业的知识或更广泛的了解程度，因此对他比普通的卖方所承担的权利担保义务的要求更加严格，即他必须担保该种货物交付后，不受任何第三人以侵权或类似原因提出的有效指控，即使这种指控最终被法院的判决或仲裁的裁决所否认，也构成其对权利担保义务的违反；而对一般销售者，除非法院做出了第三人提起的权利主张成立的判决，否则不认为构成对品质担保义务的违反。例如，彩电的专营商比超市中的彩电销售者更了解所出售的彩电是否有侵犯他人知识产权或其他权利的情形，因此在买方面对此类指控而要求卖方承担权利担保义务时，前者将会被判决违反权利担保的义务而对买方承担违约责任，后者则有可能援引权利担保义务的有限性而得以免责。但如果货物规格是由买方选定的，即使是对惯常从事该货物交易的卖方，只要他是依此选定履行合同的，则由此产生的第三者的请求权由买方负责或至少买方不能要求卖方负责。

(4) 我国《民法典》将卖方的权利担保义务概括为：出卖人就交付的标的物负有保证第三人不得向买受人主张任何权利的义务。至于什么是“任何权利”，理论上认为应当包括第三人对货物的物权、债权或知识产权等任何可能对买受人享有货物权利构成障碍的权利。但法律另有规定的，或者买受人在订立合同时知道或应当知道第三人对买卖的标的物享有权利的，出卖人可以免除权利担保义务。

(5)《公约》。从《公约》第41条、第42条的规定来看，是将卖方对知识产权的权利担保从一般的权利担保中细分出来的具体规定，从而将卖方的权利担保义务分为两项：

第一，就货物本身的物权（所有权、担保物权等）或债权而言，非经买方同意，卖方所交付的货物必须是第三方不能提出任何物权或债权的权利或要求的货物。如果存在这样的权利或要求，无论这种权利或要求最终能否导致买方失去该合同货物的权利，根据《公约》的规定，卖方都应首先承担对买方的违约责任。例如，在卖方出售非法所得的货物给不知情的买方，真正的权利人向买方主张权利时，无论根据合同所适用的国内法是否承认买方的善意取得，卖方都应对买方就其违反合同的权利担保义务承担责任。

第二，卖方所交付的货物，必须是第三方也不能根据工业产权或其他知识产权主张任何权利或要求的货物，但以卖方在订立合同时已知道或不可能不知道的权利或要求为限。这一规定凸显了《公约》作为调整国际货物买卖关系的统一实体法的特殊性。首先，卖方对于包括工业产权或其他知识产权在内的权利担保义务是在各国法律规定中有所涵盖的，但是各国法律都没有像《公约》这样对其单独进行规定，原因在于国内买卖行为所涉及的知识产权问题用本国相关的法律就可以解决，如同其他权利的担保一样，没有任何特别之处；但在国际货物买卖中，所产生的知识产权纠纷一般都涉及卖方以外的一个甚至更多的国家。由于知识产权的地域性决定了各国对知识产权的授权是相互独立的，因此就可能产生卖方所出售的货物在既没有侵犯卖方本国的知识产权，也没有侵犯买方国家的知识产权的情况下，使买方对该货物的权利受到来自第三国对该货物知识产权的权利或要求的限制。例如，卖方所出售的货物可能没有侵犯本国及买方国家的工业产权或其他知识产权，却可能由于买方将该批货物转售给其他国家而侵犯了该国的工业产权或其他知识产权，从而引发了诉讼并在一定程度上限制了买方对货物的权利。因此，《公约》对于卖方对工业产权或其他知识产权的权利担保义务另行规定，以提示当事人注意有关的问题。其次，因为国际货物买卖关系是复杂的，卖方并不总是知道其对所出售的货物的工业产权或其他知识产权的担保义务能否满足买方的要求。也就是说，如果买方在订立合同时以明示或暗示的方式使卖方知道他还将货物转售至某国，而卖方明知或不可能不知道其所出售的货物在该国受到工业产权或知识产权方面的限制，在这种情况下，卖方既没有告知买方，也没有获得买方对其权利担保义务进行限制或排除的同意，而将货物出售给买方，则如果买方在转售时受到了该国的权利要求时，卖方应承担违反权利担保义务的责任；但是，如果卖方既不知道买方要转售货物，或者即使知道转售也不知道转售到哪个国家，则卖方对该国依据其法律对买方提出的权利或要求不承担权利担保责任。《公约》第42条对卖方对工业产权或其他知识产权的权利担保义务的承担范围和限制做了具体的规定，即：①如果双方当事人在订立合同时已知买方将把货物在某一国境内转售或做其他使用，则卖方应对根据该国法律提出的有关工业产权或其他知识产权的权利或要求承担责任；②在任何其他情况下，任何人根据买方营业地所在国家的法律提出的有关工业产权或其他知识产权的权利或要求，应由卖方承担责任。但是如果买方在订立合同时已知道或不可能不知道此项权利或要求；或者此项权利或要求的发生，是由于卖方要遵照买方所提供的技术图样、图案、程式或其他规格产生的，则卖方可以获得免责。

需要指出的是，卖方的此项担保义务不仅仅在于保证没有第三方的实际权利，也必须保证没有第三方关于权利的要求。也就是说即使买方通过与第三方的诉讼或仲裁胜诉，但毕竟第三方这种权利的主张给买方带来了经济上或其他方面的诸多损失或不便，这是有悖于买方与卖方订立合同的目的的，因此卖方也应对此承担责任。

与买方主张卖方承担违反品质担保义务的责任的方式一样，如果买方不在已知道或理应知道第三方的权利或要求后一段合理时间内，将这一权利或要求的性质通知卖方，就丧失援引第41条或第42条规定的权利。但是如果卖方知道第三方的权利或要求以及这一权利或要求的性质，则不能主张以“未通知”免责。此外，即使买方未在合理的时间内发出声称卖方违反货物权利担保义务的通知，只要他有合理的理由，仍可向卖方要求降低价格，或要求利润损失以外的损害赔偿。

5.1.4 移交有关货物单证的义务

单证，是指国际货物买卖涉及的与货物有关的单据、票据和凭证以及相应的电子数据（如电子提单），包括商业发票、装箱单、交货或装运单据、品质证书、原产地证书等。单证在国际货物买卖中具有十分重要的作用，是买方提取货物、办理报关手续、转售商品以及向承运人或保险公司请求索赔的不可缺少的文件，特别是某些具有物权证明效力的文件，如提单、海运单及其他装运单据。在象征性交货的情况下，提交单证具有转移货物所有权的物权变动的法律效力，因此国际货物买卖合同中通常规定以卖方移交相关单据作为买方支付货款的对价。

《公约》第34条规定，如果卖方有义务移交有关货物的单证，他必须按照合同规定的时间、地点和方式移交这些单据。如果卖方在合同约定的时间之前移交这些单证，他可以在那个时间到达前对单证进行纠正，但这一权利的行使不得使买方遭受不合理的损失或承担不合理的开支，否则应承担相应的赔偿责任。

但是，《公约》没有进一步规定移交单证的具体内容，实践中一般由贸易术语来确定移交哪些单证。

5.1.5　转移货物所有权的义务

所谓货物所有权的转移，是指货物的所有权从卖方转移至买方，从而使买方成为货物的所有权人，对货物享有完全的占有、使用、收益、处分的权利。转移货物的所有权是卖方在买卖合同中的一项基本义务，因此探讨这一问题的关键不在于是否“要转移”，而在于是否“已转移”，即货物所有权转移的时间。确定货物所有权是否已转移对于买卖双方以及第三人都会产生重要影响，特别是在发生买方或卖方破产时，它对于确定货物所有权的归属以及确定该项货物能否列入破产清算等方面具有重要意义。另外，对于买方来说，如果不能确定货物所有权是否已转移，则无法确定其是否有权处置货物，就会使其债权总是处于无法转为物权的不稳定当中，影响其合同目的的实现；对卖方来说，根据一些国家的法律规定，货物所有权是否转移还将影响其在买方违约时所采取的救济措施。例如，英国法认为，如果货物所有权未转移给买方，则对于买方的违约，卖方不能提起支付价金之诉，而只能要求损害赔偿。再者，由于受英国《1893年货物买卖法》的影响，一些国家的法律还认为谁拥有货物，谁就应承担货物灭失的风险，货物的风险随所有权的转移同时转移到买方。尽管如前所述这种原则日趋被废弃，但无可否认的是，如何确定货物所有权的转移时间一直都是各国法律和当事人关心的问题。目前，从各国的立法实践看，在尊重当事人约定的大前提下，各国法律的规定有显著不同，《公约》难以协调这种差异，将这个问题依旧交由各国法律自行决定。因此在涉及货物所有权转移这一重要问题的时候，需要根据买卖合同所适用的各国国内法或其他法律予以解决。

5.2　买方的义务

买方的义务通常与卖方的权利相对应。根据各国法律和《公约》的规定，如果当事人没有特别的约定，买方主要应承担两项义务：一是支付货款；二是收取货物。

5.2.1　支付货款的义务

1）大陆法系

《德国民法典》规定，买方对卖方负有支付约定价金及受领买卖物的义务。如果双方在订约时没有规定具体的价金而是依市价确定时，则应按履行时履行地的市价为准。而对于价款的履行地的确定，依该法第270条的规定，在产生疑问时，债务人应承担风险和费用，将金钱送到债权人的住所或者营业地，即买方应在卖方的住所地或营业地支付价款，或者在依市价履行时依据当地的市价确定实际支付的金额。而如果因债权人的住所地或营业地变更导致增加了买方履行的费用或风险，则对增加的部分，由卖方自行承担。

《法国民法典》也认为支付价金是买方的主要义务，但是在合同没有规定支付时间和地点时，法国法采取与德国法不同的做法，认为应在交付标的物的地点和时间支付价金。同时，如果买方不支付价金，卖方得请求解除合同。

2）英美法系

（1）英国《1893年货物买卖法》认为，买方的义务是按照合同的规定收受货物和支付货款，并将卖方交付货物和买方支付货款规定为对流条件，即两者是互为因果的，应同时进行。

（2）美国《统一商法典》认为，除非合同另有约定，买方的付款义务是卖方履行交付和完成交付义务的前提条件，并且买方收货的时间和地点是付款的时间和地点，即买方在买卖合同中处于先履行义务的地位——这与英国法的同时履行的规定是不相同的。但关于付款义务与接受货物的义务同买方检验货物的权利联系起来的规定，则与英国法的规定相似。

3）《公约》的有关规定

由于国际货物买卖中的付款比国内货物买卖要复杂得多，因此，《公约》在这方面的规定更具针对性，也更加具体。

《公约》第54条规定，买方支付价款的义务包括根据合同或任何有关法律和规章规定的步骤和手续，以便支付价款。这是对于付款义务的一种履行准备。在国际货物买卖中涉及不同国家的对外贸易管理制度，因此无论是买方或卖方在履约时都需要一些必要的准备。在《国际贸易术语解释通则》中这些准备也构成双方的义务。《公约》的这项规定正是基于这样的考虑，即如果合同需要以信用证或银行保函或向实行外汇管制的国家申请外汇等其他的一些支付手续，则买方必须在付款时间到来之前办理，否则卖方可能会认为买方不准备履行合同而采取某些根据合同适用的国内法允许的事前救济的手段（如预期违约或中止履行的救济等），从而导致合同目的无法实现；或者即使卖方不采取这样的行动，如果买方因为没有做好这样的准备，而迟延付款，也会给卖方带来不必要的损失。因此，《公约》认为，既然合同订立是为了实现合同的目的，那么能够有效成就这一目的的行为也应该构成当事人的义务。但是如果买方尽其最大努力却不能获得所需要的手续，则买方可以对此不承担责任。

确定货物的价格。一般而言，货物的价格条款作为合同的重要内容，会被当事人以某种方式明确规定。但在一些情况下，如分批订货或分期履行时，合同中没有明确货物的价格，此时，《公约》认为，如果合同已有效地订立，但没有明示或暗示地规定价格或规定如何确定价格，在没有任何相反表示的情况下，双方当事人应视为已默示地引用订立合同时此种货物在有关贸易的类似情况下销售的通常价格。《公约》的这种规定与英美国家“按交货时的合理价格”确定支付金额的规定不同，使双方当事人对货物的价格都能有一个合理的预见。对于什么是“通常价格”，一般认为，有关交易条件下的同类产品的国际市场价格即可构成通常价格。如果价格是按货物的重量规定的，如有疑问，应按净重确定。

买方付款的地点。如果合同没有约定付款的地点，《公约》规定的付款地为卖方的营业地；如果卖方存在一个以上的营业地，则买方应在与该合同及该合同的履行有最密切关系的那个营业地向卖方支付货款；如凭移交货物或单据支付价款，则为移交货物或单据的地点。至于交单的地点，则根据所使用的支付方式来判断。如果是跟单信用证，由于通常是卖方向处于其营业地的议付行提交单证，获得付款，因此，该议付行所处的卖方营业地就是交单地，也是付款地；如果采用托收方式，卖方应由托收行在买方的营业地向买方交单，获得付款，因此交单地在买方的营业地，付款地也应在买方的营业地。此外，按照《公约》规定，卖方还必须承担因其营业地在订立合同后发生变动而增加的支付方面的有关费用。

支付价款的时间。《公约》第58条规定：第一，如果买方没有义务在任何其他特定时间内支付价款，那么他必须于卖方按照合同和《公约》规定将货物或控制货物处置权的单据交给买方处置时支付价款。卖方可以将支付价款作为移交货物或单据的条件。第二，如果合同涉及货物的运输，卖方可以在支付价款后把货物或控制货物处置权的单据移交给买方作为发运货物的条件。也就是说，买方的付款义务是在先义务，卖方在买方不履行付款义务的时候，可以不交货或不交单；甚至在涉及运输的时候，卖方可要求买方同意先付款后交货或交单，并把这种同意作为发运货物的前提条件。但是无论如何，买方在未有机会检验货物前，无义务支付价款，除非这种机会与双方当事人议定的交货或支付程序相抵触。比如合同采用CIF条件，在该条件下，买方收到代表货物所有权的单证时就必须付款，因而无法要求对货物进行检验。因此，如果双方采用这样的价格条件，而买方要求验货后付款就被认为是与协议相抵触的。

5.2.2 收取货物的义务

1）大陆法系

对于买方的受领货物的义务，大陆法系认为，如果卖方按照合同约定或法律规定的时间、地点、数量等给付，而买方不受领给付，则构成迟延受领，应对卖方承担迟延受领的责任。《德国民法典》第293条规定，债权人不受领对他提出的给付的，负迟延责任。《法国民法典》第1657条规定，关于商品及动产的买卖，逾协议期限买受人仍未领其买受货物的，不经催告，买卖即当然解除。

2）英美法系

英国法认为，买方支付货款是以接受货物为条件的，而接受货物（acceptance of goods）与收到货物（receipt of goods）是有区别的，即只有在买方收到货物后有合理的机会对货物进行检验时，才能判断是否接受货物并支付货款。如果买方没有这样的检验机会，则即使买方收到货物也不能认为他就会接受货物，而要求他付款。如果买方有合理的检验机会却没有进行检验，则买方不能以没有检验为理由拒收货物。如果买方在收到货物后通知卖方表示接受该货物，或者买方通过对货物做了某些与卖方的所有权相抵触的行为——买方以货物所有权人的身份处置了货物，则表示他接受了货物；或者买方把货物留下来并经过一段合理时间后，没有通知卖方拒收该货物——被认为是接受了货物，则买方因此丧失了拒收货物的权利，进而必须支付货款。否则，买方依旧可以在收到货物后的一段时间内，提出拒收货物。美国法与英国法的规定相似，即买方只有在合同约定的时间、地点，以合理的方式对货物进行检验后，才确定是否对货物表示接受或是否付款。但是该法也规定，如果合同中规定采用“付款交货”或“交单付款”等价格术语，则买方只能先付款后提货，或者在得到代表货物所有权的相关单证之后就支付货款，而不论何时何地能收到并检验该货物。

3）《公约》

根据《公约》第60条的规定，买方的另一项义务是收取货物，具体包括两个方面：第一，买方必须充分配合，采取一切理应采取的行动，以协助卖方完成货物的交付。例如，买方应为卖方及时指明交货的时间或地点以及安排有关运输的事宜，以便于卖方的交付。第二，买方必须接受与合同相符的货物。特别是涉及卖方安排运输的时候，如果买方不及时地接受并提走货物，就有可能给卖方造成滞期费及相关的费用损失。另外，根据《公约》第65条规定，如果卖方所提供的货物是由买方指定的，而买方在约定的时间内或在卖方要求后的一段合理时间内没这么做，那么卖方依照其所知的买方的要求，自己订明规格并通知买方而没有获得不同的意见时，卖方按其订明的规格交货，买方应当接受这种规格的货物。

5.3 违约的救济

违约是指订立合同的当事人没有按照合同的规定履行其合同义务。对于除因不可抗力或情势变更或合同落空等原因造成的不履行合同的行为，行为人应当承担相应的法律责任，即违约责任。要求违约方承担违约责任的权利即是法律赋予守约方的一种对利益损失的救济。国际货物买卖合同是合同的一种，因此，本书“合同法”一章中有关合同违约及违约的救济方法，都可以具体地运用于国际货物买卖合同遭违反的场合。本节将着重从《公约》的角度对国际货物买卖中卖方违约买方的救济方法和买方违约卖方的救济方法进行阐述，并对《国际商事通则》的一些补充或解释性规定加以介绍。

5.3.1 违约的类型

在国际货物买卖中，买卖双方的义务各不相同，违约行为的表现形式也不一样。卖方的违约行为主要表现在：不交货、迟延交货、货物（品质、数量等）不符、货物上存有第三方权利或要求、提交的单证有瑕疵等。买方违约的形式有：不按合同规定支付货款、不按合同规定接受货物等。这些违约行为有的是现实发生的，有的只是有发生的迹象或可能性，有的给对方当事人造成严重的损害，有的仅是轻微的损失。因此依据违约行为的发生及后果的不同标准，《公约》将违约分为实际违约和预期违约、根本违约和非根本违约等不同的类型。

1）实际违约和预期违约

实际违约是指违约事实已经发生的违反合同的情形。**预期违约**是指在合同规定的履行期限开始之前，一方有充分的理由相信另一方在履行期限开始时将不履行其合同义务的情形。预期违约与实际违约都是在合同有效成立之后发生的一方不履行合同的行为，所不同的是，前者是在履行期限开始之前的一种基于一方当事人合理判断的可能性，而后者是在履行期限开始之后所存在的无可辩驳的事实。但是无法否认的是，两者都对守约一方当事人的权益造成了某种损害。特别是对于预期违约，如果不承认它是一种违约行为，就无法使守约方及时地采取行动维护自己的权利，最终损失的可能不仅是经济利益损失，还有时间损失。因此，《公约》承认并采用了英美法系国家的预期违约制度，认为预期的不履行也构成违约，对方可以据此主张权利救济。《国际商事合同通则》也在其“不履行”一章中规定了预期的不履行。

2）根本违约与非根本违约

依违约后果的严重程度，可将违约分为根本违约和非根本违约。**根本违约**是指一方当事人违反合同的结果，使另一方当事人蒙受损失，以至于实际上剥夺了受损方根据合同有权期待得到利益的情形，除非违反合同的一方并不预知而且一个通情达理的人处于相同情况下没有理由预知这种结果。构成根本违约的条件除了必须有违约的事实外，还必须有这一事实所造成的严重的后果，同时必须是违约方对这一违约的严重后果是可以预知或没有理由不预见到的。也就是说如果一方当事人违反合同的约定，并没有给对方造成实质性损害的严重后果，或者即使造成了这样严重的后果，但并不是违约方或其他处于其同样地位的通情达理的人所能预知的或没有理由不预见到的后果，那么这种违约也不构成根本违约，而是《公约》所规定的另一种违约类型，即非根本违约。依违反合同的后果划分违约的类型，《公约》更多地借鉴了美国合同法的做法。

5.3.2 违约救济方法的一般性规定

区分不同的违约类型，是因为对于不同类型的违约，守约方可以采取的救济方式或者说要求违约方承担违约责任的方式是不同的。

根据《公约》的规定，以下几种救济方式是买卖双方在遭遇到对方违约时均可采用的方法：

1）实际履行

实际履行作为一项合同履行的原则是“契约必须信守”的体现，是合同效力使然，也是各国合同法所普遍遵循的履行原则。实际履行也可以作为一个救济方式，在合同遭到违反时，守约方不希望采取其他救济手段而要求违约方实际履行合同义务的一种补救措施。但对此，各国法律的观点不尽相同。正如在第4章“合同法”中所论述的那样，大陆法系国家包括中国法都承认实际履行作为救济手段的效力，而英美法则认为它不过是一种偶尔采用的例外的救济方式。由于在国际货物买卖中，当事人、合同目的、标的物等具有复杂性，《公约》认为：原则上应该承认实际履行可以作为守约方的一种权利救济方法，如买方有权要求卖方继续按合同规定交付货物或者卖方有权要求买方按照约定的币种支付货款，应尽可能地促进合同目的的实现。但是守约方的这种要求能否实现，则必须依赖于合同所适用的国家的法律是否也同样承认实际履行作为一项救济原则以及法院对个案的考虑。如果法院地国家不认可实际履行是一项救济原则，则当事人不能获得这样的判决；即使法院地国家允许当事人采取实际履行对权利进行救济，审理此案的法院依旧可以依据具体的案情做出相反的判决。例如，对于特定物已经灭失的特定物的买卖，要求卖方实际履行显然是过分苛刻而不会被法院支持。另外，需要注意的是：守约方在任何违约形式下都可以采取实际履行的救济手段，但是能否实现则必须综合考虑所采取的救济措施，因为根据《公约》后续的规定，如果守约方在要求实际履行之前，采取了某些与这一要求相抵触的救济措施，如主张解除合同，则会导致因为合同已经解除使违约方无须再实际履行其合同义务。

2）损害赔偿

损害赔偿是一方对其因违约或侵权行为给对方造成的利益上的损害进行金钱上的补偿的救济措施。由于《公约》在总则中排除了对产品责任的适用，因此《公约》所调整的国际货物买卖中产生的损害赔偿主要是由违约行为造成的。根据《公约》的规定，损害赔偿是对违约行为的一种主要救济方式。任何一方违反合同，无论是实际发生的还是预期会发生的，无论是根本性的还是非根本性的，对方都有权要求赔偿损失，并且要求赔偿的权利不因其已采取其他的救济方法而丧失。

在确定损害赔偿的责任承担要件及数额或范围时，《公约》规定：

（1）不以过错作为承担该责任的要件。也就是说，当一方请求损害赔偿时，无须证明违约的一方有故意或过失，只要存在违反合同的事实，并因这种事实造成了损害，就可以要求违约方给予赔偿，这与许多大陆法系国家所采用的过错承担责任的原则相比，给了守约方更便利的保护。尽管如此，《公约》也并不认为所有违反合同或者不履行合同的行为都必须由行为人承担损害赔偿责任。根据《公约》第79条的规定，如果不履行合同的一方能够证明其不履行义务的原因是某种非他所能控制的障碍，并且对于这种障碍，他并不能在订立合同时就考虑到或能避免或克服它的后果时，他就可以不承担损害赔偿责任。但是他必须将这种障碍的存在以及这种障碍对他履行义务能力的影响通知另一方，如果这种通知没在一段合理的时间内被另一方所收到，那么他还要对由于另一方没有收到通知而造成的损害承担赔偿责任。《公约》继而强调，对于因某种障碍使义务人不履行义务，其不承担的仅是损害赔偿责任，其他的责任仍旧必须承担；作为守约方仅仅是不能向其主张这部分的损害赔偿救济，但仍可要求实际履行或解除合同等以使利益获得维护。

（2）赔偿的范围包括实际损失和利润损失。《公约》第74条规定，一方当事人违反合同应负的损害赔偿额，应与另一方当事人因他违反合同而遭受的包括利润在内的损失额相等。按照这一规定，受损害方得到补偿后的经济状况与合同假如被完全履行时他本应得到的经济状况相同。违约方不仅应对因没有履行合同给守约方带来的基于标的物的直接损失负责，而且如果守约方曾为履行自己的义务付出了某种代价，但因为违约方的违约使这种代价白白付出，或者如果守约方订立合同的目的更在于转售或投入再生产，而由于违约方的违约使其预期的利益受损，则违约方也应对这些损失负责。《公约》特别提到了利润损失。但是由于利润损失是一种模糊的难以确定的损失，因此《公约》对此做出了限制，即这种损失应是违反合同一方在订立合同时，依照当时已知的或理应知道的事实和情况，对违反合同预料到或理应预料到的可能损失。例如，买方是一个制造商，向卖方订购一批与其生产有关的机器，卖方未能在合同约定的时间交货，于是买方向卖方主张将该批机器转售给第三方的预期利润的损害赔偿。由于卖方在订立合同的当时并不预知买方要转售，因此对于买方所主张的转售利润损失不能给予赔偿。但如果买方在订立合同时告知卖方其转售的计划，则卖方应对这部分损失进行赔偿。

此外，即使违约方应对守约方的损失进行赔偿，如果守约方对于违约方违反合同的行为没有采取任何合理的措施防止违约损失扩大，那么根据《公约》的规定，对于扩大部分的损失，违约方可以不承担赔偿的责任。例如，在涉及卖方安排运输的CIF价格术语下，买方无法及时提取货物导致滞期费、船舶空驶费等各种费用损失，则卖方应将货物提存后遣航。如果卖方不这样做，则对于扩大的损失自行承担。这种规定反映了合同双方的协作义务，在各国立法或司法实践中都有所体现。

3）中止履行

中止履行是指合同成立后，另一方当事人因某种原因显然将不履行其大部分重要义务，一方当事人暂时停止履行其合同义务并立即通知对方的行为。中止履行合同是一种对利益损失的预先救济方式，或者说是一种避免或减少损失的措施，是一种事前的防范。中止履行的救济方式可以应用于预期违约之中，也可以在实际违约的时候采用。例如，当事人双方在国际货物买卖合同中规定，买方应尽一切努力获得进口货物的许可证。但是在合同订立后的一段时间内，卖方没有发现买方有任何为履行该义务采取的举措，此时卖方可以中止履行其交货的义务；或者合同约定，买方在卖方将货物交付承运人时付款，而卖方在交付货物的一段时间里发现买方并没有付款，则卖方有权行使停运权，阻止承运人将货物交付买方。上例表明，中止履行实际上产生了暂时解除一方当事人合同义务的效力，因此对于对方当事人而言，如果他本身并没有将不履行合同的情形，会产生不公正的影响。所以各国法律对于行使中止履行这一救济方式都有比较严格的限制。根据《公约》的规定，一方做出中止履行合同的行为必须基于以下判断：①另一方当事人履行义务的能力或信用有严重缺陷；②他在准备履行合同或履行合同中的行为表明他显然将不履行大部分重要义务。在以上判断支持下的中止履行的效力可以阻止将已发运的货物交付买方，或者使买方即使持有了某些代表货物权利的单据也无权受领该货物。但是中止履行义务的当事人在行使其权利的时候还必须履行“立即通知另一方当事人”的义务。如果另一方当事人对履行义务提供了充分的保证，则中止履行方必须恢复履行。

4）迟延履行宽限期

尽管在《公约》对违约救济的一般性规定中没有将迟延履行宽限期作为对违约的救济方式，但无可否认的是，如果合同双方并无不履行合同的意思或行为，仅是因为某些原因导致不能按合同规定的时间履行，那么给迟延履行方一段合理的额外时间使合同得以履行，对双方合同目的的实现和利益的维护都是有好处的。因此，根据《公约》第47条和第63条的规定，从事国际货物买卖的当事人可以以这种“合理的额外时间”，也就是所谓的“迟延履行宽限期”救济自己的权利。但是，这种类似德国法“催告制度”的“迟延履行宽限期”，并不是守约方采取其他救济措施前的必要程序，这一点是与德国的“催告制度”有根本区别的。“迟延履行宽限期”与其他救济措施一样是由当事人自由选择的，即使守约方不给迟延履行方以履行宽限期，他依旧可以根据迟延履行的违约事实提起其他的权利救济措施。而如果守约方选择了给迟延履行方一段时间以催促其履行合同义务，则根据《公约》的规定在宽限期内不能采取其他的救济方式，必须接受宽限期的约束。但是一旦宽限期届满，则守约方仍然有权视自己利益的损害程度决定是否采取其他的救济方法，并不受宽限期的影响。

5）宣告合同无效

根据各国法律对合同无效的理解，**宣告合同无效**是*合同成立后欠缺使之生效的要件，如有欺诈、胁迫、显失公平等意思表示不真实的事实或当事人不具备相应的行为能力或没有采用法律规定的形式订立合同等情形，使合同不具备法律效力或者说对双方当事人不产生法律的约束力*。但是《公约》在总则第4条中规定“《公约》与合同的效力无关”，并且在《公约》对“宣告合同无效”的相关问题的规定中均未体现各国法律规定之“合同无效”的根本含义。例如，第72条第（1）款“如果在履行合同日期之前，明显看出一方当事人将根本违反合同，另一方当事人可以宣告合同无效”；又如第49条“买方在以下情况下可以宣告合同无效：卖方不履行其在合同或本公约中的任何义务，等于根本违反合同……但是卖方如果已交付货物，买方就丧失宣告合同无效的权利……”。因此，我们在理解《公约》中所规定的“宣告合同无效”的救济方式时，应认为是对有效合同的单方解除，而并非使合同归于无效。

由于宣告合同无效事实上是解除了当事人的履约义务，使合同订立的目的彻底无法实现，是一种较为严厉的措施，同时宣告合同无效的主动权掌握在守约方手中，他可以根据自己的利益需要选择解除合同或继续履行，违约的一方完全没有机会表达自己的意愿，因此，《公约》在规定这一权利救济方式的运用时做了明确的限制，即只有一方违约的结果，使另一方当事人蒙受损失，以至于实际上剥夺了他根据合同规定有权期待得到的利益，即根本违约时，作为守约方才可以行使单方解除合同的权利，即《公约》中所表述的“宣告合同无效”。《公约》同时规定，宣告合同无效的效果在于未履行方向已履行方返还已履行的部分或全部利益，或者双方各自返还所获得的利益，如果这种返还在事实上成为不可能，那么无法返还的一方就丧失了宣告合同无效的权利。但是《公约》也认为，如果这种无法返还是由于对方的原因造成的，或者是由于检验货物所致，或者是在未发现其不符合合同之前就销售或消费或改变等原因造成的，则不影响守约方宣告合同无效。但是无论如何，都不影响守约方采取损害赔偿以及其他的救济方法。

5.3.3 卖方违约时买方的救济方法

《公约》作为专门调整国际货物买卖合同双方权利义务关系的规范性文件，对于买卖双方在一方违约时另一方实施救济的权利和途径在一般性规定的基础上又分别做了具体的安排。鉴于卖方违约的主要形式有不交货、迟延交货或所交的货物与合同不符，买方除了可以采用前面所介绍的买卖双方均可使用的救济方法外，还可以有针对性地采取以下相应的救济措施：

1）要求卖方交付替代货物

《公约》第46条第（2）款规定，如果卖方所交付的货物与合同规定不符，而且这种不符合合同的情形已构成根本违反合同，买方有权要求卖方另外再交一批符合合同要求的货物，以替代原来不符合合同的货物。交付替代货物事实上是变相的实际履行，对于卖方来说无疑是重新履行合同，因此《公约》对此加以限制，即只有货物不符合合同的后果使买方订立合同的预期利益无法实现——根本违约，买方才可以要求卖方交付替代货物，并且这种要求必须在向卖方发出货物与合同不符的通知时提出，或者在发出上述通知后的一段合理时间内提出，以便于卖方为交付替代物做准备，否则买方的这种权利不能得到支持。

2）要求对货物不符之处进行修补

《公约》第46条第（3）款规定了买方对于卖方所交付的与合同不符的货物，在不符的情形不很严重的情况下，要求卖方进行修补的救济权利。但是如果根据当时的具体情况，要求卖方对货物不符之处进行修补的做法是不合理的，如修补给卖方带来的损失比其向买方支付损害赔偿金要大得多，则买方不能要求卖方对货物进行修补，而只能要求损害赔偿。买方要求修补的救济同样需要在发现或理应发现货物不符情形的同时或此后的一段合理时间内，以通知的方式传达给卖方，否则就丧失了这样的救济权利。

3）购买替代货物

《公约》第75条规定，如果合同被宣告无效，在宣告无效后的一段合理时间内，买方以合理的方式购买替代物，则有权要求卖方赔偿合同价格与替代货物价格之间的差额。这实际上承认了买方在卖方根本违约时有权解除合同并通过购买替代货物使自己的合同目的得以实现的救济方式，一些国家的法律称之为转买权。例如，美国《统一商法典》规定，在卖方不交货时，买方在善意并且没有无故迟延的情况下，可以适当购买或订立合同购买替代物，这些替代物是替代本应由卖方提供的货物。由于购买权的行使还将产生要求卖方赔偿差价的法律后果，因此为了避免买方滥用此种权利给卖方造成不应有的损失，购买替代物作为一种救济方式在行使的时候是有一定的限制的。该权利应在根本违约的情况下，买方已行使了解除权，即解除了卖方交付货物和买方接收货物的义务后的一段“合理时间”内以“合理的方式”行使，即要求买方购买替代物的价格、地点、渠道等都必须是适当的。同时在计算“差价”时，《公约》第76条规定，替代货物的价格是指替代货物的时价，即应交付货物地点的现行价格，如果该地点没有时价，则指另一合理替代地点的价格，但应加上货物运费的差额。如果要求损害赔偿的一方在接收货物之后宣告合同无效，就应适用接收货物时替代货物的时价，而不适用宣告合同无效时的时价。美国《统一商法典》则使用“市价”作为计算差价的参考价，显然没有《公约》的规定具有时间性。

4）卖方应对不履行义务做出补救

根据《公约》第48条的规定，卖方即使在交货日期之后，仍可自负费用，对任何不履行义务做出补救。从某种意义上说，这不是买方主动采取的救济措施，但它最终起到了对双方订立合同的预期利益的维护效用，因此对于买方来说也是一种对利益损害的救济。但是正是由于它并不是买方自主决定的，因此卖方在履行救济的时候不得给买方造成不合理的不便或迟延，是卖方实施这一行为的重要前提。此外，卖方可以实施自行补救行为还必须符合这样的要求，即买方没有按照《公约》第49条的规定宣告合同无效，同时卖方必须将其补救行为通知给买方，如果买方没有在一段合理的时间对这项要求表示反对或者做出任何答复，则卖方可以按照其所通知的时间和方式进行补救。在这段时间内，买方无权宣告合同无效或采取其他与卖方履行义务相抵触的救济措施。但是买方仍然保留向卖方提起损害赔偿的权利。

5）要求减价

《公约》第50条规定，如果卖方所交付的货物与合同不符，且这种不符是买方愿意容忍的，不论买方是否已支付货款，买方都可以要求降低价格，减价按实际交付的货物在交货时的价值与符合合同的货物在当时的价值两者之间的比例计算。但是，如果卖方按照《公约》的规定对任何不履行义务做出补救，如卖方对不足的数量或瑕疵进行了补足或修补，或者买方拒绝接受卖方上述的补救措施，则买方不得降低价格，而只能采取其他的救济措施。

6）拒绝收取货物

《公约》第52条规定，如果卖方在规定的日期前交付货物，买方可以收取货物，也可以拒绝收取货物。如果卖方交付的货物数量大于合同规定的数量，买方可以收取也可以拒绝收取多交部分的货物。如果买方收取多交部分货物的全部或一部分，他必须按合同价格付款。事实上买方可以拒绝接收货物的权利并不仅仅针对上述的情况，一些国家的法律（如英国《1893年货物买卖法》）认为，在买方有合理的检验机会之前，即使他收到了货物也不表示他将接受货物；而如果经过检验之后发现货物不符，则买方有权拒收货物。也就是说，在货物与合同不符的情况下，买方通常可以拒收货物；如果货物不符达到根本违约的程度，则买方除了拒收以外，还可以解除合同。但是拒收货物的权利的行使与买方接收货物的义务毕竟是相矛盾的，因此也是必然受到限制的，一般认为，应以“合理拒收”为原则，主要表现为：及时检验货物并及时提出异议，及时发出拒收通知书，以及保全货物，或者在特殊情况下征得卖方同意后处分货物。《公约》只对两种情况下的拒收进行了规定。在对提前履行的情况拒收时，如果到期履行，则买方应该接收；对货物数量有异议而拒收时，买方有权按《公约》的规定进行选择。如果卖方对数量的不符履行给买方造成一种不合理的负担，则买方或者在构成根本违约的情况下宣告合同无效，或者在不得不接收货物时采取损害赔偿的救济方式要求卖方对其因此遭受的损失给予补偿。

对于分批交货的合同，针对卖方存在任何违反合同义务的情形，买方都可以相应地采取所有的救济方式对所遭到的利益损害进行救济，但应区分这种救济是针对整体的抑或是针对部分的。

5.3.4 买方违约卖方的救济方法

一般来说，买方违约的表现为不按照合同约定支付货款或接收货物。对于买方违约时卖方的救济方法，《公约》认为卖方除了可以行使要求买方实际履行、卖方中止履行合同义务、给买方迟延履行宽限期、宣告合同无效以及在行使上述任何救济的同时单独要求损害赔偿的权利救济外，还可以有针对性地选择以下救济手段维护自身的权益：

1）转卖货物

根据《公约》第75条的规定，如果买方不按照合同约定接收货物或支付货款或不履行其他合同义务等于根本违约，卖方有权宣告合同无效，并在一段合理的时间内将货物转卖，同时可以向买方要求合同价格与转卖价格之间差额的损害赔偿。如果在转卖过程中产生了其他的费用损失，也可以一并向买方索赔。与买方购买替代货物的救济手段一样，转卖货物实际上意味着即使买方在以后支付了货款，卖方也不可能继续履行合同义务了。因此对于转卖的救济手段，《公约》也规定了严格的适用限制：首先，必须是买方根本违反合同，如不付款或在卖方给予迟延履行宽限期时也不这样做；其次，卖方必须已经宣告合同无效，解除了双方履行合同的义务，特别是解除了自己继续按照合同规定交货的义务；最后，应在一段“合理的时间”内以“合理的方式”转卖。由于《公约》是以时价计算差额的（如前所述），因此在宣告合同无效后的一段时间里，距交货时间越近的时间将会被认为越合理，并且转卖不能是低价甩卖，应在通常状况下以合理的方式进行，才能对差价的部分要求损害赔偿。但是如果转卖使卖方没有遭到损失反而获得了利益，根据《公约》损害赔偿弥补损失的原则，卖方不能再对差价要求损害赔偿，但不影响其行使其他的赔偿损失的权利。

2）自行确定货物的具体规格

《公约》第65条规定，如果买卖合同约定由买方负责订明货物的形状、大小或其他特征，而他在议定的日期或在收到卖方的要求后一段合理时间内没有订明这些规格，则卖方在不损害买方可能享有的任何其他权利的情况下，可以依照他所知的买方的要求，自己订明规格，以使合同不因买方不指定具体规格而不能执行。但在卖方自己订明规格的情况下，他必须把订明规格的细节通知买方，而且必须规定一段合理时间，让买方可以在该段时间内订出不同的规格。如果买方在收到这种通知后没有在该段时间内这样做，卖方所订的规格就具有约束力，买方无权拒收这样的货物。如果买方拒绝接收，则卖方有权行使《公约》所规定的任何一项或几项救济措施，使其权利不受到损害。

3）要求支付利息

根据《公约》第73条规定，如果一方当事人没有支付价款或任何其他拖欠金额，另一方当事人有权对这些款额收取利息，但不妨碍要求按照《公约》第74条规定取得损害赔偿。这一条款包含了这样的含义：在买方不支付或迟延支付约定的价款时，卖方不仅有权向买方要求支付价款（事实上，支付价款的实际履行在任何情况下都会得到法庭的支持），还有权向买方要求支付从约定的付款时间到实际付款时间之间的利息。《国际商事合同通则》对此规定得更为严格，甚至对于因不可抗力造成的迟延支付的利息也可以要求买方支付。原因在于买方可能因为不支付该利息而获得额外的利益，使其收益增加，并且要求支付利息的权利并不妨碍受损害方当事人对不付款给其造成的更大的损害要求额外的损害赔偿。

对于买方违约时卖方的权利救济，有些时候涉及货物所有权的问题，由于《公约》排除对所有权问题的适用，卖方当事人将更多地依靠合同所适用的国家的法律所赋予的救济方式进行权利救济。例如，英国《1893年货物买卖法》第39条规定：尽管货物的财产权可能已经移转给买方，但未收货款的卖方仍依法享有：①如货物仍在他的占有下，他对货物享有留置权，以待清偿价金。②货物已经发出而买方失去偿付能力，则他对正在运输过程中的货物可行使停止交货权。③在本法案所限制的范围内，他对货物享有重新出售权。如货物财产权已经移转给买方，则未收货款的卖方，对货物享有留置权和运输过程中的停止交货权；如货物财产权尚未移转给买方，则他除了采取其他补救措施和享有上述留置权和运输过程中的停止交货权之外，还同时有权撤回货物对买方的交付。美国以及其他国家也有类似的规定，这里不再做详细介绍。

5.3.5 《国际商事合同通则》的规定

正如我们在前文所介绍的，《国际商事合同通则》是作为一般法原则出现在国际贸易统一法的历史舞台上的。它不具有强制性，不要求各个国家都接受，它以其独立的形式存在并完整而系统地表达对合同行为的规范。《国际商事合同通则》是《公约》的解释和补充，它对合同行为的履行、不履行及对不履行的救济的一般性规定均适用于国际货物买卖合同遭到违反时买卖双方所可能采取的各种权利救济措施。因此，我们有必要对其进行了解。

1）关于违约

《国际商事合同通则》将其称为“不履行（non performance）”。不履行系指一方当事人未能履行其在合同项下的任何义务，包括所有形式的瑕疵履行或迟延履行、预期不履行、根本不履行，也包括不可免责的不履行以及可免责的不履行。对于在什么情况下一项违约是可以免责的，《国际商事合同通则》认为，在遭遇不可抗力或者由于对方的行为或由对方承担风险的事件导致其无法履行义务时，该方当事人是可以获得免责的，除此之外，任何旨在排除或限制一方当事人不履行合同义务的责任或者允许一方当事人履行合同义务与另一方当事人的合理期望有实质差异的做法都是通则所不允许的。即使对于不可抗力，《国际商事合同通则》也采取了与《公约》一致的意见，规定在一方遭遇不可抗力不能履行合同义务时，必须及时通知另一方当事人，以使另一方当事人有足够的机会应对这种不履行；如果不履行方没有这样做，那么对由此产生的损害承担赔偿责任。

2）对违约的救济

（1）拒绝履行。拒绝履行并非不履行，而是在有履行顺序的时候，另一方因一方不履行而行使的预防性的救济，类似于《公约》中的中止履行，但无须加上烦琐的判断标准。根据《国际商事合同通则》第7.1.3条的规定：凡当事人各方应同时履行合同义务的，任何一方当事人可在另一方当事人提供履行前拒绝履行；凡当事人各方应相继履行合同义务的，后履行的一方当事人可在应先行履行的一方当事人完成履行之前拒绝履行。例如，A同意卖给B 1 000吨白小麦，价格条件为鹿特丹港CIF价格，以一家德国银行签发的保兑信用证支付货款。A没有义务将这批货物装船，除非并且直到B根据其合同义务开具了此信用证。对于一方当事人部分履行情况下未完成履行所产生的问题，一般根据诚信的原则，有权得到履行的一方当事人有权拒绝因对方部分履行而履行。

（2）履行的额外期限。也就是《公约》中所规定的“迟延履行的宽限期”，是指受损害方因为希望合同得到实际的履行而选择的一种对不按时履行合同的救济，不过《国际商事合同通则》的规定更详细：①在出现不履行的情况下，受损害方当事人可通知另一方当事人，允许其有一段额外时间履行义务。②在此额外期限内，受损害方当事人可拒绝履行其对应的义务，并且可要求损害赔偿，但不得采取任何其他救济手段（如终止合同）。如果受损害方当事人收到另一方当事人在此额外期限内将不会履行的通知，或者在此额外期限届满时另一方当事人仍未完成对其义务的履行，则受损害方当事人可采取任何救济手段。③在不属根本性的迟延履行的情况下，如果受损害方当事人已发出通知，给予不履行方当事人一段合理的额外期间履行其义务，则受损害方当事人在该段期间届满时可终止合同。如果所允许的额外期间的长度不合理，则应延长至合理的长度。受损害方当事人可在其通知中规定，如果对方当事人在此额外期间内仍不履行其义务，合同应自动终止。例如，X国的一家公司A与Y国的一家公司B签订了一份在Y国建造100千米快车道的合同。合同规定，快车道应在开始施工的2年内建成。2年过去了，A公司实际上建造了85千米，而且很明显，至少还需要3个多月的时间才能完成快车道的建造。B公司通知A公司再延长1个月时间必须完成。在这1个月结束之时，B公司没有权利终止合同，因为所延长的时间是不合理的，应该延长3个月才是合理的。④如果未履行的义务只是不履行方当事人合同义务中的一项轻微义务，则既不存在延长额外期限的问题，也不会出现终止合同的救济效果。

如果考虑到公平的原则，并且不会给守约方带来更大的损失，事实上，《国际商事合同通则》还提供了另一种通过“宽限期”对迟延履行进行补救的措施，即不履行方的自我补救。根据《国际商事合同通则》第7.1.4条的规定，不履行一方当事人可自己承担费用对其不履行进行补救，但须符合下述条件：①该方当事人毫不延迟地通知另一方当事人其准备补救的方式和时间；②该补救在当时情况下是适宜的；③受损害方当事人对拒绝补救无合法利益；④补救是立即进行的。与受损害方自主选择给予“宽限期”的理由一样，订立合同是为了尽量达到合同目的，因此如果不履行方在不给对方带来额外的负担并且不违背对方利益的情况下，立即适宜地进行补救，并及时将补救的方式、内容和时间通知给对方，那么即使对方已发出终止合同的通知，也不能排除一项有效的补救通知。也就是说，如果不履行已得到补救，终止合同的通知就不再有效。与此同时，其他与补救行为不符的权利救济，直至补救期限届满生效。但是如果补救期限已过，并且任何根本的不履行没有得到补救，则终止合同的通知生效。受损害方当事人在补救期间有权拒绝履行其合同义务。即使不履行的一方当事人已成功补救，他仍然要对补救之前不履行所引起的任何损害，以及补救本身或迟延补救造成的任何额外的损害或者补救未能阻止的任何损害承担责任。

尽管援引本条的决定取决于不履行方当事人，受损害方当事人一旦收到有效的补救通知，也应允许补救，并且应按《国际商事合同通则》的规定，配合不履行方当事人进行补救。例如，受损害方当事人应允许任何对不履行方当事人实施补救来说是合理而必要的检验。在应当进行补救时，如果受损害方当事人拒绝补救，则任何终止合同的通知都将无效。另外，受损害方当事人不得对任何能够得到补救的不履行再寻求其他救济手段。

（3）要求履行的权利救济。要求履行的权利（right to performance）也就是《公约》中的实际履行（specific performance）的救济方法，在《国际商事合同通则》中做了与《公约》不同性质的规定。《国际商事合同通则》认为，虽然《公约》规定“法庭不必做出实际履行的判决，除非对于不属于本《公约》范围的类似的买卖合同，法庭根据其所在地法应该这样做”，但实际履行并非一种可以自由裁量的救济手段，即法庭必须裁定履行，除非存在规定的所有例外情形中的一种。这些例外包括：①履行在法律上或事实上不可能；②履行或相关的执行[①]带来不合理的负担或费用；③有权要求履行的一方当事人可以合理地从其他渠道获得履行；④履行完全属于人身性质；⑤有权要求履行的一方当事人在已经知道或理应知道该不履行后的一段合理时间之内未要求履行，也就是说，受损害方应在合理的时间内提出实际履行的要求，否则违约方可以推定其不准备要求实际履行，而拒绝其在合理时间经过之后所提出的实际履行的要求。但是上述的各种例外只是构成对非金钱债务要求实际履行的限制，对于金钱债务而言，如果有义务付款的一方当事人未履行其付款义务，则另一方当事人总是能够要求其实际履行合同项下的付款义务的，并且必要时有权要求由法庭对这一要求做出强制履行。

《国际商事合同通则》中实际履行的救济方法还适用于受损害方当事人要求瑕疵履行方当事人改正其履行的权利。《国际商事合同通则》第7.2.3条规定：“要求履行的权利，在适当的情况下，包括对瑕疵履行要求修补、替代或其他补救的权利。”例如，付款不足，以错误的货币形式付款或者向非双方约定的账户付款时，卖方有权要求买方补足或更正。对瑕疵履行要求补救的权利也像一般实际履行的权利一样受到同样的限制，

① 因“相关的执行”所带来的不合理的负担是指这样的情形：在普通法中，由法庭而非权利人监督实际履行命令的执行。其结果是，在某些情况下，特别是在履行时间延长的情况下，如果监督使法庭承受不合理的负担，这些国家的法庭就会拒绝实际履行。

但是因为这种实际履行是对微小错误的更正，所以受到限制的可能性不大，但是有些时候，即使是微小的修补或替换也会给瑕疵履行方带来“不合理的负担”。当出现这样的情况时，对这种瑕疵履行的实际履行的救济就会被排除。例如，一辆待售的新汽车，因为有一处小小的油漆瑕疵而使其购买价格减少0.01%，而重新油漆所需费用是购买价的0.5%。因此，要求修补的权利便被排除，但是买方有权要求降价。

即使在要求实际履行的情况下，非金钱履行的受损害方当事人在这种要求提出一段合理时间内没有获得履行，或者对于支持其实际履行的判决不能得到执行时，他依旧可以变更救济手段，转而采取另一种救济或多种救济手段，以进一步维护自己的权利。

（4）终止合同。根据《国际商事合同通则》的相关规定，终止合同作为一种权利救济方式，与《公约》的“宣告合同无效”相近，也是受损害方行使单方解除权以解除双方当事人履行和接受未来履行的义务的一种救济手段。由于单方解除合同是基于单方意愿对双方订立合同的目的的完全否定，因而在某种程度上是一种最不经济的措施，也是最为严厉的制裁。当然，对于有解除权的一方来说，也是最有力的救济。因此与《公约》对此种救济方式的态度一样，《国际商事合同通则》也认为只有在违约方的违约给守约方造成严重的利益损害——根本不履行的时候，守约方才可以行使单方解除权，即终止合同。《国际商事合同通则》第7.3.1条规定，如果另一方当事人未履行其合同义务，构成对合同的根本不履行，合同一方当事人可终止合同，而不论这种根本不履行是可免责的原因造成的，还是不可免责的原因造成的，是实际的不履行，还是预期的不履行。即使在既不是预期不履行，也不是实际不履行的情况下，一方当事人如果有理由相信另一方当事人将根本不履行，他也有权中止履行其合同义务，并要求另一方对如约履行提供充分保证。若在合理时间内不能提供这种保证，他则有权终止合同。

但是，对于判断一方的不履行是否构成根本不履行的标准，《国际商事合同通则》采取了比《公约》更谨慎的做法，提出了五种可供参考的判断依据：第一，不履行是否实质性地剥夺了另一方在订立合同时有权期待的利益。如果不履行方当事人能够表明他没有预见到而且也不可能合理预见到不履行对于另一方当事人有权期待的利益的损害是根本性的，在这种情况下，受损害方当事人就不能终止合同。第二，是否是对合同规定的应得到严格履行的实质内容的不履行。第三，是否是对方当事人有意不履行。如果这种有意不履行的内容是无关紧要的，那么对方也不能用终止合同的方式进行救济。第四，这种不履行是否构成对诚信的威胁。也就是说，如果不履行使守约方无法相信不履行方会履行以后的对于守约方很重要的义务，那么为了防止以后其利益受到实际的损害，守约方也有权选择终止合同。例如，分期付款时，买方提供了一张拒绝承兑的汇票，尽管经更换后获得了付款，但卖方可以终止合同。第五，除了考虑受损害方的利益以外，《国际商事合同通则》在判断根本不履行的时候，也站在了不履行方的角度，认为如果不履行给不履行方带来的损失大于其因不履行所获得的利益，也就是说，在正常情况下，不履行方一定会履行合同，甚至其已为履行做了准备或开始履行，则受损害方不能依据根本不履行要求终止合同，但可以要求损害赔偿。例如，A向B提供为其专门生产的软件。双方约定必须在12月31日之前交付，A在1月31日才交货，但B此时仍然需要这种A无法卖给其他用户的软件。这种情况下，B可以向A要求损害赔偿，但不能终止合同。但是这种对不履行方利益的考虑是在充分考虑了受损害方利益的基础上的，因为我们不能要求B为了不使A的利益受损，放弃购买替代产品满足生产急需的机会，等待A的履行。

终止合同的救济必须以通知的方式做出，通知在被不履行方收到时发生终止合同的效力。对于迟延履行或履行与合同不相符，则终止履行的通知书应在他已经知道或理应知道该迟延履行或该不符履行后的一段合理时间内发出并送达另一方当事人，否则就丧失了采用终止合同的手段进行救济的权利。对于在给迟延履行的对方当事人以宽限期的情况下，受损害方必须在宽限期届满而迟延履行方仍没有履行的前提下行使终止合同的救济权。

合同终止后并不排除对不履行方要求损害赔偿的权利，也不影响合同中关于解决争议的任何规定，甚至在合同终止后仍应执行的其他合同条款。根据《国际商事合同通则》的规定，合同终止时当事人可主张返还原状的权利，即每一方当事人可主张返还他依合同所提供的一切，只要该方亦同时返还他所收到的一切。例如，A以2 000 000美元的价格卖给B一幅雷诺阿的油画。油画交付后，B没有付款，A可以主张B归还该油画。如果实物返还不可能，应以金钱偿付，而不是实物偿还；如果实物返还不适当，如受损害方当事人已收到部分履行并且想要保留该部分履行的情况下，只要是合理的，也可以以金钱予以补偿。但是若合同的履行已持续了一段时间，并且合同是可分割的，则只能对合同终止生效后的那段期间的履行请求此类恢复原状。

（5）损害赔偿。损害赔偿是在合同不获履行时，受损害方最惯常使用的、最有效的救济方式，任何不履行均使受损害方当事人取得单独的损害赔偿请求权，或是与其他救济手段一并行使损害赔偿请求权，而与不履行方的过错没有关系。除非不履行是由不可抗力等根据通则规定可以予以免责的原因造成的，不履行方才可以不承担损害赔偿责任。《国际商事合同通则》还具体规定了诸如损害赔偿的范围、承担条件、确定赔偿额度的依据以及赔偿的方式等内容。

第一，关于损害赔偿的范围。《国际商事合同通则》遵循《公约》第74条的规定，认为受损害方当事人对由于不履行而遭受的损害有权得到完全赔偿，赔偿的范围不仅包括受损害方当事人遭受的任何损失，也包括其被剥夺的任何收益（即利润损失或间接损失）。但是这并不意味着受损害方可能会从损害赔偿中获得某种即使合同得以履行也无法获得的额外利益，也就是说，如果受损害方因为对方不履行获得了某种利益，如他节省了履行其自身义务的费用，那么这种利益不被计算在损害赔偿的范围内。此外，《国际商事合同通则》还规定了对非金钱性质的损害的赔偿，但在通常情况下不被应用在国际货物买卖合同中。

第二，关于损害赔偿责任的承担条件。根据《国际商事合同通则》的规定，不履行方承担损害赔偿责任，不以其是否有过错为要件，只要存在不履行以及因不履行而造成损害的事实，他就应该承担赔偿的责任。但是，尽管如此，不履行方应对并且只对其在订立合同时可能预见到的或理应预见到的、因为其不履行而确定产生的损失承担赔偿责任。对于损害发生的确定性或者说肯定性（certainty of harm），《国际商事合同通则》认为要求不履行方当事人对没有发生或永远不会发生的损害进行赔偿是不可能的，但是如果损害是充分确定地存在的，即使损害还没有发生，不履行方也应予以赔偿。有时损害并不是有形的，对于机会丧失给守约方带来的损失也应获得赔偿，但是必须依据该机会发生的可能性程度进行确定。如果该机会发生的可能性很大，以至于丧失机会就意味着遭受损失，那么毫无疑问不履行方是应该对该机会损失进行赔偿的。对于不能以充分肯定的程度来确定损害赔偿的金额，尽管《国际商事合同通则》并没有采取某些法律制度允许法庭根据具体情况减少损害赔偿金额的解决方法，但是《国际商事合同通则》依旧把赔偿金额的确定权赋予法庭进行自由裁量。

第三，确定损害赔偿额度的依据。①根据《国际商事合同通则》的规定，不履行方应对其订立合同时可预见的或理应预见的，并且在其不履行时确定发生的全部损失承担赔偿责任，即能够依此确定的损失金额都应予赔偿。②在受损害方当事人已终止合同并在合理时间内以合理方式进行了替代交易的情况下（根据《公约》或《国际商事合同通则》可能构成其义务），损害被认为是合同价格与替代交易价格之间的差额，受损害方有权要求该差额的赔偿，并且如果受损害方有因为进行替代交易而遭受的损失，那么他也有权要求赔偿这一部分金额。③在不存在替代交易时，如果对于合同约定的履行存在时价，则受损害方当事人可对合同价格与合同终止时的时价之间的差额以及任何进一步的损害要求赔偿。所谓时价是指在合同应当履行的地点，对应交付之货物或应提供之服务在可比情况下通常所收取的价格，或者如果该地无时价，时价为可合理参照的另一地的时价。④如果损害部分归咎于受损害方当事人的作为或不作为，或是由该方当事人承担风险的其他事件所导致，在考虑到各方当事人的行为的情况下，损害赔偿的金额应扣除因上述因素导致的损害部分。⑤不履行方当事人对于受损害方当事人所蒙受的本来可以采取合理措施减少的那部分损害，不承担责任，但是受损害方当事人有权对试图减少损害而发生的一切合理费用要求赔偿。⑥除非另有约定，对非金钱债务的不履行的损害赔偿金的利息自不履行之时起计算。

第四，关于损害赔偿的方式和货币。《国际商事合同通则》规定，损害赔偿金应一次付清。但是，当损害的性质适于分期付款偿付时，也可分期付清。分期支付损害赔偿金时，为避免因考虑通货膨胀而对原来判决复审的复杂程序，可以按指数调整。然而，指数调整可能会被法庭地法所禁止。不履行国际商事合同导致的损害可能发生在不同的地方，这样就产生了以哪种货币计算赔偿金额的问题。根据《国际商事合同通则》的规定，损害赔偿的金额既可以表示金钱债务的货币确定，也可以表示遭受损害的货币确定，特别是在受损害方当事人以一种特定货币弥补他所遭受的损害而带来的花费时，他有权要求以这种货币来赔偿，尽管并非合同规定的货币，但以两者中最为适当的货币表示为准。在没有任何相反表示的情况下，一方当事人有权要求以与表示主要债务相同的货币支付利息、损害赔偿金和罚金。

(6) 对不履行约定的付款，即我们通常所理解的违约金。对于违约金条款种类的有效性，各国法律的规定多有不同。大陆法系国家承认该条款，而不管对负有特别法律义务的条款司法复审的可能性存在与否，普通法（英美法）系国家对于意欲充当制止不履行的罚金条款则明确反对。《国际商事合同通则》认为，不论违约金是损害赔偿性质的，或是惩罚、制止不履行行为的，只要双方在合同中有了这样的约定，则受损害方有权获得这笔金额。一般来说，不履行必须是不履行方当事人负有责任，因为很难想象规定一条对不可抗力情况下的不履行支付约定金额的条款。然而，也有例外，双方也可能有意设定一种包括对不履行方当事人免责的不履行的约定付款。因此对于此类条款，《国际商事合同通则》给予当事人比较大的决定权。但是，为了防止滥用这类合同条款的可能性，如果约定金额大大超过因不履行以及其他情况造成的损害，则要特别考虑约定的金额与实际遭受的损害之间的联系，可将该约定金额减少至一个合理的数目，而不考虑任何与此相反的约定。

5.4 货物风险的转移

在国际货物买卖中，**风险**是指承担风险责任的当事人一方必须承担货物意外损坏（damage）或灭失（loss）的责任，而不要求另一方当事人对此承担责任。如果货物不是因发生意外事件而灭损，则应由肇事方，或如果货物灭损是由一方违约所造成的，则由违约方承担这一责任。一般来说，如果买卖合同被如约履行，则风险仅被认为是价金风险，因为此时谁承担风险，谁就将损失价金；但是在一方当事人违反合同的情况下（这也是经常发生的），如卖方未提供与合同相符的货物或买方拒绝接受与合同相符的货物，情况就不同了。许多国内法和国际规则都认识到这一问题，认为应由违约方承担风险，并且此时风险不仅是价金的风险，还包括赔偿金的风险。

由于国际货物买卖通常涉及长途运输，买卖双方都无法准确预知货物的实际状况，风险作为一种责任的承担，对买卖双方而言都是一种负担，因此如何将这种负担尽可能限制在必需的范围内，或者说将负担尽可能快地转移给对方当事人，成为国际货物买卖当事人重视的问题。他们当然可以通过约定来解决这个问题，但是这个约定有时也很难明确地做出。《国际贸易术语解释通则》发布以后，多数情况下，他们借助合同中所采用的价格术语来确定风险的转移时间，但在没有价格术语或者没有采用价格术语的情况下，这个问题就变得非常棘手。为此，各国法律及国际规则在自罗马法开始的1 400多年里总结了至少三个转移风险的时间标准：第一，在买卖合同订立时；第二，在货物所有权转移时；第三，在交货时。其中第一种观点因为受到越来越多的来自学术界和实践的异议而逐渐被废弃；第二种和第三种观点正日益普遍地被接受，前者还被广泛地应用于货物在运输途中买卖时风险转移的确定。本节对各国国内法对风险转移问题的规定及《公约》的有关规定进行介绍。

5.4.1 各国国内法对货物风险转移的规定

1）英国法

根据英国《1893年货物买卖法》第20条的规定，货物意外灭失的风险与货物所有权一起转移到买方，即所谓“物主承担风险”的原则。但该原则已不适应英国货物贸易的发展，因此，实践中，一般通过双方当事人的协议确定货物风险转移的具体时间。

2）美国法

美国《统一商法典》是比较公认的处理风险转移问题的具有示范意义的立法实践。该法典认为买卖双方当事人可以自由协商风险转移的时间、地点及方式。如果合同无此种规定，则区分以下几种情况：

（1）买卖双方在合同中采用了某些贸易术语时，货物风险的转移时间根据所采用的贸易术语来确定。必须指出的是，这些贸易术语是由美国《统一商法典》在第2—319至2—322条[①]中进行专门解释的，并非完全遵照《1990年通则》或《2000年通则》或《2010年通则》或《2020年通则》的理解，除非当事人另有约定，在合同可能适用该法典时，所援引的对贸易术语的解释应是该法典中的含义。

（2）如果买卖双方未采用贸易术语，且未在合同中对有关货物风险转移的问题做出规定，则该法典认为，货物灭失风险的承担划分原则是应让最有能力防止风险发生的一方承担货物灭失的风险。由于实际控制货物的一方负有防止货物意外灭失的义务，因此货物灭失的风险应由实际控制货物的一方承担，但这应区别发生违约和不存在违约两种情况进行处理：

双方均未违约时货物灭失风险的转移。根据该法典第2—509条的规定，又分为三种情况：

①当合同要求或授权卖方通过承运人发运货物时，如果合同未规定卖方在特定目的地交付货物，卖方将货物适当地交付给承运人后风险即转移至买方，即使卖方是在保留货物所有权的情况下也是如此；但是如果合同规定卖方在特定目的地交付货物，且在货物到达目的地但仍由承运人占有期间做出适当的提示交付，则只要卖方做出此种适当的提示交付，使买方能够取得交付，损失风险即于此时转移至买方。

②当货物由货物仓储保管人掌握且不需移动即可交付时，损失风险在下列情况下转移至买方：如果仓储保管人开具了可转让的仓储收据，那么买方在收到该仓单时，货物灭失的风险转移给买方；如果仓储保管人开具了不可转让的仓储收据，那么只有在买方收到仓单并有合理的机会使该仓储商承认买方的提货权时，风险才转移给买方；但是如果仓储保管人不承认买方的提货权或不执行卖方的指示，视为卖方未交货，风险不转移至买方。

③在其他任何情况下，如卖方亲自将货物送交买方或买方亲自到卖方的营业地提货时，如果卖方是商人，则风险在买方收到货物后转移至买方；如果卖方不是商人，则风

---

① 美国《统一商法典》第2—319条涉及FOB、FAS；第2—320条、2—321条涉及CIF、C&F；第2—322条涉及EX ship。

险在卖方交付或提示交付时转移至买方。

有一方违约时货物风险转移的问题，根据该法典第2—510条的规定做以下处理：

①当提示交付或交付的货物不符合合同，致使买方有权拒收时，在卖方做出补救或在买方接受货物前，风险仍由卖方承担。也就是说，即使货物在买方的控制之下，但买方并没有表示接受货物的情况下，风险并没有发生转移，买方无须对货物灭失的风险承担责任。如果买方此时正当地撤销对货物的接受，那么货物灭损的风险被认为从开始即一直由卖方承担，但是如果买方对货物投保，那么对于已投保的部分或全部货物的风险由买方承担，他有权要求保险公司对其进行赔偿。

②如果买方在货物风险转移给他之前毁弃合同或以其他方式违约，则风险由买方承担，但有以下的前提条件：第一，合同所涉及的货物已被特定化并置于合同项下；第二，货物必须是符合合同要求的；第三，损失的货物必须是卖方未向保险公司投保的货物；第四，货物的损失必须发生在一段合理时间内。

3）德国法

根据《德国民法典》的规定，一般来说，货物意外灭失的风险从卖方向买方交货时起转移到买方；如果货物需要运送给买方，那么货物在运输途中的灭失风险应按这样的原则进行承担：

（1）如果货物是按照买方指示发出的，那么从卖方将货物交给承运人起，货物灭失的风险由买方承担。

（2）如果属于必须由卖方亲自运送的货物，如燃油等特殊性质的货物，只要卖方具备运输条件，则卖方必须承担货物在运输途中灭失的风险。只有在买方所在地卖方向买方提出交货后，货物灭失的风险才转移到买方。

德国还规定，在买方迟延接收货物的情况下，货物灭失的风险从卖方向买方发出要求其提货的通知之日起转移到买方。

4）中国法律的有关规定

依据我国《民法典》的有关规定，货物的风险转移适用以下原则：

（1）标的物毁损灭失的风险，在标的物交付前出卖人承担，交付后由买受人承担，但法律另有规定或者当事人另有约定的除外。

（2）当事人没有约定交付地点或者约定不明确，需要运输的，出卖人将标的物交付给第一承运人后，标的物毁损、灭失的风险由买受人承担。

（3）出卖人出卖交由承运人运输的在途标的物，除当事人另有约定的以外，毁损、灭失的风险自合同成立时起由买受人承担。

（4）因买受人的原因致使标的物不能按照约定的期限交付的，买受人应当自违反约定之日起承担标的物毁损、灭失的风险。

（5）出卖人按照约定或者依照法律规定将标的物置于交付地点，买受人违反约定没有收取的，标的物毁损、灭失的风险自违反约定之日起由买受人承担。

（6）出卖人按照约定未交付有关标的物的单证和资料的，不影响标的物毁损、灭失风险的转移。

(7) 因标的物质量不符合要求，致使不能实现合同目的的，买受人可以拒绝接受标的物或者解除合同。买受人拒绝接受标的物或者解除合同的，标的物毁损、灭失的风险由出卖人承担。

(8) 标的物毁损、灭失的风险由买受人承担的，不影响因出卖人履行债务不符合约定，买受人要求其承担违约责任的权利。

5.4.2 国际立法对货物风险转移的规定

国际上，对于风险转移问题的规定，存在于许多法律文件中，《公约》《国际贸易术语解释通则》《华沙-牛津规则》等都有所涉及。其中《公约》是国际社会从立法的角度规范风险转移问题，因此具有较强的指导意义，下面加以介绍。

1）风险转移时间的划分

《公约》第66条到第70条对货物风险转移时间问题进行了原则性的规定。《公约》认为：①如果当事人对风险转移在合同中进行约定，无论是以具体时间为分界线还是采用某个价格术语作为标准，都应该遵从；②如果当事人没有这样的自主安排，则根据《公约》的规定，通常情况下应以交货时间作为风险转移的时间；③如果在运输途中买卖货物时，则以合同订立时间作为风险转移时间。

具体划分办法为：

(1) 当合同涉及货物运输时，根据《公约》第67条的规定，如果卖方没有义务在某一特定地点交付货物，自货物按照销售合同交付给第一承运人以转交给买方时起，风险就移转到买方承担。如果卖方有义务在某一特定地点把货物交付给承运人，在货物于该地点交付给承运人以前，风险不移转到买方承担。即使在卖方保留控制货物处置权的单据的情况下，也不影响风险按上述时间移转。但是，在货物以货物上加标记，或以装运单据，或向买方发出通知或其他方式清楚地注明有关合同以前，也就是货物特定于合同项下之前，风险不移转到买方承担。

(2) 对于在运输途中销售的货物，《公约》第68条规定，从订立合同时起，风险就移转到买方承担。但是，如果情况表明有此需要，从货物交付给签发载有运输合同单据的承运人时起，风险就由买方承担。《公约》的这一规定，实际是规定了风险转移具有溯及的效力。也就是说，风险转移可以追溯到交付货物甚至于合同订立之前。例如，卖方将一批处于运输途中的货物转卖给买方，此时货物灭损的风险应从买卖合同成立之时起由买方承担，但如果双方同意风险从卖方将货物交给承运人时转移给买方，那么如果在订立合同以前货物已经发生损坏或灭失，则由买方而不是卖方承担这个责任，买方必须向卖方支付货物的价款。事实上这也是《公约》尊重当事人意志的一种体现。尽管如此，如果卖方在订立合同时已知道或理应知道货物已经遗失或损坏，而他又不将这一事实告知买方，则这种遗失或损坏应由卖方负责。

(3) 在其他情况下，从买方接收货物时起，或如果买方不在适当时间内这样做，则从货物交给他处置但他不收取货物从而违反合同时起，风险由买方承担。但是这种货物必须经某种方式特定于合同项下，才发生买方承担风险的效力。如果买方有义务在卖方营业地以外的某一地点接收货物，当交货时间已到而买方知道货物已在该地点交给他处置时，风险方始移转。例如，卖方按合同约定于4月10日交货并交至买方指定的仓库，4月12日发生火灾，则该火灾造成的货物灭损由买方承担，买方必须履行其支付价款的义务。

2）风险转移的法律后果

《公约》认为，原则上风险一旦转移给买方，就意味着即使买方在风险转移给他的当时不拥有货物的所有权，买方也不能因货物的灭损而拒绝支付货款。但如果货物灭损是由卖方的某种行为造成的，如买卖双方在合同中约定卖方将货物特别规定于合同项下后，货物风险转移给买方，卖方这样做了，此后因卖方不小心使放置货物的仓库着火造成货物灭损，则根据《公约》的规定，买方可因此不支付货物价款。

关于违约对于风险承担的影响，《公约》认为，只有根本违约，才发生买方因宣告合同无效而解除自己的付款义务，除此之外，即便是卖方违约导致货物发生了灭损，买方也不能拒绝支付货款，而只能请求损害赔偿或要求对方实际履行。

值得注意的是，国际商会修订的《2010年通则》于2011年1月1日正式生效，该修改考虑了世界免税区增加、电子通信、运输安全等因素，删去了《2000年通则》D组术语中的DDU、DAF、DES、DEQ，只保留了DDP，同时新增了DAT、DAP两种。《2010年通则》将术语的适用范围扩大到国内贸易中，并加强了与《公约》和《鹿特丹规则》的衔接。《2010年通则》取消了“船舷”概念，卖方承担货物装上船为止的一切风险，买方承担货物装上船后的一切风险，还规定了货物在运输期间被多次买卖的义务划分。现在最新的是《2020年通则》，于2021年1月1日正式生效，《2020年通则》在《2010年通则》的基础上，进一步明确了当事人双方的责权利，具体修改方面，增加了CIP的保险范围等。

本章小结

1.国际货物买卖法律关系的核心内容是合同双方当事人的权利义务关系。为了保证国际货物买卖合同的顺利履行和合同目的的实现，合同中所涉及的买卖双方的权利义务通常是具体而详尽的，它们与违约救济共同构成了买卖法的制度框架。

2.卖方的义务。卖方的义务主要有五项：交付货物、转移单证、品质担保、权利担保、转移货物所有权。相应地，卖方的权利为收取货款。

3.买方的义务。买方的义务主要有支付货款和接收货物。相应地，买方的权利为检验货物，获得与合同相符的货物。

4.根据《公约》的规定，违约方式有实际违约和预期违约、根本性违约和非根本性违约。对于这些违约的救济方式，《公约》规定了五种，即实际履行、损害赔偿、中止履行、给予履行宽限期和宣告合同无效。具体到买卖双方各自的救济方式，卖方违约时买方可采取要求卖方交付替代货物、要求对货物不符之处进行修补、购买替代货物、卖方应对不履行义务做出补救、要求减价、拒绝收取货物等救济方式，买方违约时卖方可采取转卖货物、自行确定货物的具体规格、要求支付利息等救济方法。

5.关于货物风险的转移，各国规定不同。《公约》认为，风险转移时间的划分依据有：当事人的约定时间、交付货物的时间、订立合同的时间。风险转移的后果是由买方承担货物灭损的损失，不得拒绝履行支付货款的义务。

思政目标

通过对卖方的义务、买方的义务、违约的救济、货物风险的转移的学习，能够全面理解与掌握买卖法基本理论、制度及规则的价值意义，坚定中国法律文化与法律制度的充分自信，自觉维护社会主义法治原则，以实际行动弘扬社会主义核心价值观，为构建人类命运共同体贡献智慧和力量。

主要概念

交付货物　品质担保　权利担保　预期违约　根本违约　中止履行　宣告合同无效　风险

综合训练

一、选择题

1.《公约》按照特定物和非特定物分别规定货物的交货地点为（　　）。

A.卖方营业地　B.特定物所在地

C.承运人所在地　D.买方营业地

2.国际贸易中交货的方式一般有（　　）。

A.象征性交货　B.船边交货　C.船舷交货　D.实际交货

3.默示担保是基于（　　）产生的担保。

A.法律规定　B.当事人约定　C.国际贸易惯例　D.货样

4.买方的义务主要有（　　）。

A.接受货物　B.接收货物　C.支付货款　D.检验货物

5.非根本性违约不能采取的救济方式是（　　）。

A.实际履行　B.宣告合同无效　C.中止履行　D.损害赔偿

6.实际履行是《公约》认可的一种救济方式，在（　　）可以被承认。

A.英国　B.美国　C.德国　D.中国

7.买方违约时，卖方的救济方式是（　　）。

A.转卖货物　B.自行决定货物的规格

C.损害赔偿　D.要求支付利息

二、简答题

1.卖方的基本义务是什么？

2. 简述损害赔偿救济方法的适用条件。

3. 简述《公约》规定的违约类型。

4. 卖方在履行期到来时没有交付货物，买方可采取的救济措施有哪些？

5. 如果在凭买方指示的买卖中，买方没有及时向卖方发出指示，卖方是否有权任意决定货物的型号规格？

三、案例分析题

1. 合同价格为每公吨2 000英镑，因卖方根本违反合同，买方为实现原合同目的而转买货物，价格为每公吨2 500英镑（当时市场该货物的平均价格为2 200英镑），卖方拒绝承担货物每公吨500英镑的差价损失。法院也没有完全支持买方的要求，请问：为什么？

2. 中国A公司与法国F厂商约定：由公司按F厂商提供的图案生产花布，分7批运往西非某国销售。A公司交完第三批货时，突然收到德国G厂商的投诉通知，称：A公司所售花布图案侵犯了G厂商在西非该国的外观设计专利。为此，G厂商要求：A公司必须停止侵权行为并赔偿其有关损失。请问：根据《公约》，G厂商的要求能否成立？为什么？

第6章

票据法

货币和票据是国际商事交易支付和结算的重要手段。在国际贸易实践中，当涉及货款的收取与支付时，一般较少使用现金结算的方式，而普遍使用票据进行结算。

为了保障票据交易的安全，各国都订立了票据法（law of bill）。其在本质上虽然相同，但在某些具体的方面却存在着较大的分歧。仅从形式上看，美国、法国、日本等大多数国家将票据法作为其商法典的一个组成部分；瑞士将票据法纳入债务法典内，作为债务法的一部分；英国、德国、瑞典等国则制定有专门的票据单行法规。我国制定了专门的票据法，《中华人民共和国票据法》自1996年1月1日起施行，2004年8月28日经第十届全国人民代表大会常务委员会第十一次会议修正。随着票据统一法活动的展开，各国票据法的差异正在逐步地消失。

本章将重点论述以下问题：汇票、本票及支票的基本概念、法律特点；票据行为；票据法律关系；两大法系以及国际票据统一实体法对票据问题的不同规定；票据适用的条件、策略。

6.1 票据法概述

6.1.1 票据

1）票据的概念

票据是指出票人（drawer）依法签发的、由自己或委托他人于见票时或者确定的日期，向持票人或受款人（payee）无条件支付一定金额的有价证券。此处的“委托他人”指的是一种无条件支付的命令，而不是民法上的委托关系。票据有广义和狭义之分，广义的票据除了汇票（bills of exchange or draft）、本票（promissory note）、支票（cheque or check）外，还包括一般的商业凭证，如发票、保险单、提单、仓单、保函等；狭义的票据仅指汇票、本票、支票。

2）票据的特征

尽管各国的立法对票据的外延并无一致的认识，但这对票据的基本属性并无影响。从理论上讲，汇票、本票、支票具有同样的特征，即作为一种有价证券在支付领域中流通，它们在本质上都属于金钱证券，都表现为对票面金额的无条件支付的命令，且都属于可流通转让的"流通证券（negotiable instrument）"。现将票据的主要特征概括如下：

（1）票据是金钱债权证券

票据的持票人享有向票据上的债务人请求支付票面金额的权利，这种兑付请求权包括追索权，本质上都是债权，而且此债权的内容就是请求支付一定的金钱，因而它有别于他种形式的证券，属于债权证券中的"金钱债权证券"。

（2）票据是流通证券

票据作为一种流通证券，可以通过交付或背书的方式自由转让，不需通知原债务人，受票人基于此而取得票据的全部权利。各国票据立法表明，只要受票人获得票据且支付了对价，即使票据转让人的票据权利有瑕疵，如票据是捡来的，该善意受让人对票据的权利也不受前手权利缺陷的影响。这是票据最重要的特征。

（3）票据是无因证券

票据是一种单纯的金钱支付凭证。票据上的权利义务关系基于出票人的出票行为而完成，权利人享有票据权利只以持有票据为要件，而无须证明其取得票据的原因。因此，票据只要符合法定的形式要件，持票人即可实现其票据权利。因为凡是在票据上签章的人，无论基于何种票据原因，都必须依票据的记载承担票据义务。票据的这种无因性保证了票据流转的安全性。

（4）票据是要式证券

由于票据是一种流通证券，其权利义务完全根据票据上的记载内容来确定，一旦票据上记载的事项不符合法律的规定，当事人间的权利义务就难以确定，票据的流通性就会受到影响。因此，各国法律均强调票据的要式性，不仅要求票据的格式和记载事项必须符合法律的规定，同时要求票据的签发、转让（transfer）、承兑（acceptance）、付款（payment）、追索（recourse）等行为也必须严格地按照票据法规定的程序进行方为有效。

3）票据法规定的票据种类

世界各国立法对票据的种类并无统一的规定。按照英美法系的观点，票据包括汇票、本票、支票；而按照大陆法系的观点，汇票与本票被纳入《票据法》，支票则独立于票据之外受《支票法》的约束，据此，也有学者认为支票不属于票据。

我国票据立法与英美法系的立场相同，认为票据包括汇票、本票与支票。

6.1.2 票据行为

1）票据行为的概念

票据行为有广义与狭义之分。

（1）广义的票据行为

广义的票据行为是指以发生、变更或消灭票据债权债务关系为目的的法律行为。它包括出票、背书、承兑、参加承兑、保证、保付、付款、见票、划线、涂销、伪造、变造等。

（2）狭义的票据行为

在票据理论上，**狭义的票据行为**是指能产生票据债权债务关系的要式法律行为，主要包括出票、背书、承兑、参加承兑、保证和保付等六种。

①出票

出票是指出票人签发票据，并将其交付给他人的行为。出票是最基本的票据行为，其目的在于创设票据权利。如果出票行为无效，票据将自始无效，并将导致在此无效的票据上所为的其他票据行为也是无效的。

②背书

背书是指持票人在票据的背面或者粘单上记载有关事项，并将其交付给被背书人，从而转让票据权利或将票据权利交予他人行使的行为。背书是票据流通的基本手段。

③承兑

承兑是指远期汇票的付款人在汇票上记载承兑文句，允诺到期由付款人承担付款责任的行为。除汇票外，本票、支票均无承兑制度。汇票经承兑后，付款人即成为承兑人。承兑人一般需在票据的承兑栏中签名并记载承兑的日期。但多数国家和地区的票据法规定有不完全承兑制度，即付款人仅在票据正面签章而不记载承兑文句时也构成承兑（见我国台湾地区“票据法”第43条）。

由于票据是流通证券，需要保证付款的安全性，因此，大多数国家规定，票据付款人可以选择承兑或拒绝承兑。但是，一旦做出承兑行为，则不得附有条件，如《中华人民共和国票据法》的规定。英美法系对此采取了较灵活的做法，如美国《统一商法典》第3—402条规定，在付款人为附条件的承兑时，持票人可以拒绝，如果持票人接受了此票据，出票人和背书人即解除对汇票的担保承兑责任。

④参加承兑

参加承兑是指因汇票不获承兑，为维护票据债务人的权益，防止持票人行使追索权，由票据债务人之外的第三人于汇票到期日前参加到票据关系中，代替付款人承兑的行为。参加承兑人与承兑人的身份不同，他是票据债务中的从债务人，当付款人拒绝承兑时，他仍可依据票据关系对出票人行使追索权。

随着经济生活中票据使用范围的日益广泛，参加承兑制度也显示出其存在的必要性。日内瓦统一票据法体系中广泛存在着这种制度，《英国票据法》也规定了此种制度，但美国《统一商法典》则规定持票人可以拒绝参加承兑。我国的票据立法中没有规定参加承兑制度，还有待于进一步完善。

⑤保证

保证是指保证人为担保特定的票据债务人履行票据债务，在票据上记载保证文句并签章后交付给持票人的行为。依据票据行为独立性原理，即使被保证的债务实际上不存在或无效，保证人仍需要在其保证责任的范围内向善意持票人承担责任。保证责任仅在以下两种情况下才可免除：第一，被保证的票据债务由保证人主动履行；第二，票据债务因形式上欠缺而使票据无效。

⑥保付

保付是指支票的付款人在支票上记载“保付”“照付”等字样并签名，从而使支票上除付款人之外的所有债务人解除票据责任的行为。可见，保付制度仅存在于支票中。此项制度源于《美国统一流通证券法》，后为其他国家所采用。《中华人民共和国票据法》未规定保付制度。

2）票据行为的特征

票据行为作为民事法律行为的一种，具有一般民事法律行为的特点。它区别于一般民事法律行为，其意思表示的方式、内容、意思表示之间的关系等都具有自身的特点。

（1）票据行为的要式性

票据行为的要式性主要体现在以下几个方面：①票据行为必须采用书面形式；②行为人意思表示内容要有严格的格式；③票据行为人必须在票据上签章。

（2）票据行为的文义性

票据行为的内容必须在票据上以文字的形式做出，嗣后判断其内容正误也完全以票据上记载的文字为准。即使出现票据上的记载事项与实际不符的情况，为了保护善意持票人的利益，票据债权人不能向债务人主张票据记载文字以外的事项，票据债务人也不能以票据上文字记载以外的事项对抗债权人。

（3）票据行为的无因性

票据行为的无因性是指票据行为一旦成立，其原因关系（如买卖关系、借贷关系等）的有效与否，甚至存在与否都不会影响到票据行为的效力。票据行为只要具有抽象的形式即可生效，而不去探究其实质内容。

（4）票据行为的独立性

票据行为的独立性是指票据上的数个票据行为之间都是独立的，每一个票据行为人都对其记载的内容承担责任，不受其他票据行为的影响，除出票行为外，一个票据行为无效，不会影响到同一票据上其他票据行为的效力。

（5）票据行为的连带性

尽管票据行为具有独立性，但由于各行为的标的均为票据债务，且均记载在同一票据文本上，因而所有在票据上进行了票据行为的人，都是持票人的债务人，他们对持票人承担法定的连带责任。《日内瓦票据法统一公约》（本章简称《公约》）以及德国、日本、中国等多国票据法都对此做了规定。

6.1.3 票据法律关系

1）票据法律关系的概念与特征

票据法律关系，简称票据关系，是指票据当事人基于票据行为而发生的票据权利义务关系。作为一种特殊的民事法律关系，票据关系受票据法的调整。

票据法律关系具有以下特征：

（1）票据法律关系基于票据行为而产生。票据法规定的票据行为是唯一能够引起票据关系发生的法律行为。除此以外的任何行为，均不能引发票据权利义务关系。

(2) 票据法律关系主体的多重性和相对性。票据是流通证券，在有效期内，持票人可以通过背书转让票据。每多一次背书，票据关系就多一个人参加，再加上承兑、保证等票据行为，票据关系的主体就更多，此为票据关系主体的多重性。同时，在票据的转让过程中，背书人相对于其前手为债权人，而相对于被背书人则为债务人，此为票据关系主体的相对性。

(3) 票据法律关系的客体为票据记载货币金额。票据是一种货币证券，所以，票据关系的客体只能是货币。至于货币的种类，一般不加限制，可由当事人依法自由选择。

(4) 票据法律关系的内容为票据权利义务。这种权利义务有两类：一类是票据债权人的付款请求权与债务人的付款义务；另一类是票据债权人的追索权与债务人的偿付义务。

2) 票据法律关系的种类

如前所述，狭义的票据行为一般包括出票、背书、承兑、参加承兑、保证、保付等六种，基于这些票据行为而产生的票据关系相应地就有票据发行关系、票据背书关系、票据承兑关系、票据参加关系、票据保证关系和支票保付关系。

3) 票据法律关系的当事人

票据法律关系的当事人是指在票据上为一定票据行为，享有票据权利或承担票据义务的法律主体，包括出票人、承兑人、收款人、付款人、背书人、保证人等。其中，收款人是权利主体，出票人、承兑人、付款人（对票据做出承兑后）、背书人和保证人是义务主体。

6.2 汇票

6.2.1 汇票的特征及类型

尽管各国票据法对汇票的定义不尽相同，但多数国家认为，汇票在本质上属于一种不附条件的书面支付命令。

在我国，**汇票**是出票人签发的，委托付款人在见票时或者在指定日期无条件支付确定的金额给收款人或者持票人的票据。

1) 汇票的特征

(1) 汇票是一种最具代表性的票据

汇票作为最典型的票据，为各国票据法和《公约》所确认。汇票涉及出票人、付款人、收款人三方当事人；综合各国的法律规定，汇票权利人可以是收款人、持票人，也可以是收款人的指定人；汇票关系具有票据关系的最一般的内容。

(2) 汇票是委付证券

汇票的出票人本身不是票据付款人，而是委托他人（可以是银行，也可以是一般工商企业等）支付一定的金额。支票虽然也属于委付证券，但支票的出票人仅能委托办理支票业务的银行或者其他金融机构进行付款，付款人付款也仅以出票人所存的资金为限。

(3) 汇票设有承兑制度

承兑是汇票特有的制度。由于汇票是委付证券，汇票付款人是否付款取决于付款人的意思。承兑就是付款人做出的汇票到期无条件付款的意思表示。付款人在承兑前没有绝对付款的义务，在承兑后，则成为汇票上的第一债务人，负有到期无条件付款的义务。本票与支票均没有此项制度。

(4) 汇票是信用证券

汇票除了见票即付的以外，均须记载在将来的某个日期付款。汇票的信用功能主要是通过这种远期汇票实现的。一般而言，汇票记载的期限越长，就越能体现出汇票的信用功能。按照国际上通行的立法规定，本票也是信用证券，但《中华人民共和国票据法》规定本票仅限于见票即付，其出票人只限于银行，因而其信用功能受到极大的限制。

2) 汇票的类型

(1) 即期汇票 (sight draft or demand draft) 与远期汇票 (time draft or usance draft)

根据汇票上记载的到期日的不同，可以将汇票分为：

①即期汇票。这是指以见票日为付款到期日，付款人见票即付的汇票。根据多数国家票据法的规定，即期汇票包括明确记载有“见票即付 (on demand)”字样的汇票、没有记载到期日的汇票、记载的到期日与签发日相同的汇票。

②远期汇票。这是指在票据上记载的到期日届至时，收款人或持票人依法请求付款的汇票。远期汇票需要承兑，通常又称为承兑汇票。根据出票人对付款日期记载方式的不同，远期汇票又可分为定日汇票、计期汇票和注期汇票。

(2) 记名汇票、无记名汇票与指示汇票

根据汇票上对收款人记载方式的不同，可将汇票分为：

①记名汇票 (straight bill)。记名汇票又称为“抬头汇票”，是指出票人明确记载了收款人姓名或名称的汇票。根据各国票据法的规定，记名汇票必须背书转让。《中华人民共和国票据法》仅规定了记名汇票。

②无记名汇票 (bearer bill)。无记名汇票又称“空白汇票”，是指出票人未记载收款人姓名或名称，或仅记载“持票人”或“来人”的汇票。一些国家的票据法认为，收款人并非汇票的必要记载事项，因而无记名汇票的存在是合法的，其可依交付方式转让，也可通过记载收款人的姓名或名称，使其变为记名汇票。

③指示汇票 (order bill)。这是指出票人在记载收款人的姓名或名称的同时，又附加记载“或其指定人”字样的汇票。指示汇票也须以背书方式转让。出票人不得记载“禁止转让”字样，否则将与指示汇票的性质相违背。《中华人民共和国票据法》目前未对指示汇票做出规定。

(3) 一般汇票与变式汇票

根据当事人的资格是否兼任，可将汇票分为：

①一般汇票。这是指汇票的三方当事人分别由不同的主体担当，互不兼任的汇票。这是汇票的基本形态。

②变式汇票。这是指汇票的三方当事人中有一方兼具两种身份的汇票。其包括汇票出票人以自己为收款人的“指己汇票”；由汇票出票人兼任付款人的“己付汇票”；由付款人兼任收款人的“付受汇票”。我国台湾地区有付受汇票。《中华人民共和国票据法》在实践中仅存在“指己汇票”和“己付汇票”，且其规则较传统的变式汇票也发生了改变。

(4) 光票与跟单汇票

根据汇票的承兑或付款是否要求附有单据，可将汇票分为：

①光票（clean draft）。这是指无须附带任何商业单据，付款人或承兑人仅依汇票本身即可付款或承兑的汇票。理论上，仅光票属于我国票据法中的汇票。

②跟单汇票（documentary draft）。跟单汇票又称为“押汇汇票”或“信用汇票”，是指必须附带相关的商业单据才能获得承兑或付款的汇票。跟单汇票的单据包括提单、仓单、保险单、商业发票、原产地证书、卫生检疫证明、商品检验书等。跟单汇票实际上是国际贸易结算支付工具的一种，其并不具有传统汇票“无条件支付命令”的性质。

6.2.2 汇票的出票

1) 汇票出票（issue）的格式

汇票的出票是基本的票据行为，其有效性直接影响到其后发生的附属票据行为的效力。如前所述，票据行为具有要式性和文义性的特征，因而汇票的出票格式就显得尤为重要。

(1) 绝对必要记载事项

汇票出票时的绝对必要记载事项是指出票时必须在汇票上记载，如有欠缺将不产生票据效力的记载事项。

①表明“汇票”字样。其作用在于使汇票与其他票据相区别。《公约》要求汇票必须表明“汇票”字样，并按其规定记载必要内容才能有效。《英国票据法》虽然不要求在汇票上使用“汇票”字样，但在结算业务实践中签发的汇票大部分也用“汇票”来表示。

②无条件支付确定金额的命令。这就要求汇票在措辞上不能用“希望……”等虚拟请求式的语句，而只能用“付××美元给××”的格式。多数国家的票据法禁止当事人附条件出票，但按照美国《统一商法典》第3—105条第（2）款的规定，票据上记载的支付委托受到任何其他协议限制的，或者票据上限定仅可从专门基金来源中支付票款的，则构成有条件的支付委托。

③确定的金额。由于汇票的支付标的是货币，因此汇票的金额必须确定。如果同时以文字和数字表示，两者必须相符。如果不符，根据《公约》和《英国票据法》的规定，应以文字为准。

④付款人名称。汇票上付款人的名称应当记载清楚，付款人通常为进口商或其开户

银行。各国票据法一般将“付款人名称”视为绝对必要记载事项，但我国台湾地区则规定：未载付款人者，以发票人为付款人。

⑤收款人名称。收款人是接受票据金额的当事人，是票据关系中的主债权人。收款人名称记载在汇票的抬头栏里。汇票的“抬头”可做不同的分类，英美法系国家对此采取了灵活的格式，如《英国票据法》就规定了三种汇票收款人的记载方法：第一，限制性抬头。这种汇票抬头栏中记载的当事人就是收款人。例如，“仅付给甲公司（pay Co. A，only）”。第二，指示性抬头。此种抬头的汇票，除汇票中指定的人可以行使票据权利外，还可将权利背书转让。例如，“付给甲公司或其指定人（pay Co. A or order，or pay to the order of Co. A）”。第三，持票人抬头。此种汇票的抬头栏中只记载“付与来人（payable to bearer）”，并且交付汇票即可转让。

⑥出票日期。《公约》认为汇票的出票日期是汇票的必要记载事项，它不仅可以确定付款日和期限届满的有效性，而且涉及法律适用的时效性问题。但《英国票据法》第3条、第13条以及美国《统一商法典》第3—114条均规定，出票日期的欠缺并不影响汇票的有效性和流通性，合法的汇票持有人可以补填其认为准确的日期。

对于汇票出票日期是否可以有悖事实出票日的问题，大陆法系学者认为，汇票上记载的出票日期只要符合形式上的要求即可，因为此项记载是当事人的一种意思表示，而非事实记录，因此，即使与真实的出票日期不符，也不会影响汇票的效力。而在英美票据法中，由于法律未将出票日期视为绝对必要记载事项，因此不会对此发生争议。《中华人民共和国票据法》未对此做出规定。

⑦出票人签章。签章表明出票人承担了汇票的付款责任。汇票出票人必须在汇票上签章，汇票才能生效。

（2）相对必要记载事项

相对必要记载事项是指本应在汇票上记载，但出票人未做记载时则可依法推定其内容，而不会因此导致汇票出票无效的记载事项。

①到期日。到期日也称“付款期限”。汇票的付款期限一般有两种：即期付款和远期付款。即期付款是指在汇票上载明“立即付款”或“见票时或提示时付款”的字样，通常称为“即期汇票”；远期付款是指除见票即付外的汇票付款方式，通常称为“远期汇票”。

②付款地点。付款地点是出票人提示票据请求付款的地点，该地点是汇票承兑或付款的行为发生地。《公约》第1条要求汇票上必须写明付款地点，又在第2条第（2）款进一步规定，如汇票欠缺此项记载，除有特殊记载外，受票人姓名旁记载的地点被视为付款地。

③出票地点。汇票的出票地点是汇票上提示付款的地点。《公约》第2条第（3）款规定，未记载出票地的汇票，出票人姓名旁所记载的地点被视为出票地。而英美法系国家则认为，如果汇票上的出票地点没有注明，汇票仍然有效，出票地以出票人的营业所、住所或居住地为准。

（3）其他可能记载的事项

按照多数国家的票据立法，汇票出票时除了上述必要记载事项外，出票人还可自由选择一些记载事项，这些任意记载事项不记载并不影响汇票的效力，但一经记载，即发生票据法上的效力。实践中，一般包括代理付款人、预备付款人、利息与利率、担保责任免除、分期付款等条款。

出票人记载的事项还可能是本身无效的事项或使汇票无效的事项。前种记载不产生任何效力，将被视为无记载，如《公约》第12条第（1）款规定："背书须是无条件的。任何使背书受制约的条件视为无记载。"后种记载则会导致汇票无效，如出票人在汇票上记载了不确定的金额，此项记载将导致汇票无效。

2）汇票出票的效力

汇票出票的效力包括三个方面：

（1）出票人承担保证汇票承兑和付款的责任

出票人在汇票得不到承兑或者付款时，应当向持票人清偿票面金额、利息和其他费用。多数国家的票据法将汇票出票人的担保责任分为担保承兑与担保付款，其所产生的后果不尽相同。而按照《中华人民共和国票据法》的规定，只要出票人签发的汇票被拒绝承兑或被拒绝付款（dishonor），持票人即可向出票人行使追索权。

《公约》第9条第（2）款允许解除出票人保证承兑的责任，还有的国家甚至允许同时免除出票人的保证承兑和保证付款的责任，但《中华人民共和国票据法》对此并不认同。

（2）收款人取得汇票并享有票据权利

出票人将做成的汇票交付收款人后，收款人即取得兑付请求权和追索权，并可背书转让。值得说明的是，在承兑之前的付款请求权以及在被拒绝兑付前的追索权，实际上只是一种期待权。

（3）付款人取得承兑和付款的资格

即期汇票的出票使付款人直接成为汇票的债务人，负有付款的义务。而对远期汇票来说，出票行为仅给付款人以承兑和付款的资格，是否对汇票承兑及付款，则完全取决于付款人自己的意愿。

6.2.3 汇票的背书

票据作为一种流通证券，能够自由转让才能体现出其存在的价值。如前所述，票据的转让方式有背书和交付两种。这里仅对背书加以介绍。

1）背书的概念

背书是指持票人以转让票据权利给他人或授予他人行使一定的汇票权利为目的，在票据背面或者粘单上记载有关事项并签章，然后将其转让给被背书人的附属票据行为。在汇票上签章的是背书人，背书人背书转让的直接对象是被背书人，又称受让人。被背书人可以将受让的票据通过背书而转让给他人，称为再背书。这种票据的连续转让，形成票据的流通。

2）背书的特征

与其他票据行为相比，背书具有以下特征：

（1）背书是一种单方法律行为。按照各国的票据法，背书行为仅由持票人的记载、签章以及交付行为构成，无须出票人的同意，也无须受让人的合作行为而做成。

（2）背书的整体性。其要求背书人只能将全部票据权利转让给同一人，如果只将汇票金额的一部分背书转让或将汇票金额分别转让给数人，此项背书无效。例如，《公约》第12条第（2）款规定："部分背书无效。"但美国《统一商法典》对此限制较少，如该法第3~202条第（3）款规定："背书权在让与全部票据金额或任何未付余额时，才产生流通效力。如果少于上述金额，则仅产生这部分金额的转让。"

（3）背书不得附加条件。因为背书附加条件将会影响到票据的流通，所以各国票据法均禁止背书附加条件，如在背书时做了附加条件的记载，则此项记载不产生效力或视为无记载。

3）背书的种类

根据各国的票据法，可将背书行为划分成不同的种类。以下仅就背书的基本分类加以介绍。

（1）转让背书与非转让背书

根据背书的目的不同，可将汇票的背书分为转让背书与非转让背书。这是对背书做的最基本的分类。

①转让背书。转让背书的目的在于转让汇票的权利。它是最基本的背书类型。

②非转让背书。非转让背书又可进一步分为委托收款背书与设质背书。

委托收款背书又称委任背书或代理背书，是指以委托他人代理收款为目的而做的背书。《公约》在第18条对此做了规定："如背书中载有'价值在托收中''为托收用''委托代理'或任何其他词语以表明单纯委托的声明，持票人得行使汇票上所有的一切权利，但只能以代理人资格背书。在此情况下，承担责任的各当事人对持票人提出的抗辩以能对抗背书人者为限。由委托代理背书所载明的委托，不因委托人的死亡或成为在法律上无行为能力者而终止。"从理论上看，此种背书实质上并未转让票据权利，而仅是一种以背书形式所做的委托。其主要效力在于使受托人取得了代理背书人请求付款的请求权。被背书人作为受托人，其代理权的行使也受到了一定的限制。例如，被背书人在依票据行使权利时以受托收款为限，所取得的金额也应归于背书人。

设质背书又称质权背书或质押背书，是指背书人为担保债务履行，在票据上设定质权而做的背书。设质背书的目的是使被背书人取得质权，因而它有别于转让背书和委任背书，是一种特殊的背书形式。在票据质押期间，质权人实际持有票据，当质权实现时，他即成为真实的票据权利人，可直接请求支付票据金额。在设质背书中，债务人不能以自己与质押背书的背书人之间的抗辩事由对抗被背书人。《公约》第19条对此做了明确规定："如背书载有'担保价值''抵押价值'或任何其他抵押的声明，持票人得行使汇票上所有的一切权利，但只能以代理人资格背书。承担责任的各当事人不得以其与出票人或前手持票人间的个人关系发生的抗辩对抗持票人，但持票人在接受汇票时明知其行为有损于债务人者除外。”

(2) 一般转让背书与特殊转让背书

根据背书转让有无法律上的特殊性，可将转让背书分为一般转让背书与特殊转让背书。

①一般转让背书。这是指持票人以转让汇票权利为目的，依据票据法基本原则所做的，一经完成即产生法律效力的背书。此种背书以是否记载被背书人为标准，又可进一步分为记名背书与无记名背书。

记名背书，又称完全背书或正式背书，是指背书人依法记载了背书的类型、被背书人名称并完成签章的背书。《中华人民共和国票据法》目前只认可记名背书的效力。

无记名背书，又称空白背书或略式背书，是指仅由背书人签章而不记载被背书人的背书。《公约》《英国票据法》以及我国香港特别行政区、台湾地区均规定了空白背书制度。

②特殊转让背书。这是指持票人以转让汇票权利为目的，依据票据法特殊规则所做的背书。此种背书实际上包括限制背书、回头背书和期后背书三种形式。

限制背书是指背书人在记载背书的有关事项时，对转让的票据权利给予一定限制的背书。《公约》在第15条第（2）款规定：“背书人得禁止任何再背书；在此情况下，该背书人对禁止后再经背书而取得汇票的人，不承担保证责任。”此时，背书人做出的“不得转让”的记载并不能改变票据的可背书性，其作用只是将自己的保证责任限定在直接被背书人的范围内。例如，甲在将汇票转让给乙时记载了“不得转让”的字样，随后，乙又将该汇票背书转让给了丙，丙又背书转让给了丁……那么，甲只对其直接后手乙承担保证责任，而对乙的所有后手都不承担保证责任。

回头背书，又称还原背书或逆背书，是指背书人以汇票上债务人为被背书人所做的背书。依据票据法理论，在原先的票据债务人成为被背书人时，票据权利依然存在，回头背书的持票人仍享有票据权利，也可以再做背书转让。《公约》第11条明确规定了回头背书：“不论受票人已否承兑，汇票得以背书方式转让于受票人，或转让于出票人或汇票上任何其他人。”我国台湾地区也规定汇票可以让与出票人、承兑人、付款人或其他票据债务人。《中华人民共和国票据法》虽未明确规定回头背书，但从该法第69条关于追索权的规定可以推出，我国票据立法是承认回头背书的。

期后背书是指在票据被拒绝承兑、被拒绝付款或超过付款提示期限后所做的背书。各国票据法对期后背书的界定不一。例如，依据《英国票据法》第35条的规定，期后背书是指票据到期日后所为的背书；依据《公约》第20条、《德国票据法》第20条与《法国票据法》第123条的规定，在汇票到期日后、尚未做成拒绝付款证书前所为的背书，或者在汇票到期日后、做成拒绝付款证书期限以内所为的背书，都与到期前的背书具有统一效力；而依据《中华人民共和国票据法》第36条的规定，期后背书是指在票据被拒绝承兑、拒绝付款或者超过付款提示期后所为的背书。尽管如此，关于期后背书的效力，《公约》及多数国家的票据法的态度是一致的，均规定期后背书仅具有“通常债权转让之效力”。在此问题上，《中华人民共和国票据法》第36条做出了与票据法理论不相符合的规定。有学者建议，我国票据立法应该与国际接轨，规定期后背书仅能产生“通常债权转让之效力”。

所谓通常债权转让之效力，是指民法中规定的一般债权转让的效力。据此，票据债务人对于背书人所能主张的抗辩，也可以对被背书人主张。背书人对被背书人不承担票据上的担保责任，被背书人不获付款时，只能依民法向背书人请求损害赔偿。

6.2.4 汇票的提示

1）汇票提示的概念

汇票的提示，又称见票，是指汇票的持票人依法向付款人出示票据，并要求付款人承诺付款的行为。提示承兑行为的提示人是汇票的持票人，被提示人是汇票上记载的付款人。

从票据法理论上看，提示承兑是进行承兑的必要前提，但提示行为本身并不是票据行为，不要求提示人在汇票上记载或签章。其效力在于行使和保全票据权利。

2）汇票提示的规则

（1）提示期间规则

根据《公约》第22条的规定，持票人在任何汇票中均可规定汇票应提示承兑，并可规定或不规定提示的期限。持票人可规定在指定日期前不得提示承兑。除持票人已禁止承兑，所有背书人均可规定汇票应提示承兑，并可规定或不规定提示期限。此外，《公约》第24条第（1）款规定：受票人得要求在第一次提示后之次日做第二次提示。有关当事人不得以该项要求未在拒绝证书上注明而作为不履行该要求的理由。

关于提示的期间，《公约》第23条第（1）款规定：“见票后定期付款的汇票应在出票日起1年内提示承兑。”此1年的期限，除持票人可以缩短或延长外，背书人也可以予以缩短。根据《中华人民共和国票据法》第39条、40条的规定，定日（fixed date）付款或者出票后（after date）定期付款的汇票，持票人应当在汇票到期日前向付款人提示承兑；见票后（after sight）定期付款的汇票，持票人应当自出票日后1个月内向付款人提示承兑。如果持票人未在上述期间内提示承兑，持票人将丧失对前手的追索权。

（2）提示地点规则

持票人提示承兑必须在法律规定的地点进行。《公约》在第21条对此做了规定：“汇票在到期前得由持票人或仅是占有汇票的人在受票人住所向受票人提示承兑。”《中华人民共和国票据法》也规定，提示承兑的地点为票据上载明的付款地，票据上未载明的，持票人提示承兑应当在汇票上记载的付款人的营业场所、住所或者经常居住地进行。

（3）提示交付规则

综合不同国家的票据立法，提示行为未必均须将票据交付给付款人。在德国等采取“即时承兑主义”的国家中，持票人只要向付款人出示票据，付款人必须立即决定是否承兑；而在法国、意大利等采取“考虑期限主义”的国家中，持票人的“提示”实际上是将票据交付给承兑人，给付款人留有考虑的时间，但此期限一般仅有1天。

根据《中华人民共和国票据法》第41条的规定，持票人在进行承兑提示时，应当将形式合法的票据交付给付款人，并请求付款人承兑，“付款人收到持票人提示承兑的汇票时，应当向持票人签发收到汇票的回单。回单上应当记明汇票提示承兑日期并签章”。

6.2.5 汇票的承兑与参加承兑

1）汇票的承兑

(1) 承兑的概念

汇票的**承兑**是指汇票的付款人承诺在汇票到期时对汇票的票面金额予以付款，并在汇票的正面写上“承兑”的票据行为。

依据各国票据立法，远期承兑汇票的承兑人应当为票据法意义上的付款人。远期汇票的承兑人不是汇票的债务人，并不负有任何票据责任，他有权决定是否对汇票予以承兑。但是，付款人一旦对汇票做出承兑，他就成为汇票的债务人，必须承担到期付款的义务。

(2) 承兑的基本条件

按照各国票据法的规定，一项有效的承兑必须符合以下条件：

①承兑作为一种要式行为，必须在票据上进行，票据外的承兑、口头的承兑均不发生承兑的效力。

②与汇票背书、保证等行为不同，承兑行为必须在汇票的正本上进行。

③承兑行为一般记载有“兑付”“承付”“照付”等字样，但不得进行附条件承兑。《公约》第26条第（1）款规定：“承兑是无条件的，但受票人得将其承兑限于应付金额的一部分。”

④承兑应在汇票的正面进行，如为格式汇票，承兑人则须在相应的栏目中记载签章。

⑤交还已承兑的汇票，持票人则应向承兑人交还回单。

(3) 拒绝承兑

汇票的拒绝承兑是指付款人对持票人提示的远期汇票依法做出的不同意到期付款并签署拒绝证书的行为。

根据《公约》第26条第（2）款的规定，除了允许受票人将其承兑限于应付金额的一部分外，所有其他在承兑时将汇票的主要条件修改者，均视为拒绝承兑。承兑人应按其承兑条件承担责任。

《中华人民共和国票据法》则将付款人做出的部分承兑、附条件承兑均视为拒绝承兑，对此，持票人可依汇票本身作为拒绝证明行使追索权。但在付款人直接做出拒绝承兑的情况下，由付款人做成拒绝证明（protest），并将汇票连同拒绝证明交付给持票人，由持票人向票据出票人、背书人行使追索权。

对于付款人在汇票上完成了承兑记载，在交还汇票前，又改变主意涂销其承兑的行为，《公约》第29条第（1）款规定："在汇票上做出承兑的受票人，如在归还汇票时涂销承兑，视为拒绝承兑。如无相反证明，该涂销视为在归还汇票前所为。"《英国票据法》第21条第（1）款也做了类似的规定。《中华人民共和国票据法》对此没有规定。

2）汇票的参加承兑

（1）参加承兑的概念

参加承兑是指票据债务人以外的第三人为了特定票据债务人的利益，代替付款人进行票据承兑，以防止持票人在到期日前行使追索权的一种票据行为。《公约》在第55条对此做了规定。

（2）参加承兑的基本条件

根据《公约》和多数国家的票据立法，参加承兑应具备以下基本条件：

①参加承兑行为必须以不获承兑，并做成拒绝证明为前提。各国票据法均规定，仅在汇票不获承兑时，参加人方可参加承兑。

②参加承兑的时间是在汇票不获承兑之后、到期日之前。之所以做此时间限制，是因为参加承兑只能在持票人可以行使追索权的期限到来之前完成，此时，参加承兑人可通过承担付款义务而阻止追索权的发生。一旦付款到期日届至，参加人则不能再阻止持票人行使追索权，参加承兑也就丧失了意义。至于不获承兑，是指票据被拒绝承兑或者出现付款人死亡、逃匿、破产等情形导致持票人在提示期间不能提示承兑。

③参加人须具有法律所认可的资格。根据多数国家的票据立法，参加承兑人实际上包括两类人：一类是出票人或背书人在票据上指定的预备付款人；另一类是征得持票人同意的预备付款人以外的其他人。由此可见，持票人有权拒绝参加承兑。

（3）参加承兑的效力

对于持票人来说，参加承兑的效力在于防止其在到期日前向其前手行使追索权，其只享有对参加承兑人的付款请求权。

对于参加人来说，参加承兑行为使其具有了票据债务人的身份。根据不同国家的法律规定，参加承兑人的票据债务人地位并不相同。例如，《公约》第58条第（1）款规定："参加承兑人对持票人和被参加承兑人的后手背书人承担的责任与被参加人承担的责任相同。"可见，其地位相当于第一债务人。《英国票据法》第66条则规定，参加承兑人实际上仅作为第二债务人"对持票人负有责任，以及对被参加承兑人以后的全体汇票当事人负其责任"。而且，根据票据行为独立性的理论，即使被参加人的票据债务存在瑕疵，也不影响参加承兑的效力。但参加承兑人在为票据支付后，享有向被参加承兑人及其前手追索的权利。

对于被参加人的后手来说，参加承兑人在票据到期日履行了付款义务后，被参加人的全体后手作为其债权人即可免除再追索权的债务。

6.2.6 汇票的付款

1）汇票付款的概念

汇票的付款有广义和狭义之分。广义的付款，是指一切票据债务人向持票人支付票据金额的行为；**狭义的付款**，是指汇票上记载的付款人或代理付款人依法向持票人支付汇票金额，以消灭汇票关系的行为。本节讨论的是狭义的付款行为。

2）汇票的付款程序

汇票的付款程序，一般包括提示付款、付款审查、付款并缴回汇票三个步骤。

（1）提示付款

所谓提示付款，是指汇票的持票人向付款人或代理付款人依法出示汇票，并请求其付款的行为。提示付款实质上是行使付款请求权的行为，它不仅是取得汇票付款的前提条件，而且具有保全持票人追索权的效果。

根据各国票据法理论，持票人提示付款应当在提示付款期间内进行。持票人如果未在规定期限内提示付款，将丧失对其前手的追索权。《公约》在第38条第（1）款也规定："定日付款或出票或见票后定期付款的汇票之持票人在付款日或其后两个营业日之一作付款提示。"并在第42条规定了如未在规定期限提示付款的后果，"所有债务人有权将款项存于主管当局，所有费用、风险和危险由持票人承担"。

此外，持票人提示付款应当在汇票上记载的付款地进行；汇票上未记载付款地的，应当在被提示人的营业场所、住所或经常居住地进行。

（2）付款审查

付款人或代理付款人在收到持票人提示交付的汇票后，应当依法对票据的形式进行审查。这种形式审查的主要内容有：

①票据形式的审查。这主要指对票据记载事项的审查，包括汇票上的法定必要记载事项是否完备；票据金额等记载事项是否被伪造或变造；是否存在危及票据效力的记载事项；提示付款人的付款提示是否符合提示期间规则等。

②背书连续的审查。这是对持票人进行的形式审查，主要看汇票的背书是否连续，只有连续背书的最后被背书人才能成为形式上合法的持票人。《公约》第40条第（3）款对此做了规定："付款人应负认定背书连续之责，但对背书人的签名，不负认定真伪之责。"

③附带审查责任。这是审查提示付款人的合法身份证明或有效证件是否与持票人相吻合，其目的在于防止或发现不法分子假冒他人名义，利用票据骗取票据款项的违法犯罪行为。

（3）付款并缴回汇票

付款人或代理付款人在收到合法提示的汇票并经过审查后，对于合法有效的汇票应当及时支付票款。付款人在履行付款时，有权要求持票人在汇票上签收，并将该已付讫的汇票缴回付款人。对此，《公约》与大陆法系各国的规定大体相同。例如，《公约》第39条第（1）款规定："对汇票付款的受票人，得要求持票人在汇票上注明收讫后交还受票人。”《中华人民共和国票据法》第55条也做了类似规定。

《公约》及有些国家的票据立法还允许对汇票进行部分付款，并对汇票付款时当事人的签收规则和给付收据义务做了详细的规定。例如，《公约》第39条第（2）、（3）款规定：“持票人不得拒绝部分付款。在部分付款的情况下，受票人得要求在汇票上载明该部分付款，并应给以收据。”

3）汇票付款的效力

根据各国票据立法，付款人或代理付款人在不存在恶意或重大过失的情况下，履行了足额付款义务，汇票法律关系即全部归于消灭，所有票据债务人的票据责任也因此得以免除。例如，《英国票据法》第53条规定：“汇票经付款人或承兑人或他们各自委托的人做适当付款而解除。”《中华人民共和国票据法》第60条也有类似规定。

在代理付款人依法付款的情况下，该代理付款人有权向被代理的付款人要求返还汇票金额。

4）特别付款

在通常情况下，付款应在到期日进行支付。在法定付款期限之外进行的付款，则作为特别的付款。

（1）期前付款

期前付款是指在票据到期日未至时进行的付款。在汇票上记载的到期日未到来之前，付款人有权不予付款。在期前付款中，由于付款人放弃的是自己的权利，所以法律一般予以认可。但根据《公约》第40条的相关规定，“受票人在到期日前付款，由自己承担风险和危险”，且“不得强制汇票的持票人接受到期日前的付款”。此处，“由自己承担风险和危险”包括：①对持票人的资格有实质审查的义务，如发生错付，仍需对真实权利人付款；②如发生持票人撤销支付委托等情况时，已进行期前付款的付款人自行承担相应的损失。

（2）期后付款

期后付款是指汇票的持票人在法定的付款提示期限届满之后才向付款人进行提示，由付款人所进行的付款。依据票据法理论，期后付款意味着自票据到期日起至票据消灭失效期间届满之前，承兑人实际上均负有确定的付款义务；而对未承兑的付款人、代理付款人来说，其期后付款行为仅发生民法上的代为清偿的效力。

（3）提存支付

这是《公约》规定的一项票据制度。根据《公约》第42条的规定，汇票如未在规定的期限内提示付款，所有债务人有权将款项存于主管当局，所有费用、风险由持票人承担。《中华人民共和国票据法》无此项制度。

6.3 本票与支票

6.3.1 本票

1）本票的概念

各国票据法对本票的定义不尽相同，因此，《公约》仅将一张本票应包含的内容列出，并未明确地规定本票的定义。尽管如此，就“本票是出票人做出的无条件支付一定金额的承诺”这一本质特征而言，各国票据法的态度相同。

将《中华人民共和国票据法》与国外票据法相比较，《中华人民共和国票据法》中所称的本票是指银行本票；而国外的票据法中所规定的本票，并不仅限于银行本票，且不仅限于见票即付，多数国家的票据立法承认远期本票。例如，《英国票据法》第83条规定：“本票是指一人向他人所做的无条件书面承诺，经出票人签名，承担即期或在一定时期或未来的特定期间内，向特定人或其指定的人，或向来人支付一定金额的票据。”

鉴于此种情况，可以用本票的本质特征对本票的概念加以概括，即**本票**是出票人做出的无条件支付一定金额的承诺。

2）本票的种类

（1）记名本票、指示式本票与无记名本票

这是以本票对权利人的记载方式为标准所做的分类。《公约》及大陆法系的德国、法国、日本票据法中规定的本票，只包括记名本票和指示式本票两种。英国、美国、法国及我国台湾地区均承认上述三种形式的本票，只是台湾地区对见票即付的无记名本票做了限制，规定其金额必须在500元以上。《中华人民共和国票据法》只承认记名本票。

（2）即期本票与远期本票

这是以本票到期日的记载方式为标准所做的分类。远期本票又可分为定日本票、计期本票和注期本票。其内容与汇票中的同一分类相同。《公约》《英国票据法》以及我国台湾地区均承认上述两种形式的本票，但对远期本票的各种形式的规定则有所不同。《中华人民共和国票据法》只承认即期本票。

（3）国内本票、外国本票与涉外本票

这是以本票出票行为地为标准所做的分类。依据《英国票据法》的规定，本票以签发地、付款地的不同为标准，可分为国内本票和外国本票。凡签发与付款均在不列颠群岛境内或其票面文义是这样表示的本票，均为国内本票；此外，皆属外国本票。《中华人民共和国票据法》将本票分为国内本票和涉外本票两类。

（4）银行本票与商业本票

这是以本票出票人的身份为标准所做的分类。银行本票是指以银行为出票人签发的本票。商业本票则是由银行以外的企业或个人签发的本票。从票据法理论上讲，多数国家并不区分这两种形式的本票，两者适用完全相同的法律规定。《中华人民共和国票据法》只承认银行本票，这是我国本票制度的一个重要特点。

3）关于汇票规则的准用

由于本票与汇票相同之处甚多，所以，各国票据法大都将汇票与本票合并立法，且一般都对汇票的各项制度做了详细的规定，而对本票只做了特别规定，其他规则均准用汇票的规定。

各国关于本票准用汇票规则的立法模式不尽相同，其中，《公约》及日内瓦统一法系各国多采用列举式立法，将本票可以适用汇票的规定一一列举，如《公约》第77条、《德国票据法》第77条、《法国票据法》第185条至188条、《日本票据法》第77条的规定。英美法系国家则多采用概括式立法，规定除法律有特殊规定外，均适用对汇票的规定，如《英国票据法》第89条的规定。《中华人民共和国票据法》第80条则采取了列举式与概括式相结合的立法模式。

6.3.2 支票

1）支票的概念和特征

英美法将支票定义为“是以银行为付款人的即期付款的汇票”。《日内瓦支票法统一规则》（本章简称《统一规则》）未对支票下明确的定义，仅规定了支票应包含的内容。《中华人民共和国票据法》在第81条规定：“**支票**是出票人签发的，委托办理支票存款业务的银行或者其他金融机构在见票时无条件支付确定的金额给收款人或者持票人的票据。”由此可见，《中华人民共和国票据法》与国际通行的关于支票的定义大致相同。

支票作为一种支付证券，与汇票和本票相比，具有自己的特征：

（1）支票的付款人仅限于银行或其他金融机构。将支票的付款人限定为银行或其他金融机构，可以使支票金额的支付在资金上和技术上得到更多的保障。《统一规则》和各国票据法对此均做了相同规定。例如，《统一规则》第3条规定：“支票必须由持有出票人存款的银行开出，并须符合出票人有权以支票方式处理该款之明示或默示之协议。”美国《统一商法典》第3—104条规定：“支票是由银行凭票即付的票据。”《德国支票法》第3条规定：“支票只能在出票人有存款的银行付款，且应遵循出票人有权开立支票支用存款的明示或默示的约定。”

（2）支票的签发以出票人与付款人存在资金关系为前提。《统一规则》及各国票据法均要求，只有在银行或其他金融机构开户并与之订立有支付委托合同的存款人，才可使用支票。需明确的是，票据法理论上要求的资金关系不仅指存款关系。例如，付款人允许出票人进行一定限额内的透支，也是一种资金关系。在该限额内，付款银行应进行支付。

（3）支票是见票即付的票据。对此，《统一规则》及各国票据法的观点相同。例如，《统一规则》第28条规定：“支票限于见票即付。任何相反规定视为无记载。”《德国支票法》《法国支票法》《日本支票法》均在第28条规定支票限于见票即付。

（4）支票未设承兑制度。各国票据法均认为，支票是即期票据，且提示付款期极短，因而无须承兑。《统一规则》也在第4条规定：“支票不得承兑。有承兑记载者视为无记载。”

2）支票的出票

支票的出票是创设支票关系的基本票据行为，它建立在出票人与付款银行之间的账户合同关系基础之上。从行为的内容看，支票的出票同样包括票据上记载、票据签章和票据交付三项要件。从行为的形式规则看，各国票据法通常都对支票的出票规定有严格的记载事项和格式规则。与汇票和本票不同的是，支票一般不以收款人为绝对必要记载事项而允许不记名出票，出票人对金额条款得以授权方式由后手持票人补记。从行为的效果看，支票的出票是创设支票关系的基本票据行为，其他附属票据行为均以出票的有效成立为前提。

根据《统一规则》第1条的规定，支票应包含以下内容：（1）支票字样；（2）无条件支付一定金额的命令；（3）付款人（受票人）的姓名；（4）付款地；（5）出票日期与地点；（6）出票人签名。但是，许多国家的票据法认为，支票的出票日期同样可以为授权补记事项，有些国家甚至不限制出票人或持票人早填或迟填与实际出票日不同的出票日期，如《英国票据法》第13条和美国《统一商法典》第3—114条的规定。

按照许多国家票据法的规定，凡在支票上记载附条件支付文句、分期付款条款等内容的，将导致支票整体无效，此种支票实际上是不可履行的。而有些事项的记载仅会导致本身无效，不会影响到支票的效力，这在理论上称为“法律未规定事项”。各国票据立法对此类记载均有不同的规定。按照《统一规则》的规定，凡在支票上记载到期日条款、承兑条款、利息条款、免除担保责任条款的，均视为“无记载”。

3）特殊支票

根据各国票据立法，特殊支票是指对付款给予特别保障的支票，主要包括保付支票和划线支票两类。

（1）保付支票（confirmed check）

作为支票特有的制度，保付制度既不同于汇票的承兑，也不同于支票的保证。美国《统一商法典》第3—411条对此做了明确规定。根据该条的规定，保付是指支票的付款人在支票上记载“保付”字样并签章，对支票承担绝对付款责任的行为。经“保付”记载的支票为保付支票。保付一经做成，出票人的责任随之解除。《统一规则》及大陆法系国家的支票法对保付制度未做规定，《日本支票法》虽规定支票可以由付款人进行担保，但不能因此而免除出票人及背书人的责任。《中华人民共和国票据法》未规定保付制度，但我国台湾地区对此做了规定。

（2）划线支票（crossed check）

划线支票，又称“平行线支票”或“横线支票”，是指票据行为人依法在支票正面划两道平行线，并依此取得票据法上的特殊保障效力的支票。此种类型的支票源于英国票据法，由于具有安全维护功能，从而为各国票据立法普遍运用。

划线支票的收款人仅限于银行或特定的金融机构，其划线记载起到了限定收款人的作用。根据《统一规则》第37条的规定，划线支票分为普通划线与特别划线两种。只划线不做其他记载或仅在线内记载“银行”二字的为普通划线支票；在所划线内同时记载有特定银行或其他金融机构名称的为特别划线支票。其中，普通划线支票可以转换成特别划线支票，而特别划线支票则不能转换成普通划线支票。划线支票不得涂销，划线或划线内之银行业者名称经涂销者，视为没有涂销。

除《统一规则》认可划线支票外，《英国票据法》《法国支票法》《日本支票法》以及我国香港、台湾地区均对划线支票做了详细的规定。《中华人民共和国票据法》虽未规定划线支票，但从我国《支付结算办法》第115条的规定可以看出，我国票据立法是承认划线支票的。

6.4 国际票据统一法

为了调整各国票据法律关系方面的冲突，从19世纪末就有一些国际组织开始了票据的立法工作。1930年，在国际联盟的主持下，一些国家在瑞士日内瓦召开了国际票据法统一会议，签订了《日内瓦票据法统一公约》和《关于解决汇票和本票的若干法律冲突的公约》；次年，又签订了《日内瓦支票法统一规则》和《关于解决支票的若干法律冲突的公约》。日内瓦公约的签订，逐步消除了大陆法系各国在票据法上的分歧。现在，大多数欧洲国家、日本以及一些拉丁美洲国家已经采用了上述各项日内瓦公约，有些国家还在此基础上对本国的票据法进行了修改。但是，英美等国拒绝参加日内瓦公约，使日内瓦公约签订国形成与英美法系并存的两大法系。

由于日内瓦公约并没有达到统一各国票据法的目的，联合国国际贸易法委员会自1971年起就开始起草国际结算的统一票据法，并在1988年的联合国第43次大会上正式通过了《联合国国际汇票和本票公约》，目前，该公约因批准国不足而尚未生效。

6.4.1 《日内瓦票据法统一公约》

1）《日内瓦票据法统一公约》

《日内瓦票据法统一公约》又称为《日内瓦汇票和本票统一法公约》，它是针对汇票和本票制定的，与之相应的还有1931年的《日内瓦支票法统一规则》，这反映出日内瓦公约的立法模式采用的是票据分离主义。

世界票据法体系可分为大陆法系的票据法和英美法系的票据法。前者以日内瓦公约为依据，后者以《英国票据法》为蓝本（方士华，1999）。

2）《日内瓦票据法统一公约》与英美法系国家票据法的主要区别

（1）对票据的定义不同。由于《日内瓦票据法统一公约》只是通过列举必要项目的方式对汇票及本票做了描述，所以，给票据下定义时，通常按照英美法的规定来解释。

（2）对票据必要记载事项的规定不同。例如，《日内瓦票据法统一公约》要求票据上必须标明“汇票”或“本票”的字样，英美法无此项要求；《日内瓦票据法统一公约》将票据的出票日期作为必要记载事项，而英美法则认为票据无出票日期仍然成立。

在其他记载方面，两者也有一些不同规定。例如，《日内瓦票据法统一公约》认为出票人只能免除担保承兑的责任，而不能免除担保付款的责任；英美法认为，出票人和背书人可用“免于追索”的文句来免除在票据被拒绝付款时受追索的责任。

（3）对票据行为规定的不同。

①《日内瓦票据法统一公约》认为“不得转让背书”的票据仍可由被背书人转让，转让人只对直接后手负责，对其他后手概不负责；英美法则规定，限制背书的被背书人无权转让票据权利。

②根据《日内瓦票据法统一公约》的规定，付款人付款时不需要认定背书真伪；英美法则规定付款人付款必须认定背书真伪。

③在伪造签名（forged signature）的问题上，两者的分歧在于：《日内瓦票据法统一公约》主张保护善意持票人的权利；英美法则主张应保护汇票真正所有人的权利。

④当持票人遭到拒付时，《日内瓦票据法统一公约》允许在出票人或受票人破产时，以法院判决代替拒绝证书；根据英美法，只有国际汇票才必须由公证人做成拒绝证书。

⑤《日内瓦票据法统一公约》允许“保证”票据；英美法则没有“保证”规定。

（4）对善意持票人权利的保护不同。《英国票据法》在判断是否知道前手的权利缺陷时，以“实际知悉”为原则，并且只保护善意并支付了对价的正当持票人的权利。《日内瓦票据法统一公约》则不强调当事人是否支付了对价。

（5）对票据时效期间的规定不同。

①关于票据提示的时效，《日内瓦票据法统一公约》规定，即期票据必须从出票日起1年内做付款提示；见票后定期汇票必须在出票日起1年内做承兑提示；远期票据必须在到期日及以后的两个营业日内做付款提示。《英国票据法》对提示时效的规定则限定在“合理的时间”内。如果持票人未在规定时效内提示票据，那么他就丧失了对前手的追索权，然而承兑人对持票人仍有付款责任，其责任时效《日内瓦票据法统一公约》规定为到期日起3年，英美法规定为承兑日起6年。

②关于做成承兑的时效，《日内瓦票据法统一公约》规定须在2天内做成承兑；《英国票据法》规定付款人须在习惯时间内（24小时）做成承兑。

6.4.2 《日内瓦支票法统一规则》

1）《日内瓦支票法统一规则》

作为日内瓦公约的组成部分，《日内瓦支票法统一规则》（《统一规则》）是国际票据法统一会议的又一重要成果，制定于1931年，1934年1月1日生效。

2）《日内瓦支票法统一规则》与英美法系国家票据法的主要区别

（1）立法模式不同。日内瓦统一法系各国将支票独立于汇票和本票外立法，因此，《统一规则》与《日内瓦票据法统一公约》重复的规则极多；英美法则将三种票据的相同点归在一起，将汇票规则作为票据法的核心，本票和支票的许多制度依法准用汇票的有关规定，从而避免了重复。

（2）对支票的定义不同。《统一规则》仅列举出支票应包含的内容，未对其做明确的定义；英美法则把支票视为汇票的一种，认为“支票是以银行为付款人的即期付款的汇票”。

（3）对票据必要记载事项的规定不同。例如，《统一规则》要求票据上必须标明“支票”的字样，英美法对此无强制性要求；《统一规则》将票据的出票日期作为必要记载事项，而英美法则认为支票未记载出票日期的，视为赋予持票人填充权。

（4）至于出票人在出票后能否撤销其出票时的委托付款，《统一规则》采取了限制主义立法方式，有条件地允许出票人撤销其付款委托，以兼顾出票人和持票人的利益；英美法则允许持票人任意撤回付款委托。

（5）对特殊支票的规定不同。英美法规定有保付支票和划线支票；《统一规则》仅规定了划线支票。

（6）对划线涂销的效力规定不同。根据《统一规则》的规定，涂改划线或银行名称，视为未涂销；英美法把划线当作支票的一个实质部分，除法律许可的情形外，任何人对划线所做的删除、增添或修改均属违法。

本章小结

1.票据是指出票人依法签发的、由自己或委托他人于见票时或者确定的日期，向持票人或受款人无条件支付一定金额的有价证券。汇票、本票、支票作为一种有价证券在支付领域中流通，其本质上属于金钱证券，均表现为对票面金额的无条件支付的命令，并且都属于可流通转让的“流通证券”。

2.在票据理论上，狭义的票据行为是指能产生票据债权债务关系的要式法律行为，一般包括出票、背书、承兑、参加承兑、保证、保付等六种，基于这些票据行为而产生的票据关系相应地就有票据发行关系、票据背书关系、票据承兑关系、票据参加关系、票据保证关系和支票保付关系。

3.作为最典型的票据，汇票在本质上属于一种不附条件的书面支付命令，兼有信用证券的特征，且设有承兑制度。各国法律及国际立法均对汇票的各种票据行为做了详细的规定。

4.各国票据法虽然对本票的定义不同，但均认为“本票是出票人做出的无条件支付一定金额的承诺”。各国票据法大都将汇票与本票合并立法，且为了避免重复，一般都对汇票的各项制度做了详细的规定，而对本票只做了特别规定，其他规则均准用汇票的规定。

5.作为一种支付工具，支票是指出票人签发的，委托办理支票存款业务的银行或者其他金融机构在见票时无条件支付确定的金额给收款人或者持票人的票据。支票具有与汇票、本票不同的特征。

6.日内瓦公约由《日内瓦票据法统一公约》、《关于解决汇票和本票的若干法律冲突的公约》、《日内瓦支票法统一规则》和《关于解决支票的若干法律冲突的公约》构成。它的制定逐步消除了大陆法系各国在票据法上的分歧，但是，英美等国拒绝参加日内瓦公约，使日内瓦公约签订国形成与英美法系并存的两大法系。

思政目标

通过对票据法概述、汇票、本票与支票、国际票据统一法的学习，能够全面理解与掌握票据法基本理论、制度及规则的价值意义，坚定中国法律文化与法律制度的充分自信，自觉维护社会主义法治原则，以实际行动弘扬社会主义核心价值观，为构建人类命运共同体贡献智慧和力量。

主要概念

票据　狭义的票据行为　保证　票据法律关系　汇票　背书　汇票的提示　承兑　参加承兑　狭义的付款　本票　支票

综合训练

一、判断题

1.票据具有流通性，所以凡是票据都可以流通转让，无论其抬头如何表示。（　）

2.背书人对后手有担保承兑和担保付款的责任，在票据不获承兑或不获付款时，背书人负连带偿付责任。（　）

3.保证人作为持票人时对被保证人及汇票的所有背书人都有追索权。（　）

4.当对汇票债务人中的一人或者数人已经行使了追索权而未获清偿时，持票人不可以变更追索。（　）

5.承兑是各种票据都有的一种票据行为。（　）

二、选择题

1.无须提示承兑的汇票是（　）。

A.见票后定期付款的汇票　B.出票后定期付款的汇票

C.见票即付的汇票　D.定日付款的汇票

2.背书为（　）。

A.基本票据行为　B.附属票据行为

C.辅助票据行为　D.准法律行为

3.依票据法原理，票据被称为无因证券，其含义是指（　）。

A.取得票据无须合法原因

B.转让票据须以向受让方交付票据为先决条件

C.占有票据即能行使票据权利，不问占有原因和资金关系

D.当事人发行、转让、背书等票据行为须依法定形式进行

4.汇票的“背书不可分割性”意味着（　）。

A.可背书转让汇票金额的一部分

B.可将汇票金额背书转让给两人或两人以上

C.须将汇票上的全部金额同时转让给同一人

D.只能把汇票金额转让给与自己有债权债务关系的人

5.1930年在瑞士日内瓦举行的关于统一票据法会议上通过的公约是（　　）。

A.《关于统一支票法的日内瓦公约》

B.《日内瓦票据法统一公约》

C.《国际汇票和国际本票公约（草案）》

D.《关于解决汇票和本票的若干法律冲突的公约》

三、简答题

1.何谓背书的连续性规则？

2.简述对票据形式审查的主要内容。

3.简述各国关于本票准用汇票规则的立法模式。

4.在行使追索权时应注意哪些问题？

5.简述票据的无因性理论。

四、案例分析题

1.无行为能力人甲向乙签发了一张符合票据法规定的票据，乙将其背书转让给了丙，丙又将其背书转让给了丁。请问：若丁主张票据权利，应由谁承担票据义务？为什么？

2.甲为“偿还”赌债而签发支票一张给乙，乙又将支票背书给丙用于偿还货款。丙向银行提示付款时，发现该支票是一张空头支票，遂转而向甲索要票款。甲辩称：赌博之债为非法之债，不受法律保护，这张支票为无效支票。请问：甲所签发的支票是否有效？

3.甲公司从乙公司进货拖欠了100万美元货款，乙公司又因借贷而拖欠丙公司100万美元，现距借款到期日还有4个月，乙公司在经得甲、丙两家公司同意后，决定以汇票结清他们之间的债权债务关系，乙为出票人，甲为付款人，丙为受款人，票据金额100万美元，出票日后4个月付款。丙得到汇票后向甲提示承兑，甲履行了承兑手续。一个月后，丙从丁公司处进货，将汇票背书转让给了丁。丁不慎将汇票丢失，遂向甲办理了挂失止付手续，但未采取其他措施。戊捡到了该汇票并伪造了丁的印章，以丁为背书人、自己为被背书人，持票到某汽车公司购买了一辆价值100万美元的汽车。汽车公司于汇票到期时持票请求甲付款，甲以汇票已挂失止付为由拒绝付款。汽车公司遂行使追索权向所有的前手发出了通知。丁接到通知后提出自己是票据权利人，汽车公司的票据有缺陷，请求返还票据。双方发生争执，诉至法院。请问：

（1）甲能否对汽车公司行使拒付权？

（2）如汽车公司遭拒付，其可采取什么补救措施？

（3）丁公司是否有权要求汽车公司交回汇票？

（4）丁公司有何补救措施？

第7章

产品责任法

商品经济的高度发展，使消费者一方面享受物质丰富带来的满足，另一方面又面临瑕疵产品侵害权利的威胁，特别是产品流通领域的产销多层次化、产品的国际化更使消费者与经营者的关系复杂，使消费者对产品的识别和选购发生困难。消费者的地位开始恶化，产品责任问题日渐成为带有普遍性的社会问题。为了保护消费者的权益，也为了使社会经济能够在良性的轨道上循环，各国开始关注保护消费者的立法。产品责任法作为保护消费者的核心制度，在世界发达国家纷纷立法保护消费者权益的趋势下，自当受到额外的重视。本章将系统介绍产品责任法的基本制度及世界上主要国家在产品责任方面的立法状况。

7.1 产品责任法概述

产品责任法（product liability law）是调整产品制造者或销售者因所制造或销售的产品具有某种瑕疵或缺陷[①]给产品消费者或其他第三者造成损害而引起的赔偿关系的法律规范的总称。

产品责任法的法律特征：

（1）调整的范围是消费者因缺陷产品所遭受的人身或除缺陷产品以外的其他财产损害的赔偿关系。例如，电视机爆炸，给消费者造成人身损害和周围家具的损坏，属于产品责任法所调整的赔偿范围，而对于电视机本身的损害赔偿则依据合同法来调整。

（2）调整对象主要是没有合同基础的侵权关系。例如，上例中的电视机在超市中陈列时爆炸，给周围顾客造成损害，即可依据侵权关系适用产品责任法。当然对于存在合同关系的购买者遭受的损害也可以适用产品责任法，但他亦可以根据合同法或买卖法得到救济。

（3）调整的手段为强制性。产品责任法体现了现代商法发展的典型趋势——具有公法性和强制性。为体现国家对处于弱势地位的公众消费者的保护意志，产品责任的产生不以约定为先决，也不得以无约定而排除。例如，产品生产者或销售者在出售商品时以

① 对于瑕疵与缺陷的理解，严格地说是有所区别的。一般认为前者属于买卖合同法的范畴，与货物品质担保相联系；而后者则属于产品责任法的范畴，与产品的危险性相关。产品缺陷意味着产品缺乏通常所应具备的安全性，可能对人身或财产造成侵害。本书将其视为产品责任法中同一的概念。

店堂告示声称出现任何问题概不负责，即使消费者以默示表示同意，该声明也是无效的。

7.1.1 产品责任构成

所谓**产品责任**（product liability）*是指由于产品存在瑕疵或缺陷而导致产品消费者或其他第三者遭受人身或财产损害时，该产品生产者和销售者应承担的一种损害赔偿责任*。产品责任的构成要件主要有以下三项：

（1）产品存在瑕疵或缺陷。对于瑕疵或缺陷的认识，各国法律的规定不同，但一般认为**缺陷**是指产品欠缺人们有权期待的安全性，主要包括：①设计缺陷，即产品的设计存在不合理的危险性，如没有安装必要的安全保护装置，一般由配方和处方的错误、原理的错误、结构设计的错误等方面造成。②制造缺陷，主要指产品在制造过程中存在的原材料、零部件方面的选择缺陷及装配缺陷等。③指示缺陷，即产品提供者对于产品的危险性没有做出必要的说明、警告或安全使用方面的指导，从而给使用者构成不合理的危险。指示缺陷通常存在于产品的广告、说明书、标签等书面形式中。如果产品存在上述任意一种情况，该产品就构成缺陷产品。

注意区分质量不合格的产品、危险产品与缺陷产品。质量不合格的产品不一定是缺陷产品，但缺陷产品一定是质量不合格的产品。因为前者强调的是与合同约定不符，后者强调的是产品“欠缺安全性”。危险产品不一定是缺陷产品，但缺陷产品一定是危险产品。因为前者强调产品具有危险性是合理的，人们可以预见；而后者的危险性是不合理的，是人们所无法预期的。例如，爆竹是危险产品，但不一定具有缺陷，只有它在不应爆炸的情况下爆炸，才被认为是缺陷产品。三者的关系如图 7-1 所示。

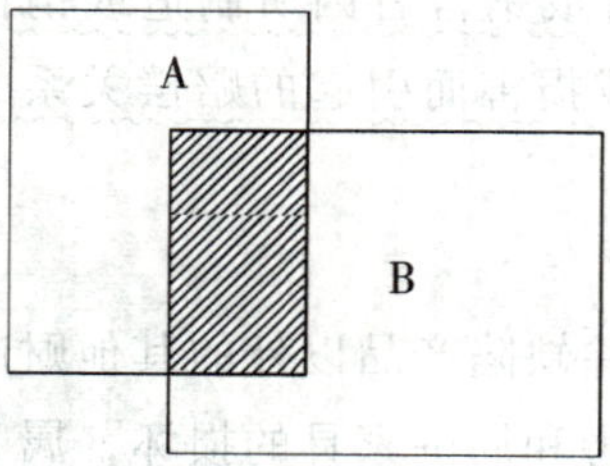

注：方框 A 代表“质量不合格产品”；方框 B 代表“危险产品”；阴影部分代表“缺陷产品”。

图 7-1　质量不合格的产品、危险产品和缺陷产品的关系

（2）对产品的消费者或其他第三者造成人身或财产的损害。这里强调两点：一是有损害的事实，这种事实可以是人身的伤害，也可以是除缺陷产品以外的财产的损失。如果产品有缺陷但没有给人造成损害，也不能要求生产者或销售者承担产品责任。二是损害的承担者应做广义的理解，既包括从生产者或销售者那里购买产品并使用产品的人，也包括虽未购买产品但使用了产品的人，同时还包括虽非上述购买人或使用人但却遭受了产品对其的损害的人。

（3）消费者或其他第三者所遭受的损害必须与产品的缺陷之间存在因果关系。如果损害是由消费者或其他第三者的过错造成的，就不存在产品责任的问题。例如，微波炉的说明书声明不可以将金属制品放入其中，但使用者未加注意，结果引起爆炸造成损

害，此时不得要求产品生产者或销售者承担产品责任。

7.1.2 产品责任法的性质与作用

（1）产品责任法的性质。产品责任法是调整产品的经营者（生产者和销售者）和消费者（包括其他第三者）之间因缺陷产品造成的损害赔偿关系，从根本上是调整平等民商事主体之间权利义务关系的法律，因此在性质上属于私法。由于早期的产品责任以“直接契约关系”理论作为责任承担的依据，所谓“无契约、无责任”，因此产品责任法属于契约法的范畴。随着社会经济的发展，保护消费者利益的呼声日渐高涨，原有的契约关系理论无法适应新的要求，因此产品责任的承担基础过渡到过失（侵权）责任，进而转为严格（侵权）责任。这样，产品责任法就成为侵权法的重要组成部分。

从各国对产品责任法的立法状况来看，更多体现出国家保卫社会经济生活安全，对社会生活进行积极干预的思想：产品责任法中的大多数规范都属于强制性规范，不允许有关当事人通过合同或其他任何方式加以排除或变更；并且在责任承担方式上，除民事责任外，还可能要求产品经营者承担行政甚至刑事上的责任等，因此可以说产品责任法在性质上属于具有较强公法色彩的私法范畴。

（2）产品责任法的作用。产品责任法的作用有以下几个方面：

第一，保护消费者权益。产品责任法从加强经营者责任的角度，使产品的生产者和销售者对于他们提供的缺陷产品给无过失的消费者造成的损害承担赔偿责任。之所以要求产品的生产者和销售者承担这种仅因产品存在缺陷，而并非他们自身存在过错，给他人造成损害的赔偿责任，是因为他们比普通消费者更有能力防止损害的发生并承担因此所造成的损失。因此产品责任法的这种索赔机制，增强了消费者购买产品的安全感，给予消费者更好的保护。

第二，促进企业提高质量管理意识。由于经营者的责任加重，迫使企业为生存考虑，一定要向市场提供优质产品、安全产品，并不断消除自身的生产销售环节存在的各种可能影响产品安全性能的隐患。这样企业就必须建立质量监督管理体系，以提高产品的质量，促进自身的发展。

第三，有利于建立良好的经贸秩序。产品在国内、国际的顺畅流通是以产品具有良好性能和品质为保障的。产品责任的国内、国际立法，对生产者和销售者起到了警戒和惩戒的双重作用，使其尽可能地向市场和广大消费者提供符合消费安全的产品，减少或避免因产品欠缺合理的安全性而发生的索赔，节约了贸易中的机会成本和经济成本，进而保障了经贸关系的健康发展。

7.2 主要国家产品责任立法

在国际上的产品责任法中，美国的产品责任法最具代表性，对世界各国的产品责任立法产生了重大影响；同时欧洲的德国、亚洲的日本在产品责任方面的立法也在第二次世界大战后，特别是近些年得到快速发展。因此本节将对美国、德国以及日本的产品责任立法进行重点介绍。

7.2.1 美国产品责任法

1）美国产品责任法概述

根据美国《布莱克法律词典》的规定，产品责任是指“生产者和销售者对于因其制造和出售有缺陷的产品而使该产品的购买者、使用者及第三者遭受人身伤害或财产损失而进行赔偿的法律责任”，调整这种法律责任而引起的权利义务关系的各种法律规范的总称就是产品责任法。

按照美国有关法律的解释，产品责任是一种侵权行为，因此产品责任法是侵权行为法的重要组成部分。然而它又具有不同于一般侵权行为法的特点。由于美国有的州法认为产品责任的承担可以建立在完全独立的严格责任基础之上，这种严格责任既区别于过错责任，也不等同于一般侵权法上的无过失责任，受害人可以仅通过证明产品存在缺陷，并且这种缺陷对受害人造成了损害，而无须证明生产者或销售者对缺陷的存在具有过失，即可请求给予赔偿。因此美国的产品责任法是一种以严格责任为主要归责原则的特殊的侵权行为法。

美国产品责任的立法表现形式多样，既有习惯法（common law），又有成文法（statute law），包括联邦产品责任法、各州产品责任立法及判例以及适用于各州的有关产品责任的规定、判例，也包括对司法实践有着指导作用的有关产品责任的示范法。为了统一各州产品责任法，美国商务部于1979年1月公布了《统一产品责任示范法》（Model Uniform Product Liability Act），作为专家建议文本，供各州在立法及司法中参考适用。此外，美国参议院商业科学和运输委员会下设的消费特别委员会于1982年公布的《产品责任法草案》以及美国法学会编撰的《第二次侵权法重述》（1965年版）在统一各州的产品责任法方面也起到了重要作用。特别是1997年5月2日，美国法学会通过了新的产品责任法重述——《法律重述（第三次），侵权：产品责任》，标志着美国产品责任法的发展又进入了一个新阶段。

2）产品责任的概念解析

对于瑕疵或缺陷产品所造成的损害承担赔偿责任，是产品责任的要旨，因此，准确界定“产品”、“瑕疵或缺陷”、“责任主体”及“请求赔偿主体”等概念的内涵和外延是产品责任法规范的主要内容，也是产品责任法得以适用的前提条件。

（1）产品

产品，从经济学上讲，是指具有价值和使用价值的人类生产劳动的成果，既包括物质劳动成果，也包括智力精神成果。但是产品责任法所调整的产品的范围，却与经济学上的不尽一致。美国1979年《统一产品责任示范法》第102条（C）项将“产品”定义为“具有真正价值的，为进入市场而生产、能够作为组装整件或作为部件、零件交付的物品。但人体组织、器官、血液组成成分除外”，“本法所称‘相关产品’是指引起产品责任索赔的产品及其部件和零件”。然而在司法实践中，法官出于各种对保护消费者和公共利益的考虑，常常会做出比法律条文更为宽松、灵活的解释。在美国，凡经过某种程度、某种方式加以处理的东西，包括任何可销售的（有偿转让）、可使用或可移动的制成品，无论是工业的还是农业的，也不论是整件还是部件、原材料等，只要由于使用它们或通过使用它们造成损害，都可归为产品责任法调整的“产品”范畴。不仅如此，美国产品责任中的“产品”概念已扩展到无形资产及土地上，甚至为了使消费者能够依据严格责任原则获取赔偿，越来越多的法院把房屋和出租的公寓等不动产视为产品。

对于书籍等出版物、计算机软件等特殊产品，是否也构成产品责任法上的“产品”，各国立法上多无明确规定，但在实践中不乏这样的判例。美国著名的“弗路尔公司诉杰帕逊公司”案，涉及一张机场仪表线路图没有标示出一座在本地区内是最高的小山，结果导致飞机失事造成伤亡的事件。法院判决该航空地图属于1965年版《第二次侵权法重述》第402条所指出的“缺陷产品”，其出版商应对因信赖该地图而发生的损害承担严格责任。但这是否可一概而论呢？显然法官的判决更具有说服力。

（2）瑕疵或缺陷

产品责任制度的核心在于对“缺陷”的解释和定义，因为缺陷是任何权利要求的基础，无缺陷则无责任。因此美国虽然没有明确的立法定义，但在《侵权行为法重述（第二版）》（Restatement of the Law of Torts，2d）第402条A款规定：“凡销售有不合理的危险的缺陷产品者应对最终使用者或消费者因此而遭受的人身或财产损失承担赔偿责任。”可见，不合理的危险是美国产品缺陷的核心概念。对于那些在正常用途范围内存在的、不可避免的危险，属于合理的危险，并不构成产品的缺陷，比如雷管、炸药、各种运输工具、药品等。只有当产品的危险是应该避免而且能够避免而未避免的危险，才被认为属于不合理的危险性（unreasonable danger），也就是说，产品存在缺陷，缺陷产品的制造者或销售者对此应承担责任。

关于产品缺陷的种类，美国《统一产品责任示范法》第104条有明确的规定，具体界定为“产品制造、设计上存在不合理的不安全性，未给予适当警示或不符合产品销售者的品质担保致使产品存在不合理的不安全性”。

①产品制造缺陷（manufacturing defect）。产品制造缺陷是指产品在制造过程中，因质量管理不善、技术水平差等原因而使个别产品存在的不合理的危险性，一般可分为原材料、零部件及装配方面的缺陷。

例如，在1973年布兰登伯格诉丰田汽车销售美国分公司及丰田总公司（Brandenburger v. Toyota Motor Sales U.S.A. Inc. and Toyota Motor Co.，Ltd.）案中，美国法官对于在高速公路上高速行驶的丰田汽车因翻车而致车顶破裂，乘客被抛出车外造成死亡的事件，认为汽车车顶的构造有缺陷而判决制造商和销售商负赔偿责任。[1]

②产品设计缺陷（defect in design）。产品设计缺陷是指产品的设计中存在不合理的危险性，它往往是导致整批产品存在潜在危险的根本原因。设计缺陷一般由配方和处方的错误、原理的错误、结构设计的错误等方面造成。与制造缺陷相比，一般来说产品设

① 赵相林，曹俊. 国际产品责任法［M］. 北京：中国政法大学出版社，2000.

计缺陷造成的危害比较严重，判断较为困难且不被保险公司在责任险中承保。

例如，在1956年Mattew v. Lawnlite Company一案中，原告马修看好一把铝制椅子，在试坐旋转时，椅子回旋部分将原告手指切断。法官认为，切断原告手指的机构装置部分是椅子构造的必要部分，被告应在其危险部分装上保护装置，否则应负设计缺陷的责任。[①]

③产品警示缺陷（a product is defective due to inadequate instructions or warning）。产品警示缺陷是指产品提供者对产品的危险性没有做出必要的（适当的、明确的、易理解而且详细的说明）警告或安全、使用方面的指导，从而对使用者构成不合理的危险。警示缺陷一般是与产品的生产者或销售者违反法律规定的告知义务相关联的。一般认为产品的制造者或销售者必须在产品投入流通领域时，针对可合理预见的产品使用者，对产品可能产生的危险及其预防方法以具体规范的用语尽可能详尽地予以警告和说明，否则他就必须对因违反其警示义务而造成的损害承担责任。但是如果产品的危险是明显的或众所周知的，产品提供者因此免责，即所谓“已知危险不得追究或完全排除的规则”[②]。但是如果危险的性质和程度大大超出了使用者的期望，产品提供者仍应承担警示义务。

例如，美国的瓦克维尔工程有限公司诉BDH化学制品有限公司案是警示缺陷的经典案例。案情经过是：被告向瓦克维尔工程有限公司提供了一种装在玻璃安瓿里的瓿上标有“有害蒸汽”的化学药剂。供应商并不知道该化学药剂遇水后会产生强烈反应。一位科学家在做试验时意外地将安瓿掉在水池里引起爆炸，导致该科学家死亡，并对原告的工厂造成了巨大损失。法院裁决制造商负有过失责任，因为其未能提供该化学药剂的危险性的充分的警告，而上述危险性已在相关的科学杂志中指出，因而是理应知悉的，法院追究了制造商侵权和违反合同两种责任。即使该化学药剂的危险性尚属不可知悉，根据严格责任的规定，被告仍应负责。

④违反品质担保的缺陷。正如我们在国际货物买卖法中所谈到的，美国将货物提供者的品质担保责任区分为明示担保和默示担保。美国法认为如果产品的提供者违反这种品质担保，则根据美国《统一商法典》第2—318条的规定，“卖方的明示担保或默示担保延及买方家庭中的任何自然人或买方家中的客人，只要可以合理设想上述任何人将使用或消费此种货物或受其影响，并且上述任何人因卖方违反担保而受到人身伤害。卖方不得排除或限制本条的适用”，卖方除了应对货物的买方承担违约责任外，还应对因其产品存在违反担保的缺陷所造成的损失依产品责任法上的严格责任原则进行损害赔偿。

⑤开发缺陷（defect of development）。开发缺陷是指在产品投入流通时科学技术水平尚无法发现而后又被证明确实存在的那种缺陷。对于此种发展上的缺陷给他人造成的损害，产品提供者应否承担责任，美国各州的做法并不一致。有些州立法出于保护居弱者地位的消费者的考虑，认为即使在产品投入市场时科学技术尚不能发现产品存在缺陷，但如果该缺陷产品造成他人损害，产品提供者不得以此抗辩，而应承担赔偿责任。

---

① 赵相林，曹俊．国际产品责任法［M］．北京：中国政法大学出版社，2000.
② 在美国仍有一些州的法律并不接受这种“已知危险不得追究或完全排除的规则”。

在司法实践中，法院常会针对个案的具体情况做出与州立法不同的判决。

关于产品瑕疵或缺陷的判断，是诉讼过程中一个重要而复杂的问题，各国的规定因其经济发展水平和法律传统的不同而各异。美国法在这方面显然也面临着困难。由于美国法在界定“缺陷”时，不仅以侵权法的“不合理危险”为标准，还与契约法上的默示担保密切相连，因此，此种双重性质导致美国法院对“缺陷”的认定常以侵权法上的定义为主并借助于各种因素综合考察。在美国通常以“成本与效益分析标准（cost-benefit analysis）”与“消费者期望标准（consumer expectation test）”作为确定某产品是否存有缺陷的关键。前者是通过对产品的有用性与危险性的比较，检查是否采取了安全保障措施，以判定产品是不是存在缺陷，后者则是以一般消费者的期待为标准来评价产品的安全性，借此认定产品是否存有缺陷。由于两种标准各有利弊，因此新近的观点认为将二者结合为“混合型”方法，似乎更符合美国产品责任法的理论基础和发展方向。

（3）责任主体

社会化大生产使消费者获得产品的途径呈现出多样性和复杂化的特点，既然产品责任以缺陷为承担责任的基础，就意味着在产品到达消费者之前的众多环节的制造、行销的参与者都应该对因产品缺陷造成的消费者的损失承担责任。根据美国1979年《统一产品责任示范法》第102条、104条、105条的规定，产品的销售者及制造者为承担产品责任的主体，其中产品制造者是指在产品出售给使用者或消费者之前，设计、生产、制作、组装、建造或者加工相关产品或产品组件的自然人或实体；还包括不是但自称是制造者的产品销售者或实体；此外，制造者还包括主要经营产品批发、分销或者零售业务的产品销售者，但这些销售者局限于在销售前设计、生产、制作、组装、建造或者加工该产品的情形。所谓产品销售者是指从事产品销售业务的任何自然人或者实体，而不论交易是为了使用、消费或者再消费。销售者包括产品制造者、批发商、分销商和零售商，也包括产品的出租人和经纪人。美国法倾向于将产品责任的承担主体做扩大的解释，以便于保护消费者的利益。但是根据美国法的规定，并不是所有的责任主体都无例外地承担严格责任，而是针对具体的情况分别依据侵权行为法的过失责任和严格责任确定责任主体所应承担的责任。

（4）请求赔偿主体

按照美国法律的规定，凡是人身或财产遭受缺陷产品损害的当事人，无论其是否与产品提供者订立产品买卖合同，都有权要求产品的制造者或销售者对其承担责任。也就是说，请求赔偿的主体并不局限于合同关系的对方当事人，任何遭到缺陷产品侵害的产品的使用者、消费者或第三者，都构成产品责任法的请求赔偿主体。

3）产品责任法的归责理论

（1）美国产品责任法归责理论的发展概况

产品责任法的归责理论是指缺陷产品的制造者或销售者承担赔偿责任的责任基础，也就是说缺陷产品提供者依据何种法律关系承担责任。产品责任法的归责理论是产品责任法律制度的核心，决定着其在何种程度上发挥保护消费者权益的作用。美国的产品责任法的归责理论可以说在世界各国产品责任法中最具代表性。事实上它正是世界产品责任法归责理论发展过程的见证者、最好的实践者和引导者。

美国早期的产品责任法属于契约责任范畴，但是由于契约关系理论所确立的请求权利救济的主体和承担责任的主体范围过于狭窄，并且依据契约自由原则，产品的提供者可以利用免责条款对所产生的损害免于承担责任，这使消费者处于极其不利的地位，从而影响到法律处理产品责任问题的公平性。1916年，美国纽约上诉法院通过审理麦克弗森诉别克汽车公司（Macpherson v. Buick Motor Company）案，首先运用侵权行为理论确定产品责任，并创立了疏忽责任原则。但是由于原告在以疏忽责任原则向法院提起诉讼时必须证明被告应存在着谨慎的注意义务并且未能尽到该义务，而这种举证的负担对原告来说过于沉重，因此美国在1932年巴克斯特诉福特汽车公司（Baxter v. Ford Motor Co.）案中将契约法上的担保责任引入到侵权法中，即只要产品提供者所提供的产品不具有明示或默示的品质担保（见本书第5章“买卖法”5.1.2小节），无论受损害者是否为缔约的另一方当事人，都应该从提供人那里获得赔偿。后来这一理论获得进一步发展，20世纪60年代，美国法院在审理格林曼诉尤巴电器公司（Greenman v. Yuba Power Products Inc.）案中全面阐释了严格责任理论，认为只要制造商将其产品投放市场，又明知使用者对产品不经检验就使用，只需要证明该产品的缺陷对人造成了损害，则制造商就应对损害承担严格责任。严格责任体现了这样一种社会公共政策原则，即由经济条件决定的缺陷产品所致损害的费用，应当由将此类产品投放市场获得利润并且最有能力了解和控制缺陷产品损害风险的制造者来承担。但是严格责任的广泛适用和严格化给生产者造成了沉重的负担，同时作为成本转嫁给了消费者，它同样向“责任公平”和“保护消费者”的立法意图提出了质疑。20世纪七八十年代，美国又开始了产品责任归责理论的反思，希望通过立法及司法实践全面变革产品责任法，在消费者权益与生产者利益之间、个人利益与社会发展之间、效率与正义之间寻找一个动态的平衡与契合，使对消费者权益保护由“理想主义”进入到“理性主义”的新时代。

（2）美国产品责任法的归责理论——责任基础

①疏忽责任。**疏忽责任**是*指产品的制造者或销售者在生产或销售过程中因主观上的疏忽导致产品有缺陷，而造成产品的消费者或使用者遭受损害所应承担的责任*。疏忽责任是一种侵权责任，因此，产品缺陷的受害人以疏忽责任为理由寻求法律救济时，应负有举证责任，即受害人必须证明以下事实：第一，被告负有“合理注意”的义务。根据美国法律对“疏忽”的认定标准，如果产品提供者没有像“一个理智和谨慎”的人那样尽“合理注意”的义务，那么他就是疏忽的，应对这种疏忽造成的损害承担责任。由于这种制造者或销售者的“合理注意”的义务是法律所规定的，因此原告证明比较容易。第二，被告没有尽“合理注意”的义务，即被告有疏忽之处。根据美国《侵权行为法重述》的规定，原告在证明这一事实时，可以从这样几个方面举证：其一，被告对已经预见或可以预见的产品缺陷未给予必要的提醒或警示；其二，被告没有认真充分地检查产品的缺陷和质量，导致产品缺陷的存在；其三，被告的生产或设计不合理或有明显的危

险，或达不到工业产品的通常标准。第三，由于被告的疏忽，造成原告的损害，即证明损害与使用缺陷产品有因果关系。

由于疏忽责任是一种独立的侵权责任，因此它不要求依据疏忽责任提起损害赔偿之诉的原告与作为被告的产品提供者之间存有合同关系，这为非产品买方的受害人提供了法律保护的依据。但是，由于现代科技的发展使产品的生产和销售日益复杂，要求受害人对产品提供者的"疏忽"进行举证也是异常困难的，因此美国法规定，缺陷产品的受害人可以通过证明产品提供者违反某项关于产品品质、质量、检验、推销等方面的法律或法规来证明其存有疏忽；或者在一些特殊的案例中，美国法院判决依疏忽责任提起的产品责任之诉适用举证责任倒置，即由被告证明自己对某一损害事实的发生没有过错，否则就承担责任。这样从衡平救济的角度来克服疏忽责任制度本身的缺陷。因此即便是在普遍采用严格责任的当今美国，以疏忽责任为依据进行产品责任诉讼的案件也并没有消失。

在涉及设计缺陷的案件中通常采用的就是疏忽责任（过失责任）。之所以如此，主要有以下理由：第一，设计缺陷比制造缺陷更容易举证，产品设计总是能够通过具体的图纸、文字资料、样品等表现出来并能够通过专家审查以证明是否存在缺陷，而制造过程则没有这么容易监督；第二，现代产品责任法的主要目的在于鼓励生产者生产设计更加安全的产品，疏忽责任比严格责任更能够奖勤罚懒，鼓励生产者提高设计水平；第三，设计缺陷的认定后果远比制造缺陷的认定后果严重，因此应更为谨慎；第四，疏忽责任使谨慎的生产者支付的保险费和赔偿费减少，在有利于商品价格降低的同时消费者可获得更安全的商品。

②违反担保。担保责任是合同法上的责任，根据美国《统一商法典》的规定，卖方对其交付的货物的品质负有保证符合合同条款要求的义务。担保义务分为明示担保和默示担保，前者是由订立合同的双方意思表示一致所决定的，后者是由法律所规定的。由于明示担保通常记载于合同之内，或者记载于产品标签、广告或使用说明之上，特别是后者，对广大消费者构成了一种广泛的品质担保，因此如果产品的使用者或消费者或任何第三人因产品缺陷或者说不符合品质担保的承诺而受到损害，均有权获得赔偿。而对于默示担保，由于它事实上是法律规定的义务，因此如果产品提供者所提供的产品不符合默示担保的要求，就意味着它已经违反了法律的规定，得对任何因此受到损害的人承担相应的赔偿责任。因此，美国在1966年修订《统一商法典》时突出了这样的考虑，在第2—313条中对没有合同关系的第三人因产品提供者违反明示或默示担保对其造成损害的赔偿请求提供了法律的依据，并规定了三种选择方案，供各州参考。

方案一是只将违反担保的产品责任承担扩及对买方的家庭成员、家庭内其他人员或客人的人身伤害，而对上述人的财产及对其他人的人身或财产方面的损害，概不能依据违反担保为诉因要求承担损害赔偿责任。目前有30个州选择了这个方案或仅做些微修改。方案二较方案一扩大了担保适用的请求主体的范围，即"任何自然人"均可根据卖方违反担保而要求其承担损害赔偿责任，但仍局限于对人身伤害的损害赔偿上。目前有

8个州采用了该方案并做微小修改。方案三是最大范围对担保责任基础的适用，不仅因缺陷产品受到人身损害的任何人都可以依据违反担保要求产品提供者承担赔偿责任，并且即使这种损害是发生在财产上也可以这样做。目前已有4个州接受了该方案。

在以违反担保作为责任基础要求产品提供者承担责任时，对受害人的有利之处在于他无须证明产品提供者有疏忽，而只需证明产品确有缺陷，而且这种缺陷使他遭到损失，他就可以要求产品提供者赔偿其损失。但是他仍然必须以产品提供者对产品做出了某种担保为前提，如果产品的缺陷没有包括在担保之中，但又造成了损害，则受害人无法利用担保责任原则要求损害赔偿。

当受损害方为货物买卖合同的对方当事人时，他还可以针对合同违约提起赔偿要求，这就发生了违约与侵权的责任竞合。美国法认为，如果买方没有在发现或应当发现卖方违反担保义务之后的一段合理时间内就产品有缺陷的情况通知卖方，就失去了以担保责任为由向卖方索赔的权利；但如果买方这样做了，那么他就拥有了选择权，既可以要求卖方承担违反担保的责任，也可以提起侵权之诉。另外，美国《统一商法典》中并未具体指明受害者可否直接起诉零售商以外的其他当事人，如该产品的批发商或制造商，但多数法院认为可以这样做。事实上许多缺陷产品的受害者都在直接起诉产品的生产者。

③严格责任。**严格责任**是指受害人只要能够证明产品有缺陷，产品的制造人或销售者就应承担赔偿责任的法律制度。严格责任最早是由美国创设的。1965年《第二次侵权法重述》第402条A款具体反映了严格责任理论的基本精神，该条规定：

第一，凡销售任何有缺陷的产品而给消费者或使用者带来不合理的危险的人，对因此给消费者或使用者造成的人身伤害或财产损害负有责任，如果：

A.销售者从事经营出售此种产品；

B.预期转到消费者或者使用者手中时，其销售时的条件没有重大变化。

第二，即使有下述情况，仍适用前款规定：

A.销售者在准备销售和出售其产品时已经尽到一切可能的注意；而且，

B.消费者或使用者没有从销售者手中购买产品以及与销售者没有任何合同关系。

此后的1979年《统一产品责任示范法》、1982年《统一产品责任议案》以及美国《统一商法典》都基本上采用了严格责任原则。

一般认为严格责任就是侵权法上的无过失责任（strict liability in tort），但在美国法中，无过失责任是一种针对汽车、火车、飞机等的事故性伤害所采用的特定的责任方式。严格责任也不同于过错推定责任，原因在于后者仍属于过错责任范畴的概念，可在被告证明其无过错时获得免责，而严格责任原则给予被告抗辩的机会很少，并且在无过错的情况下被告也可能被判决承担责任。但是这并不意味着在严格责任原则下，原告就可以轻松获得赔偿。美国法认为当缺陷产品的受害人以严格责任为基础要求产品提供者承担损害赔偿责任时，他必须证明：第一，产品存在缺陷，并且根据《侵权行为法重述》的规定，受害人仅证明产品有缺陷也是不够的，还必须进一步证明产品的缺陷给消费者或使用者带来不合理的危险——这在一定程度上增加了原告的举证困难，因为危险的“合理”与否，是个复杂的判断过程。第二，产品出厂时缺陷已经存在。如果受害人无法以有效的方法证明产品的缺陷在出厂时业已存在，那么他也可用自己按照产品的使用说明正确地使用了产品的方法反证缺陷在出厂前已经存在。第三，损害与产品缺陷之间有因果关系。

总的说来，严格责任原则相对于一般的契约责任原则、疏忽责任原则、违反担保的责任原则而言，给消费者提供了更充分合理的保护方式。尽管在一些案例中表明适用如违反担保的责任原则更有利于受害人权利的保护，但依旧不能否认严格责任在消费者权益保护方面的意义和作用。

由于产品责任法律制度归责理论的复杂性，因此在美国各个归责理论被并行地由受害人选择适用，受害人可以选择他认为最为有利的责任基础进行索赔，同时也意味着他同意使自己处于相应的举证地位，承担举证责任。

4）损害赔偿的范围及免责

（1）损害赔偿的范围

美国国会1981年通过的《产品责任风险保留法案》（Product Liability Risk Retention Act）对产品责任的定义是：“产品责任是由于人体伤害、死亡、心灵创伤，随之发生的经济损失或财产损失（包括由财产失去使用价值而造成的损失）等一系列损害的责任。”可见，产品责任损害赔偿的范围包括因缺陷产品造成的精神痛苦、肢体痛苦和纯经济损失等任何损害，这些都可以要求损害赔偿。

美国对产品损害的赔偿采用全面赔偿为主，兼有惩罚性赔偿的原则，对产品损害赔偿范围限定很少，产品造成的任何损害，几乎都可以依产品责任法获得赔偿。

第一，关于人身损害赔偿。根据美国1981年《产品责任风险保留法案》和《统一产品责任示范法》的规定，关于人身伤害的赔偿不仅涉及受害人的可预见的医疗性支出，还对受害人因伤残、生病所遭受的痛苦、疼痛等予以补偿，具体包括：①受害人过去和将来必要合理的医疗费用；②受害人生计上的损失以及失去谋生能力的补偿；③受害人肉体及精神痛苦的补偿等。如果因产品缺陷致人死亡，根据有关法律的规定，可由死者的遗嘱执行人或遗产管理人或死者的遗产继承人或受益人向产品提供者主张权利并获得赔偿。在司法实践中，美国法院对受害人人身损害赔偿判定的数额较大，往往大于实际支出的医疗费用及他的实际开支，并且对精神损害的赔偿额占赔偿总额的大部分。

第二，关于财产损害赔偿。产品责任法上的财产损害通常是指缺陷产品之外的其他财产的损坏、毁灭，而对于产品本身则可依据买卖合同获得赔偿。一般认为财产损害的赔偿只是受到损害财产的直接经济损失，但1981年的《产品责任风险保留法案》已将间接财产损失及纯经济损失这种因财产损害而不能使用该财产所产生的损失，如交通工具被损坏不能投入运营、因机器设备被损坏不能投入生产等丧失的营业收入，列入财产损害赔偿的范围，并在一些法院的判例中获得支持。

第三，关于惩罚性损害赔偿。所谓惩罚性损害赔偿是指侵权行为人恶意实施某种行为，或对行为有重大过失时，以对行为人实施惩罚和追求一般抑制效果为目的，法院在判令行为人支付通常赔偿金的同时，还可以判令行为人支付高于受害人实际损失的赔偿金。惩罚性赔偿制度是美国产品责任法的一项重要制度。《统一产品责任示范法》第120条规定："原告通过明显的令人信服的证据证明，由于销售者对产品使用者、消费者或可能受到产品损害的其他人员的安全采取轻率漠视的态度，致使原告受到损害，原告可以得到惩罚性损害赔偿。"惩罚性损害赔偿在美国被广泛地加以应用，但是由于其对于加害人而言并非一个必须给付的赔偿，因此对惩罚性赔偿金的适用，法院要综合考虑一些因素后，才能确定是否给予惩罚性赔偿以及金额是多少，这些因素一般包括：①在相关时间内，产品销售者的不当行为造成严惩损害的可能性；②产品的销售者对上述可能性的认识（察觉）程度；③不当行为对产品销售者盈利的作用；④不当行为持续时间和产品销售者任何隐瞒行为；⑤产品销售者在不当行为被发现后采取的态度及行为，以及不当行为是否已停止；⑥产品销售者的经济条件或财务状况；⑦产品销售者由于不当行为，已经或可能受到的其他处罚的综合惩罚效果；⑧原告所遭受的损害是否亦是原告对自身安全采取轻率态度的结果。

（2）免责

免责是指产品责任的承担者可以依据法定的免责事由提出合理的抗辩以对抗受害人损害赔偿的要求，免除自己的赔偿责任。在不同的产品责任归责理论体系中都规定了被告可以提出抗辩的事由，具体如下：

第一，疏忽责任中的免责。根据疏忽责任理论的应有之意，被告得通过证明自己尽了"合理注意"的义务仍不能发现产品的缺陷证明自己无疏忽，从而不承担赔偿责任。但是被告同样可以通过证明损害是由于：①原告自己的过失行为，如果双方均有过失，那么通过此项证明亦可相应地减少被告赔偿的数额；②原告明知产品有危险仍自主或故意加以使用；③原告明知危险而非正常使用或擅自改动造成的，则被告可以获得免责。

第二，担保责任中的免责。根据美国《统一商法典》和《麦格纽森·默斯保证条例》的规定，卖方可在产品买卖合同或产品说明书或其他记载其品质担保义务的书面文件中对其担保责任进行限制或排除，如果卖方这样做了，那么他对限制或排除了的担保内容所造成的损害得以免责。但是如果此项限制或排除是针对默示担保的，法律将不承认其排除的效力，同时法律禁止产品提供者对于人身伤害的责任进行排除或限制。

第三，严格责任中的免责。由于严格责任对消费者而言是最有力的保障，因此，可以提供给被告的免责事由相当少，但这并不意味着依严格责任提起的诉讼，被告没有免责的可能。根据美国法律，作为被普遍运用的被告抗辩的理由同样也适用于依严格责任提起的诉讼，这些免责理由是：

①生产者未将产品投入流通领域。

②产品投入市场时引起损害的缺陷并不存在。

关于严格责任新近的理论认为，在药品等生产行业要求生产者对产品投入流通后才产生的缺陷或消费者滥用产品的行为进行适当的监督、向消费者提供警告和必要的产品回收行动，否则得对有关损失负责。

③产品不是为了营利目的而生产、销售的。

④产品的缺陷是由于遵循政府的强制性规定而导致的。

⑤产品的缺陷是将其投入流通时的科技水平尚不能发现的。

⑥对于具有不可避免的危险性的产品，其缺陷不属于制造上的缺陷或该产品的提供者在采取了合理的行动，包括给予了充分的且适当的警示才予以销售的情况下，产品的提供者对产品的不可避免的危险性造成的损害不承担责任。

5）产品责任法律冲突与法律适用

在经济全球化的产业背景下，产品的国际性流动与各国调整产品责任法律规定之不同导致了产品责任的法律冲突。对具有独立主权的国家而言，在解决法律冲突中首先要考虑的问题都是尽可能地保护本国消费者的利益不受外国产品的侵害。同时也希望通过本国法律的适用达到保护本国作为外国产品提供者的利益的目的。在美国还存在州际法律冲突的问题，因此在解决产品责任的法律冲突时，美国冲突法方面的规定在国内和国际具有双重作用。

根据美国传统的法律适用原则，产品责任属于侵权行为法的范畴，因此得依据侵权行为法对鼓励适用问题的解决办法来处理产品责任的法律适用，即以侵权行为地，具体到产品责任的诉讼中，指以损害发生地的法律作为解决产品责任纠纷的准据法。但如果受害人以违反担保的合同责任作为诉因时，判例多适用最后销售地法。

从20世纪50年代起，美国许多州采用比较温和的方法来确定准据法，也就是说联结点的结合或重心理论得到采用，从而就具体案件探讨与事件有最密切联系的法域，将联结点最集中的法域的法律作为准据法，并在此后的判例中出现了利用分析与案件及当事人有关联的法域的实体法的内容或其基础的法的目的来确定准据法的政府利益理论。这一理论所考虑的利益有：①审判结果预测的可能性；②州秩序的维护；③审理的简单化；④促进法庭地的统治利益；⑤适用更好的法原则。通过此种利益分析的理论解决准据法的确定问题给受害人带来的好处是显见的，但是由于它增加了确定联结点的难度，因此无法形成一般性的法律适用规范从而得到普遍的确定性遵守。

在《侵权行为法重述》（第二版）中，美国法律确立了产品责任适用与产品责任发生有“最密切联系的”法域法律的一般性规定。根据该法律文件第145条的规定，第一，有关侵权行为的当事人的权利义务依照第6条规定的原则应适用与侵权行为事件及当事人有最密切联系的州的法律。第二，在依照第26条的原则决定适用的法律时，应加以考虑的要素有：①损害发生地；②加害发生地；③当事人的国籍、住所、居所，公司成立地和营业地；④当事人之间有联系时其联系最集中之地。以上联结要素应按其对特定问题的重要程度来决定其轻重。

7.2.2　德国产品责任立法

在德国，有关产品责任的问题，有以《德国民法典》第823条及相继条文为根据的产品制造人责任法可以适用。德国产品责任立法是从20世纪60年代以后兴起的。其对产品责任认识的关键性转变是以1968年联邦最高法院审理家禽瘟疫案开始的，该案被告生产的预防鸡瘟的药液中含有细菌，致使经营养鸡场的原告在给鸡场的鸡注射该药物后，有4 000只鸡染病而必须被宰杀，损失惨重。德国最高法院认为应适用侵权行为法的规定，并认为制造人应负举证责任，“任何人依规定之方法，使用工业产品，因该产品制造上有缺陷，致使利益受到侵害的，制造者必须阐释肇致缺陷的事实过程，并证明其对于缺陷的发生并无过失”。该案对德国产品责任法从合同责任向严格责任过渡起了非常重要的作用，该案创设了制造人过失责任举证、责任倒置的原则。此后德国法院为更好地保护消费者利益，以《德国民法典》第823条为根据创制了一套较为完整的产品责任法，1989年12月5日联邦德国议会通过《产品责任法》，将1985年7月25日欧洲共同体委员会制定的《产品责任指令》纳入其本国国内法，于1990年1月1日生效。该法是德国专门性的法律文件，其制定、颁布标志着主要以保护消费者为目的的实行严格责任（无过错责任）原则的产品责任制度在德国已经确立。

1）产品与缺陷

德国《产品责任法》第2条规定：“本法所称产品，是指任何动产，即使已被装配（组合）在另一动产或不动产之内。产品还包括电。但未经初步加工的包括种植业、畜牧业、养蜂业、渔业产品在内的农业产品（初级农产品）除外，狩猎产品亦然。”尽管如此，在德国法院的判例中，并没有明确强调只以动产为限。

而对于产品“缺陷”的定义，德国《产品责任法》采取了与欧洲共同体《产品责任指令》（以下简称《指令》）完全一致的做法，认为在综合考虑以下各项内容后，产品不能给消费者提供合理的安全预期，则构成产品缺陷。这些内容包括：①产品的使用说明；②能够投入合理期待的使用；③投入流通领域的事件，但不得以后来投入流通领域的产品更好为理由认为以前的产品有缺陷。因此，德国法为确保消费者身体健康与财产安全，规定缺陷认定的核心不在于产品的适用性判断，而是以一般大众期待产品的安全性的权利为着眼点。

2）归责基础

德国法对于产品责任的归责理论基础也建立在合同责任和侵权责任之上。前者体现为《德国民法典》第459条规定的卖方对商品适销性的默示担保义务，认为卖方应对买方承担保证商品适合销售并符合制造和销售的一般目的。只要买卖事实已经发生，且卖方是商人，买方就有权以产品不符合生产和销售的一般目的及卖方违反担保为由，要求卖方承担赔偿责任。后者体现在德国的《产品责任法》中，其在第1条规定，“如果有缺陷的产品造成他人死亡、人身或健康损害、财产损害，制造者应当向受害者承担损害赔偿责任”，即确立了产品制造者承担严格（侵权）责任原则。

3）责任主体

德国《产品责任法》第4条规定，生产者为承担责任之主体，具体包括：①成品制造者、任何原材料的生产者和零部件的制造者。它还指将其名字、商标或其他识别特征标示在产品上表明自己是产品生产者的任何人。②任何人在商业活动过程中，为销售、出租、租借或为经济目的的任何形式的分销，将产品进口、引进到适用欧共体条约的地区，也应视为生产者。③在不能确认产品的生产者的情况下，供应者应当被视为生产者，除非他在接到确认要求的一个月内将产品生产者的身份或向他提供产品的人告知受害者。但是在进口产品的情况下，德国法对产品提供人采取了比《指令》更严格的做法，如果产品不能表明上述第②款规定的人员的身份，即使产品有生产者的名字，产品的供应者仍应当被视为生产者承担损害赔偿的责任。

4）免责

尽管生产者对于缺陷产品造成的损害应承担严格责任，但德国法也规定了与《指令》一样的生产者免责条款。如果生产者能以证据证明存在法律规定的免责事项，则他们可不依《产品责任法》承担损害赔偿的责任。这些法定事由包括：①生产者未将商品置于市场销售；②依据情况判断，缺陷出现在生产者将商品置于市场上销售之后或销售当时并未有缺陷存在；③该造成损害之缺陷产品不是用于贩卖，或非用于经济销售目的，或非商业目的之供输；④产品缺陷系为配合政府颁布之强制法令所致；⑤依商品销售于市场时之科学或科技水平无法发现缺陷之存在；⑥零件之缺陷系因产品设计所致，而且零件已经依制造商之指示符合设计标准。如果产品缺陷是一种固有缺陷，如炸药、雷管等或者损害是由消费者的过失引起的，或者损害是由第三人的行为所致，可以考虑作为减低或免除生产者责任的依据。

5）损害赔偿及限额

根据德国《产品责任法》第1条的规定，如果缺陷产品造成他人死亡、人身或健康伤害、财产损害，生产者应当就造成的损害对受害者予以赔偿。在造成财产损害的情况下，只有受到损害的是缺陷产品以外的财产，该财产通常是用于私人使用或消费，而且受害者主要为这种目的而获取该财产，才适用本法。该法对人身损害的赔偿不包括肉体的痛苦及精神上的损失等无形损失，关于精神损害等无形损失可依德国民法的有关规定进行赔偿。

德国《产品责任法》分别规定了最高限额责任和财产损害的最低起点。最高限额是针对人身损害赔偿而设定的。该法第10条规定由于某一产品或存在同样缺陷的同类产品给他人造成人身伤害的，责任者最高赔偿限额为1.6亿德国马克。如果有两个或两个以上受害者的赔偿总额超过1.6亿德国马克，则对每个受害人的赔偿额应按照最高限额与赔偿总额的比例相应减少，即责任人的最高赔偿额不超过1.6亿德国马克。对财产损害，第11条规定，只有当造成的损失超过1 125德国马克时才对受害者予以赔偿，对不超过1 125德国马克的财产损失，责任人不予赔偿。

7.2.3 日本的产品责任立法

日本的产品责任法以1995年7月1日生效的《日本产品责任法》（Japanese Products Liability Law）为标志划分为两个发展阶段：在此之前产品责任案件由民法典中的“疏忽”理论来规范，在此之后则由基于无过错责任理论的产品责任法来规范。

1）产品与缺陷

关于产品，《日本民法典》第85条规定，是指有体物，解释为物质上占据一定空间且有形的存在。所有固体、气体、液体均为物，均可构成产品。此外，日本在近年的判例中，也倾向于将电、热、声、光等自然力，称为物。日本法院在“电气盗窃事件”的审判中体现了这样的思想，因此这些无形物也可归入产品的范畴。

对于缺陷，《产品责任法》规定，缺陷指“考虑到影响该产品的诸多因素，如产品特性、可预见的通常使用方式及生产者或其他人交货时间等，该产品缺乏一般的安全水平”，主要包括设计缺陷、制造缺陷、指示缺陷和发展缺陷等。

2）归责基础

日本法对于产品责任的归责基础也建立在合同关系和侵权关系之上。合同关系的产品责任主要依据《日本民法典》第570条的规定，即购买了具有隐蔽瑕疵产品的买方可以向直接卖方提出损害赔偿的请求。将这种产品责任仅局限在具有直接合同关系的相对人之间，除非卖方纯粹为生产者的代理人，否则任何人不得向没有合同关系的生产者提出损害赔偿的要求。但如果合同关系的卖方是中间商，并且无力承担买方的索赔请求，买方可请求该卖方的直接卖方直至产品生产者承担产品责任。

日本对于产品责任的另一个归责基础建立在侵权关系上，同样源于《日本民法典》的规定。该法典第709条确定了产品责任的过失责任原则，规定产品的生产者和销售者所应承担的产品责任必须以其对产品缺陷的存在具有过失为前提，由受害者对缺陷、缺陷造成的损害、缺陷与损害之间的因果关系以及生产者或销售者对缺陷的存在具有过失承担举证责任。但新的产品责任法放弃了过失责任的理论，要求产品生产者或销售者承担严格责任，除非他们能够证明原告赖以胜诉的三个构成要件——产品存在缺陷、原告有损害、缺陷与损害之间有因果关系——不成立，否则就应承担责任。

3）关于责任主体

日本法对于产品责任主体的规定与美国及欧洲一些国家的认识比较一致，认为产品的制造者（包括零部件的制造者、原材料的提供者以及将自己标识为制造者的人）、中间商（包括进口商、批发商、运转商、零售商）以及其他在产品流转过程中从事过商业行为的人（如修理商、出租人、委托者等）都应对消费者有关产品责任的请求承担责任。但是日本法在一些问题的认识上也有自身的特点，如对于零售商的责任承担，在著名的“瓦斯容器爆炸引火事件”的判例中，就采取相对宽松的态度，认为零售商除对指示缺陷及未尽必要的检查注意承担责任外，不承担对受害者的损害赔偿责任。

4）免责

日本法认为在产品责任的承担过程中，生产者可以通过这样的方式进行免责：一是证明原告赖以胜诉的证据不成立；二是证明在交货时，在现有科技知识水平下不足以使生产者了解缺陷的存在。与其他国家不同的是，日本法并不认为基于国家法令而产生的缺陷给消费者造成损害可以成为生产者免责的事由。比较著名的判例有两个：一是“三菱LA21型汽车肇事事件”。横滨地方法院认为，尽管被告证明该车的设计符合国土交通省67号令，但并不能使其免除自身责任，因为国家法令仅是原则性的规定而已，至于是否达到安全性的确保，仍应委诸设计者、制造者的注意；并且由于该种安全隐患在其他制造者生产的其他型号的汽车上已经得到消除，说明现有技术手段足以避免该设计缺陷，因此被告不能以其设计符合法律规定而免责。二是“亚急性脊椎视神经症”案件。法院最后判决国家卫生主管机构——厚生省和药品制造者一起承担赔偿责任。原因是厚生省作为医药卫生主管部门应对药局方所收载的药品配方负有安全性上的续加调查义务，而制造者虽依照药局方的记载而生产，但仍应尽开发中的完善义务。既然厚生省和药品制造者都没有很好地履行自己的义务，从而使产品具有缺陷并致人损害，应承担共同赔偿责任。

我国在2000年的《中华人民共和国产品质量法》中对产品责任有具体规定，该法区别了产品质量不合格所承担的责任和产品缺陷造成的损害赔偿责任。已经失效的《中华人民共和国侵权责任法》第五章专门规定了产品责任，并规定了被侵权人有权请求相应的惩罚性赔偿。《民法典》第七编规定了侵权责任，其中第四章为产品责任的规定。如第1202条规定，因产品存在缺陷造成他人损害的，生产者应当承担侵权责任。此外，还规定了向产品销售者的请求赔偿，运输者、仓储者的过错责任，对扩大损害的侵权责任，对产品责任的惩罚性赔偿等内容。

7.3 国际产品责任统一法

随着产品生产和销售的国际化，国际上涉及不同国家当事人的产品责任案件频繁发生。由于各国政治、经济发展水平的差异，各国在产品责任涉及的方方面面的规定和做法不尽相同，由此产生产品责任承担的不确定性。这对国际经济的交往不利，在一定程度上阻碍了国际商品流通和自由竞争的发展。解决这一问题，可以通过两种途径：其一是制定国际产品责任的统一实体法，如欧盟制定的《关于造成人身伤害与伤亡的产品责任欧洲公约》（Convention on Product Liability in Regard to Personal Injury and Death）；其二是利用冲突规范确定产品责任适用的准据法，如《产品责任法律冲突规则公约》。本节将针对这两个公约加以评介。

7.3.1 《关于造成人身伤害与死亡的产品责任欧洲公约》

欧洲各国由于传统上的密切联系，其最先感受到产品责任的国际化发展与各国产品责任法律制度巨大差异之间的矛盾所带来的对商品流通和自由竞争的阻碍。为了解决这一问题，20世纪70年代以来，欧洲国家的领导机构，如欧洲理事会、欧洲经济共同体等区域性政治和经济组织，积极致力于统一产品责任国际立法活动，并缔结了专门性的国际公约。《关于造成人身伤害与死亡的产品责任欧洲公约》（或称《关于人身伤亡的产品责任公约》）是由欧洲理事会拟订并于1976召开的理事会会议上通过的，欧洲理事会各成员国于1977年1月27日在斯特拉斯堡正式签订，故又称《斯特拉斯堡公约》。与该公约相随的，还有解释报告。根据该公约第13条第2款的规定，《关于人身伤亡的产品责任公约》将于欧洲理事会三个成员国成为《关于人身伤亡的产品责任公约》当事国之日起生效。目前，该公约已生效，成员国有法国、比利时、卢森堡和奥地利等。该公约的基本内容是：

1）适用范围

《关于人身伤亡的产品责任公约》的适用范围仅限于对人的伤害、致死方面的案件，调整由于缺陷产品造成人身伤害和死亡所引起的赔偿责任问题，而不包括缺陷产品对财产造成的损害所引起的产品责任。

2）关于产品的定义

根据《关于人身伤亡的产品责任公约》第2条的规定，“产品”一词是指所有动产，包括天然动产或工业动产，无论是未加工的还是加工过的，即使是组装在另外的动产内或组装在不动产内。例如，桥梁是不动产，但建筑桥梁用的钢筋水泥仍可作为动产对待，如果桥梁内钢筋水泥等建筑材料有缺陷致使桥梁断裂造成人员伤亡，那么该钢筋、水泥的生产厂商应承担产品责任。

3）关于缺陷的定义

《关于人身伤亡的产品责任公约》第2条C款规定：考虑包括产品说明在内的所有情况，如果一件产品没有向有权期待安全的人提供安全，则该产品有缺陷。

4）关于责任主体

《关于人身伤亡的产品责任公约》将生产者确定为产品责任的承担主体，并进一步解释了生产者的范围：（1）成品或零配件的生产者；（2）任何以将产品投入流通为目的的按商业惯例进口产品的人；（3）任何使自己名字、商标或其他标志特征出现在产品上将其作为自己产品的出示者；（4）产品没有标明生产者时，每一供应者应被视为生产者，除非根据索赔人的要求，供应者将生产者或前供应者的身份在合理的时间内告知索赔人。

5）归责原则

《关于人身伤亡的产品责任公约》规定了严格责任原则，并且如果数人对同一损害都负有责任时，他们之间承担连带责任。

6）赔偿和免责

《关于人身伤亡的产品责任公约》没有对赔偿额进行最高限制，而是相反，确立了最低限制。它规定，对每个死者或伤者的赔偿额不得少于相当于7万特别提款权的国内货币；对同类产品的相同缺陷造成的一切损害的赔偿额不得少于相当于1 000万特别提款权的国内货币。

但如果存在以下情形，生产者可以不承担责任：①生产者未将商品置于市场销售；②依据情况判断，在产品投入流通时，造成损害的缺陷尚不存在或缺陷是投入流通后由第三人造成的；③该造成损害之缺陷产品不是用于销售、出租或为经济目的的分销，而又非在商业过程中制造或分销；④受害人本身的过失。不过在最后一种情况下，应考虑所有情况后决定减少或免除生产者的责任。如果损害既是由产品的缺陷，又是由第三方的行为或疏忽造成的，则不应该减轻生产者的责任。此外，公约第8条还规定，本公约规定的生产者责任，不得以任何免责或解除义务的条款加以排除或限制。

7）时效

《关于人身伤亡的产品责任公约》规定了诉讼时效为3年，自申请人发觉或必须合情合理地发觉损害、缺陷及生产者的身份之日起计算。如果诉讼未在自生产者将造成损害的单个产品投入流通之日起10年内提出，根据《关于人身伤亡的产品责任公约》的规定，则受损害者丧失对生产者要求赔偿的权利。

7.3.2 《产品责任法律冲突规则公约》

《产品责任法律冲突规则公约》(Convention of the Law Applicable to Product Liability)(又称《产品责任法律适用公约》，本章简称《海牙公约》)，是由1964年第10届海牙国际私法会议各成员国签署的，1977年10月1日正式生效。法国、卢森堡、荷兰、挪威、西班牙、南斯拉夫、芬兰等国批准了该公约。《海牙公约》是目前国际上唯一产品责任方面的冲突法公约，其宗旨是在国际范围内解决产品责任法律适用的问题。它主要适用于有关产品的国际性诉讼案件，而且仅适用于无合同关系的当事人之间所发生的纠纷。

1）《海牙公约》的适用范围

根据《海牙公约》第1条的规定，公约适用的责任范围包括产品存在制造缺陷、设计缺陷以及错误说明或警示缺陷时给产品的使用者或消费者造成的损害，而如果该使用者或消费者是买卖合同、赠与合同、租借合同或其他合同关系的对方当事人，则在该产品的所有权或使用权已由被控负有责任的人转移到上述的合同对方当事人时，所产生的损害不适用于本公约，而由相关的合同准据法进行解决，即公约不适用合同关系当事人之间的争议。

《海牙公约》所调整的“产品”的范围，包括一切可供使用或消费的天然产品和工业产品，而不论是加工的还是未加工的，也无论是动产还是不动产。应该说，《海牙公约》对产品的定义比欧共体《指令》的定义还要宽泛。

《海牙公约》中所指的承担责任的主体范围包括产品的制造商；成品或零配件的制造商；天然产品的生产者；产品的供应者；修理人、仓库管理人等在产品准备或销售等商业环节中的其他人，以及上述所有人的代理人或雇员。

《海牙公约》认为损害是指对人身的伤害或对财产的损害以及经济损失。但对于缺陷产品自身的损失及间接损失，《海牙公约》没有完全排除在赔偿之外，而是规定如果这种损害是与其他损害联系在一起，则也应包含在赔偿范围之内。例如，某饭店因一高压锅安全阀有缺陷致使高压锅爆炸无法营业，由于该安全阀的损失及营业损失与高压锅及其他损害联系在一起，因此产品提供者应该一并承担责任及相关损失。

2）准据法的确定

《海牙公约》在第4至7条对于产品责任纠纷的法律适用问题做出了规定。该公约的突出特点是以两个以上的联结点来确定所适用的准据法，以避免单独联结点不能得到满意的结果。此外，公约也允许受损害者在一定范围内自己选择准据法。

《海牙公约》所提供的基本联结点有四个：第一，损害地，是指权益最初被侵害的地方或损害最初发生的地方。第二，直接遭受损害的人的经常居住地。第三，被控负有责任的人的主要营业地。如果直接受损害的人的经常居住地或被控负有责任的人的主要营业地发生变化，则一般认为以损害事实发生时其所处的经常居住地或主要营业地为确定准据法的联结点。第四，直接遭受损害的人取得产品地。这里，取得产品地是指事实上占用产品，而并非取得法律上的权限。

根据以上四个联结点确定的法律适用规范，《海牙公约》提供了以下规则：

（1）以损害地所在国的国内法为基本的适用法律时，必须同时满足下列条件之一：①该国又是直接遭受损害的人的经常居住地所在的国家；②该国又是被控负有责任的人的主要营业地所在国；③该国又是直接受损害的人取得产品的所在国。

（2）以直接受损害的人的经常居住地所在国的国内法为基本适用的法律时，也必须同时满足下列条件之一：①该国又是被控负有责任的人的主要营业地所在国；②该国又是直接受损害的人取得产品的所在国。

（3）如果四个联结点分散在不同的国家，或者虽然被控负有责任的人的主要营业地与直接受损害人取得产品地在同一个国家，但是，损害地和直接遭受损害人的经常居住地分别在其他国家时，通过上述两种方法均不能确定准据法。在此种情况下，《海牙公约》认为可以首先考虑适用被控负有责任的人的主要营业地所在国的国内法，但《海牙公约》还是赋予原告在损害地与被控负有责任的人的主要营业地之间进行选择的权利。该公约第6条规定，凡第4条和第5条指定的法律都不适用时，则适用的法律应为被控负有责任的人的主要营业地所在国的国内法，除非请求人根据损害发生地所在国的国内法提出请求。《海牙公约》的此项规定尽管可能不会给受损害方带来诉讼上的便利（因为损害发生地也并非受损害人的经常居住地），但至少不会给受损害方带来诉讼上的不便，或者说这种规定毕竟给了受损害方一个选择的权利，使他可以按照自己的意愿选择救济的途径。

（4）如果被控负有责任的人证明他不可能合理地预见该产品或同类的产品会经由商业渠道在《海牙公约》规定的损害地所在国或直接受损害人经常居住地所在国出售，则由于该产品引起的诉讼只能适用被控负有责任的人的主要营业地所在国的国内法，而损害地所在国的国内法和直接受损害的人的经常居住地所在国的国内法都不能适用。例如，被告所生产的一种玩具在X国被常年禁止进口，后来解禁，被告并不知晓。X国一玩具零售商从被告的一个批发商手中购买了该玩具回国销售，由于玩具存在缺陷对一个儿童造成损害，儿童家长即向被告索赔。此时被告可依《海牙公约》的此项规定，以不能合理预知为抗辩理由，要求适用被告主要营业地所在国的国内法解决该纠纷。

（5）《海牙公约》还规定，即使是按照第4至7条规定确定了上述的准据法，也不应不考虑产品销售生产所在国通行的行为规则和安全规则。也就是说，《海牙公约》认为，受理案件的法院有权根据市场国的安全标准作为判断生产者责任的地方性材料，即使市场国的法律不是按照公约规定所确定的准据法，如果根据市场国的安全法律可以认定生产者负有责任的话，法院也可以将这一事实作为判决的参考。

3）准据法的适用范围

《海牙公约》第8条列举了准据法的适用范围，即准据法所能够解决的问题包括：

（1）责任的条件和范围；

（2）免除、限制和划分责任的依据；

（3）可予赔偿的责任种类；

（4）赔偿的方法及范围；

（5）损害赔偿的权利可否转让或继承的问题；

（6）可依自己的权利要求损害赔偿的人；

（7）委托人对其代理人或雇员行为所承担的责任；

（8）举证责任；

（9）关于时效及起诉期限的规定，包括有关时效或起诉期限的开始、中断和中止的规定。

4）其他规定

《海牙公约》规定根据《关于人身伤亡的产品责任公约》所确定的准据法必须得到适用，只有这种适用明显地与该国的公共政策或公共秩序相抵触或不一致时，才可以拒绝适用。

关于准据法，只要依据《关于人身伤亡的产品责任公约》所提供的规则是确定的，即使所确定的是非缔约国的法律，也是公约所允许的，并且这种非缔约国法律的适用不受任何互惠条件的影响，是一种独立的适用（be independent of any requirement of reciprocity）。

《关于人身伤亡的产品责任公约》的适用顺序，在第15条这样规定，对于缔约国参加的，或可能参加的其他专门方面的公约中有关产品责任的规定，本公约不应优先适用。换言之，如果某国既是《欧洲共同体产品责任指令》的缔约国，又是《海牙公约》的缔约国，则在有关产品责任的确定上，前者优先于后者被适用。

根据《关于人身伤亡的产品责任公约》的规定，其缔约国在加入该公约时最多享有两项保留：其一为公约关于“时效规则”被包括在准据法适用的范围的规定，如果做了此项保留，则意味着该国在运用《关于人身伤亡的产品责任公约》确定准据法时，该准据法中关于时效规则的规定将不被审理案件的法院所采用，而有可能适用法院地国关于时效问题的规定。其二是对“本公约不适用于未加工的农产品”的保留。尽管《关于人身伤亡的产品责任公约》不排除对未经加工的农产品所造成的损害而提起产品责任之诉的适用，但公约并不要求所有缔约国都承认这一点，如果某个缔约国法律规定未经加工的农产品所造成的损害不适用于产品责任法（如德国法就做了如此规定），那么《关于人身伤亡的产品责任公约》允许其做这样的规定。但是除上述两项外，《关于人身伤亡的产品责任公约》不允许缔约国做其他的或更多的保留。

本章小结

1.产品责任法是调整产品制造者或销售者因所制造或销售的产品具有某种瑕疵或缺陷给产品消费者或其他第三者造成损害而引起的赔偿关系的法律规范的总称，在性质上属于侵权法范畴，体现出现代民商法发展的国家干预的社会本位倾向。

2.产品责任的构成要件有三个：产品存在缺陷、消费者或其他第三者受到损害以及损害与缺陷之间有因果关系。

3.美国产品责任法的归责基础理论经过了四个发展阶段：早期信奉英国“无契约、无责任”原则，后来发展为疏忽责任理论、担保责任理论、严格责任理论。

4.产品责任的免责，是指责任主体基于法定事由而免除对损害赔偿责任的承担。具体免责事由各国及公约规定，一般认为有以下几项：产品未投入流通领域；产品投入流通时不存在致人损害的缺陷；产品不是为营利目的而生产、销售的；产品的缺陷是由于遵循政府的强制性规定所致；产品缺陷是将其投入流通时的科技水平尚不能发现的。

5.产品责任的法律适用主要为解决涉及不同国家当事人的产品责任问题，其核心为确定准据法。《海牙公约》规定了四种确定准据法的依据：(1) 损害地；(2) 直接受损害人的惯常居住地；(3) 责任人的主要营业地；(4) 直接受损害人的产品取得地。除 (4) 所在国的法律不能成为准据法外，其余三地所在国的法律都可能成为准据法。但这些依据必须结合使用。

思政目标

通过对产品责任法概述、主要国家产品责任立法、国际产品责任统一法的学习，能够全面理解与掌握产品责任法基本理论、制度及规则的价值意义，坚定中国法律文化与法律制度的充分自信，自觉维护社会主义法治原则，以实际行动弘扬社会主义核心价值观，为构建人类命运共同体贡献智慧和力量。

主要概念

产品责任法　产品责任　缺陷　疏忽责任　严格责任　免责

综合训练

一、判断题

1.目前美国产品责任的归责原则单一适用严格责任原则。 (　　)

2.德国产品责任法中规定的“产品”与《斯特拉斯堡公约》规定的范围一致。 (　　)

3.《海牙公约》不适用合同关系当事人就产品责任提起的损害赔偿。 (　　)

4.美国法认为如果产品存在发展缺陷，则制造者或销售者应对此承担责任。 (　　)

二、选择题

1.下列不属于美国《产品责任法》和德国《产品责任法》共有的损害赔偿范围的是（　　）。

A.财产损害赔偿　　B.精神损害赔偿

C.人身损害赔偿　　D.惩罚性损害赔偿

2.产品“缺陷”的种类有（　　）。

A.设计缺陷　　B.发展缺陷

C.制造缺陷　　D.指示缺陷

3.最早产生产品责任判例的国家是（　　）。

A.美国　　B.德国　　C.英国　　D.日本

4.在《海牙公约》中，可以成为准据法的是下列（　　）的法律。

A.损害地所在国

B.直接受损害的人的惯常居住地所在国

C.直接受损害的人取得产品地所在国

D.赔偿责任人的主营业地所在国

三、简答题

1.产品责任的构成要件有哪些？

2.比较美国《产品责任法》、德国《产品责任法》、日本《产品责任法》、《斯特拉斯堡公约》的免责范围。

3.简述产品责任的主体及其承担责任的依据。

四、案例分析题

1.某起重机械制造公司将起重机组装件卖给某建筑商，由该建筑商在工地进行组装。原告是一名有经验的起重机架设者，他注意到有些齿轮运转不灵活，并用粉笔记下了齿轮不灵活的位置，说他要报告此事。但在问题解决之前他就开始安装起重机。结果组装件掉下，他被砸中致死。法院裁定被告没有责任。请问：为什么？

2.H国的公民A听说日本的食品很昂贵，就在被指派去日本出差前在国内购买了很多本国产的方便面。由于该方便面不太卫生，A在日本食用时中毒，为此花去了医疗费和康复费数万日元。请问：

（1）依《产品责任法律冲突规则公约》，该方便面的生产商应根据哪国法律对A的损失承担产品责任？为什么？

（2）如果该方便面从未经商业渠道销往日本，情况又怎样？

第8章

国际海上货物运输与保险法

国际海上货物运输是指在两个不同国家港口之间进行的货物运输。国际海上货物运输是诸多国际货物运输方式中最主要和最重要的一种。国际贸易中的货物运输有80%以上是通过海运完成的。对于石油、铁矿石、粮食、煤炭等大宗散货，几乎都采用海运方式。国际海上货物运输具有运输量大、运输费用低廉等优点，同时也有速度较慢、受海上特殊风险影响较大的缺点。

国际贸易中的货物在通过海运由卖方所在地运到买方所在地的过程中，需要经过长距离的海上运输以及装卸、存储等各个环节，在此过程中，货物很可能因各种海上风险而遭受损失。如果货物的这一损失得不到经济补偿，那么投入贸易资金的买卖双方就会遭到经济损失，有时损失金额是巨大的。

对于货物在海运过程中遭受的损失，货物托运人或收货人当然可以根据运输合同向承运人请求赔偿。在此情况下，货方与承运人之间的争议应当根据国际海上运输法加以解决。由于国际有关运输法律或运输合同的有关规定，承运人并非对所有的货损均承担赔偿责任，即使承运人承担赔偿责任，也可能享有赔偿责任限制，因此承运人对货损的赔偿常常无法弥补货方的实际损失。为了避免使货物在运输中受损而产生经济损失，托运人或收货人通常以被保险人的身份向海上保险人投保，将货物在海上运输过程中可能遭受的风险损失，包括承运人应负责的损失和不予负责的损失，转移给保险人承担。如此一来，在货方和保险人之间，就形成了一种海上保险合同关系，二者之间的权利、义务关系应当根据海上保险法的规定或保险合同的约定加以确定。

8.1 国际海上货物运输与保险法概述

8.1.1 国际海上运输的特点

国际海上货物运输的特点主要表现在：

1）货物遭遇风险的可能性大

从事国际运输的船舶通常都长时间在海洋上航行，加之海洋环境复杂、气象条件多变，随时都可能遭遇狂风巨浪、暴雨、大雾、雷电、海啸、浮冰等人力难以抵御和克服的海洋自然灾害的袭击，导致国际货物运输的风险比陆上、内河甚至航空运输的风险巨大得多。

2）海上货物运输中发生的损失数额往往巨大

从事国际海上货物运输的船舶在遭遇海上风险或者意外事故时，可能产生的损失往往是惊人的。由于船舶作为大型运输工具，其本身的价值巨大，加上其载运货物数量亦相当庞大，一旦遭受危险，船舶和货物所遭受的巨额损失可想而知。另外，当船舶在大洋中遭遇风险时，由于离陆地十分遥远，很难得到及时的外来援救，常常因得不到及时救助或根本无法救助而造成已发生损失的进一步扩大。

需要特别指出的是，在油轮遭遇事故的情况下，除了油轮和货物本身损失外，还会因石油泄漏造成严重的海洋环境污染，带来难以估计的后果和损失。

3）海上货物运输具有一套与海上特殊风险相适应的特殊法律制度

为了克服海上运输中所遭遇的特殊风险，以及在发生损失后能够得到及时补偿，并恢复航运生产，人们除了不断发展和提高有关的航海技术，配备先进的航海设备以外，同时逐步形成了被广泛接受的特殊的法律制度，包括共同海损制度、海上保险制度、海上救助制度以及海事赔偿责任限制制度等。

4）有关海上运输法规的国际统一性

在发生海上运输事故和争议时，这些事故或争议可能不一定发生在船东或货主本国的水域范围之内，而且有关争议的当事人也经常分属不同的国家。为了及时、有效地解决这些涉及不同国家和当事人的争议，长期以来，世界各航运国家都在努力制定一系列能为各国所接受、供各国共同遵守的国际公约，以促进各个航运国家在海上运输方面的法律上的协调、统一，从而促进国际航运业的发展。

目前，在国际海上货物运输法领域已形成了《海牙规则》、《维斯比规则》和《汉堡规则》三大国际公约共存的局面，尤其是其中的《海牙规则》和《维斯比规则》，世界上大多数航运国家要么已加入或批准，要么已按照其规定制定了相应的国内法，在很大程度上促进了国际海上货物运输法律的统一。

8.1.2 国际海上保险的特点

即使在现代航海技术十分发达的情况下，国际海上运输的风险仍然是比较大的。这些风险的存在使得从事国际海上运输的有关方，如船东、经营人、租船人、货主及其他有关利益方随时可能遭受经济上的损失。

但是，现代社会中发达和完善的海上保险是为有关遭受海上运输风险的利益方提供转移风险、减少经济损失的有效方式。顾名思义，海上保险是以海上财产（主要包括船舶和海上运输中的货物）为保险对象的保险。虽然海上保险的保险对象限于海上财产，但国际海上货物运输在空间范围上十分广阔，风险巨大而集中，致损原因繁多而复杂，而且涉及诸多相关的国际公约和规则，使得海上保险因其特殊的保险对象和承保的海上风险的特殊性而具有如下特点：

1）承保风险的综合性和致损原因的复杂性

鉴于海上地理环境和自然条件的特殊性，造成从事海上运输的船舶以及船上的货物经受的风险远远大于陆上财产的风险。这些特殊的风险既有台风、海啸等自然灾害，也包括火灾、爆炸等意外事故，还有船舶搁浅、沉没、碰撞等海上灾害，甚至还有海盗、船员不法行为或有关当局对船舶、货物的扣押等人为灾难。

另外，海上货物运输保险承保的风险除包括以上提到的海上特有的灾害以外，还包括与海上货物运输有关的发生于内河或陆上的风险事故。实际上，海上货物运输保险承保的是海陆混合风险，这就进一步反映了海上保险承保风险的多样性和综合性。目前，随着国际多式联运和集装箱综合保险的不断发展，海上保险承保风险的混合性和综合性将更加突出。

2）海上保险承保标的具有多样性和流动性的特点

海上保险与海上货物运输的关系十分密切，从而使得海上保险法律制度与海上货物运输法律有着十分密切的关系。出于贸易和航运经营的需要，船舶和海运货物必然经常从一个港口到达另一个港口，处于不断流动的状态。这种流动状态导致海上保险法律也同样具有国际性的特点。因此，在海上保险实务中，不同国家的航运或保险法律或者惯例，对于海上保险合同的履行也有着重要影响。

3）海上保险承保险种、险别的多样性

由于海上货物运输方式多种多样，各种保险标的所需要的风险保障也各有不同，客观上便要求有各种各样的保险险种和险别来满足不同的要求。例如，按照承保保险标的的种类和范围不同，海上保险可以分为船舶保险，海上货物运输保险，运费和其他期得利益保险，海上责任保险，保赔保险，集装箱箱体及运输责任保险，海上石油勘探、开发保险等。仅就海上货物运输保险而言，根据承保的货物的不同特性，又可分为一般海上运输货物保险、海上运输冷藏货物保险、海上运输散装桐油保险和集装箱运输货物保险等数种。在同一险种中，根据承保责任范围的不同又可分为若干险别，如我国现行海上运输货物保险条款便有平安险、水渍险和一切险三个主要险别。

8.2　国际海上货物运输法

8.2.1　国际海上货物运输方式

由于国际海上运输是随着国际贸易的发展而发展起来的，从事国际海上货物运输的船舶的营运方式必须与国际贸易对运输的要求相适应。为了适应不同货物和不同贸易合同对运输的不同需要，同时为了合理地运用国际运输船舶的运输能力，目前国际上普遍采用的国际运输船舶营运方式包括定期船舶运输和不定期船舶运输。

1）定期船舶运输

定期船舶运输（liner shipping）又称班轮运输，是指船舶按预订的船期表，在固定航线上，以既定顺序挂靠事先确定的港口，经常性地从事某航线各港口之间货物运输的一种船舶营运方式。

从20世纪60年代后半期开始，随着集装箱运输的迅速发展，班轮运输进一步分化为传统杂货船班轮运输和集装箱班轮运输。由于集装箱运输具有船速快、装卸方便、效率高、保证货运质量以及便于开展多式联运等特点，目前集装箱班轮运输已逐步取代传统的杂货船班轮运输。

2）不定期船舶运输

不定期船舶运输（tramp shipping）又称租船运输，是指没有事先制定的船期表、航线和挂靠港口、船舶运输货物数量和种类以及装卸港口等事项，根据船舶出租人（实务中称为船东）和承租人（实务中称为租家）双方签订的租船合同来确定的船舶营运方式。

租船运输的基本特点有：①根据租船合同的内容组织运输。出租人和承租人一般首先要签订租船合同，然后才能安排营运。租船合同中的条款是确定双方权利义务关系以及解决争议的依据。②租船运输的运价或租金率的高低，随订约时国际航运市场行情的不同而具有很大的波动性。③租船运输中有关费用的支出，一般在合同中订明。因租船方式的不同，出租人和承租人承担的费用的范围也各不相同。④租船运输一般适用于粮食、钢材、矿砂、石油和化肥等大宗散装货物的运输，往往是整船装运的。

租船运输包括航次租船、定期租船和光船租赁等基本营运方式。

航次租船（voyage charter），又称航程租船或程租，是指出租人提供一条特定船舶，在特定港口之间进行一个或多个航次运输指定货物的租船方式。

定期租船（time charter），又称期租，是指出租人提供一条特定船舶，在一定期间内供承租人使用，而由承租人支付租金的租船方式。

光船租赁（bare boat charter，demise charter），又称光船租船或光租，是指出租人提供一条不配备船员的船舶供承租人使用一个时期，而由承租人支付租金的租船方式。严格说来，光船租赁合同并不是真正意义上的运输合同，而基本体现的是财产租赁合同的特点，因此可以将光船租赁合同排除在货物运输合同之外。

8.2.2 约束国际海上货物运输合同的国际法律规范

1）简介

国际海上货物运输合同，是指承运人收取运费，负责将托运人托运的货物经海路由一国港口运至另一国港口的合同。在定期船舶运输方式中，提单是海上货物运输合同的证明。从事定期船舶运输的船务公司一般都自行制定自己的提单格式供签发使用。在签发提单的情况下，与之相关的当事方往往很多，涉及承运人、托运人、收货人、提单持有人等各个关系方的利益。由于这些关系方常分属于不同国家，而国际运输的装货港、卸货港也处于不同国家，一旦发生争议，关于提单条款的法律效力及对提单所适用的法律，不同国家的法律往往产生冲突，这无疑会严重影响国际航运的正常发展。为此，世界各国一直在致力于统一提单法律的这项重要而艰巨的工作。这一努力直接导致目前关于海上货物运输的三大国际公约的出现，在一定程度上形成了国际海上货物运输法律的统一。这三大公约分别为《1924年统一提单若干法律规定的国际公约》（简称《海牙规则》，即Hague Rules）、《1968年关于修订统一提单若干法律规定的国际公约的议定书》

（简称《维斯比规则》，即 Visby Rules）和《1978年联合国海上货物运输公约》（简称《汉堡规则》，即 Hamburg Rules）。值得注意的是，2008年12月11日，第63届联合国大会第67次会议审议通过了《联合国全程或部分海上国际货物运输合同公约》（简称《鹿特丹规则》），虽然有超过20个国家签署该公约，但是目前只有西班牙一个国家递交批准书，所以《鹿特丹规则》还没有生效。该公约共18章96条，是迄今为止条文内容最多、调整运输范围最广的国际货物运输法律。

上述《海牙规则》、《维斯比规则》和《汉堡规则》是调整定期船舶运输或称提单运输的国际公约，而对于不定期船舶运输，如航次租船合同和定期租船合同，目前国际上并没有专门的关于租船合同的国际公约。就各国国内法而言，在以英国法为代表的英美法系国家，一般由出租人和承租人依据"契约自由"的原则确定双方之间的权利义务，法律上对此并不干涉或进行强制性规定；在大陆法系国家，一般也不针对租船合同做专门的法律规定，即使有相关规定，也不是强制性的法律规定。

2）三大国际公约的产生背景及主要内容

19世纪中期，英国商船队在世界航运界占有统治性地位。由于提单条款均为作为承运人的船公司自行制定，承运人为了减轻自己的责任，便纷纷在提单中制定出对货物灭失或损坏不负责任的约定。而英国法基于"契约自由"的原则，承认此种承运人在提单中约定的对货损免责的条款的效力。如此一来，这种提单中的免责条款便越来越多，这种过分保护承运人利益的状况使得收货人的权益无法得到保障，严重损害了提单的流通作用，妨碍了国际贸易的正常发展。为了对承运人滥用"契约自由"的不合理现象加以抑制和约束，代表货主利益的美国于1893年通过《哈特法》（Harter Act），对承运人的合同自由进行了限制，规定了承运人必须承担的基本义务，第一次以国内立法的形式对海上货物运输中承运人的责任加以强制性规定。《哈特法》制定之后，各国也制定了自己的法律，承认并采纳该法的基本原则。随后，英国以及其他航运国家主张制定相关的国际公约。1921年5月，国际法协会所属的海洋法委员会在荷兰海牙召开会议，制定了一个提单规则，定名为"海牙规则"。几经修改后，于1924年8月25日在布鲁塞尔召开的外交会议上通过了以该规则为基础的《1924年统一提单若干法律规定的国际公约》，简称《海牙规则》。

根据《海牙规则》，承运人承担的责任和义务是最低限度的责任和义务，享有的免责和权利是最大限度的免责和权利。而且，《海牙规则》所规定的承运人的最低义务和最大权利是强制性的，不允许承运人通过提单条款降低承运人的责任或增加其权利，如果提单条款的规定违背了《海牙规则》的有关强制性规定，此种提单条款就是无效的。《海牙规则》通过这种强制性立法方式有效地抑制了承运人滥用"契约自由"免责的不合理做法，使得收货人或提单受让人在《海牙规则》规定的范围内得到保护，而不论承运人在提单中列明何种对其有利的条款。关于对海上货物运输的适用期间，《海牙规则》对自货物在装货港装上船开始至在卸货港卸离船舶为止的期间强制适用；同时，《海牙规则》允许承运人和托运人自由约定货物在装上船前和卸离船后承运人对货物灭失或损坏的责任，在此阶段承运人对货物的责任，《海牙规则》并不强制适用。《海牙规则》规定了承运人谨慎处理使船舶适航的义务以及妥善、谨慎地管理货物的义务，对于违反该义务造成的货物损失，承运人应当负赔偿责任。同时，考虑到航运业风险特殊，应对承运人的利益给予保护，《海牙规则》规定了承运人对17项免责事由造成的货损可以免除赔偿责任。17项免责事由包括承运人的受雇人驾驶或管理船舶过失、非由于承运人的实际过失或私谋造成的火灾、海上危险、天灾、战争行为、公敌、暴乱、政府行为、检疫、托运人行为或疏忽、罢工、救助海上人命或财产、货物固有缺陷、包装不足、标志有缺陷、经谨慎处理无法发现的船舶潜在缺陷以及其他不属于承运人的实际过错或私谋的原因。这些承运人的免责事由表明，关于承运人的责任基础，《海牙规则》实行的是不完全过错责任原则。所谓不完全过错责任，是指承运人对货物在其责任期间发生的灭失或损坏是否负赔偿责任，原则上应根据承运人本人、其受雇人或代理人对货损是否有过错来确定。有过错，就应当负责；如无过错，则可以免责。但如果货损系船长、船员或承运人等其他受雇人驾驶或管理船舶的过失所致，或者由于上述人员的过错所造成的火灾所致，承运人仍可以免责。

除了上述免责规定以外，根据《海牙规则》，承运人还有权就货物的灭失或损坏享有单位责任限制，即在任何情况下，当每件或每单位货物的灭失或损坏金额超过100英镑或其他等值货币时，承运人的赔偿责任以100英镑为限。但是，如果托运人在货物装运前已将货物价值和性质向承运人做出申报并在提单上注明的，则承运人的赔偿责任不受此限。在发生货损的情况下，收货人应当在承运人于卸货港向其交付货物之前或当时，或在货损不明显情况下，在货物交付后3日以内，以书面方式将货损情况通知承运人或其代理人，否则此种货物交付视为承运人已经按照提单记载交付货物的初步证据。而且，就货损向承运人提出的诉讼应当在货物交付之日或应当交付之日起1年之内提出，否则在任何情况下承运人和管理船舶者将解除其对货损的一切责任。另外，《海牙规则》还就托运人的责任和义务做了规定，即托运人应当向承运人保证由其提供的货物、件数、数量或重量准确无误，否则托运人应赔偿因此给承运人造成的损失。而且，托运人应当对装载危险货物而直接或间接引起的损害负责赔偿。

《海牙规则》生效实施后，对于统一国际海上货物运输法律起到了积极作用，较好地维持了船货双方的利益平衡。但随着时间的推移和航运技术的进步，人们发现《海牙规则》存在许多问题，主要表现在：《海牙规则》规定的承运人可以对其受雇人驾驶和管理船舶过失免责的事由过多地保护了承运人的利益；由于通货膨胀的存在，使得承运人的责任限额过低；《海牙规则》的规定不适应集装箱货物运输的发展；承运人的代理人、受雇人的法律地位不够明确等。针对这些问题，国际海事委员会着手对《海牙规则》进行修改，最终于1968年在比利时布鲁塞尔召开的外交会议上通过了对《海牙规则》进行修改的议定书，即《维斯比规则》。由于该议定书并没有对《海牙规则》进行根本性修改，只是对《海牙规则》明显不合理的条款做了修订和补充，对《海牙规则》原有的责任制度仍予保留，故该规则又称为《海牙-维斯比规则》。《维斯比规则》对

《海牙规则》所做的修改和补充主要包括：提高了《海牙规则》规定的单位责任限额；增加了关于提单证据效力的规定；规定了承运人的受雇人或代理人的法律地位，等等。

《维斯比规则》虽然对《海牙规则》进行了一定修改，但并没有改变《海牙规则》的核心，即承运人对货损承担不完全过错责任的责任基础并没有改变。随着国际社会特别是发展中国家对这两个规则的批评不断增多，在发展中国家的努力下，其以联合国贸发会议为主要机构开始起草《汉堡规则》，并于1978年在汉堡召开的外交会议上审议并通过，正式定名为《1978年联合国海上货物运输公约》，又称为《汉堡规则》，该规则于1992年11月生效，截至1997年5月已有25个参加国，均为航运不发达国家。

《汉堡规则》完全改变了《海牙规则》和《维斯比规则》规定的承运人不完全过错责任原则，明显扩大了承运人的责任，其主要内容包括：承运人对货物的责任期间包括在装货港、运输途中以及卸货港、货物在承运人掌管下的全部期间。当货物灭失、损坏或迟延交付所造成的损失发生在承运人责任期间，首先推定承运人对损失有过失而应承担责任。如果承运人要免除责任，就应承担举证责任，证明其本人、受雇人或代理人没有过失，而且为避免事故的发生及其后果而采取了一切所能采取的合理措施。由于这一责任原则首先推定承运人对货损发生有过错，故又称为推定过错责任原则。关于对货损承担责任的责任人，《汉堡规则》分别规定了承运人和实际承运人两个概念。承运人是"以其名义或代表其与托运人签订海上货物运输合同的任何人"，而实际承运人是"根据承运人指示进行货物全部或部分运输的任何人，包括接受转委托从事运输的人"。承运人根据运输合同对全程运输负责，而实际承运人对其实际履行的运输区段负责，但如果承运人签发的提单中已注明货物将由其他承运人运输并载明其名称，则承运人对该区段的运输不再负责。《汉堡规则》还规定了承运人对迟延交付货物的责任，即如果货物未能在明确约定的时间内，或虽无此项约定，货物未能在考虑到实际情况，对一个勤勉的承运人所能合理要求的时间内，在卸货港交付货物，则为迟延交付。承运人对因迟延交付货物所造成的损失应承担赔偿责任，对迟延交付产生的经济损失的赔偿责任以相当于迟延交付货物应付运费的2.5倍为限，但不得超过海上货物运输合同规定的应付运费总额。关于单位责任限额，《汉堡规则》规定承运人对货物灭失或损坏造成货损所负的赔偿责任，为每件或每货运单位货物835特别提款权或毛重每千克2.5特别提款权，二者以高者为准。根据《汉堡规则》，托运人在货物外表状况不良时，为换取清洁提单而提供给承运人的保函，在托运人和承运人之间有效。但是，当提单转让至包括收货人在内的第三方时，此种保函无效。如果承运人接受托运人的保函，构成对信赖提单中所记载货物情况的第三人的欺诈，则保函在承运人和托运人之间也无效，同时，承运人应对第三人因此所受的损失负赔偿责任，并且不得援引《汉堡规则》规定的责任限制。

值得注意的是，2008年12月12日，联合国大会第35次会议审议和通过了《联合国全程或部分海上国际货物运输合同公约》，由于该公约2009年9月在荷兰鹿特丹正式签署发布，所以新公约又被称为《鹿特丹规则》。该公约是继《海牙规则》、《海牙-维斯比规则》和《汉堡规则》三个国际海运公约后，联合国通过的第四个国际海运公约。

《鹿特丹规则》共18章96条，主要围绕国际海上货物运输合同主体制度设计，船货双方合同权利、义务和公约适用等问题展开，是迄今为止条文内容最多、调整运输范围最广的国际海运公约。

8.2.3 我国法律关于国际海上货物运输的规定

我国关于海上货物运输合同的法律规范主要有《中华人民共和国海商法》第四章“海上货物运输合同”、第六章“船舶租用合同”以及《中华人民共和国民法典》第十九章“运输合同”和第三编中关于合同的一般性规定。这些一般性规定在《中华人民共和国海商法》缺乏规定时，可以得到适用。《中华人民共和国海商法》第四章是对海上货物运输合同的专门性规定，按照《中华人民共和国海商法》第2条，该章仅对国际海上货物运输适用，而不适用于沿海货物运输。具体规定分为八节，即“一般规定”、“承运人的责任”、“托运人的责任”、“运输单证”、“货物交付”、“合同的解除”、“航次租船合同的特别规定”和“多式联运合同的特别规定”。而不定期船舶运输中的定期租船合同并未规定在第四章，而是规定在第六章“船舶租用合同”中。另外，《中华人民共和国海商法》第十三章“时效”和第十四章“涉外关系的法律运用”中也包括一些与海上货物运输有关的法律规定。

《海牙规则》、《维斯比规则》和《汉堡规则》这三个关于海上货物运输的国际公约，我国均没有参加，也没有像有些国家一样，直接将公约的内容转化为国内法。《中华人民共和国海商法》第四章在充分考虑我国实际国情的基础上，根据海上货物运输国际性强的特点，在很大程度上也参考并借鉴了三个国际公约中符合国际航运实际和发展趋势的有关规定。其中，在承运人责任制度方面，基本采纳了《海牙规则》和《维斯比规则》中的不完全过错责任原则，以及《维斯比规则》中关于单位责任限额的规定。而在其他问题上又汲取了《汉堡规则》的合理规定，如参照《汉堡规则》引入了实际承运人的概念，为货方向船方索赔提供了便利；同时，还明确规定了承运人关于迟延交付的责任。《中华人民共和国海商法》这种立法方式，具有现代气息浓厚、与国际接轨的优点，但是也有不足之处，如与我国现有的民商法体系和有关理论不能很好地衔接，以及参考有关国际公约时缺少正确理解，从而无法很好地解决实际中的问题。

根据《中华人民共和国海商法》，国际海上货物运输合同中的承运人和托运人主要有如下基本义务和权利：

1）承运人的主要义务

（1）提供船舶并谨慎处理使之适航的义务。《中华人民共和国海商法》第47条规定，承运人在船舶开航前和开航当时，应当谨慎处理，使船舶处于适航状态，妥善配备船员、装备船舶和配备供应品，并使货舱、冷藏舱、冷气舱和其他载货处所适于并能安全收受、载运和保管货物。

（2）照管货物的义务。《中华人民共和国海商法》第48条规定，承运人应当妥善、谨慎地装载、搬移、积载、运输、保管、照料和卸载所运货物。

（3）合理速遣运送货物的义务。《中华人民共和国海商法》第49条规定，承运人应当按照约定的或者习惯的或者地理上的航线将货物运往卸货港。除非为了船货安全、救助或企图救助海上人命或财产，船舶不得做不合理绕航。

（4）交付货物的义务。承运人应当在卸货港凭正本提单将货物交付给收货人。

如果承运人违反了上述基本义务或其他法律规定或合同约定而造成货物灭失或损坏，或使托运人遭受其他经济损失，除非承运人可以依据法律或合同约定免责，否则应当承担赔偿责任。

2）承运人的基本权利

（1）运费等费用的请求权。在班轮运输条件下，运费有预付和到付两种支付方式。如是预付运费，托运人一般应当在货物装船后，承运人签发提单前付清；如是到付运费，即由收货人在卸货港提取货物时支付的运费，则只有在货物安全到达卸货港后，承运人才有权收取。在航次租船合同下，出租人也有权就其运输的货物向承租人收取运费。除了运费以外，在航次租船合同下，出租人还有权向承租人收取亏舱费和滞期费。

（2）留置货物的权利。根据《中华人民共和国海商法》第87条，当托运人或收货人没有付清应当向承运人支付的运费、亏舱费、滞期费以及其他有关费用，又没有提供适当担保时，承运人有权在合理限度内留置属于托运人或收货人的货物，以实现其请求权。

（3）损害赔偿责任的免除及赔偿责任限制的权利。如果货物在运输过程中发生的灭失、损坏或迟延交付，或者托运人或收货人遭受的其他损害，是由法定事由造成的，承运人可以免除赔偿责任。

3）托运人的主要义务

（1）提供约定货物并如实申报货物资料的义务。根据《中华人民共和国海商法》第66条的规定，托运人应当妥善包装货物，并向承运人保证，货物装船时所提供的货物品名、标志、包数或者件数、重量或者体积的正确性。如果由于包装不良或者有关资料不正确，对承运人造成损失的，托运人应予赔偿。

（2）及时办理货物运输所需的各项手续，并将有关单证送交承运人的义务，否则根据《中华人民共和国海商法》第67条的规定，对由此造成的承运人利益的损害，托运人应予以赔偿。

（3）托运人托运危险货物的，应当妥善包装，采取适当预防措施，并将有关情况书面如实通知承运人，否则应对由此产生的损失负责。

（4）及时提取货物的义务。托运人或收货人应当在目的港及时提取货物，否则，船长可以将货物卸在仓库或其他适当场所，由此产生的费用和风险由收货人承担。

4）托运人享有的权利

（1）按合同约定取得货物的装船舱位，并在货物装船后，要求承运人及时签发提单，据以在目的港提取货物。

（2）当承运人不履行合同或违反上述有关义务时，有权对其因此遭受的损失要求承运人赔偿。

8.2.4 提单

1）提单的作用

在国际海上货物运输实务中，提单是一份十分重要的航运单证，同时提单又是重要的贸易单证，与发票和保险单并称为三大基本贸易文件。提单内容由提单正面和背面条款两部分组成，共同构成提单所证明的运输合同的内容。正面主要包括提单号，托运人、收货人、通知方和承运人名称，装货港，卸货港，船名，货物名称，标志，包件的数量与种类，重量，体积，装船日期，正本提单份数，提单签发地点和时间，承运人签章以及提单正面条款等内容，而提单背面则一般印有大量的提单条款。

从海上货物运输的角度看，《中华人民共和国海商法》第71条对提单下了一个明确的定义，即是指用以证明海上货物运输合同和货物已经由承运人接管或装船，以及承运人保证据以交付货物的单证。从这一规定可以看出，提单主要有以下作用：

（1）提单是承运人与托运人之间达成的海上货物运输合同的证明

在法律上，提单是确定船货双方在海上货物运输关系中权利义务的依据。但是，提单只是海上货物运输合同的证明，而并非合同本身，因为在提单签发前，托运人已经向承运人发出托运要约，并经承运人承诺，即在提单签发前，双方已达成了海上货物运输的意思表示的一致，海上货物运输合同已告成立，签发提单只是承运人依法履行其在运输合同项下的义务。由于提单只是托运人和承运人之间成立的运输合同的证明，如果在提单内容之外托运人与承运人关于货物运输还达成了其他协议，则承托双方之间的权利义务关系应当根据提单和其他有关协议共同确定。但是，如果提单转移至收货人或其他提单持有人时，则根据《中华人民共和国海商法》第78条，承运人同收货人、提单持有人之间的权利、义务关系，仅依据提单的规定确定，也就是说，承托双方在提单之外另行达成的协议不能约束收货人和提单持有人，但提单转让后，托运人依据提单或另行达成的协议而应向承运人承担的责任，也不因提单转让而解除。

（2）提单是承运人接收货物的收据

承运人向托运人签发提单，表明承运人已接管提单上所记载的货物，并占有该货物，故提单有货物收据的作用。根据《中华人民共和国海商法》第77条的规定，提单在托运人手中时，它是承运人已经按其上记载货物状况收到货物的初步证据，即如果承运人实际收到的货物与提单记载不符，承运人可以向托运人提出相反证据，从而解除对此种不符的责任；但是，如果提单转让至善意第三方收货人手中，承运人不得提出相反证据证明其实际收到的货物与提单记载不符。所谓"善意"，是指当收货人或提单受让人取得提单时，其不知道提单记载内容与事实不符的情况，即在收货人或提单受让人善意取得提单的情况下，提单中关于货物记载的证据效力是绝对的，承运人提出的与此相反的证据，法律不予承认，除非提单上订有有效的"不知条款"。

"不知条款"是表明承运人对所收到的货物的数量、重量或其他内容不知情的条款。根据《中华人民共和国海商法》第75条，"不知条款"只有当承运人知道或有合理根据怀疑提单记载的货物情况与实际接受或已装船的货物不符，或无适当的方法进行核对，并且在提单上批注不符之处，或者怀疑的根据无法核对时，才发生法律效力。因此，在海上运输实务中，如果船长或承运人代理人知道或怀疑装船货物重量、数量等情况与提单上的记载不同时，应当在提单上做出批注（相当于“不知条款”），否则，即使承运人能够证明其实际收到的货物与提单记载不符，对于第三方收货人因货物实际情况与提单记载不符而提出的索赔同样应当负责。

（3）提单是承运人保证据以交付货物的凭证

承运人在卸货港应当将货物交付给向承运人或其代理人出示正本提单请求提货的人。如果承运人未凭正本提单交付货物，则应对持有正本提单有权提取货物的人因此遭受的损失承担赔偿责任。

（4）提单是一种权利凭证

有人称提单是货物的物权凭证，英文称作“document of title”。也就是说，拥有提单，在法律上就拥有提单中所记载的货物。提单的这一作用表明提单具有物权的效力，故提单可以用以结汇、流通和抵押。提单持有人虽然不直接占有货物，但可通过背书或交付提单的方式来处分货物。《中华人民共和国海商法》及其他法律尚未对提单的这一作用加以明确规定，而对于提单这一作用的具体内容，国内理论界也存在很多争议。

2）提单的种类

按提单上收货人的抬头，可以将提单划分为：

（1）记名提单（straight B/L）

记名提单指提单正面收货人一栏中载明特定的人或公司的提单。在记名提单下，承运人在目的港应当向提单中载明的特定收货人交付货物。《中华人民共和国海商法》第79条规定，记名提单不得转让。由于这种提单流通性受到很大限制，在国际贸易中很少采用。

（2）指示提单（order B/L）

指示提单指提单上收货人一栏内载明“由某人指示（to order of…）”或“凭指示（to order）”字样的提单。前者称为记名指示，承运人应当按照记名指示人的指示交付货物，实践中一般有托运人指示、银行指示或收货人指示等形式。后者称为不记名指示，视为由托运人指示。根据《中华人民共和国海商法》第79条的规定，指示提单可经过记名背书或空白背书转让。记名背书（special indorsement）是指指示人（背书人）在提单背面写明被背书人名称的背书，表明承运人应当将货物交给被背书人或按其进一步指示交货。空白背书（indorsement in blank）是指指示人在提单背面不写明被背书人，而只签署自己的名称的背书。在经空白背书的指示提单情况下，承运人应当将货物交付给出示该正本提单的人。指示提单经背书后发生转让，实现提单的流通，在国际贸易中应用十分普遍。如果指示人在指示提单上不做任何背书，意味着指示人保留对货物的提货权，有权提取货物的人仍是指示人本人。

（3）不记名提单（bearer B/L）

不记名提单又称空白提单，指提单正面收货人栏内，不载明具体的收货人或由某人指示，通常只注明“持有人（bearer）”或“交与承运人（to bearer）”字样的提单。根据《中华人民共和国海商法》第79条的规定，不记名提单无须背书，通过交付即可转让，故具有很强的流通性，但也容易因被盗或遗失带来很大风险，在实践中极少采用。

按货物是否已装船，可以将提单划分为：

（1）已装船提单（shipped B/L，on board B/L）

已装船提单指在货物装船后签发的提单。这种提单上注有船名，有的还注明装船日期，表明货物已于该日期装于该船。国际货物买卖合同和信用证一般都规定，卖方须提供已装船提单。另外，已装船提单对于办理货物运输保险也十分重要。

（2）收货代运提单（received for shipment B/L）

收货代运提单指承运人、船长或承运人代理人在接管托运人的货物后，在货物装船前，应托运人要求签发的提单。这种提单上没有船名和装船日期的记载，在国际贸易中一般不被接受。但在集装箱运输中，特别是承运人在内陆接收货物时，此种提单应用比较普遍。根据《中华人民共和国海商法》第74条的规定，货物装船后，托运人可以将收货代运提单退还承运人，以换取已装船提单；承运人也可以在收货代运提单上加注承运船舶的船名和装船日期，加注后的收货代运提单视为已装船提单。

按提单上有无批注划分，提单可分为：

（1）清洁提单（clean B/L）

清洁提单指没有任何明确指出货物外表状态不良批注的提单，表明承运人在接收货物时，货物的外表状态良好。所谓外表状况，一般指承运人凭目力所能观察到的货物状况。外表状态良好，不排除货物包装内部的货物内容存在目力不能发现的缺陷的可能。

（2）不清洁提单（unclean B/L，foul B/L）

不清洁提单指有货物外表状态不良批注的提单。当船长或船员代表承运人接受托运人提供的货物时，如果货物外表状态不良，大副在签发证明收到货物的大副收据（mate's receipt）时，可以在大副收据上对货物的不良状态做出批注。待将来承运人或其代理人根据大副收据签发提单时，如果将这种批注转移到提单上，此种提单即成为不清洁提单。承运人在交付货物时，只要货物的损害不超过批注的范围，承运人即可免除责任。由于不清洁提单使收货人的利益得不到保护，故在国际贸易中一般不被接受。

按运输方式划分：

（1）直达提单（direct B/L）

直达提单指规定货物从装货港装船后，中途不经换船，直接运至目的港卸船交于收货人的提单。这种提单不排除船舶中途挂靠其他港口。

（2）海上联运提单（ocean through B/L）

海上联运提单指规定货物从装货港装船后，在中途港卸船，交给其他承运人用船舶接运至目的港的提单。签发此种全程提单的承运人称为联运承运人；接运货物的承运人称为接运承运人或实际承运人。

(3) 多式联运提单（combined transport B/L）

多式联运提单指承运人将货物以包括海上运输在内的两种或两种以上运输方式，从一地运至另一地而签发的提单。

其他特殊提单有：

(1) 倒签提单（anti-dated B/L）

倒签提单指在货物装船后签发的，以早于货物实际装船日期为签发日期的提单。提单的签发日期往往是货物装船日期的证明，承运人签发倒签提单，尤其当倒签时间过长时，有可能被认定为与托运人合谋对善意的第三方收货人构成欺诈，从而使收货人承担因此而造成的损失。

(2) 预借提单（advanced B/L）

预借提单指在货物尚未全部装船，或货物虽已由承运人接管，但尚未开始装船情况下签发的已装船提单。此种提单通常是在信用证规定的装船期限和交单结汇日期即将届满时，应托运人要求而签发。由于预借提单签发时货物尚未实际装船，因此将来可能出现提单转移到收货人手中，而货物最终无法装船的情况。签发预借提单的承运人可能被认为构成对善意收货人的欺诈，将面临向收货人赔偿全部货物损失的巨大风险。

8.3 国际海上保险法

8.3.1 海上保险合同

保险合同是现代商业保险制度的表现形式，也是保险法主要规范的内容之一。保险合同在海上保险中的体现形式即为海上保险合同。《中华人民共和国海商法》第十二章对海上保险合同进行了专门规定。同时，我国2018年12月29日修订的《中华人民共和国保险法》(以下称《保险法》) 第182条规定，海上保险适用《中华人民共和国海商法》的有关规定；《中华人民共和国海商法》未做规定的，适用本法的有关规定。

为了对海上保险合同有一个准确、全面的理解，明确和掌握海上保险合同中的基本概念是十分必要的。现结合《中华人民共和国海商法》和《中华人民共和国保险法》的有关规定，对海上保险合同的有关概念介绍如下：

1）当事人

《中华人民共和国海商法》第216条规定，**海上保险合同**是指保险人按照约定，对被保险人遭受保险事故造成保险标的的损失和产生的责任负责赔偿，而由被保险人支付保险费的合同。

从这一规定可以看出，海上保险合同的双方当事人是保险人和被保险人。但是，按照《中华人民共和国保险法》第10条，保险合同是投保人与保险人约定保险权利义务关系的协议。其中，投保人是指与保险人订立保险合同，并按照保险合同负有支付保险费义务的人。在一般情况下，保险合同签订后，投保人即成为被保险人。在我国海上保险实务中，海上保险合同中的投保人通常就是被保险人，所以在《中华人民共和国海商法》第216条关于海上保险合同的定义中，没有出现投保人，而只有被保险人。

《中华人民共和国保险法》第10条和第12条规定，保险人是指与被保险人（投保人）订立保险合同，并承担赔偿或者给付保险金责任的保险公司；而被保险人是指其财产或者人身受保险合同保障，享有保险金请求权的人。

2）保险事故

《中华人民共和国海商法》第216条第2款规定，海上保险合同的保险事故，是指保险人与被保险人约定的任何海上事故，包括与海上航行有关的发生于内河或者陆上的事故。

《中华人民共和国保险法》第16条规定，保险事故是指保险合同约定的保险责任范围内的事故。

综合以上规定，海上保险合同中的保险事故是指保险人与被保险人约定的属于保险责任范围内的任何海上事故或者与海上航行有关的发生于内河或者陆上的事故。在保险实务中，保险事故也称为承保危险。根据上述《中华人民共和国海商法》第216条的规定，保险人仅对保险事故造成的保险标的的损失和产生的责任负责赔偿。换言之，被保险人如果要得到保险赔偿，必须证明其索赔的损失是由海上保险合同约定的保险事故造成的，这就是海上保险法中因果关系原则的核心内容。

3）除外责任

除外责任，《中华人民共和国保险法》第18条又称为责任免除，是指保险合同约定的保险人不承担赔偿责任的情况或范围。

严格说来，保险人对于某项损失是否承担赔偿责任是由保险事故（或称承保危险）和除外责任共同决定的。通常认为，在二者发生冲突的情况下，除外责任的效力优于承保危险。也就是说，在造成某项损失的原因既有承保保险又有除外责任的情况下，保险人有权依据除外责任对该损失不负赔偿责任。

4）保险标的

保险标的是指作为保险对象的财产及其有关利益或者人的寿命和身体。由于海上保险属于财产保险，而不包括人身保险，故海上保险合同的保险标的是指海上保险合同所承保的对象，如被保险人的财产、其他利益及对第三人的赔偿责任等，《中华人民共和国海商法》第218条规定了可以作为海上保险合同的保险标的的具体项目，包括船舶、货物、船舶营运收入、船员工资和其他报酬、对第三人的责任及由于发生保险事故可能受到损失的其他财产和产生的责任、费用。

5）保险利益

《中华人民共和国保险法》第12条规定，保险利益是指投保人对保险标的具有的法律上承认的利益。虽然特定的保险标的是订立保险合同的必要内容，但是订立保险合同并不能保障保险标的本身不受损害，订立保险合同的真正意义在于当保险标的因保险事故而遭受损害后，被保险人就其遭受的经济损失能够从保险人处得到赔偿。因此，保险合同实质上保障的是被保险人对保险标的所具有的利益。

保险利益必须具备以下条件：（1）必须是法律认可的利益；（2）必须是可以用货币计算和估价的利益；（3）必须是可以确定的利益。

如果被保险人对保险标的不具有保险利益，根据《中华人民共和国保险法》第12条的规定，订立的保险合同无效。

6）保险价值和保险金额

保险价值（insurable value）是指被保险人从保险标的中获得的保险利益的价值。《中华人民共和国海商法》第219条规定，保险价值可以由保险人与被保险人约定；如果双方未约定保险价值，保险价值依据法律规定确定和计算。保险人与被保险人约定保险价值的保险称为定值保险，未约定保险价值的保险称为不定值保险。

保险金额是指被保险人对保险标的的投保金额。根据《中华人民共和国保险法》第18条，保险金额是指保险人承担赔偿或者给付保险金责任的最高限额。同时，《中华人民共和国海商法》第220条规定，保险金额由保险人与被保险人约定。保险金额不得超过保险价值；超过保险价值的，超过部分无效。根据以上规定，保险人对每次保险事故造成保险标的损失的赔偿责任以保险金额为限。但是，如果保险金额超过保险价值，则保险赔偿不得超过保险价值。

7）保险费

保险费（premium）是由被保险人支付给保险人，作为保险人承担保险赔偿责任的对价的一定金额。

8）保险期间

保险期间（duration of insurance）是指保险合同中约定的保险人对保险标的承担保险责任的开始时间和结束时间。保险人仅对保险期间内发生的保险责任范围内的损失负责。在一般情况下，保险合同成立的时间早于保险期间开始的时间。《中华人民共和国保险法》第14条规定，保险合同成立后，投保人按照约定交付保险费；保险人按照约定的时间开始承担保险责任。

8.3.2 国际海上保险的基本原则

1）赔偿原则

财产保险的根本目的是赔偿被保险人因保险事故而遭受的经济损失，具体表现为被保险人通过订立保险合同将其承担的风险转移给保险人，在保险标的遭受损失或产生责任的情况下，通过保险人的保险赔偿使被保险人恢复到受损前的经济状况，好像保险事故未发生一样。作为一种财产保险合同，海上保险合同同样具有财产保险合同的赔偿性特点。实际上，赔偿原则是海上保险合同的最根本原则或者说是首要原则。对于海上保险合同的赔偿性，《中华人民共和国海商法》第216条对海上保险合同所下的定义也有明确规定。

所谓“赔偿”，是指当保险事故发生导致被保险人遭受损失时，保险人在其保险责任范围内对被保险人所受到的实际损失给予补偿。根据赔偿原则，被保险人只有在因保险事故而遭受实际经济损失的情况下，才有权根据保险合同从保险人处得到赔偿。换言之，即使保险标的因保险事故发生而受损，但如果被保险人没有因此而遭受经济损失，则无权请求保险赔偿。而且，保险人只负责赔偿被保险人遭受的实际损失，被保险人不得获得超过其实际损失的赔偿。

赔偿原则要求保险人及时赔偿被保险人的损失，并且应赔偿被保险人的实际损失。但是，在海上保险实务中，被保险人所遭受的实际损失也并不能完全通过保险赔偿弥补，其原因可能在于：被保险人的某些损失是由于保险人的除外责任造成的，或者不属于保险人的保险赔偿范围；被保险人没有足额投保，部分风险没有转移给保险人，而由被保险人自己承担。

从赔偿原则中又派生出两个重要原则，即代位原则和分摊原则。

代位原则包括两个方面，即债权代位原则和保险利益所有权代位原则。债权代位原则，是指如果保险标的发生保险事故的损失是由第三人造成的，被保险人向第三人要求赔偿的权利自保险人支付保险赔偿之日起，相应转移给保险人，这通常称为代位求偿权，《中华人民共和国海商法》第252条至254条对此有详细规定。这一原则能够避免被保险人因存在对第三人和保险人的双重请求权而获得额外不当利益，保障了赔偿原则的实现。保险利益所有权代位原则，是指保险人在赔付全损后，有权获得保险合同所承保的被保险人从保险标的中获得的保险利益的全部权利。例如，保险标的的损余价值或中途处理受损货物所得应归保险人或从保险赔偿中折价扣除。相关规定见《中华人民共和国海商法》第256条。

2）因果关系原则

海上保险合同是一种限定性赔偿合同。也就是说，根据海上保险合同及有关法律，保险人在保险合同中的赔偿责任范围，并不是保险标的发生的全部损失、损害、费用和责任，而是一定原因造成的特定损失、损害、费用和责任。因此，只有在保险合同约定的保险事故和保险标的的损失结果之间具有直接因果关系的情况下，保险人对该损失结果才负责赔偿。此种因果关系，在英国法中被称为近因（proximate cause）。所谓“近因”，并非在时间上最接近损失的原因，而是指促成损失结果的最有效或最有支配力的原因。基于海上保险合同的这一性质，导致了海上保险合同另一个基本原则的产生，在英国法中称为近因原则，而在我国则称为因果关系原则。这一原则在海上保险理赔中有着十分重要的作用。

3）保险利益原则

在海上保险合同中，由于被保险人所支付的保险费与保险人将来可能承担的保险赔偿责任之间不是一种一一对等的关系，而按照赔偿原则的要求，保险人依据海上保险合同仅负责赔偿被保险人实际遭受的损失。为了防止保险流于纯粹的赌博，尽量降低为牟取利益而故意或放任保险事故发生的道德风险，保障保险业的健康发展，海上保险合同法规定了保险利益原则，要求被保险人对保险标的应具有保险利益，否则保险合同无效。保险利益是指对保险标的具有的法律上承认的、可以确定的经济利益。非法的利益，非现有的、不能合理期待的或不能用金钱计算的利益，都不能作为保险利益。

4）最大诚信原则

海上保险合同是一种对人合同。由于保险标的一般均处于被保险人的掌管、控制之下，被保险人的知识水平、管理能力甚至道德状况等诸多因素与保险标的风险都有着密切关系；同时，由于被保险人了解保险标的风险的方便和容易程度要比保险人大得多，因此考虑到提高缔约效率、降低缔约成本的经济原则，在订立海上保险合同过程中，保险人主要也应当依赖被保险人所告知的有关保险标的的情况来评估、判断风险。在合同成立后的履行过程中，被保险人的防损水平以及责任心等对保险标的安全有着重要影响。同时，从被保险人的角度看，保险人的偿付能力和信誉对被保险人也非常重要，保险公司如果拒不履行赔偿责任或因资不抵债而破产，将对大量的被保险人造成不利影响。鉴于海上保险合同的这些特点，法律对于海上保险合同双方当事人诚实信用程度的要求远远大于其他民事合同，因此英国法将最大诚信原则作为海上保险合同的一项基本原则。在我国，虽然法律上没有对这一原则加以明确规定，但在法理上一直将最大诚信原则公认为我国海上保险合同的基本原则之一。

另外，海上保险合同还是一种附意合同，即海上保险合同中所采用的保险条款一般是保险人单方面拟就并预先印备的标准合同。因此当保险条款的含义不明确时，应当作对被保险人有利的解释。这种解释原则称为“逆利益解释”原则，是英美普通法对附意合同的一条重要解释原则，《中华人民共和国保险法》第30条的规定也明确采纳这一原则。

8.3.3 海上保险合同的分类

按照不同的分类方式，可以将海上保险合同分成不同的类型，以下分别予以介绍：

按保险标的的不同，可以将海上保险分为船舶保险（hull insurance）、海上货物运输保险（marine cargo transportation insurance）、运费保险（freight insurance）以及保赔保险（protection & indemnity insurance）等。

（1）船舶保险

船舶保险是以各种类型的船舶为保险标的的保险。事实上，目前船舶保险承保的保险标的的种类已超出船舶范围，还包括浮船坞、浮码头、钻井平台等海上作业船，以及其他各种财产。船舶保险承保的财产范围主要包括船壳、机器、锅炉、设备、仪器、救生艇筏等财产损失以及与此相关的利益，包括船东因船舶而产生的赔偿责任等。

（2）海上货物运输保险

海上货物运输保险是以处于海运为主的运输过程中的各种货物作为保险标的的保险。海上货物运输保险不仅承保运输中的货物本身的灭失或损坏风险，而且还承保货物运输过程完成的风险。

（3）运费保险

运费是无形财产，是船东从船舶营运中所获得的利益。船东对一定时间内的预期运费和具体航次的到付运费具有保险利益，同时，货方对预付运费也有保险利益。由于货方支付的运费往往包含在货价中一起投保，故运费保险一般是指船东的运费保险。运费保险相当复杂，在我国保险业务中也很少开展。

（4）保赔保险

保赔保险是承保船东在船舶经营中可能产生的，一般不属于船舶保险承保范围的责任风险的保险。保赔保险承保的船舶责任风险主要有：船舶保险负责的船舶碰撞责任以外的超额碰撞责任、货损货差责任、船员及其他人员人身伤亡和疾病的赔偿责任、污染责任以及沉船打捞、清理航道和遣返船员的费用等。保赔保险一般是由船东之间的互助保险组织，即船东保赔协会负责承保，但也有一些保险公司也承保保赔保险，并分保给保赔协会。

按是否约定保险价值分为定值保险（valued insurance）和不定值保险（unvalued insurance）。

（1）定值保险

定值保险是保险人和被保险人在保险合同中约定了保险标的的保险价值的保险。保险人根据约定的保险价值计算确定保险赔偿数额，不论出险时保险标的的实际价值是否高于或低于该约定价值，除非被保险人故意约定过高保险价值或存在欺诈行为。海上保险中的货物运输保险和船舶保险一般均采用定值保险，因为船舶和货物流动性大，实际价值往往难以确定，如货物在起运地、中转地和目的地的价值很可能不一样，船舶的价值同样也波动很大。采用定值保险，避免了实际价值难以确定的困难。

（2）不定值保险

不定值保险是保险人和被保险人在保险合同中没有约定保险标的的保险价值的保险。根据《中华人民共和国海商法》第219条的规定，在此情况下，保险价值按照法律规定确定，可称为法定保险价值。如果法定保险价值高于保险金额，则保险人按照保险金额与保险价值的比例计算保险赔偿额；如果法定保险价值低于保险金额，则保险人按照法定保险价值确定保险赔偿额。

按承保方式划分为逐笔保险（specific insurance）、浮动保险（floating insurance）和预约保险（open cover insurance）。

（1）逐笔保险

逐笔保险是保险人和被保险人双方就单独保险标的分别商定承保条件的保险方式，即被保险人按一批货物或一条船舶向保险人提出保险要求，保险人根据保险标的的状况及要求的保险条件来考虑是否接受承保，确定保险费率并签发保险单。逐笔保险适用于船舶保险和货物批量分散的海上货物运输保险，在海上保险业务中被广为采用。

（2）浮动保险

浮动保险是保险人对被保险人在约定的期限内所运输的一定量的货物实行总承保的保险。在浮动保险合同中，要载明货物的名称、承保险别、起运港和目的港，以及一个总的保险金额。例如，“上海到东京，6个月，价值10万美元的皮货”。在合同有效期内，被保险人每发运一批货物，均应通知保险人发运货物的情况，直到发运货物的保险金额综合达到合同约定的总保险金额，保险人的保险责任即告终止。被保险人必须向保险人通知所有发运的货物，而不能做选择性通知，同样保险人对被保险人每次通知的发运货物均按保险合同规定的条件自动承保，而不能拒绝承保某批装运的货物。

（3）预约保险

预约保险是比浮动保险更加自由的一种长期货物运输保险方式。预约保险合同规定承保货物的范围、保险期限、承保险别、保险费率等条件，但对保险货物的总保险金额不做限制，而装运货物的船名及其他情况事后按被保险人的通知予以确定。根据预约保险合同，保险人对每一批货物的保险责任在约定的时间自动开始。但是，被保险人有义务在每一批被保险货物装运或到达时，将有关情况立即向保险人通知，包括船名、航线、货物价值和保险金额等。如果被保险人以前曾有故意不申报或选择通知行为，保险人对出险后通知的货物发生的损失将不负赔偿责任，但被保险人的故意行为是否会影响整个合同的效力，法律尚不明确。如果被保险人因善意疏忽而遗漏或错误通知，则此种错误可以更正，即使在损失发生后或货物到达后亦然。对保险人而言，订立预约保险合同可以取得长期稳定的保险费收入；对被保险人来说，可以有效地避免漏保造成的不利后果。

8.3.4 海上保险合同当事人的义务与责任

1）被保险人的义务

被保险人的义务贯穿于海上保险合同的订立和履行的全过程中。在保险合同订立前，被保险人必须如实告知、正确陈述与保险标的风险有关的重要情况；在保险合同订立后，被保险人除了按约定支付保险费外，还必须严格遵守保险合同约定的保证条款。当发生保险事故时，被保险人还应当及时向保险人通知保险事故，合理减低损失，谨慎招标以确定修理费用并尽力协助保险人向第三方追偿。以下对被保险人的有关义务加以介绍。

（1）告知义务

所谓告知义务，是指在海上保险合同订立前，被保险人应当将其知道的或者在其通常业务中应当知道的有关影响保险人据以确定保险费率或者确定是否同意承保的重要情况，如实告知保险人。海上保险合同的被保险人应当主动如实向保险人告知有关重要情况，不论保险人是否问及。但保险人实际知道的或者在其通常业务中应当知道的重要情况，保险人没有询问的，被保险人无须告知。

在我国海上保险合同中，违反告知义务的法律后果，因被保险人是否出于故意而不同。根据《中华人民共和国海商法》第223条，由于被保险人的故意，未将有关重要情况如实告知保险人的，保险人有权解除保险合同，并不退还保险费。合同解除前发生保险事故造成损失的，保险人也不负赔偿责任。不是由于被保险人的故意，未将有关重要情况如实告知保险人的，保险人有权解除合同或者要求相应增加保险费。保险人解除合同的，对于合同解除前发生保险事故造成的损失，保险人应当负赔偿责任；但是，未告知或错误告知的重要情况对保险事故的发生有影响的除外。

（2）严格遵守保证的义务

海上保险合同中的保证（warranty），是指保险人和被保险人在合同中约定的，被保险人承诺对某一事项作为或不作为，或担保某一事项的真实性的条款。保证条款在我国海上保险实务中被称作保险单特款规定，起源于英国海上保险法。在我国，海上保险法中的保证是一项特殊法律制度，没有其他法律制度可供参考。

保证条款是海上保险合同的基础，属于合同的重要条款。如果被保险人违反保证，根据《中华人民共和国海商法》第235条，保险人有权解除合同，也可以要求修改承保条件、增加保险费。

（3）出险时的通知义务和出险后的施救义务

出险时的通知义务，是指一旦保险事故发生，被保险人有义务立即通知保险人，以便保险人即时安排检验，以确定损失的范围和事故性质，同时保险人也有机会即时采取施救措施，尽力减少损失。出险后的施救义务，是指一旦保险事故发生，被保险人除了应立即通知保险人外，还应当采取合理必要的施救措施，防止或减少损失的进一步扩大。被保险人若收到保险人发出的有关采取防止或减少损失的合理措施的特别通知，还应按保险人的通知去做。被保险人如违反其施救义务，对因此产生的扩大的损失，保险人不予赔偿。当然，对于被保险人采取施救措施而发生的合理施救费用，保险人应在赔偿保险标的本身损失之外另行支付给被保险人。

（4）提供索赔单证和协助追偿的义务

《中华人民共和国海商法》第251条规定，保险人向被保险人支付保险赔偿金前，可以要求被保险人提供与确认保险事故性质和损失程度有关的证明或资料。同时，如果保险人认为被保险人提供的证明或资料不完整、不充分，有权通知被保险人补充提供有关证明材料。如果保险事故的发生是由第三人的责任而引起的，在保险人向被保险人支付保险赔偿金时，被保险人向第三人要求赔偿的权利相应转移给保险人。被保险人应当向保险人提供必要的文件和保险人所需要知道的情况，并尽力协助保险人向第三人追偿。未经保险人同意，被保险人不应就事故的责任与分摊擅自与第三人达成和解或放弃对第三方的索赔权。

2）保险人的责任

被保险人订立海上保险合同的根本目的是要求保险人对保险标的因保险事故遭受的损失予以赔偿。对此，《中华人民共和国海商法》第237条明确规定，发生保险事故造成损失后，保险人应当及时向被保险人支付保险赔偿。但是，保险人支付保险赔偿也须受到法律规定或合同约定的保险人承保损失的种类和赔偿限度的限制。

（1）保险人对全部损失的赔偿

在海上保险合同中，保险人对一次保险事故所造成的保险标的的损失的赔偿数额，以保险金额为限，即保险人赔偿保险标的的损失的最高限额为保险金额。同时，保险合同中约定的保险金额不得超过保险价值，对超过部分，保险人不予赔偿。因此，在保险金额等于或小于保险价值的情况下，保险人对全部损失的赔偿数额为保险金额；在保险金额大于保险价值的情况下，保险人对全部损失的赔偿数额为保险价值。按照《中华人民共和国海商法》的规定，海上保险合同中保险标的的全部损失分为实际全损和推定全损。

保险标的发生保险事故后灭失，或者受到严重损坏完全失去原有形体、效用，或者不能再归被保险人所拥有的，为实际全损。船舶发生保险事故后，认为实际全损已经不可避免，或者为避免发生实际全损所需支付的费用超过保险价值的，为船舶推定全损。货物发生保险事故后，认为实际全损已经不可避免，或者为避免发生实际全损所需支付的费用与继续将货物运抵目的地的费用之和超过保险价值的，为货物推定全损。

（2）保险人对部分损失的赔偿

《中华人民共和国海商法》第247条规定，不属于实际全损和推定全损的损失，为部分损失。部分损失主要包括单独海损、救助费用、共同海损分摊三种。单独海损是指自然灾害或意外事故等保险事故直接造成的保险标的的部分损失；救助费用是指独立于合同之外的救助人根据《中华人民共和国海商法》有权获得的费用；共同海损是指在同一海上航程中，船舶、货物和其他财产遭遇共同危险，为了共同安全，有意地、合理地采取措施所直接造成的特殊牺牲、支付的特殊费用，包括共同海损牺牲和共同海损费用。共同海损应当由同一航程中因共同海损行为而获益的各受益方按各自的分摊价值的比例分摊，保险人所承担的实际上是被保险人对共同海损的分摊责任部分，即共同海损分摊。

在对海上遇险财产进行救助的情况下，根据《中华人民共和国海商法》有权获得的救助费用数额不会超过所救财产的获救价值。由于救助避免了保险标的全损的发生，而且救助费用数额小于保险标的的获救价值，故救助费用也是一种部分损失。就共同海损而言，由于共同海损的发生避免了同一航程的其他利益方因共同危险而遭受损失，根据《中华人民共和国海商法》，共同海损应由各个受益方按共同海损分摊率（即共同海损损失总和与共同海损分摊价值总和的比率）进行分摊。由于共同海损数额小于共同海损分摊价值的总和，否则就无法构成共同海损，故共同海损分摊率一定小于1，船舶、货物等因共同海损而受益的利益方的共同海损分摊额也必然小于其各自的分摊价值，因此与共同海损分摊价值相比，共同海损分摊额相当于部分损失。

当保险标的发生部分损失时，如果保险金额等于保险价值，保险人按单独海损的实际数额给付保险赔偿；如保险金额小于保险价值，则按保险金额与保险价值比例赔偿单独海损。如果保险金额等于共同海损分摊价值，保险人按共同海损分摊的实际数额给付；如果保险金额小于共同海损分摊价值，则按保险金额与共同海损分摊价值的比例赔偿共同海损分摊。

（3）保险人对连续损失的赔偿

保险人赔偿保险事故造成的损失，以保险金额（等于或低于保险价值时）为限，是基于事故原则。也就是说，在发生保险事故的情况下，保险人的赔偿责任以一个保险金额为限。如果保险标的在保险期间发生几次保险事故均遭受损失，即产生连续损失，则即使损失金额总和超过保险金额，保险人也应当赔偿，只是对一次事故的保险赔偿额不得超过保险金额。但是，对发生部分损失后未经修复又发生全部损失的，保险人只需按照全部损失赔偿，而对此前发生的部分损失则不再承担赔偿责任。

(4) 保险人对施救费用的赔偿

施救费用是指被保险人为防止或减少根据保险合同可以得到赔偿的损失而支出的必要的、合理的费用。施救费用必须是由承保危险引起的。保险人对一次保险事故所发生的施救费用的赔偿责任，以单独一个保险金额为限，而且保险人应在保险标的损失赔偿之外另行支付。另外，凡是能够作为单独海损、共同海损或救助费用的，不能作为施救费用向保险人索赔。

8.3.5 海上保险合同的主要险别

在海上保险中，海上货物运输保险和船舶保险是最普遍、最重要的两类保险合同。下面将对我国现行海上货物运输保险条款的险别、责任范围和除外责任等内容加以具体介绍。

1）海上货物运输保险条款

我国目前使用的海上货物运输保险条款是中国人民保险公司1981年1月1日修订的“海洋运输货物保险条款（Ocean Marine Insurance Cargo Clauses）”。该条款包括平安险（free particular average，FPA）、水渍险（with average，WA）和一切险（all risks）三种基本险。除了三种基本险外，海上货物运输保险合同的被保险人还可选择投保附加险条款，附加险分为普通附加险、特别附加险和特殊附加险三类。每一类附加险都有相应的保险条款。在投保附加险的情况下，当附加险条款的规定与主险条款相抵触时，应当以附加险的规定为准。主险的责任范围有：

(1) 平安险。**平安险**的英文意思是“单独海损不赔”，即最初平安险的保险人只负责赔偿货物的全损。但是，经过不断发展，目前的平安险已大大超过只赔全损的范围。简言之，平安险是保险人负责赔偿因自然灾害造成的货物全损和部分意外事故造成的货物损失（包括全损和部分损失）及费用的一种海上货物运输保险。平安险项下保险人的具体赔偿责任包括：

①被保险货物在运输途中由于恶劣气候、雷电、海啸、地震、洪水等自然灾害造成整批货物的全部损失或推定全损。当被保险人要求赔付推定全损时，须将受损货物及其权利委付给保险人。用驳船运往或运离海轮的每一驳船所装的被保险货物可视做一个整批。推定全损是被保险货物的实际全损已经不可避免，或者恢复、修复受损货物以及运送货物到原定目的地的费用超过该目的地的货物价值。

②由于运输工具遭受搁浅、触礁、沉没、互撞、与流冰或其他物体碰撞以及失火、爆炸等意外事故造成货物的全部或部分损失。

③在运输工具已经发生搁浅、触礁、沉没、焚毁等意外事故的情况下，货物在此前后又在海上遭受恶劣气候、雷电、海啸等自然灾害所造成的部分损失。

如果被保险货物发生部分损失的原因，可能是自然灾害，或者是运输工具遭受意外事故，或者兼而有之，保险人就应负责赔偿。这一规定大大减轻了被保险人的举证责任。

④在装卸或转运时由于一件或数件整件货物落海造成的全部或部分损失。

⑤被保险人对遭受承保责任内危险的货物采取抢救、防止或减少货损的措施而支付的合理费用，即施救费用，但以不超过该批被救起货物的保险金额为限。

⑥运输工具遭遇海难后，在避难港由于卸货所引起的损失，以及在中途港、避难港由于卸货、存仓以及运送货物所产生的特别费用。

⑦被保险货物遭受的共同海损牺牲，被保险人应承担的对共同海损费用的分摊部分和应分担的救助费用。

⑧运输合同中订有“船舶互撞责任”条款的，根据该条款规定应由货方偿还船方的损失。

（2）水渍险。水渍险的英文意思为“单独海损包括在内”。其责任范围除包括上述平安险项下的八项责任外，保险人还负责被保险货物由于恶劣气候、雷电、海啸、地震、洪水等自然灾害所造成的部分损失。

（3）一切险。保险人在一切险下的责任范围，是被保险货物在运输途中由于外来原因所致的全部或部分损失，再加上平安险项下因第⑤至第⑧项承保危险而产生的费用，即施救费用、续运费用、共同海损牺牲、共同海损费用分摊和救助费用以及根据运输合同中的“船舶互撞责任”条款应由货方偿还船方的损失。

2）主险的保险期间

该部分内容规定在海洋运输货物保险条款第3条“责任起讫”中，由两款组成。在海上保险实务中，第1款称为“仓至仓条款”，第2款是由“延伸条款”和“运输合同终止条款”合并而成的。

（1）“仓至仓条款”规定了在正常运输情况下货物保险人的责任期间，即保险人的责任期间自被保险货物运离保险单所载明的起运地的仓库或储存处所时开始，在正常运输过程中持续，直至货物到达保险单所载明的目的地收货人的最后仓库或储存处所或被保险人用作分配、分派或非正常运输的其他储存处所为止。

如货物未抵达上述仓库或储存处所，则保险期间到被保险货物在最后卸载港全部卸离海轮后满60天终止，如在上述60天内被保险货物需转运到非保险单所载明的目的地时，则以该货物开始转运时终止。

（2）“延伸条款”和“运输合同终止条款”对在非正常运输条件下货物保险人的责任期间终止做了具体规定。

3）主险的除外责任

根据现行海洋运输货物保险条款，保险人对下列损失不负赔偿责任：

（1）被保险人的故意行为或过失所造成的损失。

（2）属于发货人责任所引起的损失。

（3）在保险责任开始前，被保险货物已存在的品质不良或数量短差所造成的损失。

(4) 被保险货物的自然损耗、本质缺陷、特性以及市价跌落、运输延迟所引起的损失或费用。

(5) 中国人民保险公司海洋运输货物战争险条款和货物运输罢工险条款规定的责任范围和除外责任。

4) 附加险的责任范围

(1) 普通附加险。普通附加险包括在一切险责任范围之内，但平安险和水渍险不包括普通附加险。当被保险人投保平安险和水渍险时，可根据需要选择加保一种或几种普通附加险，经保险人同意，并增收适当保险费，附加险条款即可生效。现行普通附加险有11种，包括偷窃、提货不着险（theft, pilferage & non-delivery)，淡水雨淋险(fresh water and/or rain damage)，短量险（risk of shortage)，混杂、玷污险（risk of intermixture & contamination)，渗漏险（risk of leakage)，碰损、破碎险（risk of clash & breakage)，串味险（risk of taint of odour)，受潮受热险（risk of sweat & heating)，钩损险（risk of hook damage)，包装破裂险（risk of breakage of packing）和锈损险（risk of rusting)。

(2) 特别附加险。特别附加险不属于一切险的责任范围，即使投保了一切险，也需要附加投保。其主要承保风险包括与政治、国家政策法令和行政措施等行政权力相关的特殊风险，或者超出一般海上运输意外事故范围的风险等。常见的特别附加险包括进口关税险、舱面险、拒收险、黄曲霉素险和虫损险等。

(3) 特殊附加险。它包括战争险和罢工险，其条款规则独立，需要被保险人分别投保。

①战争险。国际海上运输货物一般都加保战争险。海上货物运输战争险条款的保险期间原则上限于货物海运途中，而不是仓至仓责任。保险人的责任范围为：直接由于战争、类似战争行为和敌对行为、武装冲突或海盗行为所致的损失；由于上述行为引起的捕获、拘留、扣留、禁制、扣押所造成的损失；各种常规武器，包括水雷、鱼雷、炸弹所致的损失；上述责任范围引起的共同海损的牺牲、分摊和救助费用。

②罢工险。货物运输罢工险适用于海运、空运、陆运等不同运输方式，而各种运输方式的战争险条款却各不相同。该条款承保被保险货物由于罢工者、被迫停工工人或参加工潮、暴动、民众斗争的人员的行动，或任何人的恶意行为所造成的货物的直接损失，以及上述行动或行为引起的共同海损牺牲、分摊和救助费用。保险人承担被保险货物因罢工所造成的直接损失，间接损失属于罢工险的除外责任。

8.3.6 船舶保险条款

我国现行使用的供国际航线上营运的船舶投保的条款是1986年1月1日修订的“船舶保险条款”。以下对其具体内容加以介绍：

1) 保险标的

1986年船舶保险条款首先明确了作为该条款保险标的的范围，即船舶，包括其船壳、救生艇、机器、设备、仪器、索具、燃料和物料。

2）险别与承保范围

1986年船舶保险条款将全损险和一切险两种险别合并规定在一个条款中。

全损险是指只有当被保险船舶因列明承保危险而遭受全损时，保险人才承担赔偿责任。因此，在全损险下，如果船舶并未达到全损，不论其遭受的部分损失多么严重，保险人均不予赔偿。在船舶因列明承保危险而遭受全损时，保险人按保险金额予以赔偿，但是如果保险金额超过保险价值，则保险人按保险价值赔偿。根据全损险条款，保险人对下列原因造成的被保险船舶的全损予以赔偿：

（1）地震、火山爆发、闪电或其他自然灾害；

（2）搁浅、碰撞、触碰任何固定或浮动物体或其他物体或其他海上灾害；

（3）火灾或爆炸；

（4）来自船外的暴力盗窃或海盗行为；

（5）抛弃货物；

（6）核装置或核反应堆发生的故障或意外事故。

但上述（1）至（5）项损失原因应不是由于被保险人、船东或管理人未恪尽职责所致的。

另外，全损险下保险人还承保由于下列原因所造成的船舶的全损：

（1）装卸或移动货物或燃料时发生的意外事故；

（2）船舶机件或船壳的潜在缺陷；

（3）船长、船员有意损害被保险人利益的行为；

（4）船长、船员、引水员、修船人员及租船人的疏忽行为；

（5）任何政府当局，为防止或减轻因承保风险造成被保险船舶损坏引起的污染所采取的行动。

在一切险下，保险人的赔偿责任范围是在上述全损险赔偿责任范围的基础上，加上相同的列明承保危险造成的被保险人船舶的部分损失，以及船舶的碰撞责任、共同海损、救助费用及施救费用。换言之，在一切险项下，保险人除负责赔偿船舶的全损和部分损失外，还负责承保被保险船舶所产生的下列责任和费用：

（1）碰撞责任

根据碰撞责任条款，对于被保险船舶与其他船舶碰撞以及触碰任何固定、浮动物体或其他物体引起被保险人应负的法律赔偿责任，由保险人负责赔偿。在《中华人民共和国海商法》中，碰撞仅指船舶之间相互接触产生的事故，而触碰指船舶与其他船舶以外的物体发生接触而产生的事故。

但是，在被保险船舶碰撞他船或触碰其他固定或浮动物体的情况下，对于下列应由被保险人承担的责任，保险人不负责赔偿：

①人身伤亡或疾病；

②被保险船舶所载的货物或财物或其他承诺的责任；

③清除障碍物、残骸、货物或任何其他物品；

④任何财产或物体所造成的污染或玷污（包括预防措施或清除的费用），但与被保险船舶发生碰撞的他船或其所载财产所造成的污染或玷污不在此限；

⑤任何固定的、浮动的物体以及其他物体的迟延或丧失使用的间接费用。

当被保险船舶与其他船舶或物体对碰撞或触碰的发生均有过失时，除一方或双方所有人对因此产生的赔偿责任受法律限制外，保险人对被保险船舶的碰撞责任的赔偿，按交叉责任原则计算。所谓交叉责任原则，是指碰撞船舶双方的保险人分别按各自承保的被保险船舶对碰撞所承担的责任比例负担对方的碰撞损失。例如，甲乙两船发生碰撞，甲船对碰撞承担30%的责任，由乙船保险人承担70%的责任。甲船因碰撞产生的损失，由乙船保险人承担70%；而乙船因碰撞产生的损失，则由甲船保险人承担30%。

船舶保险人承保的被保险船舶对他船或其他物体承担的碰撞责任和触碰责任风险，是船舶保险这一财产保险中唯一附带承保的责任保险。在一起碰撞或触碰事故中，不同的损失须根据不同的条款向保险人要求赔偿，对于因碰撞、触碰造成的船舶本身的损失，应根据“搁浅、碰撞、触碰任何固定或浮动物体或其他物体或其他海上灾害”这一承保危险请求保险赔偿，而被保险人因碰撞、触碰而对其他财产负有的赔偿责任，则应根据碰撞责任条款请求保险赔偿。

船舶保险人根据碰撞责任条款对每次事故所负的保险赔偿责任是对船舶本身损失赔偿的增加部分，也就是说，保险人对碰撞责任是在船舶本身损失之外另行赔偿的，但保险人对每次碰撞事故的碰撞责任的赔偿，以船舶的保险金额为限。

（2）共同海损和救助

保险人负责赔偿被保险船舶应当分摊的共同海损和救助费用。共同海损包括共同海损牺牲和共同海损费用两种形式。对于被保险船舶遭受的共同海损牺牲，船舶保险人将按单独海损处理，径直全部赔偿给被保险人，被保险人无须先向其他各方索取共同海损分摊。这一规定对被保险人十分有利。但对于船舶产生的共同海损费用，船舶保险人并不直接赔付，而只承担被保险船舶应当分摊的共同海损费用，即船舶保险人承担的是被保险船舶的共同海损分摊部分。

另外，保险人还负责赔偿被保险船舶应分担的救助费用。

（3）施救

根据该条款，由于本条款列明承保危险使被保险船舶造成损失或处于危险之中时，对于被保险人为防止或减少根据本保险可以得到赔偿的损失而付出的合理费用，即施救费用，保险人予以赔付。保险人对施救费用的赔偿责任，与保险人对碰撞的赔偿责任一样，是在本保险条款规定的保险赔偿责任之外另行赔付的，但是保险人对每次事故的施救费用的赔付，不超过一个保险金额。

如果有关费用构成共同海损、救助或救助费用或本保险中另有规定的费用，则该费用不能作为施救费用向保险人索赔。

3）除外责任

本保险条款规定，保险人对下列原因所致的损失、责任或费用，不予赔偿：

（1）被保险船舶不适航，包括人员配备不当、装备或装载不妥，但以被保险人在船舶开航时，知道或应该知道此种不适航为限。

（2）被保险人及其代表的疏忽或故意行为，但船长、船员及其他受雇人员的疏忽或故意行为引起的损失、责任和费用，保险人仍负责赔偿。

（3）被保险人恪尽职责应予发现的正常磨损、锈蚀、腐烂或保养不周，或材料缺陷，包括对不良状态部件的更换或修理，即船舶自然损耗与维修保养费用，保险人不予以承保。

（4）属于战争险和罢工险条款承保和除外的责任范围。对战争险和罢工险条款承保范围的损失，如被保险人已投保战争险和罢工险条款，则应根据战争险和罢工险条款向保险人索赔。如果被保险人未投保战争险和罢工险，则无权向保险人索赔此种损失。对于战争险和罢工险的除外责任，即使被保险人已投保战争险和罢工险，也不得索赔。

4）保险期限

定期保险是指保险期间为一段固定的时间的保险合同。在定期保险合同中，保险期间从合同约定的具体日期开始到约定的具体日期终止。最长时间为1年，起止时间以保险单规定为准。但如果保险到期时，被保险船舶尚在海上航行中或处在危险之中，或在避难港或中途港停靠，则经被保险人通知保险人并按日比例加付保险费后，保险期限延续至船舶抵达目的港之日为止。

航次保险是指保险期间为具体的一个或数个航次的保险合同。在航次保险合同中，保险期间从合同约定的具体航次开始时开始到约定的航次结束时终止。保险期间以保险单订明的航次起止时间为准。如船舶未载货，则航次自起航港解缆或起锚时起，至目的港抛锚或系缆完毕时止；如船舶载货，则航次自起航港装货时起，至目的港卸货完毕时止，但自船舶抵达目的港当日午夜零点起不超过30天。

5）免赔额

根据免赔额条款的规定，对于船舶因保险事故而遭受的损失，保险人按每次事故扣除一个保险单中规定的免赔额之后，将剩余的部分支付给被保险人。本条款规定的免赔额为绝对免赔额，即当保险标的的损失数额低于免赔额时，保险人对该损失不予赔偿；当损失数额超过免赔额时，保险人在从应付的损失额中扣除免赔额后，将剩下部分支付给被保险人。应当注意的是，在我国1986年船舶保险条款中，仅在船舶遭受单独海损的情况下，保险人才扣减免赔额，对于船舶遭受的全损、碰撞责任、救助、共同海损以及施救费用的索赔，保险人不扣减免赔额。另外，对于恶劣气候造成的两个连续港口之间单独航程的损失索赔视为一次意外事故，仅扣减一个免赔额，而且免赔额也不适用于船舶搁浅后专为检验船底所引起的合理费用。

6）保险费的退还

在定期保险情况下，保险人将因下列情形而退还被保险人支付的部分保险费：

（1）被保险人退保或保险终止时，保险费应自保险终止之日起，按净保费的日比例计算退还给被保险人，但因被保险船舶在货物、航行区域等方面违反保证条款而导致保险自动终止时除外。

（2）船舶在保险人同意的港口或区域停泊超过30天，不论在此期间船舶是否在修理或装卸货，停泊期间的保险费按净保费的日比例的50%计算退还给被保险人，但船舶发生全损时除外。

如系航次保险，则不退还保险费。

7）被保险人的义务

（1）当被保险船舶发生事故或遭受损失时，被保险人应在获悉后48小时内通知保险人。如船舶在国外，还应立即通知距离最近的保险代理人，并采取一切合理措施，避免或减轻保险人所承保的损失。

（2）被保险人与有关方确定被保险船舶应负的责任和费用时，应事先征得保险人的同意。

（3）被保险人要求保险人赔偿损失时，如涉及第三者的责任或费用，被保险人应将必要的文件或单证移交给保险人，并尽力协助保险人向第三者追偿。

（4）除非事先征得保险人同意，并加付保险费，被保险船舶不得从事下列行为：

①从事拖带或救助服务。

②与他船（非港口或沿海小船）在海上直接装卸货物，包括驶近、靠拢和离开。

③为拆船意图或为拆船出售的意图航行。如果被保险人未事先征得保险人同意从事以上行为，则保险人对以上情况船舶所遭受的损失或产生的责任均不负赔偿责任。

④船级变更、注销或撤回，或者船舶所有权或船旗改变，或转让给新的管理部门，或光船出租，或被征购或被征用，如果未事先征得保险人的同意，则保险责任自上述情况发生时自动终止。

⑤被保险船舶在货物、航程、航行区域、拖带、救助工作或开航日期方面违背保险单中约定的保证条款。在此情况下，如果被保险人在接到违反有关保证的消息后，立即通知保险人并同意接受修改后的承保条件及所需加付的保险费，本保险仍继续有效，否则本保险应自动终止。

8.3.7 船舶战争、罢工险条款

在我国船舶保险条款中，船舶战争、罢工险是船舶保险的附加险条款。除非船舶战争、罢工险条款本身另有不同规定，上述船舶保险条款的规定对船舶战争、罢工险同样适用。

1）承保范围

我国现行采用的条款是中国人民保险公司1986年1月1日修订的船舶战争、罢工险条款。根据该条款，对于下列原因造成的被保险船舶的损失、碰撞责任、共同海损和救助或施救费用，保险人予以承保：

（1）战争、内战、革命、叛乱或由此引起的内乱或敌对行为；

（2）捕获、扣押、扣留、羁押、没收或封锁，但自事件发生之日起满6个月后，保险人才能受理；

(3) 各种战争武器，包括水雷、鱼雷、炸弹；

(4) 罢工、被迫停工或其他类似事件；

(5) 民变、暴动或其他类似事件；

(6) 任何怀有政治动机的恶意行为。

2) 除外责任

对于下列原因引起的被保险船舶的损失、责任和费用，保险人不负赔偿责任：

(1) 原子弹、氢弹或核武器的爆炸；

(2) 由被保险船舶的船籍国或登记国的政府或地方当局所采取的或命令的捕获、扣押、扣留、羁押或没收；

(3) 被征用或被征购；

(4) 联合国安理会常任理事国之间爆发的战争，不论宣战与否。

本章小结

1.国际贸易中的货物在通过海运由卖方所在地运到买方所在地的过程中，货物很可能因各种海上风险而遭受损失，如果货物的这一损失得不到经济补偿，那么投入贸易资金的买卖双方，就会遭受经济损失。

2.关于海上货物运输的三大国际公约的出现，在一定程度上形成了国际海上货物运输法律的统一。

3.作为一种财产保险合同，海上保险合同同样具有财产保险合同的赔偿性特点。实际上，赔偿原则是海上保险合同的最根本或者说是首要原则。

4.船舶保险人承保的被保险船舶对他船或其他物体承担的碰撞责任和触碰责任风险，是船舶保险这一财产保险中唯一附带承保的责任保险。

思政目标

通过对国际海上货物运输与保险法概述、国际海上货物运输法、国际海上保险法的学习，能够全面理解与掌握国际海上货物运输与保险法基本理论、制度及规则的价值意义，坚定中国法律文化与法律制度的充分自信，自觉维护社会主义法治原则，以实际行动弘扬社会主义核心价值观，为构建人类命运共同体贡献智慧和力量。

主要概念

国际海上货物运输合同　海上保险合同　平安险　定期保险　航次保险

综合训练

一、判断题

1.保赔保险一般是由船东保赔协会负责承保，但也有一些保险公司也承保保赔保险。 (　　)

2.海上保险合同中所采用的保险条款一般是保险人单方面拟就并预先印备的标准合同。因此当保险条款的含义不明确时，应当做对保险人有利的解释。（ ）

3.海上货物运输保险不仅承保运输中的货物本身的灭失或损坏，而且还承保货物运输过程的完成。（ ）

4.海上保险中的全部损失包括实际全损和推定全损，而部分损失主要包括单独海损、救助费用和共同海损分摊三种。（ ）

二、选择题

1.按照承保保险标的的种类和范围不同，海上保险可以分为（ ）。

A.船舶保险　　B.海上货物运输保险

C.海上责任保险　　D.海上人身保险

2.下列规则中不属于关于海上货物运输的三大国际公约的是（ ）。

A.1968年《维斯比规则》　　B.1978年《汉堡规则》

C.1974年《约克安特卫普规则》　　D.1924年《海牙规则》

3.下列说法正确的是（ ）。

A.《海牙规则》对海上货物运输的强制适用期间为承运人接收货物时开始至交付货物时终止

B.根据《海牙规则》，承运人对于火灾造成的货损不负赔偿责任

C.关于承运人责任基础，《海牙规则》实行的是完全过错责任原则

D.根据《海牙规则》，就货损向承运人提出的诉讼应当在货物交付之日或应当交付之日起1年之内提出，否则在任何情况下承运人和船舶将解除其对货损的一切责任

4.根据《中华人民共和国海商法》，下列项目中不可以作为海上保险合同的保险标的的有（ ）。

A.船舶　　B.存放在生产车间内的半成品

C.船舶营运收入　　D.对第三人的责任

5.下列不属于我国目前使用的海上货物运输保险条款基本险险别的是（ ）。

A.战争险　　B.平安险

C.舱面险　　D.一切险

E.水渍险

三、简答题

1.海上保险的特点有哪些？

2.班轮运输的基本特点有哪些？

3.提单的主要作用是什么？

4.海上保险中赔偿原则的具体内容是什么？

四、案例分析题

1.中国A船务公司一轮船装载500吨香蕉运往欧洲某港口。船长签发了一式三份的清洁提单。船舶到达欧洲指定卸货港时，正值当地港口工人罢工，不能卸货。罢工持续

两天。船员在罢工期间忘记开放货舱通风，致使舱内香蕉全部腐烂，货主向法院起诉索赔。承运人以香蕉变坏是由于工人罢工不能卸货所致，主张免责。提单上载明了提单受《中华人民共和国海商法》约束。请问：船长签发提单的效力如何？承运人是否应当承担赔偿责任？

2. 一条挖泥船由保险公司按我国1986年船舶保险条款承保。该挖泥船在作业过程中，连接挖泥斗的链环突然脱开，致使泥斗落下砸坏了船壳板和其他部件。经检验，发现链环存在潜在缺陷。请问：保险人对本案损失是否应当赔偿，应当如何赔偿？

3. 某轮船投保我国1986年船舶保险条款，保险期间为2021年1月1日至12月31日。2021年5月1日船东在未征得保险人同意的情况下将该船光租给另一家公司经营。2021年6月22日，该轮船在航行途中遇到台风，舱盖围板受损，海水进入船舱，在驶往避难港途中沉没。请问：保险人对该轮船全损是否负赔偿责任？

第9章

电子商务法

21世纪开始形成了信息化、网络化的时代。计算机和通信技术的加速融合与迅猛发展，对人类社会的各个方面都产生了深远的影响：反映在经济活动中，则是电子商务的出现；反映在商事法律制度方面，则是电子商务法的形成与发展。本章介绍了电子商务的内涵与范围，阐述了电子商务法的基本概念，着重研究电子商务合同的基本法律问题，以及电子商务与国际知识产权制度中的主要问题。

9.1 电子商务法概述

9.1.1 电子商务

计算机网络技术的飞速发展，不仅实现了网络普及化、全球化，而且实现了从单纯的文字处理和信息传递向商业领域应用的转变，使传统商业运行的手段发生了根本性变革，产生了“电子商务”这一新模式。那么什么是电子商务，它与传统的商务有什么不同呢？

1）电子商务的概念

电子商务是一个广泛的用语，对于什么是“电子商务”，目前还没有一个统一的看法。从字面理解，电子商务就是“商务活动电子化”或“采用电子手段所进行的商务活动”。由于对“电子”和“商务”的理解不同，电子商务又有广义和狭义之分。

（1）广义的电子商务

何谓“电子”？联合国国际贸易法委员会所制定的《电子商务示范法》第1条规定：“本法适用于在商业活动方面使用的、以一项数据电文为形式的任何种类的信息。”示范法对“数据电文”一词的解释是“指由电子手段、光学手段或类似手段生成、储存或传递的信息，这些手段包括但不限于电子数据交换（EDI）、电子邮件、电报、电传或传真”。这表明示范法中的“电子”一词，不仅包括利用计算机和网络技术的电子数据交换、电子邮件，而且包括了传统的电子手段，如电报、电传、传真等。

何谓“商务”？《电子商务示范法》对“商务（商业）”一词也做了广义的解释：“使其包括不论是契约型或非契约型的一切商务性质的关系所引起的种种事项。商务性质的关系包括但不限于下列交易：供应或交换货物或服务的任何贸易；分销协议；商务代表或代理；客账代理；租赁；工厂建造；咨询；工程设计；许可贸易；投资；融资；银行业务；保险；开发协议或特许；合营或其他形式的工业或商务合作；空中、海上、铁路或公路的客、货运输。”上述规定说明《电子商务示范法》中的“商务”包括了各种典型的商务活动和与商务有关的活动，即涵盖了所有经营性和非经营性活动、契约性和非契约性活动，如生产、销售、服务和从事这些活动所涉及的活动。

这表明，《电子商务示范法》所规定的电子商务是指运用各种电子手段所进行的商务及与商务有关的活动，即广义的电子商务。

《电子商务示范法》采用广义的电子商务，一方面是为了适应电子网络技术迅速发展的需要，以避免因局限于某一技术而对电子商务的发展带来法律上的障碍；另一方面也是为了使该法适应范围更广泛，为世界各国所接受。

（2）狭义的电子商务

狭义的电子商务是*指利用计算机及网络技术所进行的商务活动。*

这里的“电子”限定在互联网或网络技术上，而排除了传统的电子手段，如电报、传真等。网络技术与传统的电子传媒手段的区别在于，它使用可编程序电文——电脑程序制作的电文，具有互动性、协同性等特征。实质上，网络形成了一个所谓的“虚拟空间”，它已不再是简单的传媒，更是营造了一个“虚拟社会”，成为商务运行的新平台、新环境、新手段。

商务活动又可以分为交易性活动和非交易性活动。交易性活动以权利、义务为核心内容，非交易性商务活动一般不涉及当事人的权利、义务关系。有时为研究的需要（如电子商务合同），又将商务限定在交易活动范畴内。此时，电子商务主要是指不同主体之间通过计算机及网络技术进行的交易活动，也可称为在线交易。例如，在线货物买卖（如企业上网直销等）、在线计算机信息交易、在线网络技术服务（如ICP、ISP）等。

2）电子商务的分类

根据不同的标准，电子商务可做不同的分类。

（1）根据主体划分

按照交易主体不同，电子商务主要可以分为G to B、B to B、B to C、C to C四种类型。

①G to B，即政府与企业之间利用互联网开展的电子商务。

②B to B，即企业与企业之间的电子商务。它又可以分两种：一种是非特定企业间的电子商务，它是在开放的网络（如因特网）中对每笔交易寻找最佳伙伴，与伙伴进行从订购到结算的全部交易行为；另一种是特定企业间的电子商务（如EDI）。

③B to C，即企业与消费者之间的电子商务，如在因特网上遍布的销售鲜花、书籍、计算机等各种消费品的商业中心。

④C to C，是消费者与消费者之间通过互联网进行的交易。

（2）根据交易过程划分

从交易过程看，可以分为在线交易和非在线交易，其中主要的是在线交易。

在线交易有两种模式：

①直接模式。直接在线交易是指需求方和供应方直接利用网络形式所开展的买卖活动。特点是企业自己办网站，该站点是企业在网络环境中的延伸，不需要通过中介性网络公司。但需要第三方认证机构认证，以确认在线经营者的真实身份。

②间接模式。间接在线交易是指通过在线平台服务提供商，如在线商城、在线交易中心等中介服务网络公司，达成和履行的交易。中介服务网络公司从交易中赚取佣金。另外，网上拍卖交易中心或交换中心也属间接交易模式。

区别两种模式的主要法律意义在于判断在线交易的主体。在直接模式下，网络公司或网站的经营者（设立者）是在线交易的主体（一般为卖方）；而在间接模式下，网络公司只是在线交易辅助商，提供网络平台或交易平台及其他服务，交易的主体则是在网站上设立的独立存在的在线企业或其他企业。

直接交易模式和间接交易模式的划分与按照主体划分的类型没有直接关系。一般来讲，B to B、B to C、G to B等交易模式既可以采取直接模式，也可以采取间接模式。在间接模式下，其合同关系是通过网络服务提供商缔结的，网络服务提供商对双方交易起到中介作用和服务作用，网络服务提供商作为辅助商对双方均承担某种义务和责任。

两种模式类似于现实生活中这样两种交易：一种是没有中介人的交易，另一种是经过中介人的交易。只是在网络环境下，网络服务中介远较现实中介复杂，涉及多方面的权利义务。

（3）根据交易对象划分

电子商务按对象划分包括两类：贸易型电子商务和服务型电子商务。这两种类型又可以进一步分为在线和非在线两类，其中主要是在线贸易型及服务型电子商务。

①在线贸易型电子商务。在线贸易型电子商务是转移财产权利的电子商务，包括有形货物的贸易和无形的信息产品的贸易。

有形货物是指有物理形态的物品，如一般的消费品、书籍、音像等，有形货物的在线销售，可以在网上完成合同的缔结、支付和相关信息的传递，但仍然需要利用传统物流配送渠道（如邮政、快递等）将货物交付购买人。

无形的信息产品指软件、多媒体作品、数字化文字作品等数字产品，这些均可以通过网络传输、下载实现买卖标的物的“交付”。在网络环境下，所有的信息产品都可以通过数字形式表现、传递、复制，成为电子商务最活跃的领域，而且只有数字产品的交易才能完成信息流、物流和资金流的一体化。

②在线服务型电子商务。服务型电子商务与贸易型电子商务的区别在于它不移转任何财产，而只提供某种设施、互联网平台、信息传输等服务。服务型电子商务可以分为两类：

一类为电子商务运行提供的服务，即电子商务运营辅助服务。它主要是指为在线交易提供基础设施、安全保障支付等服务，如网络通信服务（接入、电子邮件、主机服务等）、交易平台服务（如网络公司构筑的在线商城等）、认证服务、在线支付等金融服务。

另一类是借助互联网开展的服务。它主要包括传统服务业在网络上的扩展，如网上律师服务、网上咨询等；也包括网上新兴的服务业，如在线信息发布等。

3）电子商务的特点

电子商务首先是一种商务活动，它仍然具有传统商务的特点。同时，由于利用了信息网络技术这一新的交易方式，相对于传统的货物贸易及服务贸易，电子商务又有其突出的特性，具体表现在如下几方面：

（1）环境虚拟化

在电子商务中，网络信息技术可以将商业活动中所需要的信息再现出来，并且通过网络完成意思表示的传递、合同的达成及交付等（货物交付除外）。因此，人们认为电子商务构成了一个异于现实社会的虚拟商业环境，即虚拟市场。同时该市场的主体，也就是电子商务的参与者也虚拟化了，如买卖双方在网上交易中仅以网址存在，互不见面，其真实名称、地址在网上并不明示和显现。

（2）范围全球化

国际互联网的出现完全打破了地区的界限。在网络这个虚拟的世界里，没有地理位置的概念，交易常常是跨国的，它削弱了商品和服务提供者与商家和消费者之间地理位置上的联系。买方和卖方很可能不在同一个国家里。每个人无论位于什么地理位置，借助电脑均可登录位于任何“地方”的网站，同该网站或在网站上设立专卖店的任何地理位置的企业进行贸易活动。

（3）手段数字化

电子商务采用的交易手段是数字化信息及网络技术，这些信息只有借助相应的工具和环境（计算机和网络）才能读取。而传统的商务活动则将交易者的意思和交易内容记载于纸面上，即使是电报、传真等也是如此。

（4）交易自动化

以网络为基础的电子商务，其商品信息、供求信息、订约信息等在瞬间便可以传到世界各地，使产品销售更加迅速，买卖双方的沟通变得更为便捷有效。相对传统的商务活动，效率大为提高。

（5）过程无纸化

在电子商务交易的过程中，一切都通过网络进行，买卖双方互不见面，交易过程中没有单据或凭证的交换。多数商品的付货是通过邮寄进行，在某些种类的商品销售中，由于所售商品是无形物，买卖双方只在网上通过披露信息进行付款和交货。在整个交易过程中，买方很可能没有得到任何票据。这个交易的唯一纸化记录，在大多数情况下是银行给顾客的月报表中有这笔付款记录，可能只有收款金额和收款人的账号。

9.1.2 电子商务法

电子商务是计算机网络技术大规模应用于商务活动而产生的。由于运行环境和商务模式的改变，传统的法律体系难以适应电子商务的发展，需要新的法律来调整，由此产生了新兴的法律——电子商务法。

1）电子商务法的概念

一般认为，电子商务法的基础是电子商务活动。电子商务作为一种商务活动，属于商事行为范畴，应当遵循传统商法的一般规则。但是，电子商务是在网络环境下采用数据电文作为交易手段的商务，在传导介质、交易手段和交易环境等方面都发生了重大变化，导致传统的商法难以解决因电子商务方式而引起的相关问题，需要新的法律规范来调整。电子商务法不是试图涉及所有的商业领域，重新建立一套新的商业运作规则，而是主要研究商业行为在因特网环境下的特殊问题。

从字面上理解，所谓电子商务法，就是调整电子商务活动的法律规范的总称。由于对电子商务有不同的理解，以电子商务为调整对象的电子商务法也有广义和狭义之分。

（1）狭义的电子商务法

狭义的电子商务法是调整以数据电文为交易手段所产生的商事形式关系的法律规范的总称。它与传统的商事关系不同：

①交易手段不同：该商事关系是以数据电文为交易手段的商事关系。以口头或传统的书面形式所进行的商事关系，不属于电子商务法的调整范围。

②产生原因不同：该商事关系是由交易手段的改变所引起的，一般不直接涉及实质条款。因为交易手段只是交易行为构成中的表意方式部分，而并非法律行为中的意思本身，亦不充当标的物。

③内容不同：该商事形式关系并不是直接以交易本身所产生的实质性权利、义务为内容，而是以交易手段的运用所引起的形式方面的权利、义务为内容，如对电子签字的确认、对私用密钥的保管责任等。从目的看，狭义电子商务法就是在电子通信技术的商业化应用上建立一个使之顺畅运行的法律平台，即从法律上营造一个使各种通信技术都能畅通无阻地应用于其中的商事交易活动的环境。

（2）广义的电子商务法

广义的电子商务法是调整以数据电文为交易手段所产生的商事关系的法律规范的总称。与狭义的电子商务法相比，这种商事关系包括形式和实体两个方面的内容。这是因为数据电文的采用，不仅仅引起了交易形式的改变，交易的本身也发生了变化，产生了完全不同于传统形式的新的交易类型，如在线货物买卖交易、在线信息产品交易、在线服务等。传统的商法难以确定其实体权利、义务，需要用电子商务法加以调整。因此，广义的电子商务法解决的问题大致应该包括：①电子商务网站建设及其相关法律问题；②在线交易主体及市场准入问题；③数据电文引起的法律问题；④电子商务中产品交付的特殊问题；⑤特殊形态的电子商务规范问题，如网络广告、网上拍卖、网上证券交易等；⑥网上电子支付问题；⑦在线不正当竞争与网上无形财产保护问题；⑧在线消费者保护问题；⑨网上个人隐私保护问题；⑩网上税收问题；在线交易法律适用和管辖冲突问题。

2）电子商务法的特点

同传统商法相比，电子商务法有以下特征：

（1）全球性

电子商务的全球性决定了电子商务法的全球性特点。各国相关法律制度的不同，将严重阻碍电子商务的发展，在联合国《电子商务示范法》的推动下，不同国家的电子商务立法的差别正逐步缩小，趋同性逐步增强。

（2）程式性

电子商务法一般不直接涉及交易的具体内容，即当事人享有的实体上的权利和义务，而主要调整当事人之间因交易形式的变化而引起的权利义务关系。例如，有关数据电文是否有效，是否归属于某人，电子签字是否有效，是否与交易的性质相适应，认证机构的资格如何，它在证书颁发与管理中应承担何种责任等问题。

（3）技术性

在电子商务法中，许多法律规范都是直接或间接地由技术规范演变而成的，特别是在数字签字和数字认证中使用的密钥技术、公钥技术、数字证书等均是一定技术规则的应用。实际上，网络本身的应用也需要一定的技术标准，各国或当事人若不遵守，就不可能在开放环境下进行电子商务交易。

（4）开放性

电子商务法是关于以数据电文进行意思表示的法律制度，而数据电文在形式上是多样化的，并且还在不断发展中。因此，必须以开放的态度对待任何技术手段与媒介，制定开放型的规范，让各种有利于电子商务发展的设想和技术都能发挥作用。

（5）复合性

电子商务交易关系的复合性源于其技术手段上的复杂性和依赖性，表现为当事人必须在第三方的协助下完成交易活动。比如，在合同订立中，需要网络服务商提供接入服务，需要认证机构提供数字证书等；在电子支付中，需要有银行提供网络化服务。

3）电子商务法的基本原则

综合世界各国电子商务立法，其原则可归结为如下两个方面：

（1）中立性原则

中立性原则包含如下两方面内容：一是对传统交易的“书面”形式与电子商务交易的“无纸”形式，在法律规范上采取同样的待遇。基于传统交易形式的法律规范一般是将书面形式作为一项默认的法定形式，而电子商务恰恰是“无纸”交易，不属于传统的“书面”形式，无法享受到法律给予“书面”形式的待遇。电子商务立法就是要改变这一状况，不论采用传统的书面形式交易，还是采用电子通信的形式进行交易都应得到同样的承认。二是在电子商务中，对采用各种电子技术手段（如电报、传真、EDI等）所进行的交易应同等对待。也就是说，不论电子商务的经营者采用何种电子通信技术手段，其交易的法律效力都不应受到影响。在法律中不应把某一特定技术作为法律规定的基础，而歧视其他形式的技术。虽然电子商务离不开技术手段的支持，但是电子商务立法却不能局限于某种技术手段，否则就会落后于技术的发展，成为妨碍市场交易的障碍。

（2）功能等同原则

这一原则是1996年联合国《电子商务示范法》提出的，它开辟了电子商务立法的一种新的思路。由于基于纸质文件所做的法律规定构成了对使用现代通信手段的电子商务发展的主要障碍，因此，曾有人建议将现行的法律自动延伸到电子商务领域。例如，通过扩展现行法律中的书面形式、签名、原件等概念的外延，来消除这些法律要求给电子商务造成的障碍。无须更改现行法律，只要规定电子形式以满足这些要求就足够了。然而数据电文与纸质文件毕竟有质的不同，单纯的外在形式相同，在法律适用上将会带来许多问题。

功能等同原则就是在分析有关传统纸质文件的法律要求的目的和作用的基础上，认为只要电子商务技术能够满足这些目的和作用，二者在法律上的效力就应该相同。例如，纸质文件的作用包括以下几方面：可以识读；可以保存一定的时间；可以复制；通过签名的方式可以对文件的真实性进行认证；可以作为证据被官方和法院接受等。如果电子记录能满足上述要求，即能够在数据的生成、存储和通信方面达到与纸质文件同等的水平，则二者在法律上的效力应该等同。当然，对于纸质文件，现行法律有不同层次的要求，因此对于数据电文也应有不同的要求，不应对采用数据电文的用户施加比纸质文件用户更严格的要求。

9.2 全球电子商务立法概况

随着电子商务的迅猛发展，全球范围内的电子商务立法活动逐渐活跃起来。其中，美国、欧盟及联合国的有关立法尤为引人注目，它们制定的有关法律对全球的电子商务立法产生了重要的影响。

9.2.1 美国电子商务立法

美国是电子商务开展时间最早的国家，为了保证电子商务在法律的规范下健康发展，早在20世纪90年代中期，美国有关机构就开始了电子商务立法的准备工作。1994年1月，美国宣布了国家信息基础设施计划，1997年7月1日颁布《全球电子商务纲要》，正式形成美国政府系统化电子商务发展政策和立法规划。

由于美国是联邦制国家，联邦和州两级均有立法权，而电子商务的立法权又属于各州，为了避免各州有关的立法冲突过大，导致适用法律问题复杂化，影响正常的电子商务活动，美国全国统一各州法律委员会于1999年7月通过了具有示范法性质的电子商务法，即《统一电子交易法》（UETA）和《统一计算机信息交易法》（UCITA）。《统一电子交易法》基本上采纳了1996年联合国《电子商务示范法》的体例，《统一计算机信息交易法》是在修订《统一商法典》第2条B项的基础上形成的，主要是针对网络环境下的知识产权贸易。这两部示范法并没有直接的法律效力，只有被各州在立法中采纳，才能在该州生效。目前，绝大部分州以及哥伦比亚特区、波多黎各和美属维尔京群岛采纳了该示范法。同时为了协调各州电子商务立法，尤其是有关电子签名的立法，美国联邦立法机构于2000年6月30日颁布了《全球及国内贸易中的电子签名法》。该法有关电子签名的部分于2000年10月1日生效，关于电子记录的部分于2001年3月1日生效。美国尚未采纳《统一电子交易法》或者尚无电子商务立法的州，都必须适用《全球及国内贸易中的电子签名法》。

9.2.2 欧盟电子商务立法

为制定统一的电子商务政策，努力协调成员国内部关系，并将其影响扩展到全球，早在1997年欧盟就提出了《关于电子商务的欧洲建议》，1998年又发布了《欧盟电子签字法律框架指南》和《欧盟关于处理个人数据及其自由流动中保护个人的指令》（或称《欧盟隐私保护指令》），1999年发布了《数字统一规则草案》。

自1999年开始，欧盟将电子商务立法作为它启动欧洲网络经济发展的重要环节，计划完成电子商务的立法，包括对版权的规定、远程金融服务的规定、电子银行的规定、电子商务的规定等，欧洲议会于1999年12月13日通过了《电子签名指令》，于2000年5月4日又通过了《电子商务指令》。这两部法律文件协调和规范了电子商务立法的基本内容，构成了欧盟国家电子商务立法的核心和基础。其中，《电子商务指令》更是全面规范了开放电子商务的市场、电子交易、电子商务服务提供者的责任等关键领域。欧盟成员国在自2000年5月起的18个月内，将《电子商务指令》作为本国的法律。

9.2.3 我国电子商务的主要立法

我国电子商务起步较晚，但是，相关的适应电子商务发展的法律措施已经初见端倪。例如，《中华人民共和国合同法》（现已失效）在合同形式条款中加进了“数据电文”这一新的电子交易形式。又如，2001年10月第九届全国人民代表大会第二十四次会议通过了新修正的《中华人民共和国著作权法》（第一次修正），其中规定了“网络传播权”；2002年1月国务院通过了新的《计算机保护条例》；2005年4月1日《中华人民共和国电子签名法》正式施行；2006年3月30日我国信息产业部审议通过的《互联网电子邮件服务管理办法》开始施行。此外，我国香港特别行政区于2000年1月制定了《电子交易条例》。

蓬勃发展的电子商务已成为我国经济发展新的增长点和结构调整的重要着力点，有必要通过加强立法促进电子商务持续健康发展。目前，我国相关法律及有关规定逐渐增多，如2009年商务部出台了《电子商务服务规范》，2010年商务部出台了《关于促进网络购物健康发展的指导意见》，2011年商务部出台了《第三方电子商务交易平台服务规范》，2012年全国人大常委会通过了《关于加强网络信息保护的决定》，2015年工业和信息化部修订了《电子认证服务管理办法》，2015年商务部发布了《网络零售第三方平台交易规则制定程序规定（试行）》等。2018年8月31日，全国人大常委会第五次会议通过了《中华人民共和国电子商务法》，自2019年1月1日起施行。《民法典》中也规定了数据电文等电子合同形式。2020年《中华人民共和国个人信息保护法（草案）》

形成，并公开征求意见。立法的发展，促进了互联网经济的发展，截至2020年全国互联网用户已超9亿，互联网网站超过400万个。

9.2.4 《电子商务示范法》

为了促进国际贸易法的协调与统一，联合国国际贸易法委员会于1996年6月通过了《电子商务示范法》，以便排除不适当或不统一的法律对国际贸易的阻碍。《电子商务示范法》是第一部国际性的关于电子商务方面的法律文件，它所确立的一系列规范得到了广泛的认可和支持，被公认为国际通行的规则，对各国（尤其是发展中国家）的电子商务立法产生了很大的影响，事实上起到了协调甚至统一各国电子商务立法的作用。

1)《电子商务示范法》制定的目的

(1) 对各国电子商务立法起示范作用

《电子商务示范法》主要是为适应因当事人之间使用计算机或其他现代技术引起贸易通信方式上的变化而制定的，旨在为世界各国制定有关电子商务法律时提供一个样板，以建立一个新的适应计算机网络贸易的法律环境。

(2) 弥补各国国内立法的不足

《电子商务示范法》的大部分内容都与现代通信技术的使用有关，应用电子商务的国家，通过将《电子商务示范法》规定的程序纳入其国内立法，起到消除或弥补各国国内立法不足的作用。

(3) 促进各国电子商务立法的统一

从全球范围看，《电子商务示范法》所确立的原则，将对国际公约与国际文件的履行产生法律影响。如果这些国家对于国际性法律都采用《电子商务示范法》的原则作为解释规则，就可以避免国际法律文件之间不协调或冲突现象的出现。

2)《电子商务示范法》的适用范围

《电子商务示范法》第1条就规定了该法的适用范围："本法适用于在商务活动方面使用的，以一项数据电文为形式的任何种类的信息。"

(1)《电子商务示范法》中"商务活动"的范围。《电子商务示范法》在其正文注脚中，曾专门对"商务活动"一词做了以下解释："必须对商务给予广义的解释，以便能涵盖所有发生于商务性质中的事项，无论是合同关系的，抑或是非合同的。商务性质的关系应当包括，但不限于以下交易活动：任何提供或交换货物或服务的贸易交易；分销协议；商务代表或代理；代办商；租赁；承揽；咨询；设计；许可；投资；融资；银行；保险；开发协议；特许；合资或其他形式的企业或贸易合作关系；海、陆、空货物或旅客运输。"从这一以非穷尽式列举中，可以明显看出其内容的广泛性，只要是商业性质的活动，都囊括在内。

(2)《电子商务示范法》中数据电文的范围。关于数据电文范围，《电子商务示范法》第2条第1款规定得较为明确："数据电文，是指以电子手段、光学手段或类似手段生成、发送、接收或储存的信息，这些手段包括但不限于电子数据交换（EDI）、电子邮件、电报或传真。"此概念与商务活动一样，是开放性的，其手段与形式均具有多样性，是以各种现代技术形成的，口头、书面形式以外的无纸化的信息。

3）《电子商务示范法》的基本结构及主要内容

《电子商务示范法》分为两个部分：一部分规定电子商务的一般问题；另一部分处理电子商务特别领域中的问题。其处理特定领域电子商务的部分，目前仅有一章（即第2章）适用于货物运输的电子商务。电子商务的其他内容可以在将来需要时再做规定。因此，《电子商务示范法》可以被看作开放型的文件，以后可以进一步增删其具体内容。联合国国际贸易法委员会有意继续观察《电子商务示范法》所建立的基础、技术、法律和商务的发展，以期对现行《电子商务示范法》条款做出明智的、及时的增删或修改。

9.3 电子商务合同的法律问题

9.3.1 电子商务合同的形式

1）电子商务合同的概念

电子商务合同是指采用数据电文形式订立的商务合同。

从广义上说，电子商务合同包括通过EDI、电子邮件、电报、电传或传真等电子方式订立的合同；从狭义上说，电子商务合同是指通过EDI、电子邮件等方式借助互联网订立的商务合同，一般不包括以电报、传真等方式订立的，传统上视为纸面形式的合同。

电子商务法中所讲到的电子商务合同一般仅限于狭义的电子商务合同。

2）电子商务合同形式的特点

我国《民法典》规定数据电文等形式的合同为书面合同的一种，数据电文被视为书面形式。已经失效的《中华人民共和国合同法》较早地确立数据电文等形式的合同为书面合同的一种，但是，数据电文是否符合书面形式的要求，法律上并没有明确的规定。传统的书面形式有其特定的含义，而数据电文具有不同于传统书面形式的特点，通常并不能简单地说，数据电文合同即书面合同。与传统书面形式相比，数据电文具有以下特点：

（1）易改动性

传统的书面合同是纸质的，如有改动，容易留下痕迹。而电子数据是用磁性介质保存的，改动、伪造后可以不留痕迹。这样，就无法辨别其内容的完整性和原始性。当需要签字时，由于无法鉴别是何人所签，同样也难以保证这个签字没有被改动过。

（2）易消失性

数据电文以计算机储存为条件，是无形的。它不仅可能受到物理灾难的威胁，还可能受到计算机病毒等特有的无形灾难的攻击。如果操作不当还可能抹掉所有数据。而传统的书面介质只是受到当事人保护程度和自然侵蚀的限制，相对能“永久”保存。

（3）易复制性

虽然传统的书面文字也可以复制，但是原件与复制件较易区分，当原件上有签名或盖章时，尤其如此。数据电文可以无限次地复制，并且真正做到拷贝不走样，原件与复制件的区分失去了意义。

3）电子商务合同形式的效力确定

合同法对于合同生效的形式要件一般采取“不要式主义”，但法律强制规定合同应当具有“书面形式”方得生效时，电子商务合同的有效性便处在不确定中，那么如何确定电子商务合同形式的效力呢？

联合国国际贸易法委员会在详细研究了书面形式的功能的基础上，把电子合同的形式与传统书面形式加以比较，分析电子合同的形式在哪些方面符合传统书面形式的要求，如果达到了这样的要求，电子合同就可以归入书面合同。这便是解决电子合同等同于纸面合同的“功能等同”原则。

（1）书面形式的作用及不同的法律要求

一般认为书面形式的基本作用包括如下几方面：提供的文件可供识读；提供的文件在长时间内可保持不变；可以复制以便每一当事方均掌握一份相同的副本；可以通过签字核查文件内容；提供的文件为法律所接受。

书面形式不同层次的法律要求：法律并非要求一份书面文件同时具有上述功能，在不同的情况下，对书面文件的作用是有不同层面和等级要求的，即要求书面文件提供不同程度的可靠性、可核查性和不可更改性。例如，一般的书面形式，即不附加签名或原件要求的，只能起到对文件内容长期保存的作用。如果要求当事人对书面内容予以承认时，则需要以其签名附加在上面，这时书面要求的层次就不同了。因为它将文件的内容与特定的当事人联系在一起，既表明了文件的来源，又确定了签名者对文件内容的承认。当书面形式不仅要求有纸面形式、有当事人签名，而且要求是原件时，其真实性、完整性要求的层次就又提高了一步。

（2）电子商务合同的形式效力

《电子商务示范法》并未确定一种相当于任何一种书面文件的计算机技术等同物（技术中立原则），相反，《电子商务示范法》只是研究了书面形式具有上述基本作用，以其作为标准，一旦数据电文达到这些标准，即可同相应的书面文件一样，享受同等程度的法律认可（功能等同原则）。

《电子商务示范法》第6条规定：“如果法律要求书面的信息，则该要求可以由数据电文来满足，只要该数据电文中所含的信息可以获得，以用于后续的参考。”这表明只要数据电文满足可复制性，并可以保存这两项基本功能即可视为书面形式；若是具有数字签名的数据电文，则可以证明数据电文发出人的身份，并起到与书面“原件”等同的作用。虽然从数据电文的生成看，只可能具有复制件，不可能产生具有书面形式意义上的原件，但这不妨碍其具有与书面原件相同的法律效力。

《电子商务示范法》允许各国修改其国内立法以适应通信技术的发展，但不必取消原有书面形式的要求或打乱这些要求所依据的法律概念。同时，为使电子手段满足书面形式的要求，可能需要制定新的法律规则，但根据“功能等同法”，不应造成电子文件达到比传统书面环境更加严格的安全标准和相关费用。

我国《民法典》第469条规定："书面形式是指合同书、信件、电报、电传、传真等可以有形地表现所载内容的形式。"对"书面形式"做了扩大解释，使数据电文成为书面形式的一类。虽然表述不同，但都认为数据电文作为合同的载体，应当"有形"地表现所载内容，以备日后查证。2018年通过的《中华人民共和国电子商务法》第48条第1款规定："电子商务当事人使用自动信息系统订立或者履行合同的行为对使用该系统的当事人具有法律效力。"该条第2款规定，在电子商务中推定当事人具有相应的民事行为能力。但是，有相反证据足以推翻的除外。

9.3.2 电子商务合同的订立

一般合同的订立要经过要约和承诺两个过程，由于电子商务合同是采用数据电文的方式订立的，有关要约与承诺的法律规定又有所不同，尤其是在线交易。

1）要约与要约邀请的区分

根据电子交易程序的性质和销售商品的性质，下面对电子商务合同中要约和要约邀请做一简要分析。

（1）通过非交互式电子交易程序表达的信息为要约邀请

非交互式电子交易程序是指该程序只是起到引导或邀请作用，当事人不能通过它进行协商。例如，通过网络寄送的产品信息、报价，或者在页面上显示的商品信息等。它们与传统的广告没有什么不同，属于要约邀请。

（2）通过交互式电子交易程序销售数字产品的信息为要约

交互式电子交易是指交易双方可以进行在线协商或者在线订立合同。信息产品指以数据信息存在的商品，如软件、音乐、影视、文字图片等。它的特点是可以直接从网上下载。之所以认为上述信息是要约，是因为：①交互式交易程序允许信息接收人做出承诺。例如，只要买方点击购买，交易程序就能予以确认。通过这种程序，双方可以相互响应。②要约人受到了要约信息的约束。在交互式程序下，买方处于主动地位，只要买方做出了同意购买的意思表示，卖方必然受其约束。③数字产品使合同不仅可以在线订立还可以在线履行。数字产品以比特形式存在于网络之中，它可以无限次复制，随时下载，商品本身不存在售罄的问题。

（3）通过交互式程序发布的非数字产品的信息，需要具体分析

对于通过访问页面所进行的交易，我们认为页面上的商品信息是要约邀请。这是因为，从可能性来说，当同时有多数人同时点击同一商品时，该信息所表示的商品可能会立刻售罄。如果认定是要约，对于商家是过于苛刻的。据此，我们认为该信息应是要约邀请。消费者点击"购买"的按钮是要约。随后出现的支付页面应是卖方的承诺，表明卖方接收了消费者的要约，请求消费者支付或者选择支付方式。但是，如果卖方表示接受要约人的承诺，要约人即受该意思表示的约束，应当认定它是要约。

对于通过网络交易中心所进行的交易主要是B to B交易。网络交易中心为交易双方提供了交易平台，买卖双方可以在这个平台上进行协商直至订立和履行合同。在线双方

采用即时聊天的方式对交易的具体内容进行逐项讨论，每项内容协商完毕，双方需点击“确定”按钮，再继续讨论下一项内容。待交易的全部事项讨论完毕后，双方需点击“确定”做最后的确认。随即双方可进入支付页面，选择支付方式，买方可以选择在线支付，卖方利用货物配送系统来履行。这种方式缔结的合同有些谈判的味道（只是通过网络进行），因而与传统谈判成功最后确认和签章成立的合同相仿。其要约的判断与传统合同类似。

2）在线交易中要约的撤回和撤销

（1）要约与承诺的撤回

要约的撤回是指要约人在发出要约后，到达受要约人之前，取消其要约的行为。如果要约人以邮寄信件的方式发出要约，在要约到达受要约人之前，可以用电话将之撤回。但是要约人采用快速通信的方法发送信息，就很难撤回了。例如，要约人向受要约人发电子邮件，在发出的同时，受要约人也就收到了，此时，不存在撤回的余地。可见，要约一旦到达受要约人后，就发生效力，要约人便不能撤回要约。

在线交易中，由于信息传输的高速性，要约一旦发出，受要约人即刻就可收到，几乎不存在撤回的可能。虽然在某些情况下，由于传输障碍或带宽的限制导致信息不能立刻到达，但这不影响要约不能撤回的规则。

上述关于要约撤回规则当然应当适用于承诺的撤回。因为即使是使用电子邮件或通过中介系统磋商订立合同，承诺信息的发出即意味着到达要约人，如果再发出撤回承诺信息，只能是后于先期承诺到达。因此，严格地讲，通过网络订立合同不存在承诺撤回的问题。

（2）要约的撤销

要约的撤销是指在要约生效后使要约失效的行为。我国《民法典》第476条规定：“要约可以撤销。”在线交易中，要约能否撤销取决于交易的具体方式。从我国《民法典》的规定来分析，受要约人在收到要约后有一个考虑期，此期限的长短由要约人决定或由交易习惯确定，在考虑期满前，要约人可以撤销要约。因此，要约能否撤销取决于考虑期的长短和受要约人的回应速度。

如果当事人采用电子自动交易系统从事电子商务，承诺由交易系统自动回应，要约人没有机会撤销要约；如果当事人在网上协商，这与口头方式无异，要约人在受要约人做出承诺前是可以撤销的。

3）电子商务合同成立的时间与地点

合同的成立时间和地点对于合同的当事人具有重大现实意义。合同成立的时间决定合同效力起始与法律关系的确立，是当事人开始受合同约束的标志。合同成立地点则是确定合同的司法管辖和法律适用的重要决定因素之一。

（1）电子商务合同成立的时间

电子商务合同成立的时间应该是承诺到达要约人的时间。以数据电文形式所做的承诺到达要约人的时间如何确定呢？

联合国国际贸易法委员会制定的《电子商务示范法》第15条对电子要约和承诺的发出和到达的时间做了如下规定：除非发端人与收件人另有约定，数据电文的收到时间按下述办法确定：①如收件人为接收数据电文而指定了某一信息系统：A.以数据电文进入该指定信息系统的时间为收到时间；B.如数据电文发给了收件人的一个信息系统但不是指定的信息系统，则以收件人检索到该数据电文的时间为收到时间。②如收件人并未指定某一信息系统，则以数据电文进入收件人的任何信息系统的时间为收到时间。

《中华人民共和国电子商务法》规定，提交订单成功，合同成立。其第49条规定，电子商务经营者发布的商品或者服务信息符合要约条件的，用户选择该商品或者服务并提交订单成功，合同成立。当事人另有约定的，从其约定。

（2）电子商务合同成立的地点

电子商务合同成立的地点一般为承诺到达地。以数据电文形式所做出的承诺，其到达地如何确定呢？

对电子合同来说，载有承诺信息的数据电文是通过计算机网络发送的，所谓承诺人和要约人的信息系统是虚拟的，它既可以处于当事人所在地服务器上，也可处于其他城市，甚至在其他国家服务器上，所以很难确定到达地点。

《电子商务示范法》以营业地为标准来确定电子合同的承诺生效地点。该法第15条第（4）款对数据电文的发出和到达地点做了如下规定：除非发端人与收件人另有协议，数据电文应以发端人设有营业地的地点为其发出地点，而以收货人设有营业地的地点为其收到地点。①如发端人或收件人有一个以上的营业地的，应以对其基础交易具有最密切关系的营业地为准，如果并无任何基础交易，则以其主要的营业地为准；②如发端人或收件人没有营业地，则以其惯常居住地为准。上述规定的意思是电子合同成立的地点除非双方另有协议外，电子合同成立地点以承诺的发出地和到达地为双方各自的营业地。如果任何一方有多个营业地，以与基础交易有最密切联系的营业地为合同成立地；如果无基础交易发生，以主要营业地为合同成立地点；如果没有营业地点，则以其惯常居住地为合同成立地点。

9.3.3 电子签名

当信息在计算机网络上传输，传统的信息识别方式（如面对面交谈、手书签名等）已经很难发挥作用。如果信息接收者不能认定信息是否由特定的发出者发出，也不能认定传输中是否被改变，在网上交易的人们就无法相互信任，以信用为基础的交易活动就不会在网络上进行或者得不到真正的发展。为了鉴别和证明数据电文来源的真实性和内容的完整性，保障电子交易的安全，电子形式的签名应运而生。

1）传统签名的功能

签名的主要意义在于签名人认可涉及的内容，因此法律上将其法律责任归属于签名人，而不是其他人。也就是说，法律通过将某件文书归属于某人的办法，确定谁承担其法律后果。不同书面文件的签名可能有不同的作用，签名具体作用大致可以概述为：①确定一个人的身份；②肯定是该人自己的签名；③使该人与文件内容相联系。除此之外，视所签文件的性质而定，签名还有多种其他功能。例如，证明签名人愿意受所签署合同的约束；证明签名人认可其为某一文本的作者；证明签名人同意一份经由他人撰写的文本的内容；证明签名人曾在某个地点的事实和时间。

签名之所以有这样的功能，是因为签名由当事人亲自为之，具有可靠性。所以，签名是联系当事人与特定事实的媒介。把握这一点，有助于我们理解签名不限于用笔在纸面上写上姓名，实际上，只要能反映当事人特定身份的，都是签名。所以，画押、按手印是签名；当事人约定的任何特定标记方式，如打孔、特定符号等也是签名。既然如此，当我们采用技术手段对自己写的文件打上标记，并且保证该标记与任何其他人无关时，这个标记也应当是签名。在电子合同里，这种技术手段就是电子签名。

2）电子签名的概念

所谓电子签名，是指在数据电文中，以电子形式所含、所附或者在逻辑上与数据电文有联系的数据，它可用于鉴别与数据电文有关的签名人和表明此人认可数据电文所含的信息。

也就是说，只要是具有鉴别等功能的电子方法，都可以叫作电子签名。这样做的目的是保持法律上的中立，不排斥任何签名技术的发展和运用。较常见的电子签名有数字签名、生物签名等。但生物签名因其成本较高，尚局限在某些保密性要求较高的部门使用，数字签名是目前国际上应用最广的一种签名方法。

3）电子签名的法律效力

电子签名需要达到传统书面签名的基本功能，然而电子签名的方法有多种形式，不同公司推出的技术标准也有所差异，因此要在法律上规定一个基本要求，凡达到该要求的电子签名均是有法律效力的。电子签名达到与纸面签名类似的功能，需要从两个方面实现：一是从技术上保证；二是要在法律上承认。在这里，技术是沟通电子签名与纸面签名的桥梁，而这座“桥梁”是否达到要求则要依法认定。基于技术手段的比拟功能，法律采用了“功能等同”的方法来衡量电子签名是否有效，也就是在确定电子签名的法律效力时应遵循“技术中立”和“功能等同”的原则。

根据联合国《电子商务示范法》的规定，规范电子签名技术的原则是，斟酌各种情况（包括数据电文的发件人和收件人协议约定的情况），保证数据电文的生成和传送达到适当和可靠的程度。电子签名的适当性和可靠性的判断标准为：①生成电子签名的数据电文，根据其使用情况判断，仅与签署人相联系；②生成电子签名的数据电文，在签署之时，仅在签署人的控制之下；③在签署之后，对电子签名的任何修改都可被觉察；④如果电子签名是为了证明所签署信息的完整性，则在签署之后，对所签署信息的任何修改都可被觉察。

总之，不论电子签名采用的是何种技术手段，只要在特定情况下能够保证数据电文的生成和传送达到适当和可靠的程度，该电子签名的效力就应当得到法律的认可。

按照联合国《电子商务示范法》的解释，上述关于电子签名及其技术手段的条件和原则，不仅适用于当事人之间约定采用签名作为文件识别方式的场合（包括当事人双方的协议以及有网络中介服务提供者参与的三方协议），而且适用于有法定签名要求的场合。对于前者，上述条件和原则提供了判断哪些电子签名能够适当地代替手书签名的标准；对于后者，上述条件和原则可以作为对数据电文安全性最基本的鉴别依据。

联合国国际贸易法委员会电子商务工作组第38次会议通过的《电子签名示范法》第6条规定："凡法律规定要求某人的签名时，如果根据各种情况，包括根据任何有关协议，使用电子签名既适合生成或传送数据电文所要达到的目的，而且也同样可靠，则对于该数据电文而言，即满足了该项签名要求。"

2005年4月1日起正式施行的《中华人民共和国电子签名法》与联合国《电子签名示范法》的规定要求是一致的。2019年修正的《中华人民共和国电子签名法》第4条规定："能够有形地表现所载内容，并可以随时调取查用的数据电文，视为符合法律、法规要求的书面形式。"

9.4 电子商务与国际知识产权

电子商务的发展对现有的市场体系及法律制度都产生了深远的影响，而对知识产权法的影响最为广泛和深刻。这是因为，知识产权法是关于有价值的信息的创造和传播的法律。当网络成为一种重要的信息传播媒介的时候，势必与知识产权法发生联系，知识产权法也势必对此做出反应。电子商务不仅改变了知识产权贸易的形式，而且在很大程度上改变了交易的内容，使知识产权的保护范围和保护程度发生了变化。一般性的电子商务立法已经难以解决知识产权法的特殊问题。要适应电子商务的发展，就需要对知识产权法本身做出重大调整，并与合同法、国际贸易法等调整市场交易的其他法律相协调和配合。由于有关电子商务方面的知识产权制度尚未完全形成，而与电子商务有关的知识产权问题又具有综合性和复杂性的特点，往往一个问题涉及多部知识产权法律，甚至合同法、刑法等知识产权以外的法律，因此，本节只选择其中的主要问题加以介绍。

9.4.1 域名

1）什么是域名

域名（domain name）即"网址"，*是一种由英文字母（A—Z、a—z）或者汉字、数字（0—9）和连接符（-）以及实点（.）构成的因特网上的计算机的地址。*在因特网产生之初，网上计算机的地址是以用实点隔开的阿拉伯数字（如222.106.787.64）表示的，这种地址结构叫作IP地址，但IP地址难以记忆和理解。20世纪80年代初，美国加利福尼亚大学的一位博士研究生波斯特尔和"SRI国际"（信息中心）在美国高级研究计划署的组织下开发出了域名系统（DNS）。该系统可以将域名翻译成对应的IP地址，这样人们为主机起一个以字母、汉字、数字等构成的普通易记的名字就可以了，这便是域名。

2）域名的法律性质

从技术角度讲，域名只是联入网络的计算机"易被人记忆和识别"的特定的标识符，或者说是计算机IP地址的外部代码，按照CNNIC的解释，“域名只是因特网中用于解决地址对应问题的一种方法”。但随着因特网的日益普及和商业化，域名已经不再是找到网上计算机对应地址的一种技术参数或简单的标识符，而已经成为用户在网上寻找、认知和评价网站及网页的一种重要符号，因而域名本身也就具有了一定的商业价值。许多企业利用域名宣传自己的网站来创造新的网上利润。域名的商业价值引起了域名抢注、贩售牟利等不法行为。为解决有关纠纷，需要明确域名的法律性质。

（1）域名是知识产权保护的客体

这是因为：①域名具有无形财产的价值。由于域名事实上是网上用户寻找、认知和评价网站及网页的重要标识，因此其具有类似于商标的商业价值；而且，由于域名又可以独立于具体的网站和网页存在，具有无形的特点。②域名具有排他的专有性。由于域名是网上计算机的对应地址符号，因此同一等级内域名具有事实上的唯一性，只能由注册人专有，虽然这种专有权是由域名的技术本质决定而不是法律赋予的，但这并不否定其独有的特点和知识产权的属性。③具有时间性。各国域名注册和管理法规一般都规定域名注册后，经过一段时间后要申请续展，否则将失去法律保护。④具有法定性。域名在各国都是依法注册取得的。

关于地域性，传统知识产权具有地域性特点，但随着全球经济一体化发展，其严格的地域性正不断被弱化，因此域名地域性的缺乏不应成为它作为知识产权客体得到保护的障碍。

（2）域名是不同于商标的新型知识产权

由于域名在一定程度、领域、范围内充当商业标识符号，成为消费者识别、评价与认知商业经营者，尤其是网上商业经营者的重要符号，代表着经营者在网络空间的商业形象，因此在消费者这个层面上，域名和商标没有什么本质的不同，但二者仍然有明显的区别：①商标可以由文字、图形或其组合构成，有些国家还规定可以由立体的图形或声音组成；而域名只能由英文字母（或汉字）、数字、实点及连接符构成，因此在显著性和便于识别性等方面不如商标。②根据商标法的规定，相同或类似的商标可以在不同种类的商品上同时使用，并为不同的商标所有人注册和专用；而域名的唯一性和专有性却是绝对的。③商标是按类别注册的，在种类不同的商品或服务上不同的企业可以使用相同的商标；而域名是唯一的，商标相同的不同类型的企业也只能有一个供自己使用的商标作为域名。④商标具有地域性，商标所有人的权利一般只能在授予该项权利的国家受到保护，在其他国家则不发生法律效力（驰名商标除外）；而域名则具有国际性，缺乏地域性特点。

3）有关域名与商标权的法律纠纷及解决

实践中，商标权与域名的冲突主要包括以下两种情况：

（1）域名盗用行为及解决

域名盗用行为是指自己没有商标，或者自己的商标知名度低，于是将他人的有一定知名度的商标作为域名抢先注册，而当真正的商标权人试图将自己的商标作为域名使用时，发现已不能获得注册。

域名盗用行为的解决，因被盗用的商标是否驰名而不同。

其一，对驰名商标的盗用可以通过各国驰名商标特殊保护或反淡化的规定寻求法律保护。例如，美国1996年1月的《联邦反商标淡化法》规定：驰名商标的所有人有权获得禁令救济，阻止他人在其商标或商号驰名以后商业性地使用这些标记，并导致这些标记所具有的特殊区别性质产生淡化效应，即只要驰名商标拥有人能证明域名注册人是在“商业性地使用”域名，并且因其使用而使驰名商标被淡化或有被淡化的可能，就可以援引上述规定阻止其使用该域名。

在我国，国家商标局在1998年专门以行政性文件的方式禁止将他人的驰名商标设计为域名注册，并且由商标局出面，将国内32个驰名商标的英译及汉语拼音作为域名在中国互联网络信息中心（CNNIC）注册，预留给有关企业使用。这为我国驰名商标所有人禁止他人将其商标使用为域名提供了一定的法律依据。

其二，对普通商标的盗用，商标权人在不同国家可能获得的法律保护不完全相同。在我国，商标权人可以直接要求有关的域名管理机构停止与自己商标相冲突的域名服务。因为《中国互联网域名注册暂行管理办法》第23条规定：“当某个三级域名与在我国境内注册的商标或者企业名称相同，并且注册域名不为注册商标或者企业名称持有方拥有时，注册商标或者企业名称持有方若未提出异议，则域名持有方可以继续使用其域名；若注册商标或者企业名称持有方提出异议，在确定其拥有注册商标权或者企业名称权之日起，各级域名管理单位为域名持有方保留30日域名服务，30日后域名服务自动停止。”

（2）域名抢注行为及解决

域名抢注行为是指故意将数量众多的与他人知名商标相同的设计注册为域名，并通过贩售或出租牟利，或者再以高价将域名卖回给商标权人。

域名抢注基本都有以下几个特征：一是被抢先注册的域名与他人知名的商标、商号或其他商业标志相同或相近；二是抢注的域名数量众多；三是域名抢注通常与域名贩售相联系。

如果被抢注的是驰名商标，可以依据各国对驰名商标的特殊保护或“反淡化”的规定予以制止；如果被抢注的是普通商标，一般很难引用商标法保护，因为抢注者多是“注”而不“用”，但这种行为已经构成了不正当竞争行为，可以依据反不正当竞争法予以制裁。

4）全球性统一域名纠纷处理机制

1998年7月，世界知识产权组织（WIPO）成立了由来自12个国家的15名成员组成的专家组分批参加地区性咨询会议，本着寻求利益平衡的目的与商标权人、各国商标局、产业界、网络服务商及网络用户等进行探讨，最后于1999年4月30日公布了名为《国际互联网名称与地址的管理及知识产权问题》的最终报告。在该报告的基础上，国际互联网名称和地址分配公司（ICANN）于1999年8月26日发布了《统一域名争议解决规则》，同年12月24日又发布了《统一域名争议解决规则的实施细则》，为域名争端的解决提供了原有司法途径之外的一种崭新的行政解决方式，使迅速、有效地解决问题成为可能。

(1) 域名纠纷处理机构

域名行政处理机构必须获得ICANN认可并授权，目前有三家：世界知识产权组织仲裁与调解中心，自1999年12月1日起开始受理案件；美国的The National Arbitration Forum，自1999年12月23日起开始受理案件；加拿大的Resolution Consortium，自2000年1月开始受理案件。

(2) 投诉的条件和适用范围

根据ICANN的《统一域名争议解决规则》，投诉的域名纠纷应符合三个条件：①争讼标的有相似性，即要求注册的域名与投诉人享有权利的商标相同或相似而令人混淆。②域名注册人就其域名不享有权利或合法利益。③域名被恶意注册和使用。

从上述规定可以看出，全球性统一域名纠纷处理机制仅仅适用于因恶意注册域名侵害他人商标权而引发的纠纷。这一方面排除了行政处理机制对域名与商号及其他商业标志权冲突的管辖权，另一方面因善意域名引发的纠纷也不能通过行政途径得到解决。

(3) 处理机构裁决的效力

根据《统一域名争议解决规则》及其实施细则的规定，在统一域名纠纷处理程序开始之前或之后，投诉人和被投诉人都可以将有关的域名纠纷提交有管辖权的法院处理，与只要法院判决或仲裁裁决不一样，将无条件地推翻通过行政程序做出的裁决。因此，这种解决是半强制性的管辖。所以，尽管这种方式在美国、加拿大等部分国家已经得到认可，但在别的国家能不能得到认可及这些国家的法院会不会绝对承认它的效力都未知。但这一机制毕竟为域名争端解决提供了原有司法途径之外的一种崭新的方式，使迅速、廉价、有效地解决问题成为可能。由于具有这些明显的优势，我国有关机构对这一机制的建立反应积极。

9.4.2 商标

电子商务的发展也给商标的法律制度带来了许多问题。一旦域名、网站名称、网站图形标志等在使用和宣传中逐渐具有了标识性和显著性，产生了商业价值，使用者就希望这些网络标志能够如传统意义上的商业标志那样，为法律所认可和保护，因此申请将这些网络标志注册为商标的情况越来越普遍。

1) 网络环境下商标可注册性

商标是指商品生产者或经营者在其商品或服务上使用的用以区别商品或服务来源的专用标志。虽然网络标志与传统意义上的商标表现形式不同，但是在申请商标注册时必须服从于一般的商标注册审查规则。

(1) 网络标志的注册不得违反禁止性规定

例如，某公司注册了域名“china.com”、“taiwan.com”及“hongkong.com”，这些域名已经成为该公司极其重要的无形资产了，但是无法获得商标注册。

(2) 网络标志应具有显著性

一般认为，顶级域名、二级类别域名（例如，我国的“.edu”）等属于通用技术标志，不能作为独立的商标注册，即使与表示域名注册人网上名称的部分互相结合获得了商标注册（比如linestar.com.cn），该商标注册人对这些通用标志也不享有专有权。

又如，“linestar.com.cn”的域名注册人申请商标注册，商标局在审查过程中就会要求该申请人删除该商标的“.com.cn”部分或放弃对该部分的专用权，如果该申请人拒绝这一要求，这一商标根本不会获得商标注册。

(3) 网络标志注册的商品或服务类别

商标是标识商品或服务来源的，可以用来区分同类的商品或服务，但并非所有的网络标志都可以作为商标使用，如果某个域名仅仅作为域名注册人的网上地址而存在，类似于域名注册人的电话号码、经营地址、名片或广告，那么它就不是标识商品或服务来源的标志，也就不能被注册为商标。在申请商标注册时，仅仅一般地证明在域名之下提供了商品或服务——例如只说域名使用在“电子商务”上——是不够的，还必须把域名标识的商品或服务特定化，并按照商标注册的商品或服务分类提出注册申请。例如，有一家海外银团想在中国将其域名注册为商标，在提出商标注册申请的时候，该银团不知应当将其域名标识的服务注册为哪一类——究竟应按该银团从事的金融服务申请注册，还是按计算机网络服务申请注册？根据商标注册的有关规定，其申请的服务类别应当属于国际分类第36类，即不论是传统意义上的银行还是新出现的网上银行都属于国际分类第36类的金融服务，而不属于国际分类第42类的计算机网络服务。

(4) 网络标志注册的在先权利

如果有人申请注册与他人在先使用的网络标志相同的商标，标志使用人能否以在先权利人的身份阻止该商标的注册呢？如果该网络标志在商标注册的申请国为公众所熟知，该商标申请就有恶意抢注的嫌疑，标志使用人应当有权对此加以阻止。

在电子商务短暂的发展历史中，一些奇迹般蜚声全球的网上企业还来不及将其宝贵的网络标志在多个国家申请注册为商标，抢注商标的事就屡屡发生了。例如，在以色列，一家网站设计公司使用Yahoo-Israel作为商号，在以色列国家顶级域名“.il”之下将“Yahoo-Israel”注册为域名，并将“Yahoo”注册为商标。美国正宗的“Yahoo”在特拉维夫将这家以色列公司告上了法庭。尽管被告辩解说，它是在1995年的时候从名著《哥列佛游记》中找到“Yahoo”一词的，那时美国的“Yahoo”在以色列还没什么名气，但是法院仍然认定被告的商号和商标确实产生了误导公众、混淆视听的效果，为此，法院责令被告将有关的域名和商标注册转移给美国正宗的“Yahoo”。

《中华人民共和国商标法》在第二次修订之后，增加了对未在我国注册的驰名商标的法律保护。因此，一旦知名的网络标志被抢注为商标，权利人可以请求商标评审委员会撤销该商标注册。同时也必须看到，即便某个网络标志在上网的用户中广为人知，没上过网的人也可能对其一无所知。因此，在判断某个网络标志是否知名时，应根据其在我国网络用户中的知名度来判断。

2）网络环境下商标的使用

许多国家对注册商标都有使用要求。例如，《中华人民共和国商标法》规定，商标局有权撤销连续3年停止使用的注册商标。在网络上，使用与商标相同的网络标志能否满足商标的使用要求呢？

（1）作为商标使用

以域名为例，域名注册人可以从事各种网上信息传输活动，包括创建万维网网站、创建文件传输系统、收发电子邮件等。其中的一些活动与商品或服务的经营无关，或者根本就不面向普通公众。因此，在互联网上单纯使用域名并不自动构成与之相同的注册商标的有效使用，即域名的使用并不能满足注册商标的“使用要求”。

域名的使用如要符合商标使用的要求，域名就必须具有商标的功能，让用户感到该域名是与某种商品或服务联系在一起的，能够区分商品和服务的来源，并标识商品和服务的提供者。对于那些关于特定的商品、服务或者特定的提供者的信息服务来说，该信息服务使用的域名的标识性作用是很明显的。例如，网站本身就是一个电子出版系统或网上搜索引擎，那么该网站的域名就足以被视为商标在该种产品或服务上的使用。例如，在荷兰1996年的一个案例中，法院认定，在域名“ouders.nl”使用电子杂志“Ouders on Line”的名称构成了该商标在该电子杂志上的使用。

（2）使用的地域性

商标的使用要求是有地域性的，商标的有效使用必须发生在一国地域之内，才能满足该国商标法规定的使用要求。然而，网络标志具有全球性，各国用户都可以访问有关的网站。因此，人们不禁要问，全球性的网络标志是否构成了与之相同的商标在任何国家地域内的有效使用？

对此，世界上还没有哪个国家毫不含糊地承认，外国商标注册人仅仅在互联网上使用了与在该国注册的商标相同的网络标志，就会因其全球性的特点而在该国当然构成了该商标的有效使用。只有当使用该标志提供的商品或服务与某国的国内市场具有某种联系——例如向该国市场提供某种商品或服务，或至少当该国用户提出要求能在该国市场上获得该种产品或服务时——才能构成商标在该国的使用。此外，经营者最好尽量收集各国用户访问其网站的记录，以证明自己的商标曾经在哪些国家使用。

9.4.3 著作权（版权）

1）网络环境下著作权的扩展

（1）信息网络传播权的产生

著作权保护的方式就是赋予著作权人控制作品的传播方式的专有权。在作品只能靠印刷出版向公众传播的早期，著作权人只要控制作品印刷、复印件的复制和发行即可。当作品还能够通过广播、电视、有线传播、卫星传输等方式传播时，著作权人除了控制作品的复制和发行外，还要控制作品的广播、有线传播等方式，才能有效保护著作权。在网络环境下，如何让版权人的专有权有效地覆盖作品在网络上的传播，已成为版权保护制度必须解决的核心问题。

著作权国际保护的基本内容是由保护文学艺术作品的《伯尔尼公约》规定的。《伯尔尼公约》中有关著作权人的各项传播权的规定是随着技术的发展逐步出现的。由于网络传播这一新方式的产生，1996年12月在世界知识产权组织外交会议上形成了《世界知识产权组织版权条约》（WCT）和《世界知识产权组织表演与唱片条约》（WPPT），赋予了作者、表演者和录音制品录制者通过网络向公众传播作品、表演及录音制品的专有权。其中，WCT第8条规定，在不损害《伯尔尼公约》赋予作者的各项传播权的前提下，文学和艺术作品的作者应当享有以有线或无线的方式授权将其作品向公众传播的专有权，包括以公众中的成员个人选择地点和时间的方式，使公众获得作品的专有权。可见，这一传播权就包括了网络传播权。这两个条约勾画出了“网络传播权”这一新的专有权的轮廓，具体的保护方式和权利内容则需由成员国的国内法加以规定。

第一次修正的《中华人民共和国著作权法》颁布之前，我国著作权法中并没有关于网络传播权的专门规定。法院在著作权法没有明确规定的情况下，是以著作权法第10条第（5）项为依据，认为“以复制、表演、播放、展览、发行、摄制电影、电视、录像或者改编、翻译、注释、编辑等方式使用作品的权利”的“等”字包括了网络传播权。但从中文习惯来说，“等”字既可以用在列举后煞尾，也可以表示列举未尽。因此，对于法律条文中“等”字的解释不能排除列举煞尾的情况。可见，修改著作权法，在立法上明确著作权人的“网络传播权”是现实需要（参见王蒙等六作家起诉世纪互联公司案）。

从世界范围来看，对于如何赋予著作权及邻接人网络传播权，目前主要有三种不同的模式：第一种是用著作权人现有的发行权、公开表演权和公开展示权覆盖作品的网络传播权；第二种对著作权人的各类作品传播权进行重组，把除了复制发行之外的其他传播方式（包括网络传播）统一为一种综合的传播权；第三种是在不改变现有著作权权利配置的前提下，赋予著作权人控制作品网络传播的新权利，欧盟“关于信息社会的版权及有关指令的建议草案”即采取了这种方法。

修正后的《中华人民共和国著作权法》采用第三种方式，规定了信息网络传播权。

（2）信息网络传播权的概念

根据《中华人民共和国著作权法》第10条的规定，信息网络传播权是以有线或者无线方式向公众提供作品，使公众可以在选定的时间和地点获得作品的权利。

从这一法律表述看，信息网络传播权明显来源于《世界知识产权组织版权条约》。

（3）信息网络传播权的特点

从《中华人民共和国著作权法》的规定看，我国是在展览权、表演权、放映权和广播权等传播权之外，主要针对交互性网络传输的特点，增加了“信息网络传播权”这一新的权利。作品在信息网络上的传播具有以下特点：

其一，是传统的复制类权利和传播类权利的结合。传统的复制类权利包括复制权、发行权及出租权等，其特点是作品的使用滞后于作品的提供，人们要先获得作品的复制件，再学习、研究或者欣赏。传统的传播类权利包括表演权、放映权、展览权、广播权

（包括有线传播权）等，其特点是作品的提供与作品的使用同时发生。交互性传输可以在两类权利间自由转换：一方面，用户可以将作品下载成为永久性复制件，供日后使用；另一方面，也可以在线欣赏作品，虽有暂时性复制件在计算机内存中生成，但没有永久性复制件留存。因此，应区分不同情况，选择适用原有的关于复制类或者传播类权利的规范。例如，发行权一次用尽的原则就不能适用于所有的交互性传输。

其二，随着网络广播、数据流式传输、信息推送等技术的发展，某些交互性传输已经具有了广播的性质，但是原有的关于传播权的规范不宜直接适用于交互性传输。虽然《世界知识产权组织版权条约》关于第8条的议定的声明指出，第8条的规定并不排除成员国适用《伯尔尼公约》第11条第2款所允许的对广播权的强制许可，但是考虑到互联网上的传播具有全球性的特点，一国对此实施强制许可，将对其他没有相应制度的国家产生影响，不符合《伯尔尼公约》第11条第2款规定的“仅在有相应规定的国家适用”有关强制许可的要求，因此对广播权的强制许可不宜直接延伸到网络广播领域。

其三，在交互性传输中，信息传输的范围、程度及信息的使用方式是由信息的发送者和接收者双方共同决定的。在商业性的作品传输模式中，作品的传播者一般是利用技术措施来实现与用户之间的“谈判”和“交易”的。以常见的网上软件发行为例：公众可以自由获得关于软件作品的权利管理信息（包括作品名称、权利人及许可使用的条件）；用户如对该软件感兴趣，需要提交注册信息，使软件的技术措施部分解除，从而浏览该软件，了解软件的功能和运行状况；如果要解除该软件的复制限制，将软件下载，用户就必须按照提示付款。在这一过程中，信息交流是双向的。了解这种交互性的特点对确定因网络传输引发的侵权行为的法律管辖权及适用的法律具有重大意义。

2）网络环境下几类特殊的著作权客体

（1）网站（网页）的法律保护

由于越来越多的网站（网页）拥有者主张对网站（网页）享有权利，是否保护及如何保护网站（网页）这类复杂的信息集合体成为法律必须解决的问题。

①著作权法的保护

一个网站（网页）能否获得著作权法保护取决于该网站（网页）是否构成“汇编作品”。

汇编作品保护的标准是内容的选择和编排是否体现了独创性，只有网站（网页）对内容的选择或者编排体现独创性，才可以受著作权法保护。因此，即使网站（网页）是由不受著作权法保护的数据、资料组成的，也不妨碍其受著作权保护。

②反不正当竞争法的保护

在网站（网页）拥有者无法获得著作权法律保护的情况下，一般会转而依据反不正当竞争法，对他人的“相似”网页提出指控。反不正当竞争法在一定程度上对著作权法律、商标法律、专利法律等特定法律制度起补充作用。判断不正当竞争行为的标准与判断著作权侵权的标准虽不相同，但有关联。不应仅仅由于被告网站（网页）与原告的相似就认定被告违反了《中华人民共和国反不正当竞争法》第2条。判断被告的行为是否构成不正当竞争不仅需要考虑造成相似的原因（例如原告、被告使用相同或者相似的公有领域的材料），而且需要考虑被告相似的网站（网页）是否会与原告的网站（网页）相混淆，被告网站（网页）的整体安排是否会误导普通公众。如果两个网站（网页）虽然相似，但是属于不同的领域，从事不相似的经营活动，而且被告已经在网站（网页）使用了自己的商标、商号等商业标志，标明了自己产品或者服务的来源，造成混淆的可能性就会很小，因而不宜按照不正当竞争行为处理。

（2）网络环境下技术保护措施的法律规定

数字技术的发展，使作品的复制变得从未有过的廉价、简便和快捷，从而大大刺激了盗版的产生，而网络环境又使侵权的结果迅速在全球范围内扩散。著作权人在网络时代越来越没有安全感，不得不求助于新的技术手段，来防止侵权行为的发生。但是技术总能被更新的技术所战胜。因此，技术保护措施及权利管理信息不被破解的法律就这样应运而生了，这是对原有著作权法律保护的强化和扩展。

①主要的技术保护措施

技术保护措施主要包括两类：一类是控制访问的措施，它可以在网络上的某个信息发出端（如某个网站）或者某种信息接收端（如解码装置或者机顶盒）上实施；另一类是控制使用的措施，它可以用来控制用户复制及传播作品。例如，被广泛采用的控制数字化复制的措施，能够限制用户多次复制某个数字化作品的行为。

②技术保护措施的法律规定

从发展的眼光看，技术措施将是网络环境下各种类型的权利人普遍采用的保护措施。如果不能及时、有效地提高技术措施的法律保护水平，就会对整个著作权保护水平产生负面影响。而且，建立广泛的技术措施法律保护已经成为一种国际性潮流，被提到了国际保护的层次上，由世界知识产权组织的两个条约确定下来，美国、欧盟国家无不顺应这一潮流，建立本国的保护制度。

在欧盟国家，对技术措施的法律保护已经有较长的历史，最早可以追溯到欧盟1991年的软件指令。该软件指令规定，对于具有商业性目的，专门用来取消或者破解用于保护计算机程序的技术装置的行为，成员国应当给予制裁。软件指令仅对计算机程序的技术措施加以保护。另一个有关技术措施法律保护的法律文件是1998年形成的“有条件文章指令”，该指令的目的是保护收费的或者限制性的电台、电视台的广播服务，以及信息社会的其他服务（包括按需提供的视听服务、在线信息服务和电子出版）。该指令规定，成员国应当在其本国领域内禁止为商业性目的制造、进口、散布、销售、出租或者拥有非法装置的行为，为商业性目的安装、维护或替换非法装置的行为，以及使用商业传媒宣传非法装置的行为。“非法装置”是指用来破解服务提供者采取的访问限制措施的设备或者软件。由于该指令保护的技术措施是指服务提供者采用的控制用户访问的技术手段，因此该指令建立的技术措施法律保护主要是针对邻接权人（服务提供者）的。

美国在建立广泛的技术措施法律保护制度之前，已经给予了某些技术措施以法律保护，例如美国的《家用录音法》（管理数字化录音设备）、美国《通信法》第605条（管理为电视节目的卫星传输解密的装置）、《北美自由贸易协定》等。但是，这些法律保护一般是针对特殊问题和特定技术的，美国《家用录音法》针对的是数字化录音设备，美国《通信法》和《北美自由贸易协定》保护的则是卫星传输的加密技术。

1998年10月美国《跨世纪数字化版权法》针对数字技术和网络环境的特点，对美国版权法做了重要的补充和修订。《跨世纪数字化版权法》的直接目的是实施世界知识产权组织的两个条约。在美国看来，这两个条约的核心内容集中体现为对技术措施和权利管理信息的保护。美国认为只要实施了两个条约的上述内容，美国的法律保护制度就完全符合条约的要求了。因此《跨世纪数字化版权法》的主要内容之一就是全面、充分地给予技术措施和权利管理信息以法律保护。

在我国，加密等技术措施在软件行业是被广泛采用的，同时，将他人加密的软件解密的现象也是广泛存在的。目前的状况似乎是有多少种加密措施就会“培养”出多少种解密工具。解密横行对我国软件产业造成了巨大的危害。许多优秀的软件产品被解密，使开发该软件的厂商遭受巨大损失，严重挫伤了软件厂商研发的积极性。例如，散布破解信息的纠纷在我国早已出现。1997年互联网上一个名为“中国毒岛论坛”的网站公然向用户免费提供用来破解某公司杀毒软件加密措施的所谓“解密匙”软件。“中国毒岛论坛”提供的“解密匙”软件使用户可以将杀病毒软件的加密措施破解掉，再任意复制该软件，这对开发该杀毒软件的公司造成了巨大损失。1997年6月，该公司开始在其软件中设置所谓“逻辑锁”的保护程序，即一旦有人使用“中国毒岛论坛”提供的“解密匙”复制出盗版软件，并上机运行，“逻辑锁”就会自动启动，令使用者的计算机死机，但是“逻辑锁”不会破坏计算机上储存的数据。该公司承诺，使用盗版软件造成死机的用户只要向该公司承认其盗版行为，经该公司登记备案，就可以获得解锁密码，恢复计算机硬盘的工作。“逻辑锁”事件一出，立刻引起业界的强烈反应，国内5家反计算机病毒的软件厂商联合向新闻界发表声明，指责该公司的杀毒软件中含有“逻辑炸弹”，在特定情况下对计算机系统进行破坏，其效果与计算机病毒的作用类似。最终，北京市公安局以故意输入有害数据，危害计算机系统安全为由，根据我国《计算机信息系统安全保护条例》第23条之规定，给予该公司行政罚款的处罚。这一案件的结果是，软件著作权人的加密措施得不到保护，散布破解信息的行为得不到制裁，致使软件著作权人铤而走险，由受害人变成了加害人。“逻辑锁”事件表明了我国相关立法的严重滞后性。

为了解决这些问题，《中华人民共和国著作权法》在修正之后做出了专门规定，即未经著作权人或者与著作权有关的权利人许可，故意避开或者破坏权利人为其作品、录音录像制品等采取的保护著作权或者与著作权有关的权利的技术措施的，除法律、行政法规另有规定之外，应承担相应的民事责任。同时损害公共利益的，还应当被追究行政责任或者刑事责任。技术措施被正式纳入了我国的法律体系。按照《中华人民共和国著作权法》的这一规定，只要故意避开或者破坏保护权利的技术措施，不论是否以复制、传播等形式实际使用了他人的权利客体，都构成侵权行为。

（3）数据库的法律保护

数字技术和新的远程通信网络的结合使信息传播业产生了深刻变革，计算机使数量巨大的信息得以被迅速地收集、存储、管理；数字技术则极大地促进了信息的收集、加工、整理和传播。融合了计算机、信息和通信技术的电子数据库正迅速发展起来。

①数据库

数据库可以被看作制作者通过对作品、数据或其他材料进行选择、编排而形成的一个集合，也可以认为是经选择及编辑而成的作品文集或汇编构成的智力创作。欧盟在1996年3月通过的《数据库保护指令》为数据库做了权威定义：数据库是指通过一定系统或方法上的编排，使任何人都能以电子或其他方式加以利用的各种作品、资料或材料的集合体。

为准确把握数据库的含义，《数据库保护指令》做了如下说明：其一，既包括电子数据库，也包括非电子数据库。一方面由于扫描仪的广泛使用，非电子数据库能够很容易地转化成电子数据库，两者并没有截然的分别；另一方面因为媒介不同就给予信息集合体不同的法律待遇，这在现实中是行不通的，而且TRIPS协议——《与贸易有关的知识产权协议》对“数据的汇编”也没有做媒介的划分。其二，对构成数据库内容的信息不加限定。根据欧盟“数据库指令”的解释，所有文学、艺术、音乐或其他形式的作品的汇集，或者文本、录音资料、图像、数字、事实和数据的汇集都包括在“数据库”的概念之内。其三，排除了整体上的单个作品及录音制品，即限定组成数据库的材料必须是“独立的”，而且是可以被用户单独访问的。有了这一限定条件，浑然一体的作品就被排除在数据库的范围之外了。例如，电影作品虽然是由无数个静止画面和声音组成的，但是观众（用户）并不能单独“访问”这些组成材料，所以电影作品不属于“数据库指令”所规定的“数据库”。欧盟“数据库指令”还把用于制作或驱动电子数据库的计算机程序排除在数据库的范围之外。其四，要求组成数据库的材料系统、有序地排列，但不要求这种排列构成著作权保护意义上的原创性。欧盟的“数据库指令”要求数据库在组成材料的编排上具有系统性和条理性。

②数据库的著作权保护：作为汇编作品的保护

数据库大致相当于汇编作品，其收集的内容可能包括一些本来就受著作权保护的作品、数据和资料，但有许多内容是可自由使用的作品、数据，甚至根本就不属于作品范畴的东西。其集成和编辑应当遵循汇编作品的一般准则，即如果他人对所收集的信息、作品享有著作权或其他知识产权，那么应当事先征得权利人的同意；而对于不受著作权等保护的作品或进入公共领域的作品可以自行收集汇编。数据库的制作不仅需要一定的智力或创造性，而且需要投入大量的、长期的人力和物力。对于合法完成的数据库，一般按照汇编作品加以保护。

作为一种受著作权法保护的作品，数据库也必须符合作品的基本条件：具有独立创作性或原创性。这里的独立创作性是就数据库整体而言的，而不是对构成数据库的内容或资料的要求，即在资料选择或编排上表现出智力创作性，符合作品实质要件，而不是要求构成材料具有作品特性。欧共体（现欧盟）的《数据库法律保护指示》第31条规定了一项重要原则，即只要对数据材料的“选择及汇编”构成数据库作者独特的智力创作，数据库本身便可成为著作权法保护的对象。

数据库区别于数据库的内容或材料。数据库的内容可以是不受著作权法保护的资料，如事实资料（股市行情、电话号码、地址等）、保护期届满的资料、法律规定不予保护的资料（如法规），也可以是受著作权法保护的作品（如已发表的作品）。被收集的资料与数据库本身在著作权上分属于不同的保护客体，是否可以受到保护，应分别予以独立判断。欧盟“数据库指令”强调，数据库的保护并不包括数据库的内容，且不能对他人对数据库内容所享有的权利造成损害。

根据欧盟“数据库指令”和著作权的一般原理，数据库的权利人享有以下四种权利：一是复制权，暂时或永远复制全部或部分，且不论方式如何；二是演绎权，即翻译、改编、整修或其他加工的权利；三是发行权，以任何方式向公众销售的权利；四是向公众传播展览或表演的权利。上述这些权利基本上属于传统著作权范畴。

TRIPS协议明确规定，数据或其他材料的汇编，不论采用机器可读形式还是其他形式，只要其内容的选择或安排构成智力创作，就应受著作权保护。《中华人民共和国著作权法》在修正之后，做出了相同的规定。

③数据库特殊权利保护

数据库特殊权利保护是为了适应数据库信息产业的发展而产生的，是一种独立于著作权保护的法律制度，其目的是保护制作者在数据库上的投资。

由于法律保护不包含数据库的内容（资料本身），而对这些资料的析取或再使用也会造成对数据库所有权人的真正损害；加上对独立创造性或原创性的过高要求使许多数据库不能纳入著作权法保护，而且传统法对著作权客体期限的限制也不完全适合于数据库。于是世界各国提出了数据库的特殊权利保护问题。

目前，欧盟是世界上唯一实行数据库特殊权利保护的地区。以下数据库特殊权利保护的内容主要以欧盟的“数据库指令”为依据。

第一，特殊权利的内容。欧盟“数据库指令”创立了一种独特的权利：数据库制造人有权禁止析取或再使用数据库的部分内容或关键性内容。这种权利分两种：一是摘录权，即永久或暂时地将数据库的部分内容或重要内容转移到另一媒介上的权利；二是再利用权，即以任何形式向公众提供数据库全部或实质部分内容的权利，包括复制件的发行、出租、网上传播或其他方式的传播。这两种权利属于数据库的建立人，即对数据库的建立在质或量上体现出实质性投入的人。因此，保护的对象或客体是对数据库建立的投资——人力、技术、财力或其他资源的投资。数据库特别的保护期一般为15~25年，从数据库完成的次年1月1日起算。

第二，对特殊权利的限制。欧盟“数据库指令”规定，如果数据库已经以不论何种方式向公众提供，数据库的合法用户就可以不经数据库制作者同意，实施以下行为：其一，为任何目的，复制或传播数据库内容的非实质性部分；其二，为私人目的，复制非电子数据库内容的实质性部分；其三，为教学科研目的，复制数据库内容的实质性部分，但要标明材料的来源，使用的内容也不能超出实现非商业性目的所需的程度；其四，为公共安全、行政管理或司法程序的目的，复制或传播数据库内容的实质性部分。

3）网络环境下ICP的法律责任

（1）网络内容提供者（ICP）的概念

网络内容提供者泛指任何选择某类信息上网供公众访问的人，不论是普通的网络用户，还是某个大型企业，只要其向网络发布信息就属于网络内容的提供者。ICP在网上提供的信息主要来源于两个渠道：一个来源于自己的创作，这在一般情况下不会涉及著作权侵权问题；另一个则来源于他人。如果来源于他人的信息是公共信息或虽为版权作品但已经授权，也不会引致侵权纠纷。但如果发布的信息是未经版权人授权的版权材料，则可能被指控为著作权侵权。

（2）网络内容提供者的著作权侵权行为

网络内容提供者的著作权侵权行为主要包括以下两类：

①将非数字化作品数字化后上传到网上

目前，将他人的版权作品经数字化后上网传播（书转网）是导致ICP面临著作权侵权纠纷的一种行为。判断这种行为是否构成侵权的关键在于原作品的作者是否仍对数字化后的作品享有专有权利，或者说数字化后的作品是否已构成能独立享有著作权的新作品。

根据《中华人民共和国著作权法》，作品是指在文学、艺术和科学领域内具有独创性并能以某种有形形式复制的智力创作成果。它有两个构成要件：独创性和可复制性。经过数字化以后的作品具有可复制性是毋庸置疑的，但数字化是依靠计算机技术把一定形式的文字、数值、图像、声音等表现的信息输入计算机系统并转化成二进制数字编码，运用数字信息的存储技术进行存储，并根据需要把这些被转换成数字编码的信息还原的技术。由于将文字等表现形式的作品转换成计算机识别的二进制编码本身并不需要加入实施转换行为的人的任何独创性劳动，因此作品的数字化过程也就不是《中华人民共和国著作权法》意义上的创作作品的过程。既然如此，原作品版权人对其数字化作品仍享有专有权利，而ICP未经许可将其作品数字化后上网传播当然就损害了版权人专有的使用权。

②在网上传播网络作品

网络作品系指以数字化形式创作并直接在互联网上传播的文学、科学和艺术作品。网络作品和传统作品相比有许多不同之处，包括：一是存在方式不同。传统作品以书籍、唱盘等有形载体的形式存在；而网络作品以电子数据的形式在无形的互联网络上存在。二是表现形式不同。传统作品以文字、图形、声音等形式表现；而网络作品则以“0”和“1”的数字编码的形式表现。三是传播方式不同。传统作品通过复制、发行、表演、展示等多种方式传播，因此版权人享有的各项传播权可以相对相立；网络作品直接在网上传播，而网络传播又可能涵盖复制、发行、表演、展示等多种传播行为，因此极易产生网络作品的权利重叠。四是和传统作品相比，网络作品的权利更容易被侵犯。所有这些不同之处都给网络作品的保护带来了疑问和困难。那么，网络作品应否获得版权保护呢？

《中华人民共和国著作权法》规定作品有两个构成要件：独创性和可复制性。独创性要求作者独立创作完成作品。对于某一网络作品来说，只要作者能够证明其独立创作行为的存在，就可以满足作品构成的第一个要件。网络作品具有可复制性，表现在它既可以被下载，又可以被打印到纸上，还可以以各种方式被复制，满足《中华人民共和国著作权法》中第二个要件，因此，可以受《中华人民共和国著作权法》保护。

“固定要求”是美国等部分国家著作权法中规定的作品要件之一，也是《伯尔尼公约》允许成员国保留的一项规定。网络作品从技术角度讲也满足这一要件。因为任何上传到国际互联网的文件必须首先输入到WWW服务器的硬盘驱动器内，即以数字化形式固定在计算机硬盘上，而且能够被他人使用连网主机阅读、下载到其主机的硬盘上或用软盘拷贝或直接打印到纸上。

（3）网络内容提供者承担侵权责任的标准

①严格责任：在美国及欧洲许多国家，ICP一般都被类比为传统作品的出版者。传统作品出版者的作用是把作品复制并向公众发行，而ICP的作用则是将信息置于网络上供公众访问，二者的作用是极其相似的。因此只要ICP提供的信息中包含侵犯版权的材料，不论其主观是否有“过错”，都要承担侵权责任。

②过错责任：在我国若也把ICP类比为出版者，则其承担的责任依《中华人民共和国民法通则》的规定，应是过错责任，因为法律仅仅明确规定了几项无过错责任，其中并不包括ICP侵权这种形式。在有关的司法解释及判例中对出版者也适用了过错责任。

从以上两种责任形式的比较可以看出，过错责任使版权人在诉讼中处于非常不利的地位，因为他必须举证证明出版者没有尽到“合理的注意义务”，而出版者只要能证明自己无过错就能摆脱侵权责任。由于网络的容量远远大于传统的出版物，因此，ICP更能有充足的理由证明，其无法知道所提供的信息中包含了侵权材料，因此无过错，不应承担侵权责任。

9.4.4 专利权

电子商务的发展，对现行的专利制度也产生了深远的影响。一方面，电子商务的发展极大地推动了计算机网络技术和电信技术的发展，其本身就蕴含着数以万计的发明创造，为专利宝库增添了新的内容；另一方面，电子商务的发展实现了商业方法和计算机网络技术、电信技术的结合，产生了一些互动式、综合性系统主题，从而对各国现行的可专利性主题制度提出了新的挑战。例如，计算机程序能否成为可专利性主题？电子商务中的商业方法即电子商务方法能否成为可专利性主题？都是各国专利制度所面临的新问题。

从世界范围内来看，20世纪80年代以前，计算机程序和商业方法都因为涉及纯数学算法或者是人们的经验，被视为一种智力活动的规则和方法而不被授予专利权。

电子商务的迅猛发展，对可专利性主题产生了巨大影响。电子商务是计算机网络技术和电讯技术高度发展的产物，是利用网络平台和现代化通信手段实现商业上的交易活动。因此，电子商务要依托于计算机网络和电讯技术，但电子商务又不是计算机网络和电讯技术本身，它是由商业方法、计算机程序、计算机、通信设备等多种单元构成的系统。所以，电子商务把商业方法、计算机程序以及计算机、通信设备等各种软件和硬件融为一体，使得传统商业方法技术化、程序化，形成了一种崭新的交易方法——电子商务方法。这种计算机程序与计算机结合所产生的巨大的技术效果，甚至比传统的机械所产生的技术效果要大几倍、几十倍、几百倍。计算机程序已经不是纯数学算法，而是具有了技术性，是一种技术方案了。与此类似，商业方法在与计算机网络技术和电讯技术结合之后，已不再是简单的商业经验和技巧，而是电子商务的方法，是一揽子技术解决方案。因此，从技术角度来看，计算机程序和电子商务方法都不再是单纯的智力活动的规则和方法，而是具有很强的技术功能，是一种可实施的技术方案，这就使计算机程序和电子商务方法从根本上具有了可专利性的属性。

1）计算机程序的可专利性

一件含有计算机程序的发明专利申请，如果其发明主题仅是该计算机程序本身或者仅是存入存储器内、记录在磁带和磁盘等可读介质上的计算机程序本身（包括把计算机程序写入诸如ROM、PROM等存贮器件而形成的计算机程序固件），都因该计算机程序本身实质上是一种智力活动的规则和方法而不能授予专利权。如果该计算机程序仅是一种特定的数学方法，如一种存入计算机存储器内的除法捷径算法，同样也是不能授予专利权的。

如果发明专利申请是把一个计算机程序输入计算机，从而形成一种计算机程序控制的装置或者计算机程序控制的生产方法，在这种情况下，将计算机程序与计算机硬件作为一个整体来考虑，则该计算机和该计算机程序已构成了一个发明主题，并且该发明主题具有技术效果，构成完整的技术方案，因而属于可授予专利权的发明专利申请。

具体地说，一件含有计算机程序的发明专利申请，在下列几种情况下，均可获得专利：

（1）涉及计算机内部运行性能改进的发明专利申请

如果发明专利申请涉及用一计算机程序来对计算机进行控制而使该计算机系统的内部性能得以改进，如采用虚拟存储控制程序来扩展该计算机的存储容量或采用并行相连存储控制程序来扩展该计算机的存储容量并提高该计算机的存取速度，那么这样的计算机程序与该计算机作为一个整体，可获得专利权。

（2）涉及测量或测试过程的发明专利申请

如果发明专利的主题是采用计算机程序来控制或者执行测量或者测试过程，只要这种含有计算机程序的测量或者测试的装置和方法能够产生技术效果，构成一个完整的技术方案，就可以授予专利权。例如，1981年美国联邦高等法院对Diamond v. Diehr案的判决，就确定了计算机程序与装置的结合，可以成为美国《专利法》第101条规定的可专利性主题。该案涉及的发明系将一计算机程序输入到一计算机内，用来控制橡胶成型压模过程的工艺，该计算机程序可以精确地适时控制该生产工艺过程，其步骤中包含了将橡胶置入容器、关闭模具、监测模具温度、计算时间及开启容器的正确时间等。因此，联邦高等法院认为，该计算机程序与计算机结合，将合成的橡胶原料转化成橡胶制品，属于美国《专利法》第101条规定的法定可专利性主题，并判决该申请主题可获得专利。

（3）汉字编码方法及计算机汉字输入方法的发明专利申请

汉字编码方法属于一种信息表述方法，只取决于人的主观意念或者人为的规定，并不是一种技术方案，也不具有技术效果，因此不能成为可专利性主题。但是，如果将汉字编码方法与该编码方法所使用的特定键盘相结合而作为计算机系统处理汉字的一种计算机汉字输入方法或者计算机汉字信息处理方法，使计算机系统能以汉字信息为指令，产生若干新的功能，乃至能实现生产过程的自动化控制或者办公系统的自动化管理等，而且构成具有技术效果的完整技术方案时，是可以获得专利权的，能够成为可专利性主题。

（4）涉及自动化技术处理过程的发明专利申请

如果发明专利申请是把一个计算机程序输入计算机，从而形成一种计算机程序控制的装置或者计算机程序控制的生产方法，则该计算机程序与该计算机一起可以获得专利。

2）商业方法的可专利性

关于商业方法可专利性主题的突破，是近些年才发生的事。1997年9月12日，Amazon公司向美国专利商标局申请“通信网络订购货物的方法和系统”专利，即著名的“一次点击”购物技术电子商务专利。1999年9月28日获得专利授权，专利号为5960411。该专利共有26项权利要求，主要内容是：一种电子商务的方法，由客户机系统、服务器系统、确认器、客户权系统、订货按键组成。采购者在客户机系统中发出订单，由服务器系统接收该订单以及采购者的身份、付款、装运等信息，然后给客户机系统分配一个客户确认器，该客户确认器与接收到的采购者的信息相联系。服务器系统将分配的客户确认器发送到客户权系统中，同时发送的还有一个确认此项目并包括有订购按键的HTML文件，由客户系统接收和贮存，并显示HTML文件。当采购者选择了订货按键，客户机系统即向服务器系统发出要订购确定项目的指令。服务器系统接收该指令并将采购者的信息与客户机系统中的客户确认器相结合，从而产生一个符合单据与装运信息的订单。该专利的优点在于可以减少电子商务中的数据传送，从而使网上交易更加便捷和安全。

我国专利法没有明确规定商业方法不能成为可专利性主题，但在实践中，我国对商业方法是不授予专利的，而是把商业方法视为智力活动的规则和方法的一种表现形式。例如，专利审查指南中明确指出，组织、生产、商业实施和经济规律的方法和制度，统计、会计和记账的方法等，均属于智力活动的规则和方法，是人们的思维运动，不需要采用技术手段或者遵守自然法则，不具备技术特征，故不能获得专利。

本章小结

1. 电子商务就是“商务活动电子化”。从电子手段看，广义的电子商务包括利用各种电子通信手段进行的商务活动。狭义的电子商务仅包括利用计算机及网络技术所进行的商务活动，排除了传统的电子手段如电报、传真等。从商务角度看，广义的电子商务包括契约型和非契约型的一切商务活动；而狭义的电子商务仅指契约型的商务活动。电子商务的主要特点是：环境虚拟化、范围全球化、环境虚拟化、手段数字化、交易自动化、过程无纸化。

2. 电子商务法是调整电子商务活动或行为的法律规范的总和。其主要研究在计算机及网络技术下商务活动所产生的法律问题，即因交易手段、交易方式的改变所产生的特殊商事法律问题。狭义的电子商务法主要解决因数据电文的运用引起的形式问题；广义的电子商务法还解决在线交易引起的特殊法律问题。其特点是全球性、程式性、技术性、开放性、复合性。

3. 电子商务合同是指运用数据电文的形式所订立的商事合同。狭义的电子商务合同仅指运用计算机及网络技术所订立的商事合同。本节主要研究狭义的电子商务合同，包括电子合同的形式效力、电子合同的订立及电子签名。这三方面的问题是由于计算机及网络技术的运用所产生的特殊问题，而合同中的其他问题，如履行、违约责任等仍然适用传统合同法的规定。对于电子合同形式的效力应该根据“功能等同”原则来确定。

电子商务合同订立中要约与承诺的确定与传统的商事合同不同，应根据具体的交易方式判断；合同成立的时间采用的是到达主义原则，即以数据电文形式做出的承诺，其到达的时间为数据电文形式到达受要约人指定的系统，未指定系统时，受要约人检索到的时间为承诺到达时间，此时合同成立。以数据电文形式做出的承诺到达地点为受要约人营业地。

为确认电子合同的主体及其责任，电子合同中采用电子签名的形式。电子签名的有效性应根据“功能等同”及“技术中立”原则确定。

4. 电子商务中的知识产权主要包括域名、商标、版权及专利。

对于域名的盗用行为、抢注行为应根据《中华人民共和国民法典》及《中华人民共和国反不正当竞争法》的规定规制，有些国家利用反商标淡化法规制。

电子商务中商标的注册及使用应符合商标法的有关规定。

电子商务中的著作权主要涉及著作权的扩展，包括信息网络传播权。信息网络传播权是网络环境下著作权人特有的权利。

电子商务中还产生了特殊的著作权客体，如网页、数据库、技术保护措施等。其中一些国家制定了数据库的特殊权利保护制度，技术保护措施也需要制定专门的法律，网页（网站）的纠纷则可以根据有关的著作权法及反不正当竞争法的规定解决。

电子商务中的专利主要包括计算机程序和商业方法的专利问题。

思政目标

通过对电子商务法概述、全球电子商务立法概况、电子商务合同的法律问题、电子商务与国际知识产权的学习，能够全面理解与掌握电子商务法基本理论、制度及规则的价值意义，坚定中国法律文化与法律制度的充分自信，自觉维护社会主义法治原则，以实际行动弘扬社会主义核心价值观，为构建人类命运共同体贡献智慧和力量。

主要概念

狭义的电子商务　狭义的电子商务法　《电子商务示范法》　电子商务合同　域名

综合训练

一、判断题

1.《电子商务示范法》不适用于采用电报或传真所订立的商务合同。（　）

2.电子商务法解决电子商务中所遇到的一切法律问题。（　）

3.以数据电文的方式订立的电子商务合同不属于书面合同，二者具有不同的法律效力。（　）

4.域名不可以注册为商标。（　）

5.信息网络传播权是著作权人所享有的独立权利。（　）

二、选择题

1.《电子商务示范法》是（　　）制定的。

A.世界知识产权组织　B.美国
C.联合国　D.欧盟

2.通过（　　）方式订立的商务合同属于狭义的电子商务合同。

A.电子邮件　B.电报　C.EDI　D.传真

3.将他人的作品上网传播，则（　　）。

A.侵犯了著作权人的复制权　B.侵犯了著作权人的信息网络传播权
C.未侵犯著作权人的任何权利　D.传播人享有该网络作品的著作权

4.（　　）不具有可专利性。

A.单纯的计算机程序　B.商业方法
C.域名　D.数据库

三、简答题

1.简述功能等同原则。

2.信息网络传播权的特点有哪些？

3.如何运用“功能等同”原则及“技术中心”原则解决电子商务合同的形式效力问题？

4.如何订立电子商务合同?

5.以域名等网络标志注册商标与传统的商标注册有何不同?

四、案例分析题

1.石家庄福兰得事业发展有限公司为“PDA”商标的注册人,被告北京弥天佳业技贸有限公司申请了“pda.com.cn”的域名。原告主张“PDA”是小秘书的英译,“小秘书”是原告注册的商标,PDA的使用已经为公众所熟悉,被告是恶意抢注该域名。被告认为“PDA”无论在国内还是国外的公开出版物上均被译为“Personal Digital Assistant”(个人数据助理),是一种轻巧的掌上型计算机,被告在网上介绍和销售的均为其他厂家的掌上电脑产品,遂请求法院驳回原告的起诉。请问:法院是否应认定被告的行为侵权?为什么?

2.甲公司通过计算机网络经营在线商业服务,该公司通过Internet链接向用户提供信息资源。2021年甲公司的用户收到乙公司通过Internet发送的货物销售信息,一些用户给乙公司汇款,希望通过邮递的方式获取货物,但事实上用户在汇完款后并没有收到货物,于是起诉乙公司。请问:乙公司只是网络上的虚设公司,用户的损失能得到赔偿吗?谁应当为此负责?

第10章 商事争议与解决

在国际经济贸易活动中，由于交易的极端复杂性，交易双方的利益各自不同，加之其文化传统、价值观念，甚至所在国家的政治、经济等的影响，经常会产生各种各样的争议、纠纷。这些争议和纠纷的出现极大地影响了国际经济贸易活动顺利、有效地开展。为了促进国际经济贸易活动的开展，维护有关各方的合法权益，必须采取有效手段妥善解决各类国际商事争议。因此，采用适当方式，合理、公平地解决国际商事纠纷，以保证国际商事交往的顺利、正常开展，就成为国际商法中的一大重要课题。本章将重点论述以下问题：解决国际商事争议的主要途径；国际商事仲裁、国际商事诉讼的基本概念、法律特点及程序、制度规定；世界上主要的国际商事仲裁机构及仲裁规则。

10.1 国际商事争议概述

10.1.1 国际商事争议的特点

1）争议所涉及的法律关系

争议所涉及的法律关系具有涉外因素。这是其区别于国内商事争议的主要之处。所谓涉外因素是指：①主体位于不同国家；②法律关系的标的物位于国外或者合同规定的行为需要在国外或者跨国完成；③产生、变更或者消灭法律关系的法律事实发生在国外。一般而言，只要具有其中一项因素就可以构成涉外争议，但通常含有2~3项因素。

需要明确的是，不同的国际商事活动，其“国际”的含义并不相同，或者确定交易的国际性的标准不完全相同。例如，1980年《联合国国际货物销售合同公约》规定，国际货物销售合同是“营业地”位于不同国家的当事人之间订立的买卖合同，采用的是营业地标准。根据《中华人民共和国海商法》的规定，海上货物运输合同，是指承运人收取运费，负责将托运人托运的货物经海路由一国的某一港口运至另一国的某一港口的合同，采用的是“跨国界运输”标准。《联合国国际汇票、本票公约（草案）》则规定，国际汇票须是下列五个地点中，至少有两个地点表明它们位于不同国家：出票地点、出票人签名旁所示地点、受票人姓名旁所示地点、受款人姓名旁所示地点、付款地点，其采用的标准则是行为地和当事人住所地或者营业地的结合。

一项争议只有其所涉及的法律关系具有涉外因素或者被法律认定为具有外国因素时，才能称为涉外争议。

2）争议发生的领域

争议是商事争议，而非政治争议，即发生在商事领域内的争议。

3）争议所涉及的主体

争议所涉及的主体包括自然人、法人和国家。

10.1.2 国际商事争议的解决方法

从目前国际社会的有关立法和实践来看，对于国际商事争议的解决方式主要有：协商、调解、仲裁、诉讼等四种方式。另外，世界贸易组织解决不同国家间经贸纠纷的贸易争端解决机制，多在国际经济法的相关书籍中加以阐述，本书不涉及。本节我们主要介绍国际商事争议解决方式中的协商和调解这两种解决方式。

1）协商解决方式

协商解决是指当事人直接交涉，在澄清事实、阐明立场、消除误会和明确彼此责任的基础上，相互磋商和谅解，自行解决彼此之间争议的一种国际商事争议解决方式。协商解决是国际商事争议最普遍和最基本的处理方式。

在以协商方式解决国际商事争议时，应当注意，协商只能在双方当事人自愿的基础上进行，而且在协商过程中双方当事人处于平等的法律地位，任何一方都有权提出、接受、拒绝或者修改解决国际商事争议的建议。虽然我国的有关法律规定国际商事关系中的各方当事人应当尽可能通过协商方式解决争议，但必须以当事人自愿协商为前提。任何一方当事人都有权要求在平等互利、协商一致的基础上达成协议；任何一方当事人都不得利用其具有的某种优势，采用胁迫、欺诈或诱骗等手段，以使对方勉强接受其不合理的要求。

采取协商解决方式具有以下优点：第一，争议双方可以在友好合作的气氛中解决争议，这有助于双方当事人和解并达成协议；第二，协商不受固定的法定程序的约束，简便、易于操作；第三，可以节省人力、物力和财力；第四，如能通过协商方式圆满解决纠纷，有助于维持争议双方已有的良好合作关系。

协商程序可以由各方当事人随时随地达成合意而开始，一般没有第三者参与，不需要经过严格的法律程序，也不需要严格按照有关国家的具体立法做出决定，各有关当事人可以在不违反有关国家的基本法律原则，不损害国家、社会、集体和其他公民的合法权益的前提下，根据有关争议的具体情况加以解决。协商一致协议的法律效力同样依赖于各方当事人的自觉自愿，各有关当事人能自觉履行协议所规定的义务，即可获得有关争议的彻底解决。如果有关当事人不愿履行有关协议，或就有关协商程序根本达不成协议的，各有关当事人也可以依法寻求其他解决方法。在双方当事人对争议标的分歧不大的情况下，一般都能够通过争议双方的充分协商，求得问题的解决。

2）调解解决方式

调解解决是指在无利害关系的第三人（调解人）的主持下，促成争议双方当事人相互磋商并取得一致意见，从而解决国际商事争议的一种国际商事争议解决方式。在调解解决方式中，担任调解人的可以是个人，也可以是各种组织。

调解作为解决商事争议的一种重要方式，有法庭调解与民间调解之分。在有关法庭参与或主持下进行的调解活动称为法庭调解，是一种诉讼活动，具有诉讼法律效力。在有关民间调解机构参与或主持下进行的调解活动称为民间调解，是一种非诉讼活动，不具有法律效力，所达成的协议只能依靠当事人的自觉履行，如果有关当事人反悔，可以向有管辖权的法院起诉，求得司法解决。本章所讲的调解是这种不具有诉讼法律性质的民间调解。

调解同协商一样，也是以各方当事人自觉自愿、协商一致和公平合理为原则，因此调解程序的开始和进行，以及调解协议的达成和履行都必须是在各方当事人自觉自愿、充分协商的基础上才能实现。任何一方当事人都有请求调解或拒绝进行调解的权利，任何一方当事人都不能强迫对方当事人参加调解。对于调解所达成的协议，有关当事人应自觉履行，但也可以以有关当事人未充分参与调解程序，以有关调解协议违反公平合理原则或其他原因为理由拒绝履行。如果有关当事人不愿意或不自觉履行有关调解协议，或就有关调解程序根本达不成调解协议，各有关当事人可以放弃调解程序，而寻求其他解决方法。

国际商法中的协商与调解是国际社会处理国际商事争议，解决国际商事纠纷的重要方式之一。就其法律效果，即其实体法和诉讼上的效力而言，二者并没有实质性的差别，都没有诉讼法律性质。但有关的协商或调解协议一经各有关当事人自觉履行，即可以确定各方当事人的实体权利义务。其主要区别在于调解程序是在第三者参加和主持下进行的，而协商程序一般是由当事人各方私下单独进行的。正是由于调解是在调解人的主持下展开，有第三人的介入，可以对双方进行说服引导，因而较之协商方式更容易促成争议双方彼此和解，解决争议。

对于这两种国际商事争议解决方法，各国立法和司法机关一致认为，基于契约自由原则，既然允许商事法律关系中的各方当事人就其具体的实体权利义务做出自由安排，也应承认他们自行解决商事争议的权利。同时，通过国际商事协商与调解来解决国际商事法律争议，也受到有关各方当事人的欢迎，具有极为重要的意义。

目前，世界各国的有关立法都对调解方式做了不同程度的规定，如联合国国际贸易法委员会还专门制定有调解规则。同时，国际社会也为此设立了许多调解机构，如设立在德国的汉堡调解中心，以调解解决国际商事争议作为其主要的工作内容。我国为适应国际商事发展的需要，于1987年在北京正式设立了一个国际调解中心——北京调解中心。在我国参与的国际商事关系中，很多国际商事争议是通过调解方式获得解决的。

10.2 国际商事仲裁

10.2.1 国际商事仲裁概述

1）国际商事仲裁的概念

仲裁作为解决商事争议的一种方式，在国际上有着悠久的历史。早在古罗马时期，就出现以仲裁方式解决商事纠纷的做法。1347年，英国就有关于仲裁的记载。1698年，英国制定了它的第一部仲裁法案，但条文内容非常简单。1807年的《法国民事诉讼法典》对仲裁做了专门规定。早期的仲裁主要用以解决国内的债权债务方面的争议。自20世纪以来，不少资本主义国家相继制定了有关仲裁的法律制度，仲裁作为解决国际贸易争议的一种方式，逐步得到了世界各国的普遍接受。

仲裁（arbitration）*也称公断，是根据争议当事人事前或者事后达成的仲裁协议，自愿将其争议提交仲裁机构，由其按照一定程序进行审理并做出裁决的制度。*仲裁包括国际仲裁、国内仲裁、国际商事仲裁。国际商事仲裁是最具普遍意义的仲裁，也是本节研究的内容。

国际商事仲裁（international commercial arbitration）*是指在国际经济贸易活动中，仲裁机构或仲裁员根据当事人事前或者事后达成的仲裁协议和当事人一方的仲裁申请，对其争议进行仲裁审理并做出裁决的制度。*

关于国际商事仲裁的定义，各国立法和司法实践存在较大的差异。根据我国有关立法和司法实践的规定，在定义国际商事仲裁时，双方当事人的国籍、住所以及仲裁机构所属的国籍都具有决定性的意义。中国当事人和外国当事人之间进行的仲裁、两个不同国籍的当事人在任何国家境内进行的仲裁、相同国籍的双方当事人在境外的仲裁机构进行的仲裁都属于国际商事仲裁。

国际商事仲裁的内涵具有广泛性。国际商事仲裁主要是指国际经济贸易仲裁，但不限于此。根据联合国国际贸易法委员会1985年制定的示范法，对国际商事仲裁的“商事”一词是这样解释的：商事这个术语应当为广义的解释，包括不论是契约性或非契约性的所有商事性质关系所发生的争议。从其列举的内容分析，商事仲裁的争议可以是合同性质的，也可以是侵权性质的；可以是纯货物交易纠纷，也可以是海事纠纷或者其他类型的平等主体之间发生的纠纷。

国际商事仲裁是国际商事争议处理中的一个主要的手段，在处理国际商事争议方面具有十分重要的地位。与其他几种国际商事争议处理方式，特别是与诉讼方式相比，国际商事仲裁因其具有的特点，在当事人处理国际争议时得以广泛采用。

2）国际商事仲裁的特点

（1）国际商事仲裁具有涉外性

提交仲裁的双方当事人一般都是不同国家的法人或者自然人，只有在少数情况下才都是一国的自然人或者法人。

(2) 国际商事仲裁具有当事人自愿性

仲裁庭受理案件的权力，并非出于强制性的法定管辖，而是来源于争议当事人的自愿授权，是以当事人提交的书面仲裁协议为基础的。

(3) 国际商事仲裁具有较大的灵活性

争议当事人有权选择仲裁机构、仲裁员、仲裁地点等，而且仲裁具有保密、程序简练、结案快、节省时间和费用的特点。

(4) 国际商事仲裁裁决具有终局性

通过仲裁程序做出的仲裁裁决一般是终局性的，对双方当事人都有约束力，如果一方不自动执行裁决，另一方有权提出申请，请求法院承认裁决效力并强制执行裁决。另外，仲裁的效率相对较高，费用较低，是国际商事纠纷的重要解决方式。

3）国际商事仲裁机构

国际商事仲裁机构是由国际商事关系中的当事人自主选择，用以解决国际商事关系中双方当事人之间可能发生或业已发生的商事争议的民间机构，是国际商事仲裁的专门组织。这种专门性的仲裁组织通常设立在一国的商会内部。国际商事仲裁机构本身的民间性及其管辖权的任意性使其明显区别于同样受理国际商事案件的法院；处理国际商事争议这一特征，又使得其区别于国际社会以和平方式解决国际争端为目的的国际仲裁机构。

在国际商事仲裁实践中，基于组织形式上的不同，国际商事仲裁机构可以分为临时仲裁机构和常设仲裁机构两种。

(1) 临时仲裁机构

临时仲裁庭（ad hoc arbitration tribunal）也称随意的、偶然的仲裁组织形式。它是根据双方当事人仲裁协议所选定的仲裁员负责审理当事人之间的争议，并在仲裁裁决做出后即解散的一种仲裁形式。

临时仲裁庭的特点表现为：没有固定的组织形式，没有日常的管理机构；仲裁员的指定多是在仲裁协议中明确，采取独任仲裁的情况较多；仲裁中的仲裁程序、仲裁地点、仲裁裁决的方式、效力均由双方当事人协议。临时仲裁的费用一般比常设仲裁机构的费用低廉，仲裁员解决案件的速度较快，有些案件可以在几天或几周内解决，而常设仲裁机构则做不到这一点。

临时仲裁庭是仲裁历史上仲裁组织的最初表现形式。虽然现在常设仲裁机构在各国普遍存在，但通过临时仲裁庭解决争议的情况也依然存在。在伦敦、美国、日本、中国香港等地，这种随意的仲裁还有相当的地位。中国大陆仲裁法对临时仲裁没有规定，事实上是不允许临时仲裁的。这种做法与国际上一些国家和地区的做法不大一致。2021年7月30日，司法部发布了关于《中华人民共和国仲裁法（修订）（征求意见稿）》公开征求意见的通知，该征求意见稿在许多方面对现行仲裁法进行了修订，如规定经过登记、备案等程序后，外国仲裁机构可以在中华人民共和国领域内设立业务机构、办理涉外仲裁业务等。但对临时仲裁也没有规定。

(2) 常设仲裁机构

常设仲裁机构（permanent arbitral institution）是根据当事人的仲裁协议（arbitration agreement），将争议提交约定的仲裁机构进行仲裁。该仲裁机构是专门为了解决国际商事争议而设立的专门性、永久性仲裁组织，一般具有自己的仲裁员名册，供当事人选择。仲裁员普遍采取聘任制。

常设仲裁机构不是政府或国家的司法机关，一般设立在工商贸易界中影响较大的商会组织内，或者附设在一些非政府间的国际组织或专业团体之下，多属于民间性质。

常设仲裁机构有仲裁规则，设有秘书处，以进行日常工作。仲裁机构的日常组织和行政管理工作是临时仲裁所不具有的。常设仲裁机构有专门人员负责受理仲裁案件的申请、组织仲裁庭、传递文件证据、确立开庭日期、提供翻译、收取有关仲裁的费用等。此外，常设仲裁机构还开展仲裁机构间交流、仲裁宣传及仲裁员的培训等活动。目前，在国际社会上影响较大的几个常设商事仲裁机构有：

①国际商会仲裁院

国际商会仲裁院成立于1932年，总部设在巴黎，是国际商会下设立的具有国际性的仲裁机构。我国现已成为国际商会仲裁院成员。

国际商会仲裁院本身不直接代理仲裁案件。具体的仲裁案件由商会在各国聘任的仲裁员受理。国际商会仲裁院的主要任务是：第一，保证仲裁院所制定的仲裁规则和调解规则的适用；第二，指定仲裁员或确认当事人所指定的仲裁员；第三，决定对仲裁员的异议是否成立；第四，批准仲裁裁决的形式。

仲裁院规定的受案范围极其广泛，包括了对任何种类的契约性和非契约性关系提交仲裁的争议。仲裁院备有充分的仲裁员名单供当事人选用。当事人协议在仲裁院进行仲裁的案件，可以直接向仲裁院的秘书处提出申请或通过所在国国际商会国别委员会转交仲裁院秘书处。为了保证仲裁庭的中立性、公正性，仲裁院仲裁规则规定仲裁庭的独任仲裁员和合议制仲裁庭首席仲裁员国籍，必须不同于争议双方当事人的国籍。当事人提交仲裁院的仲裁案件根据商会的仲裁规则，仲裁程序应视为事实上接受本规则。

仲裁院还备有仲裁调解规则，双方当事人愿意调解解决争议的，可以由商会任命一人作为调解员对案件进行调解。调解不成的，除非双方当事人同意，调解员不得在以后继续担任仲裁中的仲裁员。

仲裁裁决实行终局裁决制。当事人在将争议提交国际商会仲裁时，就应视为已承担毫不迟延地执行最终裁决的义务，并在依法可以放弃的范围内放弃任何形式的上诉权利。

国际商会仲裁院在国际上的影响很大，受案范围和受案数量都居各国仲裁机构之首。

②英国伦敦国际仲裁院

英国仲裁历史悠久，但其仲裁制度1697年才正式被英国议会承认。1698年英国国会制定第一部仲裁法案。1892年11月23日，伦敦仲裁院（London Chamber of Arbitration，LCA）正式成立。该仲裁院1903年开始用现名伦敦国际仲裁院（The London Court of International Arbitration，LCIA）。

伦敦国际仲裁院由伦敦城市府、伦敦商会和女王特许仲裁员协会共同组成的联合管理委员会管理。日常工作由女王特许仲裁员协会负责。仲裁员协会会长兼伦敦国际仲裁院的执行主席。

伦敦国际仲裁院是目前英国最主要的国际商事仲裁机构。该会1981年制定了《伦敦国际仲裁院仲裁规则》。仲裁院的裁决是终局裁决，但当事人可以根据1979年英国仲裁法的规定，请求法院对仲裁中的法律问题做出裁定。为此，当事人还可以通过排除协议的方式，排除法院对仲裁中法律问题的裁定或审查。伦敦国际仲裁院在国际上的声誉比较高，每年受理案件的数量也居世界前列。

③美国仲裁协会

美国仲裁协会（American Arbitration Association，AAA）是美国主要的国际常设仲裁机构，1926年设立，总部在纽约。该协会分支机构遍布美国的主要城市。协会现行的《国际仲裁规则》于1991年3月1日生效。协会受理的仲裁案件主要是货物买卖合同、代理合同、工业产权、公司的成立与解散，以及投资等方面的争议。海事仲裁案件由专门的海事仲裁机构受理。

美国仲裁协会受理的国际商事仲裁案件，在裁决上实行终局裁决制。根据美国《联邦仲裁法》的规定，法院对仲裁的干预较少，只有在仲裁员被指控有受贿、欺诈、明显偏袒一方的情况时，法院才可以撤销仲裁裁决，法院对仲裁员在仲裁中有关事实和法律适用上是否错误不予过问，体现出很强的仲裁独立性。

④香港国际仲裁中心

我国的香港国际仲裁中心成立于1985年，属于民间性质的仲裁机构，不受政府的影响和控制。中心实行理事会制度，理事会由不同国籍并有多方面专业知识的商界人士、律师组成。日常工作由理事会下的管理委员会负责。

香港国际仲裁中心受理本地和国际商事仲裁案件，但不同性质的案件适用不同的仲裁规则。根据中国香港仲裁条例规定，本地仲裁案件受制于英国仲裁法；国际商事仲裁案件在1990年以后适用联合国示范法。双方当事人在仲裁条款中可以规定“指派机构”和“排除协议”，即可以在仲裁协议中规定：有权指定仲裁员的机构是中国香港国际仲裁中心以及仲裁各方同意放弃就仲裁程序中发生的或与任何裁决有关的任何法律问题向中国香港法院起诉或上诉的权利。

香港国际仲裁中心的仲裁受英国仲裁的影响比较大，加上国际商事仲裁适用示范法，使中心的仲裁吸取了许多国际商事仲裁的长处，在国际上的影响也日趋广泛。

⑤斯德哥尔摩仲裁院

斯德哥尔摩仲裁院成立于1917年，总部设在瑞典斯德哥尔摩商会内，专门解决工商及航运中发生的争议，订有《斯德哥尔摩商会仲裁规则》。仲裁院也可以根据案件的情况，采取已被仲裁院接受的联合国国际贸易法委员会调解规则和仲裁规则。该仲裁院设有统一的仲裁员名单，对聘任的仲裁员国籍没有限制。双方当事人可以指定任何国家的公民为仲裁员。根据仲裁规则，双方当事人可以在仲裁协议中自行确定仲裁庭的仲裁员人数，如果没有规定，仲裁庭由3名仲裁员组成。双方当事人各自指定一名，第三名首席仲裁员或双方协议独任仲裁员须由仲裁院指定，其意义在于赋予仲裁院直接控制首席仲裁员和独任仲裁员的权力，这也是该仲裁院的特点之一。

仲裁院仲裁规则规定，仲裁庭应当从指定仲裁员之日起一年内做出仲裁裁决。仲裁裁决为终局裁决，裁决以多数意见为准，不能形成多数意见时，以首席仲裁员的意见为准，仲裁员可以将不同意见附在裁决中。如果当事人达成和解协议的，仲裁庭可以应当事人的请求，在裁决中予以承认。

由于瑞典在政治上的中立，仲裁院仲裁案件的公正性得到普遍承认，特别是在解决东西方贸易纠纷中发挥了重要作用。我国从西欧、北美进口的成套设备合同中也规定有在瑞典仲裁的仲裁条款。

⑥新加坡国际仲裁中心

新加坡国际仲裁中心（Singapore International Arbitration Centre，SIAC）于1990年3月成立，是依据新加坡公司法成立的担保有限公司。其宗旨是：为国际和国内的商事法律争议进行仲裁和调解提供服务；促进仲裁和调解在解决商事法律争议中的广泛应用；培养一批熟知国际商事仲裁法律和商事仲裁实务的仲裁员和专家。

新加坡国际仲裁中心可以受理来自国际和国内的商事法律争议，但主要以解决建筑工程、航运、银行、保险方面的争议见长。仲裁庭在仲裁过程中，适用《新加坡国际仲裁中心仲裁规则》，该规则以联合国国际贸易法委员会的仲裁规则为基础制定，赋予了仲裁当事人很大的自主权。双方当事人可以约定仲裁程序，如果没有约定，或该规则也没有规定，则由仲裁庭在适用的法律允许的范围内决定。仲裁中心还协助当事人登记仲裁，以便该仲裁裁决能够在1958年《纽约公约》缔约国之间得到承认和执行。

⑦中国国际商事仲裁机构

我国的仲裁制度发展较慢，中华人民共和国成立以后，我国建立了国内仲裁制度和涉外仲裁制度。涉外仲裁机构由民间性商会即中国国际贸易仲裁促进会组建。中国国际商事仲裁机构设立在中国国际经济贸易促进委员会（中国国际商会）内，分为中国国际经济贸易仲裁委员会和中国海事仲裁委员会，总部设在北京。

中国国际经济贸易仲裁委员会（China International Economic and Trade Arbitration Commission，CIETAC）是中国国际贸易促进委员会根据中央人民政府政务院1954年5月6日发布的《中央人民政府政务院关于在中国国际贸易促进委员会内设立对外贸易仲裁委员会的决定》于1956年4月设立的。当时的名称为“对外贸易仲裁委员会”，并制定有仲裁委员会的仲裁程序暂行规则。1980年更名为“对外经济贸易仲裁委员会”。1988年更名为现在的“中国国际经济贸易仲裁委员会”。该仲裁委员会于1988年在原来仲裁程序暂行规则的基础上制定了仲裁规则，1994年进行了全面的修改。《中华人民共和国仲裁法》实施后，1995年、1998年、2000年、2005年、2014年对仲裁规则又进行了相应的修改，成为中国国际经济贸易仲裁委员会现行的仲裁规则。除此规则外，中国国际经济贸易仲裁委员会还制定有《中国国际经济贸易仲裁委员会国际投资争端仲裁规则（试行）》《中国国际经济贸易仲裁委员会金融争议仲裁规则》等。2009年5月1日施行了《中国国际经济贸易仲裁委员会网上仲裁规则》，一些地方仲裁委员会如武汉仲裁委员会也发布了网上仲裁规则。中国国际经济贸易仲裁委员会于2020年4月28日发布了《关于新冠疫情期间积极稳妥推进仲裁程序指引（试行）》，规定了在线开庭等内容。也有许多地方仲裁委员会发布了新的仲裁规则，如2020年9月1日起施行的《济南仲裁委员会仲裁规则（2020版）》，2020年7月1日起施行的《杭州仲裁委员会仲裁规则（2020版）》等。2021年5月18日最高人民法院公布了《最高人民法院关于内地与香港特别行政区相互执行仲裁裁决的补充安排》，达成了全方位多维度的相互协作。

中国国际经济贸易仲裁委员会目前已经成为国际上主要国际商事仲裁中心之一，并在上海、深圳、天津、重庆等地设有分会/中心，这些分会/中心是中国国际经济贸易仲裁委员会的分支机构，使用同一仲裁规则和仲裁员名单。此外，中国国际经济贸易仲裁委员会还在中国香港特别行政区设立了香港仲裁中心，在加拿大设立了北美仲裁中心，在奥地利设立了欧洲仲裁中心等。仲裁委员会仲裁裁决的公正性得到了国际上的承认。

中国海事仲裁委员会（China Maritime Arbitration Commission，CMAC）是根据国务院1958年11月发布的《中华人民共和国国务院关于在中国国际贸易促进委员会内设立海事仲裁委员会的决定》于1959年1月成立的，它制定了《中国国际贸易仲裁委员会海事仲裁委员会仲裁程序暂行规则》，专门受理海事仲裁案件。1988年更名为现在的“中国海事仲裁委员会”。1988年9月12日通过了《中国海事仲裁委员会仲裁规则》。鉴于《中华人民共和国仲裁法》1994年8月31日公布，中国国际商会1995年9月4日修订并通过了《中国海事仲裁委员会仲裁规则》(China Maritime Arbitration Commission Rules Arbitration)，并于1995年10月1日起实施，现行规则是自2018年10月1日起施行的《中国海事仲裁委员会仲裁规则》。2020年1月1日起施行的《中国海事仲裁委员会网上仲裁规则》，规定了网络视频庭审等内容。

中国海事仲裁委员会主要负责审理关于海上船舶之间的救助报酬、海上船舶碰撞、海上船舶的租赁和代理业务、海上运输和保险，以及海洋环境污染损害等方面所发生的争议案件和当事人协议要求仲裁的其他海事争议案件。

中国海事仲裁委员会由于受案范围的限制和中国海事法院的设立，其受理的仲裁案件没有中国国际经济贸易仲裁委员会的受案数量多。但与其他国家受理海事仲裁案件比，无论其数量或质量在国际上都享有一定的地位。

10.2.2 国际商事仲裁协议

1）仲裁协议的概念

仲裁协议是争议双方当事人愿意把他们之间将来可能发生或者已经发生的争议交付仲裁的协议。仲裁的意思表示可以通过口头和书面两种形式做出，但大多数国家的仲裁法及有关仲裁机构的仲裁规则均规定仲裁协议必须采用书面形式。书面形式可以是合同的仲裁条款，也包括双方当事人通过信函所表示出来的将特定争议提交仲裁解决的意思表示。由于仲裁的自愿性特点，仲裁协议必须经“协商一致”达成，可以说一致同意是将国际商事争议提交仲裁的前提条件。

仲裁协议一般表现为仲裁条款或仲裁协议书的形式。仲裁条款是在争议发生之前由双方当事人在合同中就有关争议解决约定的条款，它是仲裁协议最基本和最常见的形式。仲裁条款是合同的一部分，不能单独存在，可以规定提交仲裁的事项、仲裁地点、仲裁机构、仲裁庭的组成、仲裁程序、仲裁应适用的法律以及裁决的效力等。仲裁协议书则是在争议发生后双方经协商同意将争议提交仲裁的单独订立的书面协议。仲裁协议书是单独的协议，独立于合同存在。争议发生后双方当事人往来的书信、电传、电报中同意将争议提交某仲裁机构解决的意思表示，也应视为书面的仲裁协议；一方当事人在上诉文件中提出在某仲裁机构仲裁，另一方当事人不表示反对并以其行为（如向该仲裁机构提供答辩书等）表示接受该仲裁机构的管辖，也应认定为存在仲裁协议。虽然表现形式不同，但是两种仲裁协议具有相同的法律效力。

2）仲裁协议的效力

一般说来，一旦签订了一份有效的仲裁协议，争议当事人就丧失了提起诉讼的权利，只能将有关争议提交仲裁。如果一方违背仲裁协议的约定径行起诉，另一方当事人有权要求法院中止诉讼，发还仲裁，即仲裁协议具有排除司法管辖的效力，法院不得受理有关争议，已经受理的，应当中止审理。而对于仲裁机关来说，有效的仲裁协议是其受理仲裁申请的依据，也是其做出具有强制执行力的仲裁裁决的前提。具体说，仲裁协议具有以下效力：

（1）对当事人的法律效力

仲裁协议对当事人最直接的法律效力体现在：仲裁协议一旦有效订立，当事人就丧失了就特定争议事项向法院提起诉讼的权利，而只能以仲裁方式解决他们之间的争议。如果一方当事人就协议规定范围内的事项向法院提起诉讼，另一方当事人则有权依据仲裁协议要求法院终止司法程序，把争议发还仲裁机构审理。

2022年1月1日起施行的新修正的《中华人民共和国民事诉讼法》第278条规定：在涉外经济贸易、运输和海事中发生的纠纷，当事人在合同中订有仲裁条款或者事后达成书面仲裁协议的，提交中华人民共和国涉外仲裁机构或其他仲裁机构仲裁的，当事人不得向人民法院起诉。

（2）对仲裁员和仲裁机构的法律效力

有效的仲裁协议是仲裁员和仲裁机构受理争议案件的法律依据。仲裁协议确定了仲裁事项的范围，当有关裁决所处理的争议不是交付仲裁的标的，或不在有关仲裁协议范围内，或裁决有关交付仲裁范围之外的事项时，法院可以基于一方当事人的申请拒绝承认和执行该项裁决，从而使仲裁员或仲裁机构的管辖权受仲裁协议所确定的仲裁范围的严格限制。

(3) 对法院的效力

仲裁协议对法院的法律效力，是其最重要的法律效力的体现。仲裁协议对法院的效力主要表现在以下两个方面：首先，有效的仲裁协议可排除法院的管辖权。国际公约和世界大多数国家的仲裁法都承认仲裁协议对法院的这一效力。1958年《纽约公约》规定：如果缔约国的法院受理一个案件，而这个案件所涉及的事项，当事人已经达成本条意义内的事项时，除非该法院查明该事项是无效的、未生效的或不可能实行的，应该应一方当事人的请求，让当事人提交仲裁。《中华人民共和国仲裁法》也有类似规定。其次，有效的仲裁协议是法院执行仲裁协议的依据。仲裁协议具有排除法院管辖权的法律效果，但这并不意味着仲裁协议的效力完全脱离法院的管辖。如果一方当事人拒不履行仲裁裁决，另一方当事人可向有关国家法院提交有效的仲裁协议和协议书，申请强制执行该裁决。另外，无效的仲裁协议也是有关国家法院拒绝承认和执行有关仲裁裁决的理由之一。这说明，仲裁协议在排斥法院管辖权的同时，往往还依据法院的司法权威获得保障。

(4) 对主合同的效力

仲裁条款可与主合同分离，也称为仲裁条款的可分割性，是指仲裁条款的效力不因合同的无效而无效。仲裁条款是采取仲裁解决争议的依据，在仲裁中可能裁决产生争议的合同无效。联合国《国际商事仲裁示范法》规定：仲裁条款独立于合同其他条款，仲裁庭做出的合同无效的决定不应在法律上导致仲裁条款的无效。我国2018年1月1日起施行的新修正的《中华人民共和国仲裁法》明确规定：仲裁协议独立存在，合同的变更、解除、终止或无效，不影响仲裁协议的效力。

3) 仲裁协议的基本内容

在一般情况下，仲裁协议的基本内容由双方当事人共同商定，但不得违反有关国家的强制性法律规定。总的来说，有效而适当的仲裁协议应该包括下列内容：

(1) 仲裁事项

仲裁协议首先要明确提交仲裁解决的争议事项，是有关合同的全部争议，还是在一定范围内的争议，这是有关仲裁机构行使管辖权的重要依据之一，也是有关当事人申请仲裁裁决得以承认和执行时必须具备的重要条件。在仲裁协议中，要注意仲裁事项的可仲裁性。首先，提交争议的事项不能违背仲裁地国家的法律，或者与仲裁地国家的公共秩序相抵触；其次，提交争议的事项必须是仲裁地国家和仲裁裁决执行国家法律允许以仲裁方式处理的事项。

(2) 仲裁地点

仲裁地点是指执行仲裁程序和做出裁决的所在地。在国际经济贸易仲裁中，仲裁地点的选择具有非常重要的意义。仲裁地点与仲裁所适用的程序法以及按哪一国的冲突规则来确定合同的实体法都有密切关系。一般来说，在哪一国仲裁就按照哪国的冲突法规则选择实体法来解决争议。仲裁地的选择也直接影响到仲裁裁决的承认与执行。因为仲裁地法在很大程度上决定着裁决的可执行性。

(3) 仲裁机构

如果双方当事人商定提交常设仲裁机构，则应当写明该仲裁机构的名称；如果双方决定由临时仲裁庭仲裁，则要在仲裁协议中规定其组成、仲裁规则等有关事项。在一般情况下，确定在某地仲裁就是指在该地的常设仲裁机构仲裁，只有在该地无常设仲裁机构时，才需要组织临时仲裁庭。但是，指定在某一常设仲裁机构仲裁，却不一定是在该机构所在地进行，有的仲裁机构在不同地方设有分会，因此，签订仲裁协议时应分别订明仲裁地点和仲裁机构。

(4) 仲裁规则

仲裁规则是指双方当事人和仲裁庭在整个仲裁过程中所应遵循的程序和规则。它包括仲裁申请的提出、答辩的方式、仲裁员的指定、仲裁庭的组成、仲裁的审理、仲裁裁决的做出以及裁决的效力等内容。由于程序问题直接影响到实体问题，为确保仲裁程序的顺利进行，当事人在订立仲裁协议时，应明确规定有关仲裁所应适用的仲裁规则。选择仲裁规则的一般原则是：将争议提交某一常设仲裁机构解决，就意味着适用该仲裁机构的仲裁规则。但有一些仲裁机构，除适用自己的仲裁规则外，还允许当事人选择其他的仲裁规则。

(5) 仲裁的法律适用

在仲裁协议中，当事人还应选择解决他们之间的纠纷应当适用的法律，即准据法(指实体法)。世界上大多数国家的法律规定，对于案件程序上的事项，适用仲裁地法。而对于处理当事人之间的具体争议所适用的法律，一般都允许当事人自愿选择，这就是“当事人意思自治”原则。仲裁庭依据当事人自愿选择的法律解决当事人之间的争议。如果当事人没有指定适用何种法律，则由仲裁庭根据某种规则来确定准据法。具体有三种做法：第一，仲裁庭依照自己认为合适的冲突规则所指向的法律确定准据法；第二，依照仲裁庭所在地的冲突规则确定准据法；第三，运用仲裁地法律。除上述做法外，仲裁机构有时根据公平原则仲裁。《中华人民共和国合同法》规定，如果当事人没有选择适用的法律，则适用与合同有密切联系的国家的法律，但在中国境内履行的中外合资、合作经营的合同以及合作勘探、开发自然资源的合同，必须适用中国法律。

(6) 裁决效力

仲裁裁决的效力是指仲裁机构就有关争议所做出的实质性裁决是否具有终局性，对双方当事人是否有约束力，当事人是否有权向法院起诉请求变更或撤销该项裁决。仲裁裁决的效力直接影响到整个仲裁程序的效力，决定着当事人之间的争议能否得到最终解决，合法权益能否得到保护。各国法律一般都规定，仲裁裁决是终局的，对双方当事人有约束力。

10.2.3 国际商事仲裁程序

国际商事仲裁的自愿性也体现在争议双方当事人对仲裁程序的选择上，这一特点已为有关公约所接受。《联合国国际商事仲裁示范法》第19条规定：“以服从本法的规定为准，当事各方可以自由地就仲裁庭进行仲裁所应遵循的程序达成协议。”

仲裁机构从受理申诉人提出仲裁申请书开始，至仲裁庭做出仲裁裁决为止的整个过程是仲裁程序阶段。仲裁程序指仲裁机构在进行仲裁审理过程中，仲裁机构、各方当事人以及其他参与人从事仲裁活动必须遵循的程序。一般而言，国际商事仲裁的基本程序大体如下：争议发生，双方协商一致同意提交仲裁后，向有关仲裁机构提交申请；接受后，双方按照有关约定或者仲裁机构的仲裁规则确定仲裁员，组成仲裁庭（tribunal)；仲裁庭召开预备会议，经与双方当事人协商明确仲裁程序、仲裁体制，该会议是正式仲裁开始前的非正式会议；双方进行书面证据材料的交换，确定争议重点，明确有关的证据和事实；仲裁庭进行有关审理，双方出示有关证据；仲裁庭经过审理最终做出仲裁裁决。

1）仲裁的申请和受理

（1）仲裁的申请

仲裁的申请是指有关仲裁协议中约定的争议事项发生以后，仲裁协议的一方当事人依据该协议将有关争议提交给他们约定的仲裁机构，请求对争议进行仲裁审理的活动。

仲裁申请是启动仲裁程序的最初步骤。仲裁申请必须以书面形式进行。

一般地说，各国仲裁规则所规定的仲裁申请的主要内容大体上是一致的，都包括以下内容：申诉人和被申诉人的名称及地址、案情及争议要点、申诉人的要求、事实和根据。申诉人在提交仲裁申请时还应附具申诉要求所依据的事实的证明文件，并在仲裁委员会仲裁员名册中指定一名仲裁员或委托仲裁机构主席指定。同时，申诉人应按仲裁机构规定的标准预缴仲裁费。

（2）仲裁的受理

仲裁机构收到申诉人提交的仲裁申请书后，即予以审查。仲裁机构审查的焦点为申诉人提供的仲裁协议。经过审查认为符合要求且手续完备，即应受理。受理后应及时通知被诉人，并将仲裁申请书及其附件，连同仲裁机构的仲裁规则和仲裁员名册各一份，寄送给被诉人。

仲裁机构可以根据当事人的申请和本国法律的规定，提请被诉人财产所在地或仲裁机构所在地法院做出关于保全措施的裁定。

2）仲裁庭的组成

被诉人应在收到仲裁申请书之日起一定期间内在仲裁机构仲裁员名册中指定一名仲裁员，或者委托仲裁委员会主席指定，并应在收到仲裁申请书之日起的一定期限内提交答辩书及有关证明文件。如果被诉人在规定的期限内不做答复，仲裁机构主席可按仲裁规则的规定代替被诉人指定仲裁员。

仲裁庭可以由独任仲裁员或3名以上仲裁员组成。被指定的仲裁员，如果与案件有利害关系，应自行向仲裁机构请求回避。当事人也有权要求与案件有利害关系的仲裁员回避，由仲裁机构主席决定该仲裁员是否回避。

3）仲裁审理

仲裁庭组成之后，在对争议进行审理的过程中要涉及许多程序问题，如审理日期、审理方式、收集证据和调查证人等，有时还得做出临时性的保全措施，以保护当事人的利益。

争议案件的审理日期由仲裁庭决定，并于开庭前一定期间通知双方当事人。当事人有正当理由的，可以在规定的期间内请求延期，除非有不能预见的特殊情况发生。

仲裁庭有两种审理方式：开庭审理和书面审理。各国一般都规定应该采取口头方式开庭审理，但经双方当事人申请或征得双方当事人同意，也可以书面审理，即不开庭审理，只依据双方提供的书面文件进行审理并做出裁决。无论采取何种方式，重要的是仲裁庭必须贯彻当事人权利平等原则，使双方都享有答辩或提出书面证据的均等机会。开庭审理的，如一方拒不出庭，仲裁庭可以根据出庭一方当事人的申请，进行审理或裁决。

仲裁一般在仲裁机构所在地进行，经仲裁机构主席批准，也可以在其他地点进行审理。

在审理案件过程中，当事人双方为支持各自的观点和主张，都需要提出充分的证据。仲裁庭认为必要时，也可以自行调查、收集证据，甚至可以就案件中的专门问题向专家咨询或指定鉴定人进行鉴定。英国、瑞典等国仲裁法规定，在证人自愿的前提下，仲裁员可传唤证人出庭作证。但如果证人不愿出庭作证，仲裁员无权强令证人出庭，只能由仲裁员或当事人申请法院发出传票，命令证人到庭；在仲裁庭做出裁决之前，如果双方当事人自行达成和解，申诉人应及时申请撤销案件。

4）仲裁裁决

仲裁裁决（arbitration award）是仲裁庭通过对仲裁案件的审理而做出的最后裁决。仲裁裁决应当按照多数仲裁员的意见做出，少数仲裁员的不同意见可做笔录。仲裁裁决书应当写明裁决的形式、内容、所依据的理由、仲裁费用以及该裁决的效力等问题，由仲裁庭全体或者多数仲裁员署名，并写明做出裁决的日期和地点。在仲裁庭不能形成多数意见时，按照首席仲裁员或者公断人的意见做出仲裁裁决。裁决自做出之日起发生法律效力。

仲裁裁决根据其内容和参加的主体的不同，可以分为以下几种：

（1）中间裁决（interim award）。仲裁庭做出最终裁决前就案件中某个具体问题做出的裁决是中间裁决。中间裁决一般不对当事人的责任或者实体权利做出结论。

（2）部分裁决（partial award）。它是指在审理过程中，最终裁决前，仲裁庭对于已经审理清楚的部分实体问题做出的裁决。部分裁决具有终局裁决的性质，一旦做出即发生终局的法律效力。对于已经进行了部分裁决的事项，在终局裁决中不再进行裁决。

（3）终局裁决（final award）。它是指仲裁庭对提交仲裁的案件进行审理后做出的全部的、最后的裁决。

裁决一经做出后，当事人不得向法院上诉，也不可以向其他机构提出变更裁决的请求，即经过适当的、合法的仲裁审理做出的仲裁裁决具有法律强制执行力，当事人应当按照裁决的内容自动切实地加以履行。

有些国家允许仲裁机构对其受理的案件进行调解。经调解达成和解协议的案件，仲裁庭应当根据双方当事人和解协议的内容做出裁决书。这类裁决书不需要说明所依据的理由。

仲裁庭的裁决为终局裁决，对双方当事人均有约束力，不许起诉，这是当前国际商事仲裁的一般规定和总的发展趋势。在实践中，各国的做法仍不相同。大多数国家规定裁决是终局的，但也有一些国家规定当事人可以向法院起诉。有的国家虽然规定当事人不得就仲裁裁决起诉，但允许当事人按法律规定的条件请求法院撤销裁决。概括起来，这些条件是：（1）无有效的仲裁协议；（2）仲裁员行为不当；（3）仲裁程序不当，裁定不符合法律要求；（4）裁决内容超出协议所规定的范围或仲裁机构的受案范围；（5）裁决所依据的证据是伪造的，或发现了新的足以推翻原有证据的证据。

10.2.4 国际商事仲裁裁决的承认与执行

在国际商事仲裁中，裁决的执行是一个比较复杂的问题。各国仲裁机构一般都没有强制当事人执行其裁决的权力，它的裁决能否得到执行首先取决于当事人的自愿。由于国际商事仲裁经常涉及外国的当事人或外国的财产，因此不仅有在本国境内执行的问题，而且常有在外国的承认和执行问题。对国内法院来说，执行裁决有两种情况：

（1）对于本国仲裁机构做出的裁决，败诉人在本国境内，但不主动执行裁决时，多数国家立法都规定经过胜诉方向其本国法院申请，由本国法院做形式审查之后发出强制执行的命令，予以强制执行。

（2）对于外国的仲裁裁决的执行较为复杂。由于执行外国的仲裁裁决，不仅涉及双方当事人的切身利益，而且涉及两国间的利害关系，因此，许多国家在法律中对于执行外国的仲裁裁决都规定了一些限制。在外国的仲裁裁决不符合执行国法律要求时，执行国的法院就可以拒绝予以执行。

1）仲裁裁决在做成国境内执行

仲裁机构做出的裁决，需要在本国境内执行时，一般都依据本国的国内立法，向法院提出申请，由法院按法定程序执行。我国2022年1月1日起施行的新《中华人民共和国民事诉讼法》第280条规定：一方当事人不履行仲裁裁决的，对方当事人可以向被申请人住所地或者财产所在地的中级人民法院申请执行。《中国国际经济贸易仲裁委员会仲裁规则》规定：一方当事人不履行裁决的，另一方当事人可以根据仲裁法律的规定，向中国法院申请执行。

2）裁决在做成国境外执行

裁决在做成国境外执行包括两层含义：一方面是本国所做的裁决要求得到外国的承认与执行；另一方面是外国所做的裁决要求得到本国的承认与执行。

仲裁裁决在做成国境外执行的问题，国际上通常以双边或多边协议的方式解决。为了解决仲裁裁决在做成国境外执行的问题，国际上先后缔结了三个有关承认和执行外国仲裁裁决的国际公约。第一个是1923年在国际联盟主持下制定的《仲裁条款议定书》；第二个是1927年国际联盟主持制定的《日内瓦执行外国仲裁裁决公约》；第三个是1958

年6月10日在联合国主持下订立的《承认与执行外国仲裁裁决的公约》，简称1958年《纽约公约》。《纽约公约》实际上已取代前两个公约，成为当前国际上关于承认与执行外国仲裁裁决最主要的条约。自1958年订立，至2017年3月6日安哥拉提交了其加入《纽约公约》的申请文件，《纽约公约》共有157个成员，其中一些国家对该公约提出了一些保留，如美国对该公约提出了互惠保留和商事保留，英国对该公约提出了互惠保留，也有国家对该公约没有提出任何保留，如瑞典。我国于1986年12月2日加入了该公约，声明有两项保留：一是仅适用于缔约国间做出的裁决；二是只适用于商事法律关系所引起的争议的裁决。

对外国仲裁裁决的承认和执行是一个非常重要的问题，《纽约公约》规定，各缔约国互相承认仲裁裁决具有约束力，申请在其他缔约国境内执行仲裁裁决时，应向被申请国提交用该国文字做成的裁决书译本，并且依照执行地的程序规则予以执行。对承认或执行本公约所适用的仲裁裁决，不应该有比承认或执行本国的仲裁裁决规定实质上更复杂的条件或更昂贵的费用。

《纽约公约》以排除的方式规定了承认和执行外国仲裁裁决的条件，即凡属于下列情况之一的外国仲裁裁决，被请求承认与执行的国家的机关可以依据被申请人的请求拒绝承认和执行：

（1）签订仲裁协议的双方当事人，根据对他们适用的法律，当时处于某种无行为能力的情况之下；或者根据双方当事人选定适用的法律或在没有这种选定的时候，根据做出裁决的国家的法律，仲裁协议无效。

（2）作为仲裁执行对象的当事人，没有接到关于指定仲裁员或者进行仲裁程序的通知，或者由于其他情况未能对案件提出意见。

（3）仲裁裁决涉及仲裁协议所没有提及的，或者不包括在仲裁协议规定之内的事项，或者裁决含有仲裁协议范围以外的事项。

（4）仲裁庭的组成或仲裁程序同当事人之间的协议不符，或者当事人间没有这种协议时，同进行仲裁的国家的法律不符。

（5）仲裁裁决对当事人还没有产生法律效力，或者裁决已经由做出裁决的国家或据其法律由做出裁决的国家的管辖当局撤销或停止执行。

此外，被请求承认和执行外国仲裁裁决的国家的主管机关如果认为按照该国法律，裁决的事项是不能以仲裁方法处理的，或者裁决的内容违反该国公共秩序的，也可以拒绝承认和执行。

新《中华人民共和国民事诉讼法》第290条对外国仲裁裁决的承认和执行进行了规定：国外仲裁机构的裁决，需要中华人民共和国人民法院承认和执行的，应当由当事人直接向被执行人住所地或者财产所在地的中级人民法院申请，人民法院应当按照中华人民共和国缔结或者参加的国际条约，或者按照互惠原则办理。

我国2018年1月1日施行的新修正的《中华人民共和国仲裁法》第70条、71条则明确规定，对涉外仲裁裁决，当事人在合同中没有订有仲裁条款或者事后没有达成书面仲裁协议的，人民法院可以裁定不予执行。2015年2月4日起施行的《最高人民法院关于适用〈中华人民共和国民事诉讼法〉的解释》第541条规定：被执行人以有《中华人民共和国民事诉讼法》第274条第1款（新《中华人民共和国民事诉讼法》等281条第1款）的情形为由提出抗辩的，人民法院应当对被执行人的抗辩进行审查，并根据审查结果裁定执行或不予执行。

仲裁裁决为法院裁定撤销或者不予执行的，根据我国相关法律的规定，争议当事人可以重新签订仲裁协议向仲裁机构提起仲裁申请，或者直接向有关的法院提起诉讼以解决彼此间的争议。

10.3 国际商事诉讼

国际商事争议如果不能以协商方式解决，双方当事人又没有提请仲裁的协议，那么任何一方当事人都可以向有管辖权的法院起诉，要求通过诉讼途径解决争议。

10.3.1 国际商事诉讼概述

1）国际商事诉讼的概念

国际商事诉讼是指法院和其他诉讼参与人就国际商事争议依法进行的诉讼活动。国际商事诉讼的主体是法院和诉讼参加人及其他诉讼参与人；国际商事诉讼的客体是国际商事行为。国际商事诉讼作为解决国际商事争议的一种重要方法，其最大特点就是有关当事人将其争议诉诸有管辖权的法院后，法院会严格按照法律，即合同准据法的规定对争议进行审理，并做出裁判。

根据当事人意思自治的原则，双方当事人可以协商选择诉讼方式和诉讼法院，如同仲裁一样。在不存在有效的仲裁协议的前提下，任何一方当事人也可以向有管辖权的法院自行起诉，以求得司法解决。

2）国际商事诉讼的特点

国际商事诉讼的特点是诉讼当事人一方或者双方是外国人，或者诉讼标的物位于外国或者为外国人所有。由于国际商事诉讼具有涉外性，世界上没有专门审理涉外商事案件的国际法院，因此国际商事诉讼只能在某一国家的法院进行。

审理国际商事争议时会涉及四方面内容：外国人的诉讼地位；案件的管辖权；司法协助；外国法院判决的承认与执行。本节中，我们先介绍外国人的诉讼地位、外国法院判决的承认与执行。

（1）外国人的诉讼地位

外国人在一国境内具有一定的民事诉讼地位是开始和进行国际商事诉讼程序的前提条件。规范外国人的诉讼地位问题是国际商事诉讼法的重要内容。各国的诉讼法和各有关的国际条约都对此做了明确的规定。

①国民待遇是规范外国自然人诉讼权利义务的一般原则。世界各国的诉讼立法和有关的国际条约在规范外国人的诉讼地位时，一般都在原则上给外国自然人以国民待遇，

即规定外国人享有与本国国民同等的民事诉讼权利，承担同样的民事诉讼义务。

②原则上依属人法决定外国自然人的诉讼行为能力问题。对于外国自然人能否或能在多大程度上以自己的行为有效地行使诉讼权利和承担诉讼义务的问题，各国诉讼立法都做了明确的规定，而且都普遍承认外国人的诉讼行为能力依属人法决定。只是为了求得商事诉讼法律关系的稳定，保护善意的对方当事人，特别是本国国民的合法权益，各国在规定依属人法决定外国人诉讼行为能力为原则的同时，作为补充，都规定如果依据法院地法有关外国人具有诉讼行为能力，即视为有行为能力。

③外国法人的诉讼地位一般都由诉讼法做出特别规定。需要注意的是外国国家在国际商事诉讼中的地位。与外国公民或外国法人的地位不同，根据国际公认的“平等者之间无管辖权”的原则，外国国家在内国法院的民事诉讼中享有司法豁免权。司法豁免权包括以下三方面的内容：第一，司法管辖豁免，即未征得一国国家同意，不得在另一国法院对它提起诉讼，也不得将该国财产作为诉讼标的。第二，诉讼程序豁免，即一国国家即使放弃司法管辖的豁免权，同意由另一国法院审理案件，它仍享有诉讼程序上的豁免权，即未征得该国家的同意，不得要求它出庭作证或提供证据，也不得对它的财产采取诉讼保全措施。第三，强制执行豁免，即未征得外国国家同意，不得对它强制执行国内法院的判决或裁定。

19世纪末期，一些国家提出“职能豁免权说”，即将外国国家的行为分为主权行为和商业行为，认为外国国家在行使主权行为时享有司法豁免权，但在从事商业行为时不享有司法豁免权。1976年，美国公布的《外国主权豁免法》首次以“主权豁免”的概念代替“国家豁免”，从立法上确认了“职能豁免说”。随后英国、新加坡、澳大利亚、南非、加拿大等国也先后在国内立法中规定了职能豁免原则。但这一理论遭到了一些第三世界国家的抵制。

（2）外国法院判决的承认与执行

任何国家法院的判决都是由一国司法机关代表其主权国家针对特定的法律争议而做出的，原则上只能在判决国领域内生效。如果没有有关国家的明确承认，任何外国法院的判决在该国领域内都没有法律效力，而且法院判决的承认和执行作为一国司法机关代表国家行使司法主权的一种重要形式，只能由有关国家的法院来实施。

所谓承认与执行外国法院的判决，是指一国法院依一定的法律程序承认外国法院已生效的判决，使它在本国境内发生效力并加以强制执行的行为。外国法院判决的承认和执行包括承认和执行两方面内容，承认外国法院的判决就是表示承认该外国判决在确认当事人的权利与义务方面具有与本国法院判决同等的效力，双方当事人的权利义务应根据外国法院的判决内容来确定。如果有人就同一案件向承认判决国法院起诉，则承认判决国法院不再受理。执行外国法院的判决是指义务人不履行得到本国法院承认的外国法院判决确定的义务时，本国法院以本国程序法为依据，采取强制执行措施，迫使该义务人按外国法院判决的内容履行义务。

承认和执行既有联系又相互独立，承认是执行的前提，不予承认也就谈不上执行。

但承认外国法院判决并不等于执行外国法院的判决，承认外国法院判决的效果是使外国法院判决的效力延及于本国境内，不等于该判决得以执行，因为执行外国法院判决还要满足另外一些条件。一般说来，除内容为给付的判决以外，对其他民事判决只需承认，无须执行，如有关身份、婚姻案件的判决。在外国法院判决的承认和执行方面，不存在公认的国际法，而只能由各国法律规定或通过双边协定解决。

各个国家对于承认和执行外国法院判决都持审慎态度，除在国内立法中规定承认和执行外国法院判决的条件和程序外，一般都以存在国际条约或互惠关系为前提。从国际条约和各国立法来看，承认和执行外国法院的判决的条件，主要有以下几项：

①该判决是已经发生法律效力的判决；

②按照承认和执行国的法律，做出判决的外国法院对该案有管辖权；

③该判决不违反承认和执行国的公共秩序和善良风俗；

④承认和执行国未就同一案件做出生效判决，或未承认第三国的生效判决；

⑤该判决不是通过欺骗取得的；

⑥两国间有条约关系或互惠关系。

综合各国立法及司法实践，承认和执行外国法院判决一般有以下几种方式：

①执行令程序。它是指执行国法院收到承认与执行判决的申请后，仅对该外国法院的判决进行形式审查，符合承认与执行条件时，颁发执行令予以执行。采用执行令程序时一般不对外国法院判决的实质内容进行审查，手续较为简便。大陆法系国家多采用此程序。

②登记程序。它是指执行国法院收到承认与执行判决的申请后，根据条约进行登记，并在登记的基础上进行承认和执行。登记程序仅为英国采用，但须有条约作为基础。并非所有判决都可采用登记程序，登记程序主要针对金钱给付、离婚、分居等判决。目前，在法国、比利时、德国、挪威、意大利、奥地利、以色列以及部分英联邦国家，做出的判决如符合1933年英国《外国判决（相互执行）法》规定的条件，便可依登记程序在英国执行。

③重新起诉程序。它是指当事人将外国法院判决交执行国法院并重新起诉，执行国法院经审理后做出新的判决，并按执行国法院判决的程序执行。在此程序中，外国法院判决只是作为诉因，执行国法院将其作为证据看待，被执行人可以在审理中对外国法院判决进行抗辩。美国将此程序适用于承认和执行外国法院做出的金钱给付判决；英国对不适用登记程序的外国法院判决，适用重新起诉程序。

10.3.2 国际商事诉讼管辖权

1）国际商事诉讼管辖权概述

国际商事诉讼管辖权是指一国法院或具有审判权的其他司法机关受理、审判具有国际因素或涉外因素的商事案件的权限。它所涉及和解决的是就某一特定的国际商事案件究竟哪个国家的法院具有管辖权的问题。管辖权问题是国际商事诉讼的首要问题，具有十分重要的意义。在国际商事活动中，其作用体现在两个方面：（1）确定管辖权是一国法院受理国际商事案件的前提。只有确定了一国法院对国际商事案件具有管辖权，该国法院才有权处理该案件，才会发生诉讼中的其他问题。(2) 管辖权的确定直接关系到案件审理的结果。案件由哪国法院管辖，该国法院就会依据其本国冲突规范来确定准据法，而准据法的选择对当事人权利义务的重要作用是不言而喻的。因为诉讼程序一般适用法院地法，所以各国政府和当事人总是力争使案件由对自己有利的国家的法院来审理。

关于国际商事案件的管辖权，各国法律规定不一，大都针对不同类型的案件适用不同标准和原则加以确定，具体有以下原则：

(1) 属地管辖原则

属地管辖原则又称领土管辖原则，是指一国对该领土范围内的一切人、物、法律行为都具有管辖权，但享有司法豁免权者除外。属地管辖原则实际上以当事人居住地、被告财产所在地、合同成立地或旅行地等法律事实发生地作为案件与法院的联系因素来确定案件的管辖权。

具体地说，在国际商事诉讼中，诉讼当事人（主要是被告）的住所，其财产、诉讼标的物，产生争执的法律关系或法律事实，如果其中有一个因素存在于该国境内或发生于该国境内，该国就可以因此主张对该案件的管辖权。

(2) 属人管辖原则

属人管辖原则是以当事人的国籍为案件与法院的关系因素来确定管辖权。只要诉讼当事人一方为某国国籍，该国法院就可以主张对该案的管辖权。以《法国民法典》为代表的国家（如意大利、卢森堡、荷兰等国）都采用这一原则。

实行属地管辖原则的国家与实行属人管辖原则的国家在管辖权原则上日益接近。大部分实行属地管辖原则的国家也开始以属人管辖原则为补充；而在实行属人管辖原则的国家，在一般承认和实行“以原告就被告”原则的同时，对于诉讼标的物在本国境内的案件，也开始行使管辖权。

(3) 协议管辖原则

协议管辖原则又称合意原则，是指双方当事人依据“意思自治”的原则，将他们之间的纠纷交由其所选择的法院审理。

协议管辖原则是对属地管辖原则和属人管辖原则的变更和补充，已为各国普遍接受，但各国对协议管辖案件的范围都有不同程度的限制，一般表现为：协议管辖只适用一定合同法律关系所发生的争议；当事人只能协议选择一审法院，对上诉案件不适用；协议必须采用书面形式。

(4) 专属管辖原则

专属管辖是一国主张它的法院对某些国际民事案件有独占的和排他性的管辖权，任何个人、组织或其他国家不能任意剥夺该国对这类案件所享有的管辖权。各国一般都把不动产、家庭、婚姻、继承等案件列入专属管辖的范围。

(5) 实际控制管辖权原则

这是被英美普通法所确认的管辖权原则，也称“有效原则”。其具体表现为，在英国，法院行使管辖权，对人是以被告接到传票或本人在英国为依据，对物是以争议的诉讼标的物在英国领域内为依据。也就是说，英国法院从此原则出发，不论当事人的国籍如何，只要这个人在英国，即使他只是一个途经英国的人，诉因也同英国无事实上的连接，英国法院也可对他行使管辖权。同样，一般作为诉讼标的物的外国船舶即使只是暂时停泊或经过英国水域，英国法院也可对其行使管辖权。

依这种原则而形成的管辖权被一些国家批评为“过分的管辖权”，但该原则所体现的对物的实际控制因素的考虑，是值得借鉴的。

2）有关管辖权的国际公约

由于各国实行不同的管辖制度引起管辖权的冲突，经常使案件得不到及时的处理和解决，为了促进国际经济贸易关系的发展，各国迫切希望能建立统一的国际民事管辖权制度。国际上确立统一的民事管辖权制度的努力，是从具体的国际经济贸易、科学技术和海事关系领域开始的。对国际民商事纠纷案件的管辖权做出比较全面规定的，有较大影响的是1968年9月27日由欧洲共同体订立的《关于民商事案件管辖权及判决执行的公约》。该公约确立的关于国际商事纠纷案件的管辖权制度为国际社会所普遍重视，也为许多国家采用。现对其有关管辖的规定做简要介绍。

（1）该公约的适用范围严格限制为民商事案件管辖，不包括有关自然人的身份、民事权利能力、夫妻财产制度、遗嘱或继承案件的管辖，也不包括有关破产、清偿协议及其他类似程序、社会保障和仲裁纠纷的管辖。

（2）该公约确认了以被告住所地作为行使管辖权的基本联系因素。同时，对若干特殊的国际经济、贸易案件，规定了特殊的管辖原则。也就是说，原则上以被告住所地作为确认管辖权的依据，但在以下情况下，也可有例外：

①有关合同的案件，可由债务履行地法院管辖。

②有关侵权行为或准侵权行为（如因产品责任而发生的诉讼）案件，可由侵权行为地法院管辖。

③由于公司、商行的分支、代理或者其他机构因经营业务而引起的事端，由该分支、代理或其他机构所在地法院行使管辖权。

④有关保险事件的管辖权。如果在一个缔约国有住所的保险人，在该国法院或在保险单持有人住所地的其他缔约国法院被诉；关于债权保险或不动产，保险人在侵权行为发生地法院被诉；关于责任保险，保险人在法院地法律允许下，也可在受害者向被保险人提起诉讼的法院被诉。

（3）该公约规定了越界管辖权冲突的基本原则，即任何国家不应侵犯专属特定国家的管辖权，被告住所地国的法院的管辖权应受到各缔约国的尊重。该公约主要以被告住所地原则作为行使管辖权的基本联系因素，并在此基础上规定了各类特殊案件的管辖权，从而为解决管辖冲突提供了有效的途径。

有关管辖权的国际公约还有《选择法院协议公约》，2015年10月1日生效。该公约对当事人选择法院管辖权的相关问题做出了明确规定。

10.3.3 国际司法协助

国际商事诉讼与国内民事诉讼在程序上大致相同，都以原告向法院起诉，法院受理其请求开始，经过审判前的准备、开庭审理，最后判决并执行而结束。但一国法院在审理国际商事案件时，必然会遇到与审理国内商事案件不同的问题，如国际商事案件的管辖权问题，如何向境外当事人送达法律文件或调查在国外的证据，以及对外国法院判决的承认和执行问题等。解决这些问题，可以通过国内立法加以规定，但更多的是依据本国同其他国家的条约或协定进行司法协助。

国际司法协助是指不同国家法院之间，根据国际条约和协定，以及两国共同签订的司法协助协定，彼此之间相互协助，为双方代为一定诉讼上的行为。可以说，司法协助一般是在签订了国际条约的基础上进行的，在没有国际条约的情况下，应根据互惠原则进行，否则被请求国有权拒绝履行。

司法协助有广义和狭义之分，广义的司法协助不仅包括送达司法文书和调查取证，还包括承认和执行外国法院的判决。而狭义上的司法协助仅指送达司法文书与调查取证，不包括承认和执行外国法院的判决。我国的司法协助是指狭义上的司法协助。

1）司法协助的内容

（1）诉讼文书的送达

在国际商事诉讼中，诉讼文书的送达是指一国法院依照有关国际条约及本国法律规定的程序和方式，将诉讼文书送交在本国领域内没有住所的当事人的诉讼行为。

送达诉讼文书是一种重要的司法行为，是一国的司法机关代表国家行使国家主权的一种表现。因此，一方面，一国的司法机关在未征得有关国家同意的情况下不能在该国境内向任何人（包括本国公民）实施送达诉讼文书的行为；另一方面，一国也不承认外国司法机关在没有法律规定和条约依据的情况下在本国实施的送达行为。

（2）调查取证

进行证据调查作为行使国家司法主权的一种表现，具有严格的属地性。一国的法院如果没有有关外国政府的同意，就不能在该国境内调查取证。在国际商事诉讼程序中，不同国家的法院间也是通过互相委托代为调查取证的，如收集书证、物证、代为询问证人以及代为鉴定及勘验等。

代为调查取证的一国法院依照本国法律进行调查取证，必要时可实施本国法律规定的适当强制措施。双方代为调查取证都不收取费用，但是有关鉴定人、翻译人员的报酬，应由请求方负担。

2）司法协助的途径

根据国际条约和各国国内法的规定，向国外送达诉讼文书或调查取证，通常采用以下方式：

（1）外交途径，即由一国法院将载明委托事项的委托书，递交本国外交部，由外交部转交被请求国的外交代表，再由他转交该国的管辖法院。这种途径的送达手续复杂，耗时多，因此往往在比较重大的案件中或不能采用其他途径时，才采用这种途径。在两国间没有司法协助条约或共同参加的国际公约的情况下，它几乎是唯一可靠的一种途径而被普遍采用。

(2) 领事途径，即由一国法院将委托书交给本国驻被请求国的领事，然后由领事转交给该国的管辖法院。这种途径通常以领事条约为前提。在被请求国的法院允许的情况下，领事可直接向驻在国的本国公民送达诉讼文书或者调查取证，但需遵守驻在国的法律，并不得采取强制措施。

(3) 直接送达。这种方式是法院直接将诉讼文书邮寄送达居住在国外的被送达人，或者通过当事人的诉讼代理人代为送达。采用这种方式，以被送达国不反对为前提。

(4) 法院途径，即由一国法院将委托书直接寄给外国的管辖法院。这种方式很简单，但必须以国家间的司法协助条约为基础。

(5) 通过指定的中央机关送达，即将委托书交给被请求国确定的中央机关，由该机关专门负责处理。这种方式较为简捷，但必须以国际条约为基础。1965年海牙《关于向外国送达民事或商事司法文书和司法外文书的公约》首创这种方式，现已为许多双边条约所采用。

本章小结

1.在国际商事活动中由于当事人彼此间利益的不同，所处文化、法律传统的不同，所在国家的政治、经济背景的不同，难免会出现各种纠纷和争议。对这些争议和纠纷如何进行处理是一个非常重要的问题。

2.本章分析了国际商事争议的特点，并介绍了四种解决方法，其中特别对国际商事仲裁和国际商事诉讼做了详细的讲解。在四种国际商事争议的解决方法中，协商、调解、仲裁都以当事人的意思自治为前提。

3.国际商事仲裁的机构，根据其设置的不同，可以分为临时仲裁机构和常设仲裁机构。

4.国际商事仲裁的协议有仲裁条款和仲裁协议两种表现形式，但其法律效力相同。有效的仲裁协议是当事人将争议提交仲裁的前提，是仲裁机构审理和做出裁决的依据，同时也是排除法院管辖的有效文件。

5.在国际商事仲裁中存在外国裁决的承认与执行问题，1958年《纽约公约》对仲裁裁决的承认原则和条件有详细的规定。

6.国际商事诉讼同国际商事仲裁一样，也是解决国际商事争议的重要方式。在国际商事诉讼中涉及法院的管辖权、司法协助和外国法院判决的承认与执行问题，对此多由各国自行规定，同时也有一些相关的国际公约。

思政目标

通过对国际商事争议概述、国际商事仲裁、国际商事诉讼的学习，能够全面理解与掌握商事争议与解决基本理论、制度及规则的价值意义，坚定中国法律文化与法律制度的充分自信，自觉维护社会主义法治原则，以实际行动弘扬社会主义核心价值观，为构建人类命运共同体贡献智慧和力量。

主要概念

协商解决　调解解决　仲裁　国际商事仲裁　国际商事诉讼管辖权　国际司法协助

综合训练

一、判断题

1.协商和调解方式都需要当事人自愿同意方可进行，商事仲裁和商事诉讼则不同。(　　)

2.商事仲裁的前提条件是有仲裁协议。(　　)

3.一国法院做出的生效判决在其他国家当然有效。(　　)

4.经法院参与或者主持达成的调解协议，具有法律约束力。(　　)

5.部分裁决具有终局裁决的性质，对已经进行了部分裁决的事项，终局裁决时不再进行裁决。(　　)

二、选择题

1.我国所称的国际司法协助，是指狭义上的司法协助，包括（　　）。

A.承认和执行外国法院的判决　B.送达司法文书

C.进行诉讼　D.调查取证

2.我国在加入1958年《纽约公约》时，做出了（　　）的保留。

A.没有做出保留

B.仅适用于缔约国间做出的裁决

C.只适用于商事法律关系所引起的争议的裁决

D.B与C两项

3.国家亦可作为主体参与国际商事活动，国际法对其诉讼主体地位的普遍做法是（　　）。

A.享有绝对的司法豁免权

B.在从事商事活动时享有司法豁免权

C.在为主权行为时享有司法豁免权

D.享有有限制的司法豁免权

三、简答题

1.仲裁协议有哪些形式？效力如何？

2.什么是司法协助？司法协助包括哪些内容？

3.承认和执行外国法院判决有哪些形式？

4.国际商事诉讼和国际商事仲裁有什么不同？

5.根据1958年《纽约公约》的规定，在哪些情况下可以拒绝承认和执行外国仲裁庭做出的仲裁裁决？

四、案例分析题

1.我国甲公司与美国乙公司签订服装买卖合同，合同规定：“如双方发生任何纠纷，可将纠纷提交法院或有管辖权的仲裁机构仲裁。”合同订立后，在履行中，双方因服装质量问题发生纠纷，经协商双方同意解除合同，解除合同时乙公司未提出任何异议。但不久之后，乙公司向我国某仲裁委员会提出仲裁申请，甲公司接到仲裁通知后参加了仲裁，某仲裁委员会做出了对甲公司不利的裁决。事后，甲公司认为，该纠纷案不应通过仲裁解决，理由是：第一，双方已经解除合同，不应再执行其中的仲裁条款。第二，甲公司依照合同规定也可以选择到法院解决。请问：

（1）合同已经解除，合同中的仲裁条款是否仍然有效？

（2）本案中的仲裁条款是否有效？

（3）甲公司能否在仲裁后就本案再提起诉讼？

2.某年1月，大连远洋船运公司与日本四通公司签订了一份租船合同，约定由大连远洋船运公司派船承运四通公司的一批货物，装运港为日本川崎港，卸货港为中国天津港。大连远洋船运公司于同年2月派船从厦门港驶往日本川崎港受载。船抵川崎港后，四通公司以船舶不适航为由拒绝装货，双方发生争议。后经协商，由中国船级社与日本NKKK船级社对船舶进行检验，检验结果认为船舶适航，四通公司仍然拒绝装货，致使船舶空载返回中国大连港。

大连远洋船运公司认为，船舶从厦门港驶往川崎港受载，厦门至川崎港是此租船合同的预备航次，预备航次的开始即是合同履行的开始，厦门是本次租船合同的履行地。因此，大连远洋公司于次年3月17日向厦门海事法院起诉，要求日本四通公司赔偿经济损失500万日元。而日本四通公司对厦门海事法院的管辖权提出异议，认为厦门海事法院对该案件没有合法管辖权。厦门海事法院经审查驳回了日本四通公司的管辖权异议。请问：法院的驳回裁定是否正确？为什么？

3.日本甲公司与瑞士乙公司订立了一份许可证协议。在许可协议中载有仲裁条款，约定因许可证协议发生的争议将提交国际商会仲裁。后甲公司以乙公司违反许可证协议为名向国际商会提出仲裁。在对该案的审理过程中甲、乙双方达成协议，同意适用瑞士的国际法和瑞士联邦政府的程序法。请问：在本案中，是否允许当事人选择仲裁程序规则？

主要参考书目与网站

［1］张学森.国际商法［M］. 4版. 上海：上海财经大学出版社，2019.

［2］曹祖平.新编国际商法［M］. 4版. 北京：中国人民大学出版社，2020.

［3］冯大同.国际商法［M］. 新编本. 北京：对外经济贸易大学出版社，2001.

［4］屈广清，等.海事诉讼与海事仲裁法［M］. 北京：法律出版社，2007.

［5］董安生.票据法［M］. 3版. 北京：中国人民大学出版社，2009.

［6］赵相林，曹俊.国际产品责任法［M］. 北京：中国政法大学出版社，2000.

［7］沈四宝，刘刚仿，沈健.国际商法［M］. 2版. 北京：对外经济贸易大学出版社，2017.

［8］高富平.电子商务法学［M］. 北京：北京大学出版社，2008.

［9］王利明.电子商务法研究［M］. 北京：中国法制出版社，2003.

［10］刘刚仿.国际商法［M］. 北京：机械工业出版社，2015.

［11］苏盟，章帷儿，李玉婷. 国际商法［M］. 北京：清华大学出版社，2018.

［12］杨士富. 国际商法理论与实务［M］. 2版. 北京：北京大学出版社，2017.

［13］http：//www.lawbase.com.

［14］http：//www.corplawinfo.ecupl.edu.cn.

［15］http：//www.civillaw.com.cn.

［16］http：//www.ccmt.org.cn.

［17］http：//www.cietac-sz.org.cn.

［18］http：//www.law999.net.